Daten- und Dokumentenmanagement mit SAP® R/3®

SAP® EDITION

Edition SAP®

Thomas Teufel, Jürgen Röhricht, Peter Willems
SAP R/3-Prozeßanalyse mit Knowledge-Maps
1. Auflage, 1999, ISBN 3-8273-1388-0

Bernd Matzke
ABAP/4
3., erweiterte Auflage, 1999, ISBN 3-8273-1553-0

Thomas Teufel, Jürgen Röhricht, Peter Willems
SAP Prozessbibliothek:
SAP Prozesse mit Knowledge Maps analysieren und verstehen
1. Auflage, 2000, ISBN 3-8273-1603-0
SAP Prozesse: Vertrieb und Customer Service
1. Auflage, 2000, ISBN 3-8273-1602-2
SAP Prozesse: Planung, Beschaffung und Produktion
1. Auflage, 2000, ISBN 3-8273-1601-4
SAP Prozesse: Finanzwesen und Controlling
1. Auflage, 2000, ISBN 3-8273-1600-6

Gerhard Oberniedermaier
Vertriebslogistik mit SAP R/3
1. Auflage, 2000, ISBN 3-8273-1610-3

Gerhard Oberniedermaier, Marcus Geiß
SAP R/3 Systeme effizient testen
2., erweiterte Auflage, 2000, ISBN 3-8273-1561-1

Andreas Berthold, Ulrich Mende
SAP Business Workflow
2., aktualisierte Auflage, 2000, ISBN 3-8273-1687-1

Michael Ullrich
SAP R/3 Der schnelle Einstieg
1. Auflage, 2000, ISBN 3-8273-1646-4

Michael Umlauff
SAP R/3 Übungsbuch
1. Auflage, 2001, ISBN 3-8273-1788-6

Michael Umlauff, Walter Dirnhofer
ABAP Übungsbuch
1. Auflage, 2001, ISBN 3-8273-1789-4

Erich Dräger
Projektmanagement mit SAP R/3
2. Auflage, 2001, ISBN 3-8273-1707-X

EDITION SAP®

Gerhard Oberniedermaier

Daten- und Dokumentenmanagement mit SAP® R/3®

Effiziente Informationsverarbeitung durch optimale Datenarchivierung

ADDISON-WESLEY
An imprint of Pearson Education

München • Boston • San Francisco • Harlow, England
Don Mills, Ontario • Sydney • Mexico City
Madrid • Amsterdam

Die Deutsche Bibliothek – CIP-Einheitsaufnahme

Ein Titeldatensatz für diese Publikation ist bei
Der Deutschen Bibliothek erhältlich.

Umwelthinweis:
Dieses Produkt wurde auf chlorfrei gebleichtem Papier gedruckt.
Die Einschrumpffolie – zum Schutz vor Verschmutzung – ist aus umweltverträglichem und recyclingfähigem PE-Material.

10 9 8 7 6 5 4 3 2 1

04 03 02 01

ISBN 3-8273-1761-4

Einbandgestaltung: Barbara Thoben, Köln
Lektorat: Christian Schneider, cschneider@pearson.de
Korrektorat: Sonja Fischer, München
Herstellung: Anja Zygalakis, azygalakis@pearson.de
Satz: mediaService, Siegen. Gesetzt aus der Palatino mit FrameMaker
Druck: Media-Print, Paderborn

Printed in Germany

Inhaltsverzeichnis

Vorwort

Durch den Einsatz von SAP R/3-Systemen werden große Datenmengen erzeugt, die sich manchmal sogar in den Terabyte-Bereich erstrecken können. Die im Rahmen der R/3-Einführung notwendige elektronische Abbildung von Standardgeschäftsprozessen und die automatische Übernahme und Generierung von Daten aus vorgelagerten Systemen führt darüber hinaus zu einem zusätzlichen Anwachsen des Datenvolumens.

Informationen und Geschäftsunterlagen müssen aus juristischen Gründen über längere Zeiträume aufbewahrt werden. Auch dies führt zu immer größer werdenden Informations- und Datenmengen, die bewältigt werden müssen, um schnelle und fundierte Entscheidungen zu treffen, zu begründen und zu dokumentieren. Dies ist ein wesentlicher Wettbewerbsfaktor geworden und unterstützt vielfach eine hohe Kundenorientierung, die im Zeitalter des Customer Relationship Managements und des Supply Chain Managements immer wichtiger wird. Schneller und einfacher Informationszugriff und hohe Auskunftsbereitschaft gehören nun zur strategischen Komponente eines jeden Unternehmens, vor allem aber in der IT-Industrie. Das schließt insbesondere eine sinnvolle und umfassende Verwaltung und Bearbeitung aller im Unternehmen produzierten und notwendigen Daten und Dokumente ein. Archivierungssysteme helfen, Personalkosten für das Sortieren und Suchen einzusparen sowie die gespeicherten Dokumente jedem zugriffsberechtigten Mitarbeiter im Unternehmen einfach zugänglich zu machen.

Dieses Buch beschreibt nun die möglichen Archivierungsstrategien und -methoden zur optimalen Informationsverarbeitung in den Unternehmen zur effektiven Nutzung des Wettbewerbsfaktors Information. Ein besonderer Schwerpunkt wird dabei auf die SAP-Datenarchivierung gelegt.

Ich bin allen Lesern jederzeit für Hinweise und Vorschläge zum Inhalt und zur Struktur dieses Buches dankbar. Der Leser sei hiermit ausdrücklich dazu ermutigt, sowohl konstruktive Kritik als auch Verbesserungsvorschläge zur vorliegenden ersten Auflage dieses Buches an mich zu senden. Natürlich werde ich mich intensiv darum bemühen, diesen Vorschlägen soweit als möglich Rechnung zu tragen.

Als Kontaktadresse möge dabei folgende Adresse dienen:

Gerhard.Oberniedermaier@t-online.de

Allen, die zum erfolgreichen Abschluss dieses Buchprojektes beigetragen haben, möchte ich an dieser Stelle meinen herzlichen Dank aussprechen.

Großer Dank gebührt in diesem Zusammenhang der Firma DocuWare AG, München-Germering, für die hervorragende Unterstützung bei der Realisierung dieses Buchprojektes. Mein besonderer Dank gilt dabei Herrn Turan Isik, Director SAP Business Development bei der DocuWare AG. Herrn Prof. Dr. Heinrich Seidlmeier sei für seinen wertvollen Beitrag (Kapitel 4 dieses Buches) ebenfalls sehr herzlich gedankt. Großer Dank gilt auch Herrn Robert Erber, Processum AG.

Dem Team von Addison-Wesley danke ich an dieser Stelle ebenfalls ganz herzlich. Insbesondere möchte ich hier dem Lektor, Herrn Christian Schneider, für die stets sehr gute und erfreuliche Zusammenarbeit meinen großen Dank aussprechen.

Meiner Familie, die mich jederzeit unterstützte, sei an dieser Stelle ebenfalls großer Dank ausgesprochen.

Mühldorf a. Inn, im Februar 2001

Gerhard Oberniedermaier

Einleitung

Wirtschaft und Verwaltung werden zunehmend komplexer. Dadurch entstehen immer größere Informationsmengen, die es optimal zu bewältigen gilt. Effiziente Informationsverarbeitung ist heute im Zeitalter von Internet, Customer Relationship Management (CRM), Supply Chain Management (SCM) etc. ein Wettbewerbsfaktor von hoher Bedeutung.

Information und schneller Zugriff darauf wird hier zum strategischen Wettbewerbsfaktor und vielfach auch zum Produkt, welches hilft, sich vom Wettbewerb zu differenzieren. Darüber hinaus spielt die schnelle und effiziente Verarbeitung großer Informationsmengen eine wesentliche Rolle auch bei der Bewältigung von Umweltproblemen, bei der Verbesserung der Produktqualität, bei der Steigerung der Arbeitseffizienz.

Die Datenverarbeitung kann oftmals durch schnellere und billigere Rechner dem steigenden Anforderungsprofil, diese Informationen ständig schneller, umfassender und effizienter zu verarbeiten, folgen. Die Speicherung, Langzeitarchivierung, Verwaltung von Daten und der gezielte Zugriff auf große Daten- bzw. Dokumentmengen hinken diesem Trend bisher jedoch hinterher und entsprechen nur bedingt den Bedürfnissen.

Eine wesentliche Lösungskomponente sind hier Dokument-Management-Systeme. Solche Systeme sind inzwischen ausgereift und haben eine langjährige Erfahrung hinter sich. Sie stellen für viele Unternehmen jedoch für ihr IT-Konzept noch Neuland dar. Ihre Planung und Einführung setzen Grundkenntnisse über ihre Mechanismen und Abläufe voraus, um auch die dafür notwendige organisatorische Umsetzung effizient zu vollziehen.

Den optimalen Betrieb eines R/3-Systems mit minimalen Kosten zu ermöglichen, hat auch hohe Priorität. Diese Lowest Cost of Ownership erreicht man sowohl durch eine effiziente und schnelle Implementierung als auch durch einen optimierten und gesicherten produktiven Betrieb.

Es stellt sich die Frage, wofür die Performance eines R/3-Systems wichtig ist. Nur bei guten Antwortzeiten können die Benutzer motiviert und effizient mit dem R/3-System arbeiten. Ein langsames Arbeiten führt zu Ausfallzeiten und Frustration. Wenn die Performancesituation eskaliert, wird im schlimmsten Fall der zur Bewältigung der komplexen Geschäftsprozesse erforderliche Durchsatz nicht mehr erreicht. Mehrarbeit, Produktionsverzögerungen und finanzielle Verluste sind häufig die Folge. Die Performance eines Datenverarbeitungssystems ist als die Fähigkeit definiert, gegebene Anforderungen an Antwortzeiten und Datendurchsatz zu erfüllen. Solche Anforderungen können z.B. sein, dass innerhalb einer Stunde ein Durchsatz von 10.000 gedruckten Rechnungen erreicht werden muss oder dass die Antwortzeit für das Erfassen eines Kundenauftrages unter einer Sekunde liegen soll. Performance ist keine absolute Eigenschaft eines R/3-Systems, sondern immer relativ zu der Last auf dem System zu sehen [Schneider98].

Unter Performanceoptimierung versteht man einen Prozess, der im Wesentlichen drei Schritte umfasst:

- Die systematische Identifizierung und Analyse von Problemen
- Die Umsetzung von Tuningmaßnahmen
- Die erneute Analyse zur Verifizierung des Erfolgs der eingeleiteten Maßnahmen

Ziel dieser Publikation soll sein, dem Leser die Möglichkeit zu eröffnen, Performanceprobleme zu identifizieren und zu analysieren, um diese dann gezielt mit Hilfe der Daten- und Dokumentenarchivierung beheben zu können.

Ein großes Datenvolumen kann bei heutigen Datenbanksystemen häufig zu Leistungsengpässen führen, die sich auf der Anwenderseite in einer schlechten Performance und auf der Administrationsseite in einem erhöhten Ressourcenaufwand niederschlagen. Aus Platz- und/oder Performancegründen müssen daher Daten, die aus Sicht der R/3-Anwendungen nicht mehr in der Datenbank benötigt werden, aus der Datenbank entfernt werden. Ein reines Löschen der Daten aus der Datenbank scheidet in vielen Fällen aus, da in Einzelfällen noch lesend darauf zugegriffen werden muss. Die Daten müssen deshalb so aus der Datenbank auf externe Speichermedien ausgelagert werden, dass sie später wieder gelesen werden können. Die zu archivierenden logischen Objekte sind in der Regel physisch über mehrere Datenbanktabellen verteilt. Die entsprechenden Datenbankstrukturen, die ein logisches Objekt eindeutig identifizieren, bilden zusammen mit den dazugehörenden Archivierungsprogrammen ein so genanntes Archivierungsobjekt.

Vorliegendes Buch ist wie folgt aufgebaut:

Kapitel 1: Das Internet gewinnt durch eine starke Internationalisierung von Märkten, durch die Globalisierung von Unternehmensstrategien, einer zunehmenden Mobilität von Kapital und der Tatsache, dass Information zu einem der größten Wirtschaftsfaktoren geworden ist, zusätzlich an Bedeutung und birgt dadurch auch ein großes Veränderungspotential für betriebswirtschaftliche Abläufe. Die SAP AG verlagert mit mySAP.com den Schwerpunkt ihrer Geschäftsstrategie ins Internet. Sie nutzt ihre Stärken – die umfangreiche Produktpalette, den Kunden- und Partnerstamm sowie die Kompetenz in der Integration von betriebswirtschaftlichen Geschäftsprozessen –, um ihren Kunden eine umfassende Lösung anzubieten. Mit Hilfe von mySAP.com können alle SAP-Anwender per Web-Browser auf die gesamte Produktlinie zugreifen und somit Teil der Internetgemeinschaft werden. SAP-Kunden können nun fast alle ihrer relevanten Geschäftsprozesse über das Internet abwickeln und überwachen. **Kapitel 1** dieses Buches gibt dem Leser einen kleinen Überblick über das Umfeld des ERP-Anbieters SAP und seiner Standardsoftware System R/3. Dabei wird Folgendes erläutert:

- Die neue Strategie der SAP
- Heutige Produkte der SAP
- Die Internetanbindung und Architektur des R/3-Systems
- Erfolgsfaktoren der Einführung von Standardsoftware
- Konsequenzen der Einführung von Standardsoftware

Informationen und Geschäftsunterlagen müssen aus juristischen Gründen über längere Zeiträume aufbewahrt werden. Dies führt zu immer größer werdenden Informations- und Datenmengen, die bewältigt werden müssen, um schnelle und fundierte Entscheidungen zu treffen, zu begründen und zu dokumentieren. Dies ist ein wesentlicher Wettbewerbsfaktor geworden und unterstützt vielfach eine hohe Kundenorientierung, die im Zeitalter des Customer Relationship Management (CRM) und des Supply Chain Managements (SCM) immer wichtiger wird. Schneller und einfacher Informationszugriff und hohe Auskunftsbereitschaft gehören nun zur strategischen Komponente eines jeden Unternehmens, vor allem aber in der IT-Industrie. Das schließt insbesondere eine sinnvolle und umfassende Verwaltung und Bearbeitung aller im Unternehmen produzierten und notwendigen Dokumente ein. Archivierungssysteme helfen, Personalkosten für das Sortieren und Suchen einzusparen sowie die gespeicherten Daten und Dokumente jedem zugriffsberechtigten Mitarbeiter im Unternehmen einfach zugänglich zu machen. In diesem Kontext setzen sich **Kapitel 2 und 3** dieses Buches mit folgenden Themen auseinander:

- Definition und Abgrenzung der Begriffe Archivierung, Optische Archivierung, Dokumentenarchivierung und Datenarchivierung
- Ziele und Aufgaben der Archivierung
- Aufteilung der Archivierung in die Teilbereiche Dokumenten- und Datenarchivierung
- Definition von Dokumenten-Management-Systemen

- Vorteile und Aufgaben von Dokumenten-Management-Systemen
- Archivierungsstufen und Archivierungsstrategien für die Dokumentenarchivierung

Im Rahmen einer Geschäftsprozessoptimierung und/oder der Planung eines DMS-Einsatzes ist der betreffende dokumentennahe Prozess zu modellieren. Als Besonderheit hierbei dienen die betroffenen Dokumente als Modellierungsgrundlage. Ist das Prozessmodell valide erstellt, ist zu prüfen, ob ein prozessorientiertes DMS zum Einsatz kommen soll oder »nur« ein strukturbezogenes System. Eine Prozesslösung erscheint dann angemessen, wenn es sich im Anwendungsfall um dokumentenintensive und dokumentengesteuerte Prozesse handelt. **Kapitel 4** beschreibt daher die Möglichkeiten der Prozessmodellierung von Dokumenten-Management-Systemen.

Ein großes Datenbankvolumen kann bei heutigen Datenbanksystemen zu erheblichen Leistungsengpässen führen. Dies ist jedoch unnötig, wenn man bedenkt, dass ein Großteil der in der R/3-Datenbank gehaltenen Daten zu alten, also abgeschlossenen Geschäftsvorfällen gehört, die im aktuellen Tagesgeschäft nicht mehr benötigt werden. Außerdem ist die Online-Datenbank des Produktivsystems nicht der geeignete Aufbewahrungsort für operativ nicht mehr oder nur noch selten genutzte Daten. Jedoch genau diese Daten sind die »Übeltäter«, die zu einem immer größeren Datenvolumen und damit zu sinkender Performance des R/3-Systems führen. In der Situation großer Datenbankvolumina, die also dafür sorgt, dass sich sowohl das Leistungsverhalten als auch die Administrierbarkeit des R/3-Systems deutlich verschlechtern, bietet sich die SAP-Datenarchivierung zur Performanceoptimierung an. Ziel des **Kapitels 5** ist es daher, in das Thema SAP-Datenarchivierung Transparenz zu bringen.

Es gibt eine ganze Reihe von gesetzlichen, betriebswirtschaftlichen und technischen Anforderungen, denen die Archivierung Rechnung tragen muss. Die Unternehmen verschiedenster Branchen sind beispielsweise gesetzlich dazu verpflichtet, alle Geschäftsunterlagen (Rechnungen, Aufträge oder sonstige Belege) für eine bestimmte Zeitspanne, welche allerdings bereichsspezifisch variieren kann, aufzubewahren. Ein weiterer Grund für die Archivierung kann die Verwendung archivierter Daten beispielsweise als juristisches Beweismittel im Falle einer Reklamation durch den Lieferanten sein. Ziel des **Kapitels 6** soll es sein, die genannten Anforderungen an die archivierten Daten im Detail darzustellen.

Der Erfolg der Durchführung eines Archivierungsprojektes hängt von einer methodischen Vorgehensweise ab. Die Unternehmen, insbesondere die des Mittelstandes, wollen die Implementierungszeiten für neue Systeme und neue Prozesse verständlicherweise niedrig halten. Gleichwohl soll sich die Qualität und Produktivität des neuen Systems auf höchstem Niveau befinden. Auf diese anspruchsvolle Herausforderung gilt es durch methodische Vorgehensweisen zu reagieren. In **Kapitel 7** wird eine mögliche Methodik zur Durchführung von Archivierungsprojekten dargestellt.

Kapitel 8 beschreibt den Aufbau des zentrales Elementes der Datenarchivierung, des Archivierungsobjektes. Darüber hinaus werden ausgewählte Archivierungsobjekte, die den R/3-Anwendungsmodulen

- CO – Controlling
- FI – Finanzwesen
- HR – Personalwirtschaft
- MM – Materialwirtschaft
- PM – Instandhaltung
- PP – Produktionsplanung
- PS – Projektsystem
- QM – Qualitätsmanagement
- SD – Vertrieb
- SM – Servicemanagement

zugeordnet sind, sowie diverse modulübergreifende Archivierungsobjekte beschrieben. Ergänzend sind weitere nützliche Detailinformationen zu den Archivierungsobjekten mit dem größten Tabellenwachstum aufgeführt. Die Archivierungsobjekte sind nach Anwendungskomponenten geordnet.

Wesentliche Voraussetzung für die Archivierung von Anwendungsdaten ist, dass auf diese archivierten Daten jederzeit wieder zugegriffen werden kann. Folgende Zugriffsmöglichkeiten sind derzeit realisierbar:

- Einzelbelegzugriff
- SAP Archivinformationssystem (SAP AS)
- Drucklisten
- Reporting
- Rückladen
- SAP DRB

Diese Zugriffsmethoden werden im Detail in **Kapitel 9** erläutert.

Das Customizing zur SAP-Datenarchivierung gliedert sich grundsätzlich in mehrere Bereiche:

- ADK- und ArchiveLink-Customizing
- Archivierungsobjektspezifisches Customizing
- Anwendungsspezifisches Customizing
- Archivierungsobjektübergreifenes Customizing

Jeder dieser einzelnen Customizingbereiche wird in **Kapitel 10** im Detail mit ausführlicher Screenshotunterstützung dargestellt. Des Weiteren wird dem Leser die Struktur und der Aufbau des zentrales Elementes der Datenarchivierung, des Archivierungsobjektes, erläutert. Abhängigkeiten zwischen verschiedenen Archivierungsobjekten werden ebenfalls aufgezeigt.

Archivlösungen in R/3-Systemen beschleunigen Geschäftsprozesse und steigern die Produktivität in Unternehmen: Laufend eingehende Informationen werden schneller erfasst und zügig an die entsprechenden Stellen innerhalb und außerhalb des Unternehmens weitergeleitet. Mitarbeiter treffen bessere Entscheidungen, weil sie die richtigen Informationen zum richtigen Zeitpunkt im Zugriff haben. Wichtige Unterlagen finden sie rasch wieder auf und können daher sofort auf Kundenanfragen reagieren. Mitarbeiter, Kunden und Geschäftspartner sind besser informiert und können sich besser koordinieren. **Kapitel 11** beschreibt die Anforderungen an eine Archivierungssoftware und zeigt wie die Architektur eines Archivsystems aussieht. Darüber hinaus werden sowohl die möglichen Ablageformate für die zu archivierenden Daten als auch die möglichen Speichermedien näher beschrieben.

In **Kapitel 12** werden zunächst die Auswirkungen der Einführung des EURO auf die folgenden Unternehmensbereiche dargestellt:

- Einkauf
- Logistik
- Vertrieb
- Controlling
- Rechnungswesen
- Treasury
- Personalwesen

Dieses Kapitel soll dem Leser darüber hinaus bei der Planung und Durchühführung der notwendigen Datenarchivierung im Vorfeld der Hauswährungsumstellung im Zuge der EURO-Einführung helfen und auf mögliche Einschränkungen und Abhängigkeiten hinweisen. Besonders relevant ist dieses Kapitel, falls man die Hauswährungsumstellung im laufenden Geschäftsjahr plant und vorher seine Daten archivieren möchte.

Es sei darauf hingewiesen, dass vorliegendes Buch die Thematik Datenarchivierung dergestalt behandelt, dass die R/3-Releaseversionen 3.1G bis einschließlich 4.6C abgedeckt sind.

1 Einführung

Die SAP AG mit Hauptsitz in Walldorf ist einer der führenden Anbieter von ERP-Standard-Softwarelösungen, die Geschäftsprozesse über Unternehmensgrenzen hinweg integrieren. »Wesentliches Ziel der Nutzung von Standardsoftware ist es, Personal-, Softwareentwicklungs-, Schulungs- und Wartungskosten zu reduzieren. Weitere positive Effekte, die von der Nutzung integrierter Standardsoftware erwartet werden, sind:

- die Wahrung der Integrität der Unternehmensdaten
- die sofortige Verfügbarkeit aller Unternehmensdaten für jeden Mitarbeiter
- die bereichsübergreifende Betrachtung der im Betrieb zu bearbeitenden Geschäftsvorfälle und Objekte wie z.B. Auftrag, Bestellung, Rechnung etc.
- eine flexible Änderung von betriebswirtschaftlichen Abläufen innerhalb des vom Softwareanbieter angebotenen Lösungsspektrums.« [Keller99]

SAP ist eine integrierte, branchenneutrale Standardanwendungssoftware, welche die betriebswirtschaftlichen Anwendungsbereiche Rechnungswesen, Logistik und Personalwirtschaft abdeckt, integriert und verbindet.

1978 wurde das R/2-System eingeführt, welches heute noch in vielen Unternehmen im Betrieb ist. Das R/2-System entspricht den Anforderungen von Unternehmen mit großrechnerorientierten Strukturen. Zielgruppe des R/2-Systems waren somit also Konzerne und Großfirmen. Weltweit existieren momentan über 1.600 R/2-Installationen.

1993 kam der Durchbruch der SAP AG mit dem neuen so genannten Client/Server-System R/3. R/3 ist mit seiner offenen Konzeption auf den Einsatz in Client/Server-Architekturen ausgerichtet, wobei die Anwendungen auf mehrere Rechnerebenen verteilt werden können. Das Programm erlaubt den Firmen einen wesentlich flexibleren Umgang mit Unternehmensdaten. Außerdem ist die R/3-Software für den Einsatz auf Betriebssystemen verschiedener Hersteller konzipiert. R/3 löste damit eine technologische Revolution aus. Hinsichtlich einer detaillierten Beschreibung des R/3-Systems und seiner Komponenten wird an dieser Stelle auf die bereits zahlreich am Markt verfügbare Literatur sowie die entsprechenden Informationenmaterialien der SAP AG verwiesen.

1.1 Die neue Strategie der SAP

In jüngster Zeit, also am Beginn des 21. Jahrhunderts, findet in unserer Gesellschaft, was auch täglich zu beobachten ist, ein unaufhaltsamer Wandel zur Informationsgesellschaft statt. Auf den verschiedensten Veranstaltungen zur Informationstechnologie überall in der Welt kommt man derzeit mit Themen wie Electronic Commerce, Internet, eBusiness etc. in Kontakt. Man kann feststellen, dass kaum ein Unternehmen nicht irgend etwas zum Thema Internet zu sagen hatte, denn das Internet gewinnt durch eine starke Internationalisierung von Märkten, durch die Globalisierung von Unternehmensstrategien, einer zunehmenden Mobilität von Kapital und der Tatsache, dass Information zu einem der größten Wirtschaftsfaktoren geworden ist, zusätzlich an Bedeutung und birgt dadurch auch ein großes Veränderungspotential für betriebswirtschaftliche Abläufe [Perez98]. Die SAP AG verlagert mit mySAP.com den Schwerpunkt Ihrer Geschäftsstrategie ins Internet. Der folgende Abschnitt 1.2 beschreibt die heutigen Produkte der SAP AG, welche diese Strategie unterstützen.

1.2 Heutige Produkte der SAP

1.2.1 mySAP.com

In den neunziger Jahren erzielte SAP mit seinem R/3-System großartige Erfolge im ERP-Markt. Durch die Einführung von »mySAP.com« wird es nun möglich, alle Geschäftsprozesse auch über das Internet abzuwickeln. MySAP.com stellt eine komplette Geschäftsumgebung für die elektronische Abwicklung der vorhandenen Geschäftsprozesse dar und besteht aus den folgenden vier Kernbereichen:

- Der Marketplace
- Der Workplace
- Die Business Scenarios
- Das webbasierte Application Hosting

Der Marketplace

Es handelt sich bei diesem Produkt um einen offenen elektronischen Marktplatz, über den unternehmensübergreifende Kauf-, Verkaufs- und Kommunikationsprozesse abgewickelt werden können. SAP-Kunden können ihre Geschäftsprozesse auf das Internet ausweiten, indem sie ihre bereits vorhandenen SAP-Anwendungen mit dem Marktplatz verbinden.

Der Workplace

Der Workplace ist ein Unternehmensportal, das eine browserbasierte, personalisierte Arbeitsumgebung zur Verfügung stellt. Jeder User erhält dadurch Zugriff auf alle internen und externen Anwendungen und hat somit Zugriff auf alle benötigten Inhalte und Dienste.

Die Business Szenarios

Mit Hilfe der Business Szenarios werden eine Vielzahl von Lösungen für den elektronischen Handel dargestellt, die den Zugang zum System R/3 sowie zu allen anderen mySAP.com-Komponenten ermöglichen. Einige Beispiele hierfür sind:

- Customer Relationship Management (CRM). Dieses Business Szenario erleichtert die Automatisierung, Integration und Verbesserung der Beziehungen zu den Kunden und nimmt bei mySAP.com einen wichtigen Platz ein.
- Employee Self Service. Mit Hilfe dieses Business Szenarios kann der Mitarbeiter über ein Intranet oder das Internet vertrauliche persönliche Daten einsehen, anlegen und pflegen.

Webbasiertes Application Hosting

Das Application-Hosting-Angebot der SAP AG bietet den Kunden komplette Lösungen. Die SAP AG und ihre Partner stehen den Kunden von der ersten Kontaktaufnahme bis hin zur Lieferung der individuell angepassten Lösung zur Seite.

1.2.2 EnjoySAP

Bei der neuen Benutzeroberfläche namens EnjoySAP, die mit SAP Release 4.6 zum erstenmal mit ausgeliefert wurde, steht der Anwender im Mittelpunkt. Sie ist einfach zu bedienen und intuitiv zu erlernen. Dadurch ist die Interaktion mit dem SAP-System schneller und einfacher. Darüber hinaus kann das personenbezogene Interface an die Anforderungen eines jeden einzelnen Anwenders angepasst werden.

1.2.3 SAP-Branchenlösungen

In den Branchenlösungen (Industry Solutions) spiegelt sich das spezifische Fachwissen der SAP AG wider. Die dort enthaltenen »Solution Maps« sind die »Baupläne« für die elektronische Abwicklung der für eine Branche typischen Geschäftsprozesse.

1.2.4 R/3-Anwendungen für das Internet

Das Internet eröffnet für die Anbieter von Waren und Dienstleistungen einen neuen Vertriebskanal. Die weltweite Verfügbarkeit und die rasante Zunahme von Benutzern lässt eine große Zahl von möglichen Kunden erwarten. Informationen zu den Produkten können ins Internet gestellt und vom Kunden dort abgerufen werden. Auch Bestellungen des Kunden können automatisch entgegengenommen werden. Es ist hier möglich sowohl Endkunden, (Consumer to Business) als auch Geschäftskunden (Business to Business) direkt anzusprechen [Perez98].

Business to Consumer

Das Szenario Business to Consumer beschreibt die Beziehung zwischen Unternehmen und Konsumenten und entspricht praktisch dem Electronic Retailing. Im Vordergrund stehen hierbei Informationssysteme, die der Verwendung und Bereitstellung von Informationen, Marketing- und Vertriebsanwendungen sowie diversen Servicefunktionen für den Verbraucher dienen [Perez98].

Business to Business

Dieses Szenario wird auch als Electronic Retailing bezeichnet. In so genannten Shopping Malls können dem Konsumenten im Internet viele Arten von Konsumgütern angeboten werden [Perez98].

R/3-Lösungen

Dazu bietet die SAP AG für das R/3-System ihren Anwendern unter anderem den Internet Transaktion Server (ITS), der das Web mit dem SAP-System intelligent verknüpft. Hier sind die angebotenen Prozesse eng mit dem betriebswirtschaftlichen Informations- und Abwicklungssystem verknüpft, da erst dann die gewünschte Aktualität und Individualität der Daten erreichbar ist. Dadurch lässt sich auch die gewünschte Integration externer Ereignisse in interne Verarbeitungsprozesse realisieren, infolgedessen auch eine Verlagerung von Sachbearbeiteraufgaben zu den jeweiligen Endbenutzern stattfindet.

Der elektronische Handel wird immer wichtiger: zwischen Anbietern und Kunden, innerhalb des Unternehmens sowie zwischen verschiedenen Unternehmen.

Die SAP AG bietet für diese drei Bereiche Internet-Lösungen, mit denen neue Märkte erschlossen, Vertriebs- und Vermarktungskosten gesenkt und die Beziehungen zu Kunden und Lieferanten ausgebaut werden können. Diese Lösungen sind:

- SAP Business-to-Business Procurement
- SAP Online Store
- SAP Employee-Self-Service-Anwendungen

1.2.5 SAP Business-to-Business-Procurement

Das SAP Business-to-Business Procurement eröffnet dem Unternehmen die Möglichkeit, die Beschaffungsprozesse zu systematisieren und sie in den Gesamtfluss von Gütern, Geld und Informationen zu integrieren. SAP Business-to-Business Procurement (SAP BBP) ist eine innovative Komplettlösung für den Einkauf via Internet. Mit SAP BBP kann jeder autorisierte Mitarbeiter über eine bedienungsfreundliche, webbasierte Oberfläche direkt von seinem Arbeitsplatz aus Waren und Dienstleistungen eigenständig beschaffen. SAP BBP ist eine kostengünstige Lösung, die schnell in der Praxis eingesetzt werden kann, auch wenn kein System R/3 im Unternehmen vorhanden ist.

Die Vorteile von Business-to-Business Procurements sind:

- Die strategische Beschaffung von nicht-fertigungsgebundenen Waren und Dienstleitungen
- Ein verkürzter Beschaffungszyklus
- Transparenz und zentrale Steuerung der gesamten Beschaffungskette
- Reduzierung der Personal- und Bestandskosten
- Schneller Return on Investment
- Mehr Freiraum für strategische Entscheidungen im Einkauf

SAP BBP erlaubt eine Echtzeitintegration der Einkaufs- und Verkaufsseite und deckt sämtliche Schritte des Beschaffungsprozesses ab:

- Anlegen und Bearbeiten von Bestellanforderung
- Bestellung und Reservierung mit oder ohne Katalog
- Genehmigung und Absage
- Erfassung von Wareneingängen und Dienstleistungen
- Rechnungseingang

- Auswertungen für Management- und Performance-Daten

Die SAP Business-to-Business Procurement-Lösung unterstützt die verschiedenen Möglichkeiten der Katalogintegration:

- Die interne Katalogverwaltung für den Einkauf
- Die Integration von Katalogen verschiedener Anbieter über einen Katalog-Broker
- Den direkten Zugriff des Einkaufs auf die Internet-Kataloge von Anbietern

Verwendet einer der Anbieter den R/3-Produktkatalog SAP Online Store, kann SAP BBP im System eine Bestellung anlegen und gleichzeitig einen Kundenauftrag beim Anbieter erzeugen. Diese Offenheit für Produkt-Kataloge und bestehende betriebswirtschaftliche Systeme garantieren die neuen Business Application Programming Interfaces (BAPIs), die XML-fähig sind (XML = Extensible Markup Language).

1.2.6 SAP Online Store

Der SAP Online Store ist eine Internet-Anwendungskomponente für den elektronischen Handel. Das Besondere am SAP Online Store ist die reibungslose und einheitliche Integration der anfallenden Daten in das System R/3. Der SAP Online Store ist eine Internet-Anwendungskomponente für den elektronischen Handel zwischen Unternehmen und Verbrauchern sowie zwischen Unternehmen. Hersteller, Versandhäuser, Groß- und Einzelhändler können mit dem SAP Online Store ihre Produkte über das World Wide Web direkt vertreiben. Darüber hinaus kann der SAP Online Store im Business-to-Business-Bereich eingesetzt werden. Gleichzeitig ist der Einkauf von Waren über diese Internetkomponente möglich. Wenn gewünscht, lässt sich der SAP Online Store auch nur als Internet-Produktkatalog ohne Bestellmöglichkeit einsetzen.

Was unterscheidet den SAP Online Store von anderen virtuellen Produktkatalogen? Das Besondere am SAP Online Store ist die reibungslose und einheitliche Integration der anfallenden Daten in das System R/3. Vom eingehenden Auftrag über die Verfügbarkeitsprüfung bis zum genannten Preis werden alle Daten aus Ihrem Internet-Geschäft vollständig in Ihr zentrales SAP-System integriert. Dadurch sinken Verwaltungskosten, Datenredundanz und Fehlerwahrscheinlichkeit.

Der SAP Online Store bietet dem virtuellen Einkäufer folgende Funktionen:

- Sichten von Produktkatalogen. Die Warenpräsentation auf Internetseiten ist ebenso wichtig wie in den Filialen eines Unternehmens. Den Online-Warenkatalog kann man dabei völlig frei gestalten. Im Online Store werden Produkte als multimediale Objekte mit Texten, Abbildungen und Ton dargestellt. Die integrierte Suchfunktion, die auf der Suchmaschine »AltaVista« von DIGITAL basiert, findet innerhalb von Sekunden mehrere zehntausend

Artikel und ist in der Lage, verschiedene Suchkriterien miteinander zu verknüpfen.

- Bearbeitung virtueller Einkaufskörbe. Der Kunde kann einen ausgewählten Artikel in seinem virtuellen Einkaufskorb ablegen und nach weiteren Produkten aus dem Angebot suchen.
- Kundenerfassung. Neue Kunden lassen sich gleich beim ersten Einkauf registrieren und erhalten eine Kundennummer. So werden künftige Einkäufe im Online Store vereinfacht. Dieses Merkmal ist insbesondere im Business-to-Business-Bereich von Interesse, da das System R/3 einzelne Geschäftskunden wiedererkennen und ihnen individuell abgestimmte Preise anbieten kann.
- Angebot und Verfügbarkeitsprüfung. Das System erstellt für jeden Kunden maßgeschneiderte Angebote, führt eine aktuelle Verfügbarkeitsprüfung durch und zeigt Liefertermine für die gewünschte Ware.
- Zahlungsverkehr. Die Kunden können gegen Rechnung, per Nachnahme oder über Kreditkarte zahlen. Zur Gewährleistung der Transaktionssicherheit werden online übermittelte Kreditkartendaten über das Verfahren SSL (Secure Socket Layer) und nach der Norm SET (Secure Electronic Transactions) verschlüsselt.
- Auftragsstatus. Der Kunde kann den Liefer- bzw. Bearbeitungsstatus seines Auftrags jederzeit überprüfen. Die Daten der jeweiligen Kundentransaktion werden über den Namen des Kunden und ein Passwort geschützt.
- International einsetzbar. Da der Produktkatalog mehrere Länderversionen unterstützt, kann man den Kunden den SAP Online Store weltweit zur Verfügung stellen. Der Produktkatalog ist auf ein breites Spektrum an Sprachen, Währungen, Datums- und Preisformaten ausgelegt.

Das R/3-System macht es also möglich, dass ein beliebiger Benutzer oder auch ein anderes Unternehmen auf die Funktionalitäten des Softwaresystems eines Unternehmens zugreift, um aktuelle Informationen jeder Art zu erhalten (z.B. Produktkatalog, Kontoanzeige) oder um direkt Aktionen auszuführen (Verbuchung von Aufträgen etc.) [Emden98].

1.2.7 SAP Employee-Self-Service-Anwendungen

Die SAP Employee-Self-Service-Anwendungen binden die Mitarbeiter stärker ein und entlasten die Personalabteilung von Routineaufgaben. Employee Self-Service (ESS) ist eine umfassende Lösung, mit der Mitarbeiter Verantwortung für ihre eigenen Daten übernehmen können, ohne dass dies eine spezielle R/3-Schulung erforderlich macht. Mit SAP ESS kann der gelegentliche Anwender personalwirtschaftliche Daten direkt im System R/3 über einen intuitiv bedienbaren Web-Browser pflegen. SAP ESS stellt den Mitarbeitern Funktionen bereit, die die Zeitwirtschaft, das Reisemanagement, Workflows, Mitarbeiterverzeichnisse und Office-Anwendungen unterstützen und somit weit über die traditionelle Personalwirtschaft hinausgehen. Jeder Mitarbeiter kann sich dabei über eine Internet-Oberfläche im System R/3 Informationen beschaffen oder für sich Aktionen ausführen. Das heißt, ein Teil der R/3-Software hat für alle Mitarbeiter eines Unternehmens Relevanz, nicht nur für die betriebswirtschaftlich orientierten Mitarbeiter [Emden98].

Beispiele für ESS-Anwendungen sind:

- Zeiterfassung
- Interne Bestellanforderung
- Veranstaltungskalender
- Urlaubsanträge
- Reisekostenerfassung
- Mitarbeiterverzeichnis

1.2.8 Die Internet-Anwendungskomponenten der SAP

Unternehmen, die ihre Geschäftsprozesse auf das Internet ausdehnen, können sehr stark von dem jungen Medium profitieren. Von Angeboten auf einer Homepage über die interne, IT-gestützte Auftragsabwicklung bis zur Auslieferung lässt sich die gesamte Geschäftsprozesskette umfassend unterstützen. Mit den Internet-Anwendungen für R/3 können die Geschwindigkeit und Qualität der Geschäftsprozesse optimiert werden. Das Ergebnis: niedrigere Kosten und zusätzliche Kapazitäten zur Ergänzung des Leistungsangebots eines Unternehmens.

Mit Hilfe der so genannten »IACs« (Internet Application Components), welche das R/3-System zur Verfügung stellt, ist es möglich, Geschäftsprozesse innerhalb eines Unternehmens zu optimieren und auch über die Grenzen des Unternehmens hinaus zu erweitern.

Internet-Anwendungskomponenten sind einsatzfertige R/3-Lösungen, die mit beliebigen Internet-Browsern genutzt werden können. Sie werden von der SAP im Standard vordefiniert ausgeliefert und können der jeweiligen Corporate Identity angepasst bzw. als Vorlage für eigenentwickelte oder weiterentwickelte Anwendungskomponenten für das Internet verwendet werden. Der Anwender kann die R/3-Internetkomponenten entweder unmittelbar in ihrer ausgelieferten Form einsetzen oder als Vorlage für eigene Anwendungen verwenden [Perez98].

1.3 Erfolgsfaktoren der Einführung von Standardsoftware

Die geschäftsstrategischen, wirtschaftlichen und innenorganisatoren Rahmenbedingungen in den Unternehmen, dies gilt in selbem Maße auch für den Mittelstand, erfordern, wie einleitend bereits ausführlich beschrieben, im Rahmen eines Business Reengineerings die Einführung einer betriebswirtschaftlichen Standardsoftware. Eine Einführung und Nutzung betriebswirtschaftlicher Standardanwendungssoftware zeichnet sich durch folgende Erfolgsfaktoren aus:

- Abstimmung von Unternehmens- und Informatikstrategie
- Schnelle Realisierung von lauffähigen Lösungen
- Konzentration auf »Early Wins«
- Setzen auf Standards

Im Folgenden sollen diese vorstehend aufgeführten Erfolgsfaktoren näher konkretisiert werden.

1.3.1 Abstimmung von Unternehmens- und Informatikstrategie

Die Einführung einer Standardsoftware muss den geschäftlichen Zielen des Unternehmens folgen. Dezentralisierung und Segmentierung von Unternehmensteilen, Reengineering von Kerngeschäftsprozessen, Geschäftsprozessoptimierung, Erhöhung der Produktivität von Unternehmensbereichen etc. müssen durch eine entsprechende Anwendungssoftware unterstützt werden. Oftmals ermöglicht aber auch erst eine moderne Standardanwendungssoftware wie SAP R/3 eine Neuausrichtung des Unternehmens im Sinne der erwähnten Ziele. Für viele Unternehmen wird der Einsatz einer Standardanwendungssoftware zu einem strategischem Entscheid.

1.3.2 Schnelle Realisierung von lauffähigen Lösungen

Ein wesentlicher Erfolg der Einführung von Standardanwendungssoftware liegt darin, schnell zu lauffähigen, wenn auch noch nicht bis ins letzte Detail fertigen Lösungen zu gelangen. Dadurch ist es möglich, dass sich alle Mitarbeiter sofort ein Bild von den neuen Geschäftsprozessen machen. Erklärtes und primäres Ziel muss es sein, die Einführung eines Standard-Anwendungssoftwarepaketes durch schnelle und effiziente Realisierung von erfolgreichen Basislösungen und die wiederholte Weiterentwicklung der Basislösungen durch ein iteratives Prototyping zu beschleunigen.

1.3.3 Konzentration auf »Early Wins«

Ergänzend zu den zuvor genannten Erfolgsfaktoren müssen Projekte schnell durchzuführen sein und bald zu messbaren Erfolgen führen. Dabei sollte sich das Projektteam zunächst auf die so genannten »Early Wins« konzentrieren, bevor umfassende Geschäftsprozessoptimierungen oder Reengineeringmaßnahmen angegangen werden. Unter Early Wins versteht man Verbesserungen der Geschäftsabläufe, die schnell umsetzbar sind und dennoch mit beachtlichen Kosten und/oder Zeitersparniseffekten einhergehen.

1.3.4 Setzen auf Standards

Ein wesentliches Kriterium zur Eingrenzung des Betreuungsaufwandes und der Wartungskosten der Standardanwendungssoftware ist die erklärte Bereitschaft des Unternehmens bzw. des Projektteams, die Software, falls möglich, im Standard einzusetzen und von Erweiterungen bzw. Modifikationen abzusehen. Modifikationsanforderungen ergeben sich meistens aus den Wünschen der Anwender, dass die neue Software im Handling und der Dialogführung den bisher eingesetzten Altsystemen entsprechen soll [Jacob98].

1.4 Nutzeneffekte aus der Praxis durch die Implementierung der Standardsoftware SAP R/3

Durch die Einführung der betriebswirtschaftlichen Standardsoftware SAP R/3 ergeben sich nach den zahlreichen Erfahrungen folgende Nutzeneffekte:

- Anpassungen an ablauforganisatorische Änderungen sind einfacher abzubilden als früher.
- Die sachgerechte und bereichsübergreifende Abbildung der betrieblichen Abläufe erhöht die Sicherheit der Geschäftsprozesse.
- Qualitative Verbesserung der internen Vorgänge und Entscheidungen, z.B durch integrierte, tägliche Planungsläufe von Kundenaufträgen, Bestellungen, Fakturen etc.
- SAP als offenes System bietet sehr viele Standardschnittstellen und ermöglicht damit eine einfache Anbindung ohne einen Verlust von Integrationsvorteilen an die verschiedensten Satellitensysteme.
- Durch eine sehr transparente Datenhaltung und einfach zu erlernende Programmierung mittels der von SAP entwickelten Programmiersprache ABAP/4 wird die Flexibilität erhöht.

- Weitere Nutzenpotentiale werden durch die Möglichkeit einer einfachen Einbindung von MS Office und Bürokommunikationslösungen erschlossen.
- Die Integration der Abläufe führt zur schnelleren Abwicklung betrieblicher Prozesse. Durch den R/3-Belegfluss wird verdeutlicht, welche Mitarbeiter in die Prozesskette eingebunden sind. Dadurch wird jedermann an jeder Position des Geschäftsprozesses in die Lage versetzt, den Status eines Geschäftsprozesses festzustellen, zu kontrollieren und letztendlich auch zu erkennen, wenn es irgendwo hakt.
- Dadurch wird nicht nur die Geschwindigkeit der Bearbeitung erhöht, sondern auch Qualität und Sicherheit der Geschäftsprozesse erhöhen sich in spürbarem Maße. Kurze Lieferzeiten und geringe Reklamationen sind Beispiele für diese positiven Folgen.
- Ein Umdenken in den Köpfen aller Mitarbeiter eines Unternehmens wird gefordert. Wenn R/3 eingeführt wird, setzt das Unternehmen sozusagen Schritt für Schritt seinen Fuß in DV-Neuland. Waren es die Mitarbeiter eines Unternehmens bislang gewöhnt, alles nach einem fest vorgegebenen Ablauf abzuarbeiten und einzelne Funktionen in aufeinander folgender Art und Weise zu erfüllen, läuft mit R/3 bis auf wenige Ausnahmen (z.B. periodische Jobs) alles im Echtzeitbetrieb, also realtime, ab.
- Das impliziert mehr Eigenverantwortung und natürlich auch viel mehr Eigeninitiative bei jedem einzelnen Mitarbeiter. Denn jede Eingabe löst im R/3-System sofort eine Kette von Reaktionen aus. Wenn nur ein Glied in der Bearbeitungskette nicht richtig funktioniert, wird der Gesamtablauf sofort empfindlich gestört.
- Die Mitarbeiter lernen dadurch auch, »ihren« Betrieb besser zu verstehen. Denn durch die höhere Verantwortung werden die Mitarbeiter auch gezwungen, mehr und mehr über ihren eigenen Aufgabenbereich hinweg in andere zu schauen. Dies hat zur Folge, dass sich die Mitarbeiter aus der Sicht ihrer bisher isolierten Abläufe lösen und die Bedeutung ihrer Beiträge am Gesamtprozess erkennen.
- Der Aufwand an Systembetreuung sinkt. Denn durch die hohe Integration des R/3-Systems entfallen i.d.R. viele Fremdsysteme und damit auch die Datenübertragung über arbeits- und betreuungsintensive Schnittstellen zu diesen Fremdsystemen.
- Es ergeben sich auch erhebliche Vorteile beim so genannten Datenmanagement. Nun ist es möglich, Informationen jederzeit schnell und anwendergerecht aufbereitet bereitzustellen.
- Der Verwaltungsaufwand kann gesenkt werden. Wurden vor der Implementierung von R/3 alle Kundenpapiere mehrfach abgelegt und manuell verwaltet, übernimmt dieses nun das R/3-System. Dadurch kann sich jede

Abteilung eines Unternehmens wieder mehr auf ihr Kerngeschäft konzentrieren.

- Der Zugriff auf das Internet und damit auf die Kommunikationstechnologie der Zukunft ist möglich.
- Das System gewährleistet Aktualität und flexible Anpassungen der Auswertungen auf Sparten.
- Verbesserte Entscheidungsgrundlage für das Management eines Unternehmens mittels Festlegung und Überwachung von Führungskennzahlen.
- Ein großer Nutzen des R/3-Einsatzes entsteht durch die Überarbeitung der Geschäftsprozesse im Rahmen des Projektes. Dadurch ist es möglich, sämtliche Prozesse zu straffen und manuelle Bearbeitungsschritte zu reduzieren. Im Ergebnis bringt dies z.B. wesentliche kürze Durchlaufzeiten und eine höhere Flexibilität bei Kundenaufträgen mit sich.

1.5 Konsequenzen der Einführung

1.5.1 Organisatorische Auswirkungen

Die wesentlichste und spürbarste Auswirkung der Einführung einer prozessorientierten Standardsoftware steht im kausalen Zusammenhang mit der Integration von Aufgaben und Funktionen entlang der verschiedensten Geschäftsprozessketten der einzelnen Bereiche eines Unternehmens. Dadurch wird eine enorme mentale Umstellung des gesamten Mitarbeiterstamms impliziert:

- Es besteht bei sehr vielen Tätigkeiten und Aufgabenbereichen ein extrem großer Zwang, abteilungs- bzw. bereichsübergreifend zu denken und zu handeln, um den Gesamtprozess nicht störend zu beeinflussen.
- Verantwortlichkeiten müssen neu geregelt werden, da viele Funktionen eine viel höhere Bedeutung bekommen.
- Es ist nicht mehr möglich, Abläufe, so wie früher vor der Einführung von SAP R/3, unsauber und provisorisch auszuführen. Die standardisierten prozessorientierten Abläufe erfordern die ganze Disziplin aller Mitarbeiter. Dies führt letztendlich zu einer nachhaltigen Verbesserung der gesamten Daten- und Ablaufqualität des implementieren Softwaresystems
- Vom Management wird ebenfalls ein Umdenken im größeren Umfang gefordert, denn spätere Umstellungen in der Aufbau- bzw. Ablauforganisation sind ohne Berücksichtigung des SAP-Umfeldes nicht mehr möglich. Im Klartext heißt dies, dass jede einzelne Änderung auch in SAP R/3 hinterlegt und die sich daraus ergebenden Auswirkungen bereichsübergreifend getestet werden müssen.

1.5.2 Konsequenzen für die Informatik

Die Einführung einer betriebswirtschaftlichen Standardsoftware SAP R/3 wird auch personelle Konsequenzen nach sich ziehen. Diese sehen nach [Jakob98] wie folgt aus:

Operating und Systemadmistration — Tendenz: sinkend

Durch die homogene DV-Landschaft mit der meist durchgängigen Verwendung von Windows NT kann sowohl der klassische Rechenzentrumsbetrieb als auch die Systemadministration stark reduziert werden. Darüber hinaus ist es möglich mit SAP eine einfache Dezentralisierung von Druck- und Batchverfahren zu realisieren.

Support — Tendenz: steigend

Die Einführung von SAP R/3 erfordert einen wesentlichen größeren Aufwand für Support. Dies ist im gewachsenen Einsatz von PC-Technologie aus auch in der verstärkten Nutzung von modernen Kommunikationstechnologien wie z.B. eine Internetanbindung an das bestehende SAP-System begründet.

SAP-Anwendungsentwicklung — Tendenz: steigend

Dieser Aufwand wird sich tendenziell ebenfalls erhöhen. Das Ausmaß der Aufwandssteigerung wird durch den notwendigen Pflegebedarf, Weiterentwicklungsbedarf und Betreuungsbedarf der SAP-Software bestimmt.

1.5.3 Weitere kritische Faktoren

- Der zeitliche Aufwand für Beleganpassungen, Vorbereitung der Anwender auf die Integration der Abläufe, der Stamm- und Bewegungsdatenübernahme wird unterschätzt.
- Die Mitglieder des Projektteams zur Einführung der SAP-Software werden überbelastet, da sie einerseits das übliche und normale Tagesgeschäft erledigen müssen und andererseits zusätzlich noch in arbeitsintensiven Projektaufgaben tätig sein müssen.
- Dem unternehmensspezifisch angepassten Berechtigungskonzept wird zu wenig Bedeutung beigemessen.
- Die Mitarbeiter werden nicht ausreichend genug in die neu eingesetzten Verfahren eingewiesen, z.B. Verfügbarkeitsprüfung, Dispositionsverfahren und dergleichen.
- Transaktions-, Modul- und Integrationstests werden nicht oder viel zu spät durchgeführt.

- Im Rahmen des Customizings wurde die angestrebte Unternehmensstruktur im System ungenau abgebildet. Wenn hier die Weichen falsch gestellt wurden, ergeben sich später enorm hohe Kosten, um dies wieder entsprechend zu korrigieren.

An Archivierung der künftig in großen Massen entstehenden Daten wird nicht gedacht; das Thema Archivierung wird vernachlässigt. Das vorliegende Buch setzt genau an diesem Punkt hier auf. Durch den Einsatz von SAP-Systemen mit teilweise tausenden von Benutzern werden große Datenmengen erzeugt, die sich manchmal in den Terabyte-Bereich erstrecken können. Die im Rahmen der R/3-Einführung notwendige elektronische Abbildung von Standardgeschäftsprozessen und die automatische Übernahme und Generierung von Daten aus vorgelagerten Systemen führt darüber hinaus zu einem zusätzlichen Anwachsen des Datenvolumens. So werden beispielsweise Verkaufsbelege, Lieferscheine oder Rechnungen elektronisch im SAP-System erzeugt und mittels EDI an Geschäftspartner weitergeleitet. Wie die Erfahrung im Rahmen der Betrachtung sehr zahlreicher produktiver R/3-Installationen ergibt, wächst das Datenvolumen nicht linear, sondern exponentiell im Zeitablauf. Dies kann u.a. zu erheblichen Performanceproblemen beim jeweiligen R/3-System führen. Diese gilt es zu vermeiden.

2 Abgrenzung optische Archivierung, Dokumenten- und Datenarchivierung

Im Rahmen einer geplanten Archivierung im R/3-Umfeld wird von den verantwortlichen Personen sehr oft der Einsatz optischer Archivsysteme in Betracht gezogen. Aus diesem Grunde soll in diesem Kapitel der Zusammenhang zwischen optischer Archivierung, Dokumentenarchivierung und der Datenarchivierung näher erläutert werden.

2.1 Optische Archivierung

2.1.1 Definition

Archivierung

Unter einem Archiv- oder Archivierungssystem wird im Allgemeinen ein System verstanden, das die Ablage und die Suche bzw. das Wiederauffinden von Dokumenten organisiert. Wird dabei ein Rechner benutzt, so spricht man von einer rechnergestützten Archivierung [Gulbins99]. Daten- und Dokumenten-Management-Systeme speichern Informationen in elektronischer Form, und zwar auf optischen Speicherplatten. Das Wiederauffinden, auch Retrieval genannt, erfolgt über Verzeichnisse, die nach bestimmten Hierarchien aufgebaut sind [Stahlknecht95].

Archivierung setzt aber nicht notwendigerweise voraus, dass alle archivierten Dokumente in elektronischer, dem Rechner zugänglicher Form vorhanden sind [Gulbins99]. Erfahrungen zeigen, dass der größte Teil aller Informationen in nicht-codierter Form vorliegt. Das Management von Daten und Dokumenten hat sich deswegen in der Hauptsache mit der Verwaltung von nicht codierten Informationen zu befassen [Stahlknecht95]. Denkbar ist hier beispielsweise ein Akten-Archiv oder eine Bibliothek, bei denen nur die Stichworte im Rechner verwaltet werden, die Information selbst sich aber noch auf Papier, für den Rechner unzugänglich, befindet. Das elektronische Erfassen, Speichern, Wiederfinden, Verarbeiten, Verteilen und Drucken von Informationen, die in nichtcodierter Form vorliegen, wird auch als »Image Processing« bezeichnet [Stahlknecht95]. Liegen die Dokumente aber vollständig oder überwiegend in elektronischer Form vor, dann handelt es sich um ein elektronisches Archiv [Gulbins99].

Optische Archivierung

Von optischer Archivierung wird deshalb gesprochen, da zur Speicherung der Informationen optische (Speicher-) Platten verwendet werden [Stahlknecht95]. Hierbei unterscheidet man Platten, die nur einmal beschreiben werden können, sog. WORM-Platten (Write Once Read Many Times), oder solche, die mehrmals beschrieben werden können, so genannte MO-Platten (Magneto Optical). Beide Systeme zeichnen sich durch eine hohe Speicherkapazität und Langlebigkeit aus [Gulbins99]. Weitere Speichermedien sind die CD (Compact Disc) bzw. CD-ROM sowie optische Bänder, auf die in einem der folgenden Kapitel noch näher eingegangen wird.

Der Begriff »optische Archivierung« bezieht sich auf die Speicherung von Daten oder Dokumenten (Listen, eingehende Rechnungen, ausgehende Bestellungen etc.). Ausgehende Belege werden dabei im R/3-System erzeugt und als Binärcode gespeichert. Die Informationen dieser Belege liegen damit in einer Form vor, in der sie vom Rechner einfach interpretiert und weiterverarbeitet werden können. Diese Informationen werden als Coded Information (CI) bezeichnet. Eingehende Belege liegen in der Regel dagegen als Papierdokument vor und müssen zur Speicherung in ein vom Rechner umsetzbares Format gebracht werden. Auf einfachste Art erfolgt die Erfassung dieser Dokumente mit einem Scanner. Dabei werden die Informationen als Rasterbild gespeichert, in dem nur die einzelnen Bildpunkte bekannt sind. Informationen, die in dieser Form vorliegen, werden als Non Coded Information (NCI) bezeichnet.

Ein Dokument ist nach SAP-Konvention eine Folge von logisch zusammenhängenden Seiten. Dabei ist es unerheblich, ob es sich um eine einzelne Seite oder um Informationseinheiten (= mehrere logisch zusammenhängende Seiten) in Form von Pixelinformationen oder Bildern handelt oder der Text in einfacher oder strukturierter Form vorliegt [Gulbins99]. Unter ein Dokument fällt ein im SAP R/3-System erzeugtes mehrseitiges Angebotsschreiben oder eine Bestellung genauso wie ein mehrseitiger Brief. Der Begriff Dokument wird also sehr weit gefasst und schließt sowohl NCI-Dokumente als auch CI-Dokumente ein [Wenzel98].

2.1.2 Ziele der optischen Archivierung

Ziel der optischen Archivierung ist die Erzeugung elektronischer Dokumente mittels z.B. manueller Erfassung oder Einscannen der Dokumente, die dann im Archivserver abgelegt werden [Mertens94]. Durch das Einscannen und Erfassen eines Originaldokuments kann auf die Verwendung papiergebundener Akten verzichtet werden, da nun die Dokumente in elektronischer Form vorliegen [Bahmann/Wenzel95]. Auch wird dadurch der Medienbruch zwischen papier- und rechnerbasierten Dokumenten vermieden [Gulbins99]. Zur Bearbeitung seines Tagesgeschäftes muss der Sachbearbeiter in der Regel nur noch auf die archivierten Daten zugreifen, die in Dateiform und/oder Datenbanken gespeichert sind [Stahlknecht95].

2.2 Abgrenzung der Begriffe Dokumenten- und Datenarchivierung

Optische Archivierung als bloße Speicherung der Dokumente auf optischen Platten umfasst sowohl die Dokumenten- als auch die Datenarchivierung, wobei die Datenarchivierung nur in Zusammenhang mit dem R/3-System gesehen wird. Explizit sei hier darauf hingewiesen, dass optische Archivierung auch ohne R/3-System möglich ist, z.B. durch Einscannen von Originaldokumenten und anschließender Ablage im Archivserver [Gulbins99]. Vergleiche in diesem Kontext aber auch [Stahlknecht95].

Datenbanken mit mehreren Hundert Gigabyte sind zwar möglich, doch wird deren Administration aufwändiger, ihre Leistungsfähigkeit kann mit wachsender Größe abnehmen. Dies gilt es, wie schon erwähnt, zu verhindern. Deshalb muss rechtzeitig geplant werden, wie man im produktiven Betrieb Daten und Dokumente archivieren kann [Brand98].

2.2.1 Dokumentenarchivierung bzw. Dokumentenmanagement

Visionäre sehen es schon seit Jahren kommen: das papierlose Büro. Aber allen Prognosen zum Trotz wachsen die Papierberge weiter und weiter. Viele Unternehmen und Institutionen, egal welcher Branche oder Größenordnung, stehen heute vor immer wieder dem gleichen Problem: Um ihre Wettbewerbsfähigkeit für die Zukunft zu sichern, muss ihre Organisationsstruktur ein hohes Maß an Effizienz und Wirtschaftlichkeit aufweisen, sprich: sie muss reaktionsschnell, flexibel und informationssicher sein. Dass die Menge sofort und zielgerichtet zu bearbeitender Informationen und Dokumente dabei nach wie vor eine steigende Tendenz zeigt, ist für die meisten Unternehmen Grund genug, die rasche Realisierung einer entsprechenden erfolgversprechenden Lösung zu forcieren.

Die heute verfügbare Technologie bietet adäquate Möglichkeiten. Ein gutes Beispiel dafür sind elektronische Dokumenten-Management-Systeme, anhand deren eine Archivierung von Business-Dokumenten durchgeführt werden kann.

Unter Dokumentenarchivierung kann z.B. die Erfassung externer Dokumente, wie z.B. eine Rechnung, verstanden werden. Man spricht auch vom so genannten Dokumentenmanagement. Innerhalb eines Geschäftsprozesses gibt es verschiedene Zeitpunkte, zu denen Dokumente erfasst und in einem optischen Archiv abgelegt werden können. Während die ausgehenden Dokumente des R/3- Systems gleichzeitig mit ihrer Entstehung (Ausdruck, Faxversand) archiviert werden, besteht bei eingehenden Dokumenten die Möglichkeit, je nach organisatorischen Erfordernissen, Art und Zeitpunkt der Archivierung festzulegen.

Folgende Szenarien für die Erfassung von Dokumenten werden unterstützt:

- Ablage und Anzeige eingehender Dokumente
- Ablage und Anzeige ausgehender Dokumente

Die Erfassungsszenarien zur Dokumentenarchivierung / zum Dokumentenmanagement sind in Kapitel 3 im Detail dargestellt.

2.2.2 Datenarchivierung

Mit Datenarchivierung ist die Auslagerung von Anwendungsdaten aus dem R/3-System gemeint. Ein Zusammenhang zwischen optischer Archivierung und der SAP R/3-Datenarchivierung besteht insofern, als dass die bei der Datenarchivierung aus der Datenbank archivierten Anwendungsdaten auf optischen Speichermedien (Tertiärspeichermedien) abgelegt werden. Hierbei werden Auszüge der R/3-Datenbank vom System in das Archiv ausgelagert. Dieser Vorgang, der auch Reorganisation genannt wird, ist dann nötig, wenn sich zu viele Daten angesammelt haben und die Datenbank dadurch eine Größe erreicht, die sich negativ auf die Reaktionszeit des Systems auswirkt. Jegliche Funktionalität bezüglich der Anzeige und Auswertung der Archiv-Files muss innerhalb des SAP-Systems abgebildet werden, da die Archivdaten in einem für externe Sys-teme nicht lesbaren Format abgespeichert werden.

Für ein SAP R/3-System ist die Archivierung von Anwendungsdaten in zwei oder optional drei Schritte aufgebaut. Im ersten Schritt werden die Archivdateien erzeugt. Mittels eines Archivierungsobjektes wird das betriebswirtschaftliche Objekt ausgewählt und festgelegt, wie es zu archivieren ist. Nach der Durchführung dieses Schrittes sind die Daten sowohl in der Datenbank als auch in den Archivdateien gespeichert. Dabei sind die Daten in den Archivdateien auf ein Fünftel des ursprünglichen Volumens komprimiert. Im nächsten Schritt wird geprüft, ob die Archivdateien lesbar sind. Erst danach werden die archivierten Daten in der Datenbank des R/3-Systems gelöscht. Darum können während eines Archivierungslaufs keine Daten verloren gehen, so dass vor einem

Archivierungslauf auf eine zusätzliche Datensicherung verzichtet werden kann. Im optionalen dritten Schritt können die Archivdateien entweder auf einem externen Speichermedium gespeichert oder abgelegt werden [Brand98].

Bei der beschriebenen Datenarchivierung werden sequentielle Files im Filesystem eines R/3-Servers generiert. Diese können über die Archive-Link-Schnittstelle auf einem optischen Archivsystem gespeichert werden. Aus Sicht der Datenarchivierung ist ein optisches Archiv ausschließlich ein potentielles Ablagesystem für die SAP-Archivdateien. Jegliche Funktionalität bezüglich der Anzeige und Auswertung der Archiv-Files muss innerhalb des R/3-Systems abgebildet werden, da die Archivdateien in einem für externe Systeme nicht lesbaren Format abgespeichert werden.

2.2.3 Datenbank-Backup

Nicht verwechselt werden darf die Datenarchivierung mit einem Datenbank-Backup. Darunter versteht man eine regelmässige Sicherung der Datenbank aus folgender Ursache: Durch Ausfall von Datenträgern sowie Hardware-, Software- oder Benutzerfehlern kann es zu Datenverlusten kommen. Dem kann man durch einen Datenbank-Backup vorbeugen, indem der Datenbankbetrieb in bestimmten Zeitabständen unterbrochen, eine Kopie der gesamten Datenbank erzeugt wird und diese Kopie auf geeigneten Tertiärspeichermedien abgespeichert wird [Störl98]. Der entscheidende Unterschied zur Datenarchivierung ist dabei, dass die Datenbank durch einen Backup weder verändert noch entlastet sondern lediglich kopiert wird. Somit bleibt der Datenbestand in der Datenbank gleich. Bei der Archivierung hingegen werden die Daten dauerhaft aus der Datenbank ausgelagert und in der Datenbank gelöscht. Die Laufzeit für eine komplette Datenbanksicherung nimmt mit wachsender Datenbank zu und kann somit zu Administrationsproblemen eines R/3-Systems führen. Dieses Problem kann, wie bereits erwähnt, nur durch eine Datenbankarchivierung behoben werden.

2.2.4 Datenbank-Recovery

Tritt nun ein Datenverlust aus den genannten Gründen ein, so wird die zuletzt erzeugte und damit aktuellste Sicherheitskopie in die Datenbank eingespielt, und damit werden die Daten wiederhergestellt. Hier spricht man von einem Datenbank-Recovery, also der Wiederherstellung eines Zustandes, der zu einem bestimmten Zeitpunkt geherrscht hat [Störl98].

Dieses Buch befasst sich ab Kapitel 5 ausführlich mit der Datenarchivierung in SAP R/3-Systemen.

3 Dokumentenmanagement in R/3-Systemen

3.1 Grundlagen zum Dokumentenmanagement

»Wir können die Schwerkraft überwinden, aber der Schriftverkehr wird uns erdrücken«. Dieser Satz, den Wernher von Braun in den fünfziger Jahren formulierte, gewinnt heute immer mehr an Bedeutung. Die Wirtschaft und vor allem dieVerwaltung werden immer komplexer. In den unterschiedlichen Unternehmensbereichen, wie z.B. der Buchhaltung, dem Controlling etc. fallen erhebliche Papier- und Datenmengen an. Hier kommt es auf eine zügige und konsis-tente Bearbeitung von Belegen an. Die zu bearbeitenden Belege bestehen dabei entweder aus Papier, das über Post bzw. Fax von außen in das Unternehmen kommt, oder aus Dokumenten, die im Unternehmen entstehen und nach außen geschickt werden [Gulbins1999].

Informationen und Geschäftsunterlagen müssen aus juristischen Gründen über längere Zeiträume aufbewahrt werden [Leffson87]. Dies führt zu immer größer werdenden Informations- und Datenmengen, die bewältigt werden müssen, um schnelle und fundierte Entscheidungen zu treffen, zu begründen und zu dokumentieren.

Dies ist ein wesentlicher Wettbewerbsfaktor geworden und unterstützt vielfach eine hohe Kundenorientierung, die im Zeitalter des Customer Relationship Managements (CRM) und des Supply Chain Managements (SCM) immer wichtiger wird. Schneller und einfacher Informationszugriff und hohe Auskunftsbereitschaft gehören nun zur strategischen Komponente eines jeden Unternehmens, vor allem aber in der IT-Industrie. Das schließt insbesondere eine sinnvolle und umfassende Verwaltung und Bearbeitung aller im Unternehmen produzierten und notwendigen Dokumente ein. Archivierungssysteme helfen, Personalkosten für das Sortieren und Suchen einzusparen sowie die gespeicherten Dokumente jedem zugriffsberechtigten Mitarbeiter im Unternehmen einfach zugänglich zu machen. Die archivierten Daten können auch über Unternehmensgrenzen hinweg, insbesondere von in der Supply Chain kooperierenden Betrieben aufgerufen werden. Benötigt beispielsweise der Mitarbeiter eines Distributors ein Dokument oder die Daten zu einem Beleg aus der Produktentwicklung des Herstellers, so entfallen Transportzeiten und -kosten, wenn er auf sie in elektronischer Form zugreifen kann [Knollmayer2000].

Die Speicherung, Langzeitarchivierung, Verwaltung und der gezielte Zugriff auf solche Mengen von Daten und Dokumenten hinken diesem Trend aber bisher noch hinterher. Einer der bedeutendsten Lösungsansätze sind die so genannten Dokument-Management-Systeme (DMS).

3.1.1 Definition von DMS

Für den Begriff »Dokumentenmanagement« besteht auf dem Markt keine einheitliche Begriffsdefinition. Er wird auf unterschiedliche Weise interpretiert. Dokumentenmanagement oder auch EDM (Elektronisches Dokumentenmanagement) wird in der Regel zur Kennzeichnung einer Reihe von Produkten verwendet, die die elektronische Archivierung, das Document Image Processing (Dokumentverarbeitung/ -speicherung als Bildinformation), die Volltextrecherche, teilweise aber auch Workflow-Funktionen betreffen [Stahlknecht95].

DMS sind dabei Systeme, die die Funktionen des Dokumentenmanagements elektronisch unterstützen. In der Praxis wird häufig der Begriff Archivsystem synonym zu dem Begriff DMS verwendet. Das Archivsystem ist jedoch nur als eine der Systemkomponenten eines DMS zu sehen, auch wenn die Grenzen zwischen den Systemkomponenten unscharf verlaufen und letztendlich von dem spezifischen Produkt des Herstellers bzw. Softwareanbieters abhängig sind [Jamin94].

Das Fraunhofer IAO definiert ein DMS folgendermaßen. »Die Aufgabe des Dokumenten-Managements umfasst das Scannen, Erstellen, Verwalten, Weiterleiten, Ablegen, Archivieren, Abrufen und Suchen von Dokumenten. Es soll den Menschen bei der Bearbeitung, der Verwaltung, der Weitergabe und Ablage von Informationen und Dokumenten unterstützen. Es hat zum Ziel, die Produktivität durch eine Verkürzung der Durchlaufzeit und eine sofortige Bereitstellung notwendiger Informationen zu erhöhen. Dokumenten-Management-Systeme können Bürovorgänge nicht nur unterstützen, sondern auch durch die Definition und Unterstützung dynamischer Sequenzen von Tätigkeiten und die Integration von statischen Informationsobjekten optimieren«. Mit dieser Definition sind auch die wichtigsten Aufgaben eines DMS schon erklärt. Man sollte noch die Administration der Dokumente sowie der Zugriffsrechte von Benutzern zu diesen Aufgaben hinzufügen [Gulbins99].

Schwieriger erscheint dagegen die Abgrenzung nach einer Reorganisation der R/3-Datenbank. Hierbei werden die Ordnungskriterien der Ablage selbst in das Archiv verlagert. Danach ist es möglich eine Rechercheabfrage nach Dokumenten im Archivsystem eigenständig durchzuführen. In diesem Falle kann das

Archivsystem auch als Dokumenten-Management-System bezeichnet werden [Gulbins99].

3.1.2 Kriterien für die Einrichtung und Konfiguration von Dokumenten-Management-Systemen

Kriterien für die Einrichtung und Konfiguration von Dokumenten-Management-Systemen sind nach [Stahlkecht 95] u.a.:

- Die Menge der zu archivierenden Daten und Dokumente
- Die Häufigkeit der Zugriffe darauf
- Die Häufigkeit und der Umfang der Änderungen bzw. Ergänzungen zu diesen Daten und Dokumenten

3.1.3 Vorteile von DMS-Systemen

Potenzielle Vorteile von Archivierungssystemen gegenüber konventionellen Papierarchivsystemen [Gulbins99]:

- Kürzere Zugriffs- und Ablagezeiten
- Kürzere Transport- und Suchzeiten
- Verbesserung der Produktivität durch kontinuierliche, nicht unterbrochene Bearbeitung
- Personaleinsparungen
- Reduzierung der Bürosystemkosten durch Einsparung von Schränken, Ordnern etc.
- Reduzierung des Platzbedarfes für die Lagerung von Akten
- Dezentraler und gleichzeitiger Zugriff durch mehrere Benutzer
- Höhere Konsistenz durch eine zentrale Datenhaltung bei gleichzeitig paralleler und dezentraler Zugriffsmöglichkeit
- Einfaches Sichern und Kopieren ohne Beschädigungen
- Möglichkeit der integrierten Verarbeitung durch das Vermeiden von Medienbrüchen
- Multimediale Dokumente (Text, Audio, Video etc.) können integriert, verwaltet und bearbeitet werden
- Entscheidungsprozesse werden durch die »Knopfdruck«-Verfügbarkeit beschleunigt
- Die Auskunftsfähigkeit wird verbessert und dadurch das Dienstleistungspotential optimiert

- Die Sicherheit wird deutlich erhöht, da optische Speichermedien eine längere Verfallsdauer und einen automatischen Sicherungsmechanismus besitzen

Der Fachverband AWV (Arbeitsverband für wirtschaftliche Verwaltung) hat allgemeine Untersuchungen durchgeführt, die das Potential für Einsparungen durch den Einsatz von elektronischen Archivsystemen beleuchten [Perez98]. Nach den verschiedenen Merkmalen aufgeschlüsselt belaufen sich diese auf:

0 – 90 % Reduzierung der Bearbeitungszeit

10 – 35 % Reduzierung des Sachbearbeitungspotentials

10 – 75 % Steigerung der Produktivität

20 – 40 % Reduzierung der Verarbeitungskosten pro Einheit

30 – 50 % Einsparung von Büroflächen

Man geht bei der Einführung von Archivsystemen daher von einem Return on Investment in ein bis zwei Jahren aus [Perez98]. Vergleiche hierzu auch [Gulbins99].

3.2 Die Architektur eines DMS

Ein solches System besteht im Allgemeinen aus mehreren Komponenten und Abläufen, in denen Informationen (Dokumente) ausgetauscht werden. Für den Benutzer gibt es eine Erfassungsmöglichkeit für externe Daten und Dokumente, welche in den meisten Fällen durch einen Scanner repräsentiert wird. Die eingescannten Seiten werden auf ausreichende Qualität geprüft und zu einem Dokument zusammengefasst. Anschließend werden sie in elektronischer Form abgelegt. Dies geschieht in einem Archivsystem auf optischen Platten, wegen der zumeist großen Datenmengen. Damit die gespeicherten Daten und Dokumente auch nutzbar sind, ist ein Recherchesystem vorhanden, dass sich meist auf eine relationale Datenbank, wie z.B. im System R/3, stützt. Die gefundenen Daten und Dokumente werden über ein Anzeigeprogramm, das häufig als Viewer bezeichnet wird, dargestellt. Diese Ausführungen sind in Kapitel 11 dieses Buches noch detaillierter dargestellt.

3.2.1 Aufgaben und Funktionen eines elektronischen Archivsystems

Die Aufgaben und Funktionen eines elektronischen Archivsystems sind:

- »Informationen zu erfassen, soweit sie nicht bereits im Rechner vorliegen.
- Informationen in ein zur Speicherung geeignetes Format umzusetzen.
- Kenndaten bzw. so genannte Attribute zur Information zu erfassen, die das spätere Wiederauffinden erlauben.

- Daten auf geeignete Speichermedien sicher abzulegen.
- Das möglichst einfache Auffinden einer gewünschten Information aus den gespeicherten Daten zu unterstützen.
- Abgerufene Information vom Datenspeicher zu holen und dem Anwender oder einem Programm zur Verfügung zu stellen.« [Gulbins99]

3.2.2 SAP ArchiveLink

ArchiveLink hat zwei Schnittstellen, die miteinander über eine Art Middleware verbunden sind, welche auch die Funktionen der Anzeige und des Ausdruckens übernimmt. Die Applikationsschnittstelle wird genutzt, um synchrone und asynchrone Operationen durchzuführen, wie Dokumente ablegen, abrufen oder anzeigen. Die Archivschnittstelle ist für die Anbindung des jeweiligen Systems an das System R/3 zuständig.

Über die SAP ArchiveLink-Schnittstelle können optische Archive und Dokumenten-Management-Systeme mit dem R/3-System verbunden werden. Diese externen Archivsysteme können dazu benutzt werden, um neben Archivdateien auch andere Arten von Dokumenten abzulegen. Beispielsweise gilt dies auch für eingescannte Orginale, die als Grafikdateien gespeichert werden. Mit Hilfe der Archivsystemwerkzeuge lassen sich alle Dokumente des Archivs außer den Archivdateien anzeigen. Um die Daten der Archivdateien lesen zu können oder in den Archiven nach Daten zu suchen, verfügt das R/3-System über die entsprechenden Funktionen. Diese Funktionen basieren auf dem ADK und können deshalb nur aus dem R/3-System aufgerufen werden [Brand98].

Im Hinblick auf die Internet-/Intranetfähigkeit eines Archivsystems kann die ArchiveLink-Schnittstelle ab SAP System R/3 Release 4.5 durch die SAP Content Server HTTP 4.5-Schnittstelle ersetzt werden. Mit dieser erweiterten Schnittstelle wird das Ziel verfolgt, für die Kommunikation mit externen Ablagesystemen allgemeine Industriestandards wie HTTP und BAPIs zu verwenden. Für detaillierte Informationen zu dieser Schnittstelle siehe SAP Online Hilfe unter Basis (BC) – SAP ArchiveLink. In einem Archiv ist jedes Dokument mit einem eindeutigen Bezug zu einem bestehenden Business-Objekt verknüpft. Dies erfolgt durch einen Eintrag in einer bestimmten Verknüpfungstabelle. Das jeweilige Business-Objekt wird dabei durch den Objekttyp und den Schlüssel identifiziert und das Dokument über den Verweis auf das archivierte Dokument im Archiv [Gulbins99].

Ein HSM-System kann nicht über SAP ArchiveLink mit R/3 verbunden werden. Unter einem HSM (Hierarchical Storage Management System) kann man das Dateisystem von R/3 direkt in ein Archivsystem einbinden. Mit Hilfe des HSM-Systems sind dann die Archivdateien jederzeit verfügbar, ohne dass die Daten manuell wieder bereitgestellt werden müssen [Gersbacher2000].

Grundfunktionen von SAP ArchiveLink

- Archivierung von eingehenden Dokumenten durch das System R/3: z.B. Rechnungen über Scanner-Erfassung, aber auch PC-Dateien, wie MS-Word, MS-Excel u.v.a. Über SAPconnect und SAPoffice können eingehende Faxe ohne vorherigen Ausdruck direkt in SAPoffice verarbeitet, optisch archiviert und mit Business-Objekten verknüpft werden.
- Archivierung von ausgehenden Informationen aus dem System R/3, wie z.B. erzeugte Rechnungen und Drucklisten
- Archivdateien des Archive Development Kit (ADK). Mit Hilfe des ADK können alle R/3-Archivdateien elektronisch archiviert werden, wie z.B. aus den Modulen SD, MM, FI etc.
- Direkter Zugriff auf die archivierten Dokumente direkt aus den R/3-Anwendungen
- Volle Integration in das System R/3, wodurch aufwändige Individualprogrammierung entfällt und das Verfahren ein Höchstmaß an Sicherheit bietet
- Anbindung an den SAP Business Workflow, wodurch Geschäftsprozesse flexibler und effizienter werden
- Weitgehende Unabhängigkeit vom Archivierungssystem durch eine flexible und offene Schnittstelle

Wesentliche Komponenten von SAP ArchiveLink sind:

- Schnittstelle für die Erfassung und Anzeige von Dokumenten
- Schnittstelle zu den R/3-Anwendungen
- Schnittstelle zu externen Archiv-Systemen

Anwendungsintegration

Durch die Integration digitaler Archivierungs- und Retrievalprozesse in das R/3-System kann man jederzeit Dokumente mit den Daten in R/3 verknüpfen und damit die Geschäftsabläufe im Unternehmen ganzheitlich unterstützen. Als Teil der Basiskomponente des R/3-Systems bietet SAP ArchiveLink die ideale Ergänzung zu den R/3-Anwendungskomponenten, um Dokumente effizienter zu verwalten. Die wichtigsten Anwendungen des R/3-Systems wie SD, FI, HR, MM, PM, PP, PA und QM unterstützen bereits über verschiedene Szenarien die Archivierung relevanter Dokumente, je nach Version des eingesetzten R/3-Systems. Ein Unternehmen wird versuchen, zuerst jene Archivierungsszenarien zu verwenden, die das beste Kosten-/Nutzenverhältnis versprechen [Perez98].

Beispiele betriebswirtschaftlicher Anwendungen

FI und MM

In der Einkaufsabwicklung von MM und FI können u.a. die folgenden Dokumente archiviert werden:

- Ausgehende Anfragen und Bestellungen sowie Kontrakte und Rahmenverträge
- Eingehende Lieferscheine
- Ausgehende Lieferplaneinteilungen
- Eingehende Rechnungen und Gutschriften

Die elektronische Archivierung in der R/3-Anwendungskomponente FI bietet u.a. folgende Vorteile:

- Kürzere Durchlaufzeiten der einzelnen Belege
- Entlastung des Online-Systems
- Höhere Belegsicherheit
- Schneller Zugriff auf Belege

SD / WS

In der Verkaufsabwicklung von SD und WS können u.a. die folgenden Dokumente archiviert werden:

- Eingehende Anfragen und Änderungen zu Anfragen
- Ausgehende Angebote
- Eingehende Bestellungen und Bestellanforderungen
- Ausgehende Auftragsbestätigungen [Perez98]

HR

In der Personaladministration und -abrechnung können u.a. die folgenden Dokumente archiviert werden:

- Eingehende Dokumente zu Personalstammdaten
- Eingehende Dokumente zur Personalbeschaffung
- Eingehende Dokumente zum Reisemanagement
- Ausgehende Auftragsbestätigungen [Perez98]

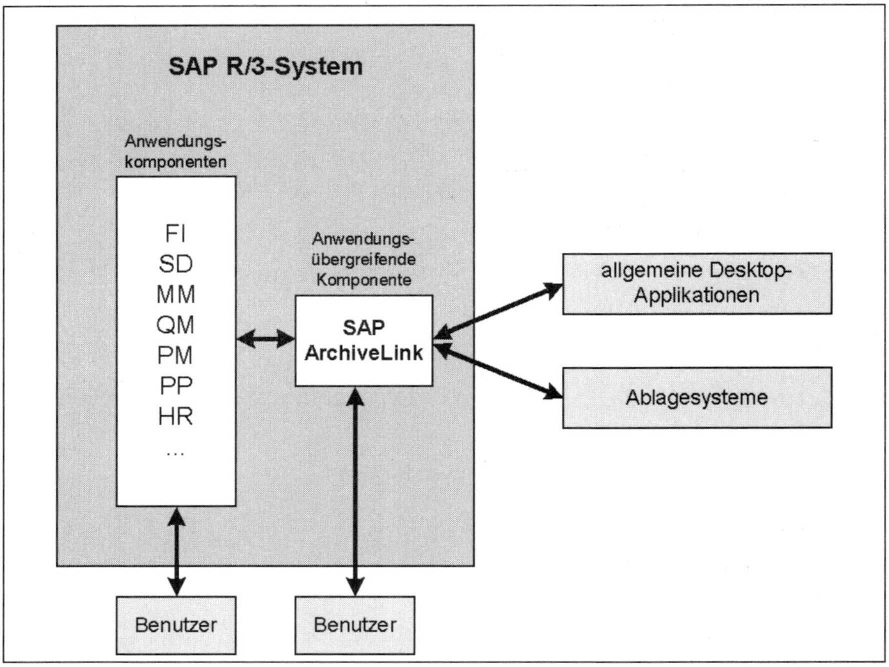

Abbildung 3.1
Darstellung der ArchiveLink-Schnittstelle von SAP R/3 [Perez98]

ArchiveLink ermöglicht es, Belege und Daten aus dem R/3-System zu archivieren und auch in Zukunft wieder suchen und anzeigen zu lassen. Hier sorgt ArchiveLink für den reibungslosen Datenaustausch zwischen den R/3-Anwendungskomponenten und dem optischen Archivsystem.

Mit Hilfe des SAP Archive Link werden ein- und ausgehende Dokumente direkt aus dem R/3-System archiviert. Business-Document-Systeme müssen für diese Schnittstelle zertifiziert sein, um die Funktionssicherheit und die geforderte Qualität gegenüber der SAP AG und den R/3-Kunden zu gewährleisten. Es können beliebige Dokumentarten, wie ein- und ausgehende Business-Dokumente, Faxe, beliebige multimediale Dateien (Sounds, Bilder, Videos etc.), aber auch Drucklisten aus dem R/3-System sowie Dateien aus Fremdsystemen über COLD (computer output on laserdisk) archiviert werden [Perez98].

Über ArchiveLink werden Daten, Dokumente und Belege aus dem R/3-System auf den Archivserver übertragen und dort auf optische Platten (z.B. WORM) abgelegt. ArchiveLink zeichnet sich durch eine einheitliche Konfiguration und Bedienung für den Anwender aus, da die Archivierung und das Anzeigen der archivierten Daten ganz über die jeweilige R/3-Anwendung (z.B. Modul FI) gesteuert wird. Deshalb besitzt ArchiveLink keine eigene Oberfläche, sondern passt sich der R/3-Oberfläche an [Wenzel98].

Die Leistungsfähigkeit des optischen Business-Document-Systems ist maßgebend, denn nicht alle Archivanbieter integrieren neben der geforderten Funktionalität alle Möglichkeiten der ArchiveLink-Schnittstelle. Der wesentliche Nutzen eines Business-Document-Systems ergibt sich aus der Integration der archivierten Business-Dokumente in die Anwendungen bzw. der festen Zuordnung zu Geschäftsprozessen und dem optimierten Zugriff auf diese Dokumente [Perez98].

Die Möglichkeiten der Nutzung von ArchiveLink und einem damit verbundenen Business Document System lassen sich nach [Perez98] (vgl. auch Gulbins99) wie folgt zusammenfassen:

❶ Mehrere Personen können gleichzeitig von verschiedenen Orten auf die selben Dokumente zugreifen. Dies sorgt für eine höhere Verfügbarkeit der Daten und Dokumente.

❷ Durch die elektronische Verfügbarkeit reduzieren sich Such- und Zugriffszeiten erheblich – die Suche in staubigen Kellerarchiven entfällt. Der Zugriff geschieht direkt aus dem R/3-System bzw. über seine erweiterten Anwendungsschnittstellen.

❸ Ein- und ausgehende Dokumente aller Art können archiviert werden. Dies können gescannte Papierdokumente sowie bereits elektronisch verfügbare Dokumente aus dem Office-Bereich sein. Alle multimedialen Formate sind hier denkbar. Bei ausgehenden Dokumenten kann direkt aus dem R/3-System archiviert werden (z.B. Rechnungen, Drucklisten).

❹ Durch die elektronische Verfügbarkeit fallen Medienbrüche bei der Nutzung des R/3-Systems weg.

❺ Durch die Nutzung von optischen Speichermedien können einmal gespeicherte Dokumente nicht mehr verändert werden. Dies bildet die Grundlage für eine ordnungsgemäße Buchführung und entsprechende Akzeptanz in rechtlicher Hinsicht.

❻ Die Anzeige archivierter Dokumente ist releaseunabhängig, da die Dokumente in anwendungsunabhängigen Formaten (OTF, FAX, RTF) abgelegt werden.

❼ Aufgrund der elektronischen Verfügbarkeit ergeben sich zahlreiche organisatorische Vorteile, wie die geringen Lagerhaltungskosten und bessere Sicherungsmöglichkeiten.

❽ Der SAP Business Workflow entfaltet erst durch die Integration von Business Document Systemen sein volles Potential, da ein ganzheitlicher und medienbruchloser Ansatz zur Bearbeitung des Geschäftsprozesses möglich wird.

❾ Bei Internet-Anwendungen können virtuell erzeugte Dokumente, wie etwa eine Rechnung eines Online-Einkaufs, optisch archiviert und dem Anwender über das Internet zugeschickt werden.

⑩ Hohe Konsistenz durch zentrale Datenhaltung, da nur eine Referenzkopie im Rechner vorliegt.

⑪ Einfaches Sichern und Kopieren, da rechnergestützt und automatisierbar.

⑫ Schnelle Implementierung von Archivierungslösungen durch einfache Konfiguration und die Auslieferung leicht angepasster Standardszenarien.

3.2.3 Archivierungsstrategien für ein effizientes Dokumentenmanagement eingehender Dokumente

Beim Ablegen eingehender Dokumente sind unterschiedliche, im Folgenden näher aufgeführte Strategien zu unterscheiden (Es gilt zu beachten: Seit dem R/3-Release 4.5 hat sich sowohl die Bezeichnung als auch die Anzahl der verschiedenen Archivierungsstrategien geändert. Der Übersicht halber sind die alten Bezeichnungen jeweils in Klammern angegeben.):

- Ablegen für spätere Erfassung (frühes Archivieren)
- Ablegen und Erfassen (gleichzeitiges Archivieren)
- Ablegen für die spätere Zuordnung
- Ablegen und Zuordnen
- Zuordnen und Ablegen (spätes Archivieren)
- Frühes Ablegen mit Barcode
- Spätes Ablegen mit Barcode

Ablegen für spätere Erfassung (frühes Archivieren)

Beim Ablegen für spätere Erfassung (frühes Archivieren) werden eingehende Dokumente vor der Erfassung der Business-Objekte im R/3-System archiviert. Eingehende Dokumente werden hier zentral erfasst, nach Dokumentarten klassifiziert, archiviert und dann mit dem SAP Business Workflow an die zuständigen Sacharbeiter weitergeleitet.

Vorteile:

- Kostengünstige Verarbeitung der eingehenden Dokumente und frühe Entfernung aus dem Arbeitsablauf (falls sie in Papierform eingehen).
- Zeit- und Kostenvorteile, wegen der schnelleren Bearbeitung
- Konsequenter Weg in eine elektronische Vorgangsbearbeitung

Nachteile:

- Hohe Kosten durch die notwendige Reorganisation der betroffenen Arbeitsabläufe

Ablegen und Erfassen (gleichzeitiges Archivieren)

Beim Szenario »Ablegen und Erfassen (gleichzeitiges Archivieren)« werden das eingehende Dokument und das Business-Objekt parallel erfasst. Der zuständige Sachbearbeiter erfasst und archiviert das eingehende Dokument selbst. Zudem bearbeitet er das Business-Objekt im R/3-System. Vorteile:

- Bei der Verarbeitung von besonders geschützten und technischen Dokumenten sinnvoll

Nachteile:

- Bei der Verarbeitung von großen Mengen ist der ständige Wechsel für die Effizienz störend.
- Weitgehend ungeeignet für die Massenverarbeitung

Ablegen für die spätere Zuordnung

Beim Ablegen für die spätere Zuordnung wird das eingehende Dokument in einem externen Ablagesystem archiviert. Ein Workflow ordnet das abgelegte Dokument dann zu einem späteren Zeitpunkt einem Business-Objekt im R/3-System zu. Hier gelten die gleichen Vor- und Nachteile wie bei dem ersten Szenario.

Ablegen und Zuordnen

Die Strategie »Ablegen und Zuordnen« entspricht dem »Ablegen für spätere Zuordnung«. Der einzige Unterschied liegt darin, dass der Workflow hier sofort startet.

Zuordnen und Ablegen (spätes Archivieren)

Bei dieser Strategie wird das eingehende Dokument zeitlich später, nach dem Business-Objekt, erfasst. Die Papiere werden nach ihrer Verbuchung in der Fachabteilung in einer zentralen Erfassungsstelle eingescannt und archiviert.

Vorteile:

- Arbeits- und Papierfluss läuft wie bisher üblich ab
- Geringere organisatorische Umstellungsmaßnahmen als bei anderen Ablagestrategien notwendig
- Dokumente können vor der Erfassung noch geprüft und abgezeichnet werden. Diese Daten werden zusätzlich mit abgelegt.

Nachteile:

- Die Optimierung von Geschäftsprozessen mit Hilfe des SAP Business Workflows ist hier nicht möglich [Perez98].

Frühes Ablegen mit Barcode

Beim Frühen Ablegen mit Barcode wird das eingehende Dokument mit einem Barcode versehen, eingescannt, auf Qualität und Vollständigkeit geprüft und dann abgelegt. Der Scanner meldet den Barcode mit der ID des gescannten Dokuments an das R/3-System zurück. SAP ArchiveLink ordnet dann das abgelegte Dokument dem entsprechenden Business-Objekt in einer Verknüpfungstabelle zu.

Vorteile:

- Die Klassifikation nach Dokumentarten entfällt.
- Der Arbeits- und Papierfluss läuft wie bisher üblich ab.

Nachteile:

- Die Optimierung von Geschäftsprozessen mit Hilfe des SAP Business Workflows ist nicht möglich.
- Der Umlauf eingehender Dokumente erfolgt in Papierform.

Spätes Ablegen mit Barcode

Das Szenario »Spätes Ablegen mit Barcode« entspricht dem des »frühen Ablegens mit Barcode«, nur wird das eingehende Dokument nach der Erfassung des Business-Objekts abgelegt.

3.2.4 R/3-Dokumente im Archiv

R/3 kennt eine Vielzahl unterschiedlicher R/3-Dokumente. Für die Archivierung wurden weitere Dokumententypen eingeführt – darunter ein Faksimile-Dokumententyp für Dokumente, die von Papier eingescannt oder per Faxsystem empfangen wurden. In der bisherigen ArchiveLink-Realisierung können folgende Dokumente archiviert werden [Gulbins99]:

- Eingehende Originalbelege in Papierform wie z.B. eingehende Rechnungen, Lieferscheine, Bestellungen, Briefe, Reklamationen.
- Ausgehende Belege wie z.B. in R/3 erzeugte Rechnungen, Bestellungen, Angebote, Auftragsbestätigungen, Briefe, Materiallisten, Warenbegleitscheine etc.
- Drucklisten. Dazu gehören z.B. das Einzelpostenjournal, die kumulierte Kontenschreibung, Belegjournale etc.

- Reorganisationsdaten. Darunter versteht man logische Datenbanksätze, die ausgelagert werden, um den Datenbankumfang des R/3-Systems zu reduzieren. Diese Dateien sind in der Regel sehr umfangreich und sequentiell aufgebaut. R/3 bietet hierfür die Möglichkeit der Archivierung über ArchiveLink und eine neue einfache Verwaltung solcher Reorg-Dateien. Alternativ zu ArchiveLink ist eine Speicherung auf Band, CD oder HSM möglich.

Beliebige weitere Dateien können über DVS, SAPoffice oder die Fax-Erfassungsszenarien erfasst, attributiert und verwaltet werden.

4 Prozessorientiertes Dokumentenmanagement

4.1 Einordnung und Zielsetzung

Dokumenten-Management-Systeme (DMS) wurden schon früh beschrieben, Funktionalität und Vorteile sind seit langem bekannt, die notwendigen Technologien vorhanden [vgl. Somerville84, Sprague95, Kränzle95]. Diese Punkte sind in Kapitel 2 und 3 dieses Buches bereits detailliert beschrieben worden. Auf diese Ausführungen sei an dieser Stelle nochmals verwiesen.

DMS als Teildisziplin der Wirtschaftsinformatik werden in der gängigen Grundlagenliteratur regelmäßig angesprochen [vgl. z.B. Hansen96, Stahlknecht99], stellen aber sicherlich kein aktuelles Schwerpunktthema in der deutschsprachigen Forschung dar. Hinweise auf eine aber doch beachtenswerte Bedeutung der DMS liefern beispielsweise die beiden folgenden Aspekte.

Unbestritten ist zum einen die herausragende Rolle der Information bzw. des Wissens zur erfolgreichen Unternehmensführung. Information bzw. Wissen wird hierbei als moderner Produktions- bzw. Wettbewerbsfaktor verstanden [vgl. z.B. Picot97; Scheer99 stuft den Bereich »Wissensmanagement« als eine wesentliche Herausforderung für das IT-Management im neuen Jahrtausend ein]. Dokumente (in Form von Briefen, Belegen, Büchern, Fachartikeln etc.) dienen hierbei vielfach als Trägermedium. Informations- und Wissensmanagement basieren deshalb essentiell auf einem zuliefernden Dokumentenmanagement.

Neben der reinen Informationsversorgung besitzen Dokumente zum anderen auch eine Steuerungsfunktion bei der Aufgabenbearbeitung. »So wird eine Aktivität in vielen Fällen dadurch angestoßen, dass die zur Ausführung notwendigen Nutzdaten in Dokumentenform am betreffenden Arbeitsplatz vorliegen. Ein Kontrollfluss im eigentlichen Sinne existiert nicht (...). Das Ergebnis einer wertschöpfenden Aktivität besteht v.a. aus auf Dokumenten fixierten Informationen, die wiederum die Ausführung nachfolgender Aktivitäten veranlassen. Es ist somit möglich, Vorgänge durch Dokumente umfassend zu beschreiben.«

[Raufer95, die Autoren zitieren auch McDonnel/Sommerville91, die von einer XEROX-Studie berichten. Eine Erkenntnis hierbei war, dass 92% aller Kanten eines Kerngeschäftsprozesses durch Dokumente determiniert wurden.]

Diesem »Prozesscharakter« von Dokumenten wird aber m.E. bei Entwicklung bzw. Einführung von DMS kaum Rechnung getragen. Eine unterstützende Prozessmodellierung unterbleibt [vgl. z.B. Kampfmeyer97 und Gulbins99]. Selbst in der Literatur, die auf die Integration von DMS und Workflow-Management-Systemen (WFMS) verweist, finden sich nur unzureichende Hinweise, wie ein dokumentenbezogener Workflow zu erstellen ist bzw. modelliert wurde [vgl. z.B. Morschheuser97, Gierhake98].

4.2 Dokumente und Dokumenten-Management-Systeme

In einem sehr weiten Sinne kann unter einem Dokument eine für den menschlichen Gebrauch aufbereitete Einheit an gespeicherter Information verstanden werden [vgl. Sprague95 und die dort zitierte Literatur]. Dokumente in dieser Sicht sind beispielsweise Briefe, Verträge, Berichte, Zeichnungen, Grafiken, E-Mail-Nachrichten, Telefaxe, Videos etc.

Bezüglich der elektronischen Verarbeitbarkeit kann – in Abhängigkeit von den Trägermedien - wie folgt unterschieden werden [vgl. dazu ähnlich Kränzle95, Gulbins99]:

- Papiergebundene Dokumente (elektronische Speicherung erst nach entsprechender Erfassung, z.B. Scannen, möglich; zu dieser Kategorie sollen auch weitere Nicht-EDV-Medien wie Mikrofilme zählen)
- Digitale Dokumente (elektronische Speicherung möglich)
- Non Coded Information (NCI)-Dokumente enthalten Informationen, die nicht direkt elektronisch weiterverarbeitet werden können (z.B. Pixel-/Rastergrafiken als gescannte Papierdokumente, Audio-/Videoinformation)
- Coded Information (CI)-Dokumente werden von einem Computer als Menge maschinenlesbarer Zeichen erzeugt und können dadurch direkt weiterverarbeitet werden (z.B. Texte, Tabellen)

Welche Eigenschaften weisen nun Dokumente auf, und welche Aufgaben können sie aufgrund dieser Merkmale erfüllen?

Neben dem physischen Merkmal des verwendeten Trägermediums und formalen Eigenschaften (wie Aufbau und Layout des Dokuments) ist im Zusammenhang mit der Gestaltung von (prozessorientierten) DMS v.a. die Steuerungseigenschaft zu nennen. Der Inhalt, zeitliche Merkmale (Erzeugungsdatum, Verfallsdatum u.Ä.), Erzeuger, Bearbeiter, Empfänger und weitere Attribute determinieren den Ablauf der Dokumentenbearbeitung oft in vollständigem Maße (strukturierter Prozess). Dokumente, die nun Steuerungseigenschaften in ausreichendem Maße aufweisen, können in einem Bearbeitungsprozess (»Geschäftsprozess«) die Steuerungsaufgabe übernehmen. Als weitere gleichrangige Aufgabe eines Dokuments ist selbstverständlich die Versorgung von Organisationsmitgliedern mit Informationen bzw. Wissen zu nennen.

Die Aufgaben [vgl. dazu grundlegend Kränzle95] von DMS lassen sich auf drei Stufen abbilden:

4.2.1 Klassische Aufgaben

- Erfassen (inkl. Aufbereitung) von Dokumenten
- Indizieren (Vergabe von Suchattributen)
- Archivieren (Speicherung/elektronische Ablage)
- Dokumentenretrieval (Suche/Finden)
- Ausgeben (Anzeige/Ausdruck)

Diese Funktionen werden durch professionelle DMS abgedeckt – hier am Beispiel des Produkts DocuWare 4 [vgl. einführend zum Produkt DocuWAre00] der DocuWare AG (vgl. die Abbildung 4.1).

Erfassen heißt, das Dokument (oft in Papierform) für das DMS verfügbar zu machen (meist durch Scannen). Beim Indizieren werden die Dokumente mit Attributen (»Schlagworten«) versehen, insbesondere zum späteren Dokumentenretrieval. Diese Indizierung kann, muss in DocuWare 4 aber nicht zwingend, gleichzeitig mit dem Archivieren passieren (vgl. dazu in der Abbildung das Fenster »Ablagemaske« mit den Attributen Name/Firma, Dok.typ., Belegdatum etc.) Das Archivieren oder Ablegen erfolgt bei DocuWare 4 über symbolische »Briefkörbe«. Dieser Zwischenschritt entspricht dem gewohnten manuellen Vorgehen, Dokumente vor der Bearbeitung und Ablage in einem Ordner zunächst in einen Briefkorb zwischenzulagern. Das Ausgeben erfolgt am Bildschirm mit Hilfe von sog. Viewern (vgl. auch hierzu die Abbildung 4.1).

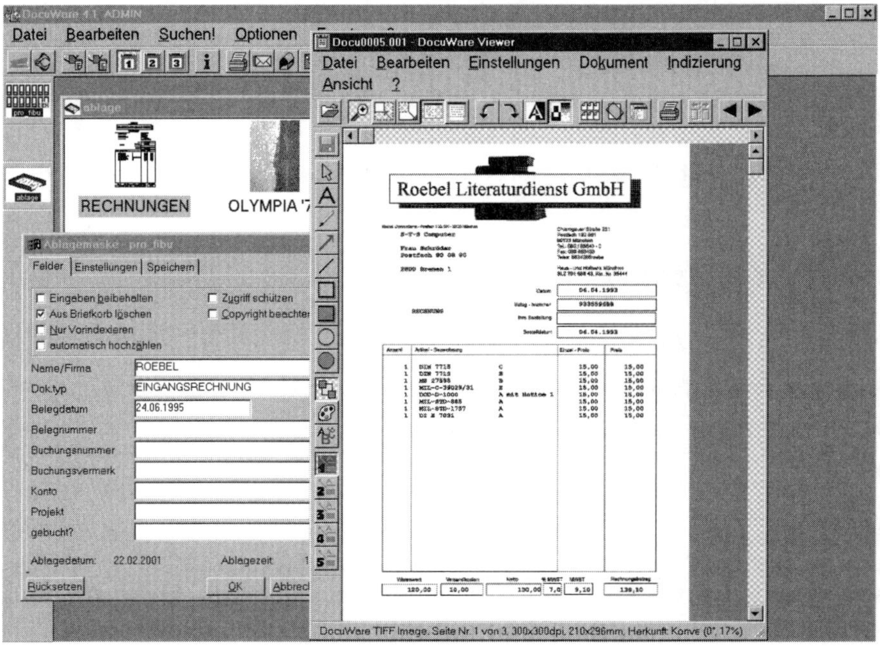

Abbildung 4.1
Hauptfenster von DocuWare 4

4.2.2 Integrationsaufgabe

Hierbei handelt es sich um die Zusammenführung von zusammengehörigen Dokumenten (z.B. Rechnung oder E-Mail) und Daten (z.B. Buchungssatz oder Kundendatei), in diesem Buch behandelt am Beispiel SAP R/3. Mit hochentwickelten DMS-Programmen wie DocuWare 4 lassen sich derartige Integrationen über die SAP ArchiveLink-Schnittstelle relativ einfach realisieren.

Bezüglich »Integrationsstufe« und »Integrationsreichweite« lässt sich der Integrationsgrad einer Lösung definieren (vgl. Abbildung 4.2).

Integrationsstufen	Inselösung	Unternehmensbereich	Unternehmensweit	Zwischenbetrieblich
Integriertes Dokumenten- und Workflow-Management	4-1	4-2	4-3	4-4
Integriertes Dokumenten-Management	3-1	3-2	3-3	3-4
Dokumenten-Management	2-1	2-2	2-3	2-4
Papiergestützte Dokumentenverarbeitung	1-1	1-2	1-3	1-4
	Integrationsweite			

Abbildung 4.2
Integrationsgrad [Morschheuser97]

Die Entwicklungsstufen eines Dokumentenmanagements [vgl. dazu und zum Folgenden Morschheuser97] reichen demnach von einer papiergestützten Lösung bis zu einem integriertem Dokumenten- und Workflow-Management (im Folgenden als prozessorientierte Systeme bezeichnet). Die Integrationsreichweite klassifiziert den Durchdringungsgrad einer Lösung; von einem oft arbeitsplatz- bzw. abteilungsbezogenem System bis zu einem zwischenbetrieblichen Ansatz. Beispielsweise bietet die SAP mit ihren internetfähigen mySAP.com-Produkten, mit der integrierten Workflow-Funktionalität und in Verbindung mit entsprechenden DMS die höchste Integrationsstufe »4-4« – eine wesentliche Grundlage von eBusiness-Ansätzen!

4.2.3 Verteilungsaufgabe

Zuletzt kann die Zuweisung von Dokumenten zu Aufgaben bzw. zu Aufgabenbearbeitern mit dem Ziel einer automatisierten Vorgangssteuerung erfolgen. Damit werden DMS um Workflow-Funktionalitäten erweitert bzw. verschmelzen mit WFMS. Hierbei sind z.B. Arbeitsvorgänge, Bearbeitungsreihenfolgen, Datenstrukturen, Dokumentformate, Zugriffsrechte, Speicherungsorte sowie Fähigkeiten, Kompetenzen und Zuständigkeiten von Stelleninhabern (sog. Rollen) u.v.a.m. festzulegen [vgl. dazu ausführlich Jablonski97].

DMS, die klassische und integrative Aufgaben bearbeiten können, werden im Folgenden als strukturorientierte Systeme (auch strukturelles Dokumentenmanagement) bezeichnet, da hierbei logische Dokumenten- und Datenstrukturen im Vordergrund stehen. Werden zudem Verteilungsaufgaben abgedeckt, liegen prozessorientierte Systeme vor (auch prozessurales Dokumentenmanagement). Aufgrund des größeren Aufgabenumfanges werden diese DMS i.d.R. teurer sein als strukturorientierte Systeme.

4.3 Strukturorientiertes vs. prozessorientiertes Dokumentenmanagement

Auf der Basis der vorangehenden Ausführungen werden nun die folgenden Fragestellungen behandelt:

Welche Besonderheiten ergeben sich für die Prozessmodellierung aus »Dokumentensicht« auf Fachkonzeptebene? Auf dieser Basis:

- Was sind »dokumentenabhängige« Prozesse?
- Wann besitzen Dokumente »Steuerungseigenschaften«?

Mit anderen Worten: Im Rahmen einer (meist bezüglich des organisatorischen Untersuchungsbereichs begrenzten) Geschäftsprozessoptimierung und/oder der Planung eines DMS-Einsatzes ist der betreffende dokumentennahe Prozess zu modellieren (zunächst als Ist-Ablauf, dann auch als Soll-Ablauf). Als Besonderheit hierbei dienen die betroffenen Dokumente als Modellierungsgrundlage. Ist das Prozessmodell valide erstellt, ist zu prüfen, ob ein prozessorientiertes DMS zum Einsatz kommen soll oder »nur« ein strukturbezogenes System. Eine (tendenziell aufwändigere) Prozesslösung erscheint dann angemessen, wenn es sich im Anwendungsfall um dokumentenintensive und dokumentengesteuerte Prozesse handelt.

4.3.1 Prozessmodellierung aus Dokumentensicht

Bei einer typischen Prozessoptimierung (als Vorstufe zu einer EDV-Systemeinführung) werden die im abstrakten Prozessdenken i.d.R. unerfahrenen Mitarbeiter meist überfordert – dies insbesondere bei komplexen Abläufen (viele Prozessschritte, Organisationseinheiten, Verzweigungen u.Ä.). Leichter zugänglich kann ein solches Projekt werden, wenn die Überlegungen und Analysen an einem konkreten und bekannten Objekt, wie eben einem Dokument, festgemacht werden können und der zu betrachtende Prozess Schritt für Schritt und nicht in einem »Wurf« entwickelt wird. Dieses schrittweise »Denken vom Dokument her« prägt dann auch den Modellierungsansatz.

In diesen Beitrag sollen die verschiedenen bekannten Vorgehensmodelle und Modellierungsmethoden nicht diskutiert werden [vgl. dazu ausführlich Jablonski97; die Ausführungen hier beziehen sich zwar auf WFMS, gelten aber weitgehend auch für die Prozessmodellierung im Allgemeinen]. Verwendet wird als Vorgehensmodell im Grundsatz der in Wissenschaft und Praxis bekannte ARIS-Ansatz (Architektur Integrierter Informationssysteme) und die im entsprechen Softwarewerkzeug ARIS Toolset enthaltenen Modellierungsmöglichkeiten, insbesondere die so genannte »Ereignisgesteuerte Prozesskette« EPK [vgl. hierzu und zum Folgenden grundlegend Scheer97, Scheer98a, Scheer98b].

Ein wesentliches Merkmal von ARIS ist die Reduzierung der Prozesskomplexität durch Einführung von verschiedenen Beschreibungssichten. Die wichtigsten Sichten sind:

- Funktionssicht: Auszuführende Funktionen (Vorgänge, Tätigkeiten, Prozessschritte u.Ä.) im Prozessablauf sowie hierarchische Zusammenhänge
- Organisationssicht: Im Prozess involvierte Organisationsobjekte (Abteilungen, Mitarbeiter etc.) sowie hierarchische Strukturen und Beziehungen
- Datensicht: Datenstrukturen sowie Prozess- und Umweltzustände
- Prozess-/Steuerungssicht: Integration der isolierten Teilsichten Funktion, Organisation und Daten zu einen vollständigen Prozess

Diese vier Sichten können für ein prozessorientiertes Dokumentenmanagement auch als Modellierungsobjekte interpretiert werden [vgl. dazu weitgehend übereinstimmend aus Workflow-Sicht Gablonski97], die schrittweise zu behandeln sind. Während im ARIS-Vorgehensmodell gewöhnlich die Funktionen, die Organisation und Daten prinzipiell isoliert nebeneinander modelliert werden und dann zu einen Prozess zusammengefügt werden, bilden Dokumente die einheitliche Ausgangsbasis für die Sichten Funktionen, Organisation und Daten aus Dokumentensicht.

4.3.2 Anwendungsbeispiel

Zur Verdeutlichung und Weiterführung der bisherigen prinzipiellen Gedanken wird ein einfaches Beispiel »Prüfung von Lieferantenrechnungen« entwickelt und mit dem ARIS Toolset (Version 4.11) in den relevanten Grundzügen abgebildet:

Eine erste Analyse hat ergeben, dass im genannten Prozess die Dokumente Bestellung, Lieferschein, Wareneingangsbeleg (WE-Beleg) und (Lieferanten-) Rechnung anfallen. Diese Dokumente können zusammen mit relevanten Attributen in ARIS z.B. durch ein Informationsträgerdiagramm dargestellt werden (Abbildung 4.3). In diesem Kurzbeispiel wird die als Ausgangspunkt dienende Dokumentenbasis damit gleich in ein Modell der ARIS-Datensicht überführt.

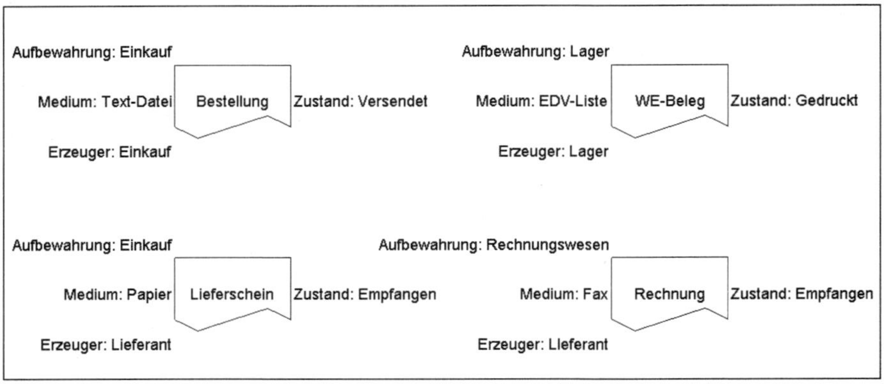

Abbildung 4.3
Dokumente und Attribute

Falls sinnvoll und möglich, können den Benutzern Dokumentenzugriffrechte zugewiesen und bei der Gestaltung der Archivstrukturen berücksichtigt werden (vgl. dazu die Abbildung 4.4).

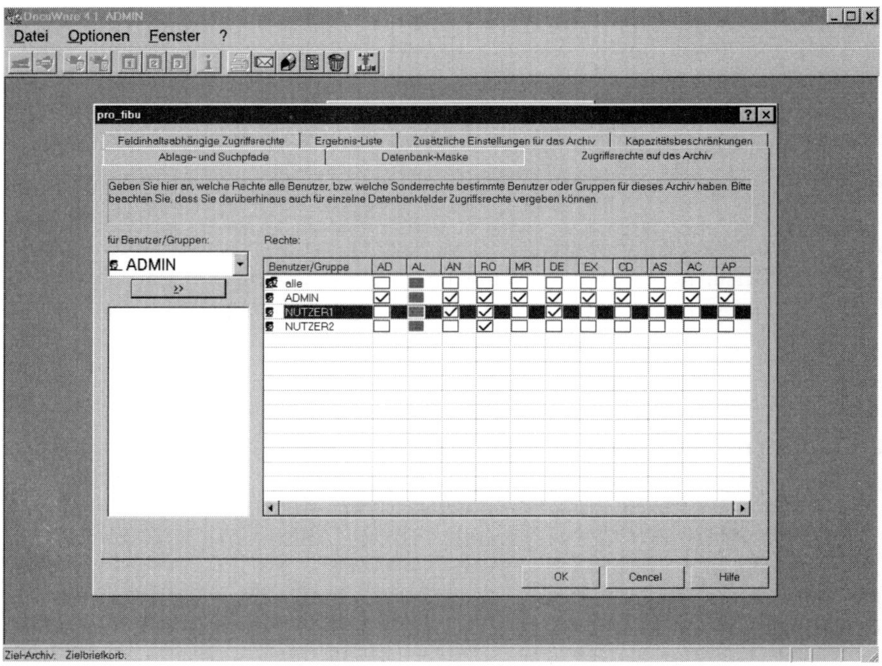

Abbildung 4.4
Vergabe von Zugriffsrechten am Beispiel DocuWare 4

Im Beispiel besitzt der Systemadministrator alle Rechte, ein Nutzer die Rechte AN (»Append«), RO (»Read Only«) und DE (»Delete«).

In einem nächsten Schritt werden die notwendigen Funktionen im Prüfungsprozess ermittelt (durch Fragen wie »Welche Tätigkeiten werden innerhalb der Rechnungsprüfung auf der Basis der Bestellung durchgeführt?«):

- Alle notwendigen Dokumente zur Rechnungsprüfung zusammenstellen
- Diese Dokumente inhaltlich abgleichen
- Bei Abweichungen (z.B. zwischen Liefermenge und Rechnungsmenge) beim Lieferanten reklamieren
- Rechnung zur Zahlung freigeben (wenn keine Differenzen vorhanden sind)
- (Falls Reklamation beim Lieferanten erfolglos) Interne Klärung

Schon an dieser Stelle ist erkennbar, dass kein Prozessschritt ohne ein Dokument durchführbar ist. Die beteiligten Organisationseinheiten Sachbearbeiter SB (Stelle), Einkauf EK (Abteilung) und Rechnungswesen ReWe (Abteilung) könnten beispielsweise durch ein Organigramm strukturiert dargestellt werden.

Bevor nun die Sichten Daten/Dokumente, Funktionen und Organisation zu einem Prozess »Rechnungsprüfung« zusammengefasst werden, soll beispielhaft die Funktion »Notwendige Dokumente zusammenstellen« genauer dargestellt werden. Die Detaillierung um nicht wertschöpfende, dokumentenbezogene Aktivitäten in einem »Funktionsbaum« (Abbildung 4.5) und funktionsbezogen notwendige Dokumente in einem »Funktionszuordnungsdiagramm« (Abbildung 4.6) unterstützen das oben genannte schrittweise Vorgehen.

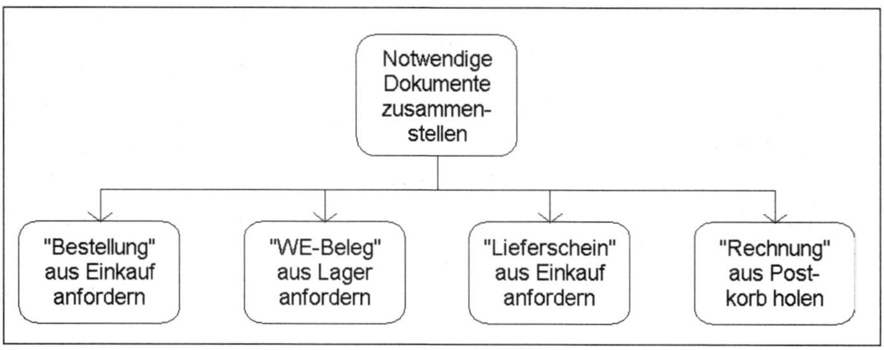

Abbildung 4.5
Dokumentenbezogene Funktionen

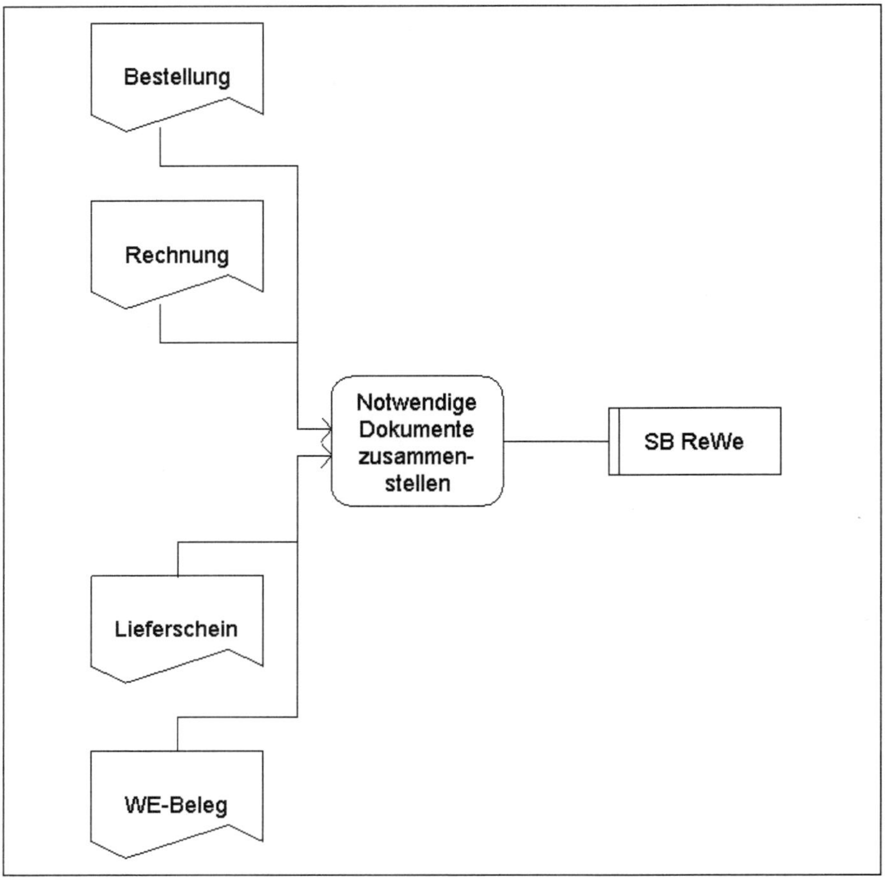

Abbildung 4.6
Dokumenteninput und zuständige Stelle für die Funktion »Notwendige Dokumente zusammenstellen«

In den Abbildungen 4.7 und 4.8 ist nun der gesamte, gegenüber der Realität vereinfachte, aber zur Prinzipdarstellung ausreichende Gesamtprozess abgebildet. Ob dieser Ablauf ein prozessorientiertes DMS erfordert, soll im nächsten Abschnitt geprüft werden.

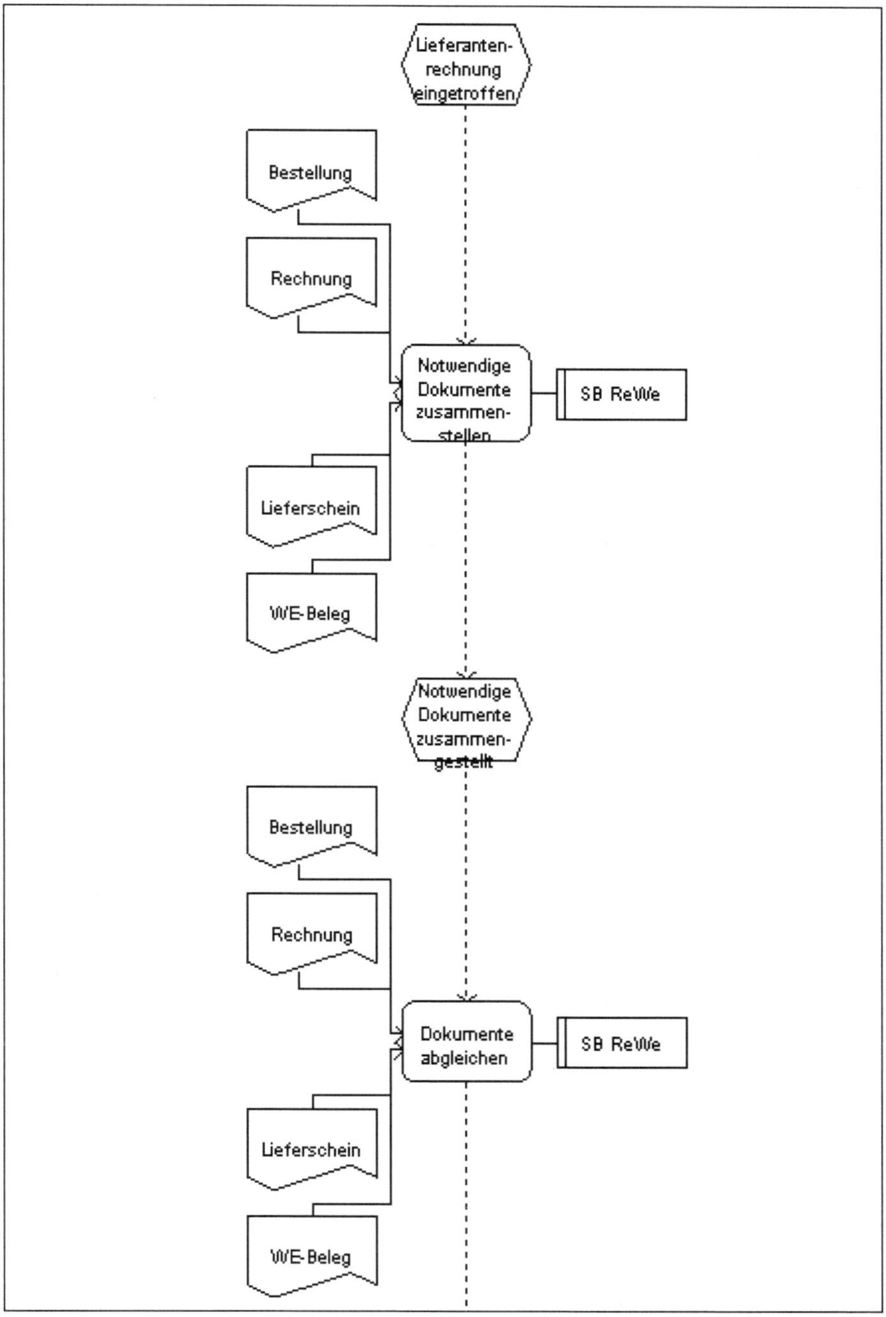

Abbildung 4.7
Prozess »Rechnungsprüfung« in EPK-Darstellung

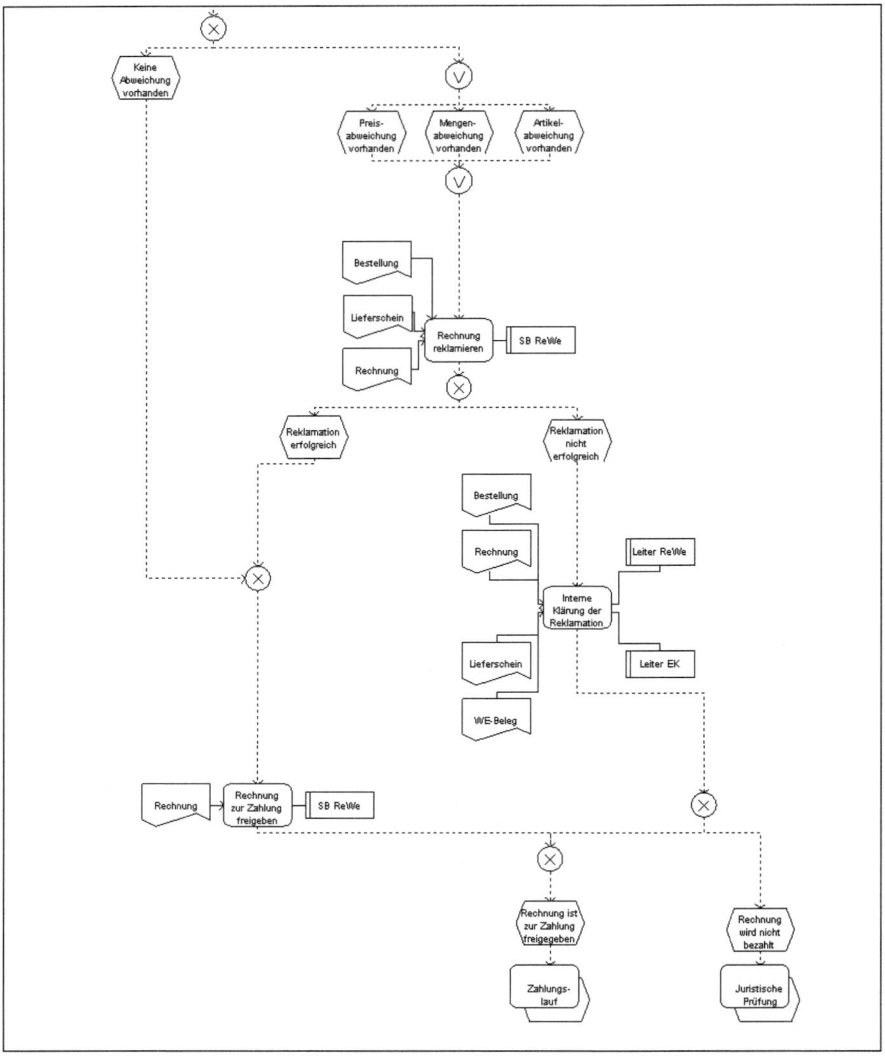

Abbildung 4.8
Prozess »Rechnungprüfung« in EPK-Darstellung (Fortsetzung)

4.3.3 Dokumentenabhängige und dokumentengesteuerte Prozesse

Liegen nun die entsprechenden Prozessmodelle vor, kann entschieden werden, ob zur (Teil-) Automatisierung der Prozessdurchführung ein strukturorientiertes DMS ausreicht oder ein prozessorientiertes System zu entwickeln ist, welches auch die genannte Verteilungsaufgabe unterstützen sollte.

Bei der Herleitung eines entsprechenden Entscheidungskonzeptes wird davon ausgegangen und damit nicht weiter diskutiert, dass die im betrachteten Prozess zu verarbeitende Dokumentenmenge überhaupt ausreichend hoch ist, um einen EDV-Einsatz grundlegend zu rechtfertigen. Unter dieser quantitativen Voraussetzung ist der qualitative Aspekt, also die Bedeutung von Dokumenten im Prozess zu prüfen. Unter bedeutsamen Dokumenten sollen hier Dokumente verstanden werden, die die Prozessqualität/-kosten/-zeiten (als Merkmale des Prozessergebnisses) wesentlich bestimmen. Bedeutsam bzw. ergebnisbestimmend sind Dokumente dann, wenn

a) der Anteil der dokumentenabhängigen Prozessschritte relativ hoch ist und

b) der Anteil der dokumentenbestimmten Prozessereignisse relativ hoch ist.

Die Basis für diesen zweiteiligen Ansatz, der nachfolgend erläutert wird, ist die Konstruktion von EPK. Klassifiziert man die ARIS-Sichten Organisation und Daten als funktionsunterstützende Objekte, bleiben als zentrale EPK-Objekte Funktionen und Ereignisse. Will man nun Dokumente und Prozesse bei der Modellierung zusammenbringen, müssen Dokumente im Zusammenhang mit Funktionen (vgl. a.) und Ereignissen (vgl. b.) gesehen werden.

Ein Prozessschritt (in einer EPK eine Funktion) ist dann dokumentenabhängig, wenn ohne die Dokumenteninformation der Schritt nicht durchgeführt werden kann. Die Lieferantenrechnung im Beispiel kann nicht geprüft werden, wenn dem zuständigen Sachbearbeiter die prüfungsrelevanten Informationen nicht vorliegen. Der relative Anteil der dokumentenabhängigen Prozessschritte an allen Prozessschritten soll als »Grad der Dokumentenabhängigkeit des Prozesses« bezeichnet werden. Je höher diese Kennzahl ist, desto sinnvoller ist der Einsatz eines prozessorientierten DMS.

Zu dokumentenbestimmten Ereignissen führt die folgende Überlegung. In EPK wird – wie die Bezeichnung aussagt – der Ablauf durch die auftretenden Ereignisse gesteuert. Hat nun ein Ereignis direkten Dokumentenbezug (Im Beispiel: »Lieferantenrechnung eingetroffen«; der direkte Bezug ergibt sich schon oft, aber nicht zwingend, aus der Formulierung des Ereignisses), steuert das entsprechende Dokument (»Lieferantenrechnung«) an dieser Stelle den Prozess. Der relative Anteil der dokumentenbestimmten Prozessereignisse an allen Prozessereignissen soll als »Grad der Dokumentensteuerung des Prozesses« bezeichnet werden. Je höher wiederum diese Kennzahl ist, desto sinnvoller ist ebenfalls der Einsatz eines prozessuralen Systems.

Für das Beispiel »Rechnungsprüfung« gilt, dass keine Funktion ohne Dokumente durchgeführt werden kann, d.h. »Dokumentenabhängigkeit gleich 100%«. Die folgende Übersicht zeigt, dass 8 von 10 Ereignissen dokumentenbestimmt sind, d.h. »Dokumentensteuerung gleich 80%«.

Ereignis	**Dokumentbestimmtes Ereignis (ja/nein)**
1. Lieferantenrechnung eingetroffen	ja
2. Notwendige Dokumente zusammengestellt	ja
3. Keine Abweichungen (in den Dokumenten) vorhanden	ja
4. Preisabweichungen (in den Dokumenten) vorhanden	ja
5. Mengenabweichungen (in den Dokumenten) vorhanden	ja
6. Artikelabweichungen (in den Dokumenten) vorhanden	ja
7. Reklamation erfolgreich	nein
8. Reklamation nicht erfolgreich	nein
9. Rechnung zur Zahlung freigeben	ja
10. Rechnung wird nicht bezahlt	ja

Tabelle 4.1
Festlegung des Ereignisses: dokumentbestimmt oder nicht?

Anmerkung zu den Ereignissen 7 und 8: Im Beispiel soll es sich um eine mündliche Reklamation handeln, deren Akzeptanz bzw. Ablehnung nicht von einem weiteren Dokument abhängt (z.B. Gutschrift) bzw. zu einem neuen Dokument führt (z.B. Aktennotiz).

Ein prozessorientiertes System würde nun für das konstruierte Beispiel – und auch allgemein – neben den üblichen Vorteilen eines strukturellen DMS [vgl. dazu z.B. Gulbins99] wie Zeitreduzierungen (bezogen auf Zugriff/Suche, Ablage, Transport u.Ä.), Kosteneinsparungen (bezogen auf Personal, Räume, Büromaterial u.Ä.) und Qualitätssteigerungen (höhere Auskunftsbereitschaft gegenüber Kunden, konsistente Datenhaltung u.Ä.) im Wesentlichen die Arbeitsvorgänge besser steuer- und kontrollierbar machen sowie durch eine unmittelbare Informationsversorgung (Verteilung der digitalisierten Dokumente) insgesamt effizienter gestalten – konkret bedeutet dies für das Beispiel: Die für den Prozess »Rechnungsprüfung« wertschöpfenden Funktionen »Notwendige Dokumente zusammenstellen« und »Dokumente abgleichen« könnten erheblich vereinfacht werden, da die damit verbundenen (in den Abbildungen nicht dargestellten) typisch nicht-wertschöpfenden, dokumentbezogenen Aktivitäten (vgl. dazu die Abbildung 4.5 mit den damit verbundenen Tätigkeiten wie Suchen/Finden und Ausdrucken/Anzeigen) DMS-gestützt und damit schneller erledigt werden können. Weiterführend wäre zu prüfen, ob nicht die Arbeiten des SB ReWe vom SB EK durchführbar wären; ein Ansatz zur Prozessoptimierung.

4.3.4 Ausblick

Aus Sicht des Autors (siehe Ziffer 4.4) wäre es sehr zu begrüßen, wenn sich Forschung und Lehre an den Hochschulen intensiver mit dem Thema »Dokumentenmanagement« auseinandersetzen würden. Neben der Vermittlung allgemeiner Grundlagen im Lehrbetrieb bietet sich dazu eine Reihe anwendungsorientierter und damit praxisrelevanter Inhalte an:

- Entwicklung eines Verfahrens zur Geschäftsprozessoptimierung vom »Dokument her«
- Entwicklung einer neuen dokumentennahen Modellierungssprache
- Konkretisierung des Zusammenspiels von DMS und WFMS
- Beleuchtung der organisatorischen Konsequenzen des DMS-Einsatzes
- Gestaltung und Optimierung dokumentenintensiver unternehmensübergreifender Geschäftsprozesse (Stichwort »eBusiness«).

Unternehmen wie die DocuWare AG leisten dazu beispielsweise in Form von kostenlosen Softwarepaketen für Hochschulen einen nutzbringenden Beitrag.

4.4 DocuWare – The Standard for Document Management

Die DocuWare AG aus Germering bei München gehört mit ca. 5.000 Installationen der Produktreihe DocuWare zu den international führenden Anbietern von Dokumenten-Management-Systemen (DMS). DocuWare ist eine integrierte Standard-Lösung, die alle Dokumententypen, etwa Belege, Dateien und E-Mails, aus den verschiedensten Quellen in einem Dokumentenpool vereinigt. Dort stellt das DMS die Dokumente sortiert nach Kunde, Projekt und anderen Ordnungskriterien auf Mausklick zur Verfügung. DocuWare liefert schon in der Grundausstattung alle wesentlichen Funktionen zum Erfassen, Indexieren, Speichern, Suchen, Versenden und Drucken von Dokumenten jeglicher Art. Durch verschiedene Erweiterungsmodule lässt sich DocuWare an individuelle Anforderungen, etwa den Internet-Einsatz, anpassen. Hierbei wird die Funktionalität des Dokumenten-Management-Systems auch weiterhin an dem wachsenden Bedarf des E-Commerce ausgerichtet. Einfache Konfiguration, einfache Bedienung und einfache Administration zeichnen DocuWare aus.

Wesentliche Merkmale von DocuWare: TIFFMAKER zur vollautomatischen Archivierung von Dokumenten einschließlich der erforderlichen Verschlagwortung, vorkonfigurierter SQL-Server auf Basis von Microsoft SQL 7, Stempelfunktion, Tool zur automatischen Dokumenten-Klassifizierung, Dokumenten-Archivierung auf DVD und DocuWare als ASP-Lösung. Es gibt Zusatzmodule zur E-Mail-Archivierung: DocuWare CONNECT to NOTES unterstützt Lotus

Notes bzw. Domino, das Modul DocuWare ACTIVE IMPORT 2 Microsoft Outlook und Exchange sowie alle Mail-Programme mit MAPI-Schnittstelle.

Über DocuWare-Schnittstellen können Anwender Dokumente aus betriebswirtschaftlichen Programmen archivieren und recherchieren, ohne die Anwendung verlassen zu müssen. Interfaces gibt es beispielsweise zu SAP R/3, KHK Office Line, Excellent und Navision Financials. Dabei stellt der SAP-Markt für DocuWare die Abrundung nach oben dar, zahlreiche sehr erfolgreiche Installationen sind bereits vorhanden. Das Zusatzmodul CONNECT to R/3 ist für das Standard-Interface SAP ArchiveLink zertifiziert. Das Engagement im R/3-Bereich wurde im letzten Jahr durch die Beteiligung an der Processum AG in Rosenheim und Germering, die professionelle Beratung und Dienstleistungen für Dokumentenmanagement und Datenarchivierung insbesondere im SAP R/3-Umfeld anbietet, noch verstärkt.

DocuWare vertreibt ihr Dokumenten-Management-System im indirekten Vertrieb ausschließlich über nationale und internationale Partner, die für den Vertrieb von DocuWare speziell geschult werden (Authorized DocuWare Partner). DocuWare wird in 30 Ländern und 12 Sprachen angeboten.

4.5 Der Autor dieses Kapitels

Prof. Dr. Heinrich Seidlmeier lehrt an der Fachhochschule Rosenheim am Fachbereich Betriebswirtschaft die Fächer Organisation und Wirtschaftsinformatik. Er ist dort Vorstand am Institut für Wirtschaftsinformatik, Organisation und Personal. Weiterhin war er maßgeblich an der Gründung der Processum AG beteiligt, einem Partnerunternehmen der DocuWare AG.

5 Archivierung in R/3-Systemen

In den heutigen Unternehmen nimmt der Einsatz der Standardsoftware SAP R/3 mehr und mehr zu, ohne dass dabei Branchen und Größen der Unternehmen eine Rolle spielen. Um nun alle Prozesse vollständig und richtig abbilden zu können, besteht die Möglichkeit, durch Parametrisierung, Konfigurierung und Individualprogrammierung, kurz Customizing, die Software den individuellen Anforderungen der einzelnen Unternehmen anzupassen. Mit SAP R/3 ist es nun möglich, dass zum Teil Tausende von Benutzern gleichzeitig am System arbeiten können, ohne dass dabei eine Gefahr von Mehrfacheingaben oder unterschiedlichen Datenbeständen besteht. Dies ist auf den Systemaufbau zurückzuführen, der nun vorgestellt wird.

5.1 Dreistufige Client-Server-Architektur des R/3-Systems

Um Informationen im Unternehmen auch effektiv nutzen zu können, ist Aktualität, Verfügbarkeit sowie die geeignete Darstellungsform der Informationen unerlässlich. Grundstein dafür ist eine geeignete Software sowie eine Integration aller Anwender in die Informationsinfrastruktur. Dem wird heutzutage in vielen Unternehmen durch den Einsatz von Rechnern mit entsprechenden Tools wie z.B. Textverarbeitung oder Tabellenkalkulation bereits Rechnung getragen. Dadurch ist der einzelne Anwender nämlich in der Lage, selbstständig Präsentationen oder Dokumente jeglicher Art zu erzeugen. Die Einbindung in die Informationsinfrastruktur ist jedoch heutzutage in vielen Unternehmen noch ein Problem. Es sind zwar generell viele Informationen im Unternehmen vorhanden, nur sind diese oftmals für den einzelnen Anwender überhaupt nicht oder nicht in der gewünschten Aktualität erreichbar. Um dieses Informationsdefizit auszugleichen, bietet sich der Einsatz eines Informationssystems mit Client-Server-Struktur mit Vorteilen wie Flexibilität, erhöhter Produktivität und Leistungsfähigkeit an [Gronau99].

Eine Haupteigenschaft eines Client-Server-Systems ist die Aufteilung von verschiedenen Funktionen wie Datenverwaltung, Prozesssteuerung, Bereitstellung von Systemsoftware und grafischer Benutzeroberfläche auf mehrere Rechner.

In »herkömmlichen« Systemen befinden sich diese Funktionen noch auf jeweils einem Rechner. Bei einem Client-Server-System bezeichnet man Rechner, die Anforderungen stellen, als Clients. Diese Clients sind nun üblicherweise PCs oder Workstations, die wiederum über ein Netz miteinander verbunden sind. Rechner, die die Anforderungen der Clients schließlich ausführen, also deren erzeugte Transaktionen verarbeiten und Ergebnisse an diese zurückgeben, bezeichnet man als Server. Wesentlich dabei ist die Verteilung der einzelnen Anwendungen auf mehrere Verarbeitungssysteme, wobei darauf geachtet wird, dass die logische Einheit der Kette Eingabe – Verarbeitung – Ausgabe nicht unterbrochen wird. Für jedes Programm gilt nun eine Aufteilung in 3 Ebenen, der Präsentations-, Anwendungs- und Datenhaltungsebene. Während sich in einer traditionellen Anwendung diese Ebenen üblicherweise auf einem System befinden, ist bei der Client-Server-Lösung eine Aufteilung auf Client und Server bzw. auf mehrere Systeme möglich. Hieraus ergeben sich unterschiedliche Client/Server-Konfigurationsmöglichkeiten.

Das SAP-R/3-Konzept geht von einem dreistufigen Client-Server-Konzept aus: Die mehrstufige R/3-Netzwerkarchitektur bietet eine leistungsstarke Middleware. Diese Middleware macht die Geschäftsanwendungen unabhängig von den benutzten Systemschnittsstellen des Betriebssystems, des Datenbank-Management-Systems und des Kommunikationssystems und sorgt für eine optimale Abwicklung der betriebswirtschaftlichen Transaktionen [Buck-Emden98].

Die mehrstufige Architektur des R/3-Systems gestattet eine Entkopplung der Anwendungslogik von der Präsentation und der Datenbank. Dadurch wird eine Lastverteilung auf mehrere Server ermöglicht [Buck-Emden98]. Es wird klar zwischen den Ebenen Präsentationserver, Applikationsserver und Datenbankserver unterschieden. Die Systemarchitektur von R/3 sieht also einen zentralen R/3-Server-Cluster vor, in dem ein Rechner, der Datenbankserver, die Datenbankverwaltung übernimmt. Die weiteren Rechner dienen als Applikationsserver, auf denen die Anwendungen wie z.B. die Finanzbuchhaltung, Materialwirtschaft und Personalwesen ablaufen. An diese Applikationsserver sind in einer nächsten logischen Ebene die R/3-Client-Arbeitsplätze angeschlossen, auf denen die grafische R/3-Benutzeroberfläche abläuft. Diese eigentlichen R/3-Benutzer-Arbeitsplätze werden auch als Präsentationsserver bezeichnet.

5.1.1 R/3-Applikationsserver

Auf dem Applikationsserver, auch Anwendungsserver genannt, findet die Verarbeitung der Anwendungsprogramme statt. Hier werden die zuvor eingegebenen Daten überprüft, vorbearbeitet, aufbereitet und formatiert. Der Anwendungsserver tritt mit dem Datenbankserver nur in Verbindung, um Daten zu lesen oder um Rechnungsdaten in die Datenbank zu schreiben, also dann, wenn Änderungen in der Datenbank vorgenommen werden. Dabei steht ein Anwendungsserver üblicherweise einer Gruppe von Benutzern zur Verfügung. Es besteht jedoch auch die Möglichkeit, den Anwendungsserver nur einem Benutzer zur Verfügung zu stellen, nämlich dann, wenn der Anwendungsserver seine gesamte Rechnerleistung für besonders große Anwendungsfunktionen dieses Benutzers benötigt. Auf dem Applikationsserver liegt die komplette betriebswirtschaftliche Logik der R/3-Anwendungen.

5.1.2 R/3-Präsentationsserver

Der Präsentationsserver (PC-Clients) befindet sich in der Regel auf Workstations oder PCs. Auf ihm laufen die Programme, deren Aufgabe es ist, die Anwendungen zu präsentieren, also auf dem Bildschirm darzustellen. Diese Programme sind also dafür verantwortlich, dass die Benutzungsoberfläche für die einzugebenden Daten gestaltet wird und die Ausgabedaten an die Anwendungsserver weitergegeben werden. Die Präsentationsebene übernimmt also die Interaktion mit dem Benutzer und bereitet die Daten zur Anzeige auf. Auf der Präsentationsebene bietet das System R/3 mit SAPGUI eine eigene Frontendtechnologie, mit der Endbenutzer das ganze Potential des Systems R/3 ausschöpfen können.

5.1.3 R/3-Datenbankserver

Auf diesem Zentralrechner befindet sich die Datenbank. Diese ist wiederum für die Datenhaltung und -verwaltung zuständig und stellt Dienste für die Programme der Anwendungsebene bereit. Auf dem Datenbankserver befindet sich eine Software, welche die gesamten Datenbestände verwaltet und sämtliche Programme zur Verfügung stellt, die von den Anwendungsservern heruntergeladen werden können. Mit jedem neu verbuchten Geschäftsvorfall im R/3-System werden Daten produziert und in der Datenbank abgespeichert. Auf diesen Datenbankserver werden nun sämtliche Transaktionen verbucht und somit große Datenmengen erzeugt, was auf die bereits erwähnte hohe Benutzeranzahl und die elektronische Abbildung von Standardgeschäftsprozessen sowie eine automatische Erzeugung und Übernahme von Daten aus vorgelagerten Systemen zurückzuführen ist. Die Folge daraus ist ein stetiges Datenbankwachstum mit der Konsequenz, dass die Datenbank früher oder später an ihre physischen Grenzen gelangt, also »voll« wird [Gersbacher2000]. Hieraus resultieren dann genau die Probleme, die in Abschnitt 5.2 dieses Kapitels genauer beschrieben sind. Auf diese Ausführungen sei an dieser Stelle explizit verwiesen.

5.2 Archivierung in R/3-Systemen

5.2.1 Ausgangssituation

Ständig steigende Datenmengen in Wirtschaft und Verwaltung bedürfen entsprechender Systeme, um sie dort strukturiert abzulegen und aufbewahren zu können. Hierfür wurden relationale Datenbanksysteme entwickelt. Doch in der Praxis treten mit derartigen Systemen häufig Probleme auf, wenn die Datenmengen sehr groß werden: Denn einerseits muss ständig neuer Plattenplatz (Sekundärspeicher) beschafft und in das Datenbank-Management-System (DBMS) eingebunden werden. Dies hat zur Folge, dass die Zugriffszeit auf die Daten ansteigt und dadurch natürlich auch die Kosten. Andererseits kann das Anwachsen der Datenmenge auch bei effektiver Speicherorganisation die Auswirkungen auf die Performance nicht ganz neutralisieren, und ein Anstieg der Backup- und Recovery-Zeiten ist zu verzeichnen.

Außerdem leidet mit der Zunahme der Datenmenge die Übersichtlichkeit der Daten, da oft aktive mit inaktiven, weitgehend veralteten Daten vermischt werden. Diese Problematik wird in jüngerer Zeit durch das Anschwellen der Datenmengen und immer höhere Benutzeranforderungen im Bereich der Verfügbarkeit (24-Stunden-Betrieb) verschärft.

Ein großes Datenbankvolumen kann bei heutigen Datenbanksystemen zu erheblichen Leistungsengpässen führen. Dies ist jedoch unnötig, wenn man bedenkt, dass ein Großteil der in der R/3-Datenbank gehaltenen Daten zu alten, also abgeschlossenen Geschäftsvorfällen gehört, die im aktuellen Tagesgeschäft nicht mehr benötigt werden. Außerdem ist die Online-Datenbank des Produktivsystems nicht der geeignete Aufbewahrungsort für operativ nicht mehr oder nur noch selten genutzte Daten. Jedoch genau diese Daten sind die »Übeltäter«, die zu einem großen Datenvolumen beitragen und die das zugrunde liegende Datenbank-Management-System (DBMS) bewältigen und verwalten muss.

5.2.2 Konsequenzen einer überlasteten Datenbank

Leistungsverhalten und Administrierbarkeit von produktiven R/3-Installationen können sich deutlich verschlechtern, wenn die in der Anwendungsdatenbank online gehaltene Datenmenge zu groß wird [Buck-Emden98]. In diesem Falle kommt es zu folgenden Konsequenzen, welche zugleich auch die Gründe für die Durchführung einer R/3-Datenarchivierung darstellen:

- Erhöhung der Reportlaufzeiten
- Verlängerung der Suchzeiten
- Erschwerung der Datenbankadministration
- Erhöhung der Backup-Zeiten

Erhöhung der Reportlaufzeiten

Da das Datenvolumen in den Anwendungstabellen sehr groß ist, muss bei der Erstellung von Reports (=Auswertungen aus Datenbanktabellen mit Hilfe vorheriger Datenselektion) aus größeren Datenmengen selektiert werden. Dies hat zur Konsequenz, dass die Speicherauslastung höher ist und somit der Prozessor eine größere Leistungsfähigkeit besitzen muss.

Verlängerung von Suchzeiten

Ein anwachsendes Datenvolumen in der Datenbank führt zu einem hohen Bedarf an Plattenplatz, der sich im Terabytebereich bewegen kann. Daraus resultieren erhebliche Performanceverluste im R/3-System. Aufgrund der zunehmenden Größe der Datenbank-Indexbäume steigen die Datenbank-Zugriffszeiten an. Das System benötigt mehr Zeit, um beispielsweise einen Beleg zu finden und anzuzeigen.

Erschwerung der Datenbankadministration

Bei einer zunehmenden Datenbankgröße steigt der Aufwand für die Datenbankverwaltung sehr stark an. Die Laufzeiten und Ressourcen für das Sichern und Wiederherstellen und die Reorganisation der Datenbank wachsen überproportional. Die Aufwände für die Erstellung von Indexdaten und Datenbank-Statistikinformationen für den Optimizer nehmen ebenfalls stark zu.

Erhöhung der Backup-Zeiten

Wie bereits beschrieben, ist es sinnvoll, in regelmäßigen Zeitabständen eine Sicherungskopie der gesamten Datenbank zum Schutz vor Datenverlusten zu erstellen. Durch großes Datenvolumen in der Datenbank erhöht sich natürlich auch die Zeit, die benötigt wird, um eine solche Kopie zu erstellen, und somit auch die Ausfallzeit des Systems, da der Datenbankbetrieb für die Zeit eines Backups eingestellt werden muss. Je kürzer nun die Zeiten zwischen den einzelnen Backups sind, umso mehr wirkt sich das Problem aus.

5.2.3 Möglichkeiten der Performanceverbesserung

Betrieb des R/3-Systems mit den Lowest Cost of Ownership

Es stellt sich nun die Frage, warum die Performance eines R/3-Systems denn so wichtig ist. Nur bei guten Antwortzeiten können Benutzer motiviert und effizient mit dem R/3-System arbeiten. Ein langsames System führt zu Ausfallzeiten und Frustration. Eskaliert die Situation, so wird im schlimmsten Fall der zur Bewältigung der Geschäftsprozesse erforderliche Systemdurchsatz nicht mehr erreicht. Mehrarbeit, Produktionsverzögerungen und finanzielle Verluste sind die Folge. Um den Betrieb eines R/3-Systems mit minimalen Kosten, also den Lowest Cost of Ownership, zu ermöglichen, ist also eine Performanceoptimierung des R/3-Systems regelmäßig zu planen und durchzuführen [Schneider98].

Definition von Performance

Nach Schneider ist die Performance eines R/3-Systems als die Fähigkeit definiert, gegebene Anforderungen an Antwortzeiten und Datendurchsatz zu erfüllen. Beispielsweise können solche Anforderungen sein, dass innerhalb von zwei Stunden ein Durchsatz von 20.000 gedruckten Rechnungen erreicht werden muss oder dass die Antwortzeit für das Erfassen einer Bestellung unter zwei Sekunden liegen soll. Daraus lässt sich ableiten, dass Performance keine absolute Eigenschaft eines R/3-Systems, sondern immer relativ zur Last auf dem R/3-System zu sehen ist [Schneider98].

Ziel der Performanceoptimierung von R/3-Systemen

Das R/3-System besteht aus mehreren Komponenten wie R/3-Prozesse, Datenbankprozesse etc. Diese Komponenten erlauben einen bestimmten Durchsatz und eine optimale Antwortzeit. Wenn das Zusammenspiel dieser Komponenten nicht optimal aufeinander abgestimmt ist, entstehen Situationen, die sich sehr negativ auf Durchsatz und Antwortzeit des R/3-Systems auswirken. Ziel der Performanceoptimierung muss es u.a. also sein, unnötige Last zu identifizieren, zu analysieren und zu vermeiden. Die Lösung solcher Probleme erreicht man durch Abstimmen der Komponenten des R/3-Systems aufeinander und die Verteilung der im System anfallenden Last [Schneider98]. Dies bezieht sich unter anderem auch auf große Datenbankvolumina. Ein großes Datenbankvolumen kann bei heutigen Datenbanksystemen zu erheblichen Leistungsengpässen führen [Buck-Emden98].

Alternativen zur Performancesteigerung des R/3-Systems

Zur Erreichung einer besseren Performance des R/3-Systems gibt es in diesem Falle nun mehrere Alternativen, auf die im Folgenden eingegangen wird:

- Ressourcenerhöhung
- Löschen der Daten

- Vermeiden von Daten
- Archivierung von Daten

Ressourcenerhöhung

Für eine Erhöhung der Ressourcen des Betriebssystems gibt es unterschiedliche Möglichkeiten. Diese Möglichkeiten sind zum einen die Vergrößerung des Plattenspeichers oder des physikalischen Hauptspeichers und zum anderen der Ersatz des Prozessors durch einen leistungsfähigeren Prozessor. Die Nachteile dieser Alternative sind jedoch erstens, dass sie relativ teuer ist und in den meisten Fällen ein ungünstiges Kosten-Nutzen-Verhältnis bietet und sie zweitens nur eine Lösung auf Zeit darstellt, d.h. der Zeitpunkt, an dem es erneut zu Leistungsverschlechterungen kommt, wird lediglich hinausgezögert. Somit ist die Datenarchivierung, besonders bei starkem Anstieg des Datenvolumens, vorzuziehen.

Löschen der Daten

Eine weitere Alternative zur Umgehung von Ressourcenengpässen liegt im Löschen von Daten. Das Löschen der Daten ist grundsätzlich möglich und kann nach verschiedenen Gesichtspunkten wie Alter, Nutzungsgrad oder Volumenzuwachs erfolgen. Die Folge ist eine Steigerung der Performance sowie eine Entlastung der Datenbank. Dieser Lösung sind jedoch Grenzen gesetzt. Aufgrund verschiedener rechtlicher, betriebswirtschaftlicher und technischer Regelungen kann ein erneuter Zugriff auf bestimmte Daten zu einem späteren Zeitpunkt notwendig sein. Auch hier bietet die Archivierung der Daten eine geeignete Lösung.

Vermeidung von Daten

Nach längerem Produktiveinsatz kann es vorkommen, dass es im SAP-System durch Hintergrundjobs zur Erzeugung von Daten kommt, die für das Unternehmen nicht relevant sind. Dies ist durch die Voreinstellung bei Auslieferung eines SAP-Systems bedingt, bei der grundsätzlich alle Systemfunktionen eingestellt sind, um dem Anwender eine möglichst schnelle baldige Nutzung des Systems zu gewährleisten. Von Datenvermeidung spricht man dann, wenn Daten, die aus betriebswirtschaftlicher Sicht unwichtig oder unnötig sind, durch Voreinstellung bzw. entsprechende Reorganisationsprogramme erst gar nicht im System erzeugt oder direkt nach Erzeugung wieder aus dem System gelöscht werden. Damit können diese Daten auch nicht zum Anwachsen der Datenbank beitragen. Beispiele für solche Daten sind Spooldaten, Laufzeitstatistiken oder Batch-Input-Administrationsdaten [Gersbacher2000].

Archivierung von Daten

In der Situation großer Datenbankvolumina, die schon dafür sorgt, dass sich sowohl das Leistungsverhalten als auch die Administrierbarkeit des R/3-Systems deutlich verschlechtern, bietet sich die Datenarchivierung an. Unter Datenarchivierung versteht man die Möglichkeit, Daten, die im operativen Geschäft nicht mehr verwendet werden, konsistent, also zusammenhängend, von der Datenbank auf externe Speichermedien auszulagern [Buck-Emden98]. Die Daten können dem Benutzer anschließend über geeignete Zugriffsmöglichkeiten wieder zugänglich und sichtbar gemacht werden. Durch diese Lösung wird die Datenbank dauerhaft entlastet und gleichzeitig den betriebswirtschaftlichen sowie gesetzlichen Anforderungen Rechnung getragen [Will98].

5.2.4 Fazit

Mit zunehmender Nutzerzahl, mit dem Umfang der eingesetzten Anwendungen und insbesondere mit zunehmender Nutzungsdauer wächst auch das Volumen der R/3-Datenbank an und erreicht oft ein Ausmaß, das spürbar auf die Performance des Gesamtsystems drückt [Schneider98] und bei dem der benötigte Plattenspeicher sehr teuer wird. Es macht deshalb Sinn, R/3-Datensätze mit abgeschlossenen Vorgängen (etwa Buchungen) aus der Datenbank auszulagern, damit wieder freien Platz in der Datenbank zu schaffen und die Zahl der dort vorhandenen Objekte zu reduzieren. Dies geschieht unter R/3 mit Hilfe der so genannten SAP R/3-Datenarchivierung.

Für das Archivieren von Anwendungsdaten liegen systembedingte und gesetzliche Gründe vor. Die SAP-Datenarchivierung sorgt dafür, dass

- die durch das Wachstum der Bewegungsdaten verursachten Speicherplatz- und Laufzeitprobleme verringert werden;
- der Stammdatenbestand handhabbarer wird und leichter auf einem aktuellen Stand zu halten ist;
- die gesetzlichen Vorgaben zur Aufbewahrung von Daten eingehalten werden können;
- die Daten wiederverwendbar sind, d.h. zu einem späteren Zeitpunkt, z.B. bei der Neuentwicklung von Produkten, genutzt werden können.

5.3 Datenarchivierung in R/3-Systemen

Sicherstellung der Kontrollierbarkeit der Datenbankgröße anhand der SAP-Datenarchivierung

Mit der SAP R/3-Datenarchivierung wird sichergestellt, dass die Größe der Datenbank langfristig kontrollierbar bleibt. Dies ist ein entscheidendes Kriterium für Datensicherungs- und Hochverfügbarkeitskonzepte sowie für die Datenbankadministration und die Performance des R/3-Systems.

SAP-Datenarchivierung als einzige von SAP unterstützte Methode

Die SAP-Datenarchivierung ist die einzige von SAP unterstützte Methode, um Daten konsistent aus der Datenbank zu entfernen (mit der Möglichkeit, später wieder lesend darauf zuzugreifen). Die Konsistenz wird hierbei durch Integritätsbedingungen realisiert, deren Einhaltung von den SAP-Archivierungsprogrammen gewährleistet wird. Ein rein datenbankintegriertes Archivieren scheidet aus, da die im R/3-Datenmodell realisierten Gruppierungs-konzepte der zugrunde liegenden Datenbank nicht in jedem Fall bekannt sind. Über die SAP-Datenarchivierung können betriebswirtschaftlich bedeutsame Objekte wie Buchhaltungsbelege, Materialstammsätze etc. selektiv aus der Datenbank entfernt werden, ohne dass sich der Anwender um das zugrunde liegende physische Tabellendesign kümmern muss.

Die R/3-Datenarchivierung gewährleistet, dass nur Daten abgeschlossener Prozesse archiviert werden. Ein Prozess ist genau dann abgeschlossen, wenn der letzte betriebswirtschaftliche Vorgang innerhalb der Prozesskette abgeschlossen ist. Konkret bedeutet dies, dass die Daten (Stamm- und Bewegungsdaten) prinzipiell archivierbar sind und daher aus dem System entfernt werden können. Über zusätzliche Parameter lässt sich für einige Datenobjekte festlegen, wie lange sie seit ihrer Erzeugung in der Datenbank bleiben müssen, bevor sie überhaupt archivierbar sind. Die zu archivierenden Daten werden zunächst im Dateisystem abgelegt und können von dort aus auf andere Speichermedien übertragen werden. In der Datenbank werden die zu archivierenden Daten nur gelöscht, wenn die vorher erstellten Archivdateien erfolgreich gelesen werden konnten.

SAP-Datenarchivierung als asynchrone, datenbankbasierte Archivierung

Bei der SAP R/3-Datenarchivierung handelt es sich um asynchrone, datenbanksystem-basierte Archivierung. Asynchron heißt: Der Benutzer muss nicht warten, bis der jeweilige Archivierungslauf abgeschlossen ist, sondern kann sofort nach Anstoß der Archivierung am System weiterarbeiten. Der Archivierungsvorgang läuft als Hintergrundprozess ab. Diese Form ist vor allem bei der Archivierung großer Datenmengen von Vorteil, da die Archivierung meist viel Zeit beansprucht und der Initiator nicht blockiert wird.

Asynchrone Archivierung heißt also, dass das Archivsystem nach dem Archivierungsauftrag diesen sofort bestätigt, aber noch keine Archivdokument-Id für das zu archivierende Dokument zurückliefert. Die Id wird zeitlich später, d.h. erst nach Ablegen des Dokuments im Archivsystem, zurückgegeben.

Es wird bei der datenbanksystem-basierten (auch: datenbankbasierten) Archivierung die Archivierungsfunktionalität auf das Datenbanksystem aufgesetzt. Die Vorgehensweise bei dieser Form der Archivierung besteht darin, dass zunächst die zu archivierenden Daten über die normale Datenbank-Schnittstelle ausgewählt und gelesen werden und danach entweder direkt oder indirekt in das Archiv geschrieben werden.

Im direkten Fall werden die Daten aus der Datenbank direkt in das Archiv geschrieben, was sich aber meist als zu zeitaufwändiges Verfahren herausstellt. Im indirekten Fall – vorwiegend bei der Archivierung auf Tertiärspeichermedien verwendet – wird erst in Dateien auf Platte geschrieben, die dann archiviert werden. Im nächsten Schritt werden die soeben archivierten Daten gelöscht, da ansonsten die Daten zweimal (in der Datenbank und im Archiv) vorhanden wären.

Wie bereits erwähnt, ist bei der R/3-Datenbank ein kontinuierliches Wachstum über die Zeit festzustellen. Zur Verwaltung der Anwendungsdaten in SAP R/3 werden relationale Datenbanksysteme verwendet. Daraus resultieren auf der Anwenderseite Performanceprobleme und auf der Administratorseite erhöhter Ressourcenbedarf, wie z.B. Hauptspeicher, Festplatten oder Sicherungsmedien.

Doch die meisten Daten verlieren nach einem bestimmten Zeitraum, der sich nach gesetzlichen und firmenspezifischen Bestimmungen bemisst, ihre Bedeutung und stellen für die tägliche Arbeit einen unnötigen Ballast dar. Dies begründet sich dadurch, dass mit einer zunehmenden Tabellengröße auch die Suche darin zeit- und kostenintensiver wird.

Fallstudie der SAP AG

Der bisher im Verlauf dieses Kapitels beschriebene Sachverhalt wird durch eine Fallstudie der SAP AG, die für eine Vielzahl von R/3-Installationen charakteristisch ist, untermauert:

Ausgangssituation:

Bei dieser Studie wurde ein jährliches Wachstum der R/3-Datenbank von 80 Gigabyte angenommen. Daraus ergibt sich nach 5 Jahren ein Datenvolumen von 400 Gigabyte (GB). Die Daten müssen im System (online) 6 Monate gehalten werden. Das tatsächlich für das operative Geschäft benötigte Datenvolumen liegt bei circa 45 Gigabyte, wie in Abbildung 5.1 grafisch dargestellt.

Die graue Fläche kennzeichnet das für das Tagesgeschäft eines Unternehmens notwendige Datenvolumen, welches in der Datenbank gehalten werden muss.

Der schwarze Bereich von circa 360 Gigabyte wird nicht mehr benötigt; der Zugriff auf diesen Teil der Daten ist sehr selten, weshalb sie aus dem R/3-System ausgelagert werden.

Dies entlastet das System spürbar und bewirkt die oben genannten Vorteile.

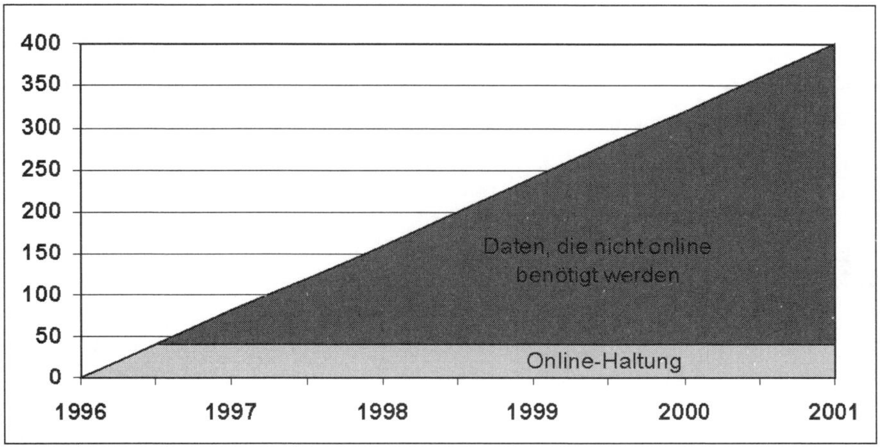

Abbildung 5.1
Fallstudie der SAP AG

Die Einheit der vertikalen Achse ist GB.

5.4 Zu archivierende Datenobjekte im R/3-System

Die Archivierung von Anwendungsdaten ist ein Aspekt, der bereits bei der Einführung einer betriebswirtschaftlichen Anwendungssoftware beachtet werden sollte. Da das Volumen an Bewegungs- und Stammdaten im Produktivbetrieb schnell wachsen kann, stellt sich die Frage, auf welche Weise die Datenbank dauerhaft entlastet werden kann.

Die SAP Datenarchivierung stellt eine geeignete Methode zur Begrenzung dieses Datenwachstums dar. Gleichzeitig trägt sie den gestiegenen Anforderungen für eine sichere und langfristige Datenaufbewahrung Rechnung. Umfassende Prüfungen auf Anwendungsebene gewährleisten die Konsistenz und Vollständigkeit der archivierten Daten und stellen sicher, dass nur Daten zu abgeschlossenen Geschäftsvorfällen archiviert werden.

Die Datenarchivierung ermöglicht somit das selektive Entfernen betriebswirtschaftlich bedeutsamer Objekte wie Buchhaltungs- und Materialbelege, Fertigungsaufträge, Fakturen etc. aus der Datenbank. Diese Daten werden so aufbewahrt, dass bei Bedarf wieder darauf zugegriffen werden kann. Aus Sicherheitsgründen werden nur die Daten aus der Datenbank gelöscht, die erfolgreich vom vorher erstellten Archiv gelesen werden konnten.

Im Mittelpunkt der SAP Datenarchivierung stehen im R/3-System definierte Datenobjekte, die eine betriebswirtschaftliche Bedeutung besitzen. Datenobjekte lassen sich allgemein in mehrere Kategorien unterteilen:

- Stammdaten sind dadurch gekennzeichnet, dass sie längerfristig im operativen Geschäft verwendet werden
- Bewegungsdaten, deren Charakter eher kurzfristiger Natur ist
- Datenbank-Indizes

5.4.1 Stammdaten

Stammdaten sind die betriebswirtschaftlichen Grunddaten eines Unternehmens. Deren Qualität ist die grundlegende Basis für die erfolgreiche Abwicklung von Geschäftsvorgängen. Innerhalb des betriebswirtschaftlichen Standardsoftwarepaketes SAP R/3 werden diese Grunddaten als so genannte »Stammdaten« abgelegt. Die Stammdaten im R/3-System werden an zentraler Stelle hinterlegt und bilden die Grundlage aller Geschäftsprozesse im Vertrieb. Es handelt sich um Informationen zu Geschäftspartnern, Materialien, Preisen, Zu- und Abschlägen und Daten wie z.B. Routen. Die Gültigkeit der Stammdaten kann auf Teilbereiche der Unternehmensorganisationen, wie z.B. auf Vertriebsbereiche, beschränkt werden.

Beispiele für Stammdaten sind Material- und Lieferantenstamm, Stücklisten, Arbeitspläne etc. Beispiele für Bewegungsdaten sind Finanzbuchhaltungsbelege, Fertigungs- und Kundenaufträge, Fakturen, Lieferungen etc. Ein typisches Datenobjekt setzt sich im Allgemeinen zusammen aus einem Kopfteil, in dem allgemeine Informationen zur Identifizierung des Datenobjekts gespeichert werden, und einzelnen Positionen, die das eigentliche Datenobjekt ausmachen.

Zusätzlich können noch Beschreibungstexte und Änderungsbelege, in denen Änderungen zum jeweiligen Datenobjekt dokumentiert werden, vorhanden sein. Dem Datenobjekt können noch weitere auf einem Dokumentenserver gespeicherte Originaldokumente zugeordnet sein.

Das Datenobjekt ist die kleinste betriebswirtschaftliche Granularitätseinheit, die in allen SAP-Systemen immer als Ganzes über einen eindeutigen Schlüssel angesprochen wird.

5.4.2 Bewegungsdaten

Bewegungsdaten sind vorgangsbezogene Daten, die kurzlebig sind und bestimmten Stammdaten zugeordnet werden. Einzelne Buchungsbelege werden als Bewegungsdaten bezeichnet. Den Stammdaten eines Lieferanten können z.B. Bewegungsdaten zugeordnet werden, die die Umsatzentwicklung betreffen. Der Gesamtumsatz eines Lieferanten setzt sich aus den Daten zu einzelnen Geschäftsvorgängen zusammen, den Bewegungsdaten.

Mit Hilfe der Aspektverdichtung kann man Bewegungsdaten reorganisieren oder Daten aus verschiedenen Aspekten in einem Verdichtungsaspekt zusammenführen.

5.4.3 Datenbank-Indizes

Neben den Stamm- und Bewegungsdaten existieren noch weitere Daten, die bei einem Archivierungslauf automatisch und gemeinsam mit den R/3-Datenbank-Tabelleneinträgen gelöscht werden. Diese Daten sind die Datenbank-Indizes. Zu jeder im R/3-System definierten Datenbanktabelle können mehrere Datenbank-Indizes im R/3 Data Dictionary definiert werden. Wird ein Datensatz zu dieser Tabelle erzeugt, generiert das Datenbanksystem automatisch die definierten Indexdaten. Wird umgekehrt ein Datensatz gelöscht, werden auch sämtliche Indizes gelöscht. Das heißt, das Löschen und das Erzeugen von Datenbank-Indizes unterliegt allein der Kontrolle des Datenbanksystems.

Für die Anzeige und Auswertung der R/3-Datenbank spielen die Datenbank-Indizes eine wichtige Rolle. In vielen Anfragen gewährleisten nur die Existenz eines oder mehrerer Datenbank-Indizes ausreichende Performance beim Online-Zugriff auf die Datenbank. Diese Indizes gehen bei der Datenarchivierung vollständig verloren.

Dadurch werden gleichzeitig Restriktionen für den möglichen Zugriff auf die Archiv-Files impliziert. Wenn z.B. ein Datenbank-Index, welcher die Materialnummer zu einer bestimmten Bestellposition eines R/3-Beleges enthält, nicht mehr vorhanden ist, ist die Folge, dass die Bestellungen zu dieser Materialnummer nicht mehr direkt selektiert werden können. Dies ist in selbem Maße auch für die Auswertung des Archiv-Files, welches die Bestellungen enthält, gültig. Als Konsequenz daraus müssen für die Suche aller Bestellungen zu einem bestimmten Material alle Archiv-Files komplett sequentiell durchsucht werden. Die am häufigsten genutzten SAP-Transaktionen selektieren Bewegungsdaten über die Indizes.

5.5 Ablauf der SAP R/3-Datenarchivierung

Den wesentlichen Bestandteil der R/3-Datenarchivierung bilden so genannte Archivierungsobjekte. Letztere legen den Aufbau und die Zusammensetzung der zu archivierenden Daten fest. Diese Daten werden in Archivdateien geschrieben, welche dann auf optische Speichermedien abgelegt werden. Die Datenarchivierung im R/3-System wird über diese Archivierungsobjekte gesteuert, die der Benutzer vor jedem Archivierungslauf spezifizieren muss. Jedem Archivierungsobjekt sind spezielle Archivierungs- und Löschprogramme zugeordnet. Der Aufbau der Archivierungsobjekte sowie die wichtigsten Archivierungsobjekte der einzelnen SAP-Module werden im weiteren Verlauf dieses Buches noch im Detail dargestellt. Auf diese Ausführungen sei an dieser Stelle verwiesen.

Der Datenarchivierungsprozess im R/3-System gliedert sich im Detail in drei Schritte, die im Folgenden einzeln beschrieben werden:

- Schritt 1 – Erzeugen einer Archivdatei
- Schritt 2 – Ausführen des Löschprogramms in der Datenbank
- Schritt 3 – Ablage der Archivdateien

5.5.1 Schritt 1 – Erzeugen einer Archivdatei

Im ersten Schritt der R/3-Datenarchivierung liest ein Archivierungsprogram die Daten, die in einem Archivierungsobjekt zusammengefasst sind, aus der R/3-Datenbank, prüft diese Daten auf ihre Archivierbarkeit und erzeugt im Anschluss daran ein oder mehrere sequentielle Files (Archivdateien), in denen die archivierten Daten abgespeichert werden. Gleichzeitig erfolgt automatisch eine Komprimierung der Daten bis um den Faktor 5. Dieser Vorgang dauert an, bis eines der folgenden drei Ereignisse eintritt:

1. Die Archivierung ist abgeschlossen.
2. Die Archivierung ist noch nicht abgeschlossen, aber die Archivdatei hat die im archivierungsobjektspezifischen Customizing festgelegte maximale Größe erreicht.
3. Die Archivierung ist noch nicht abgeschlossen, aber die Archivdatei enthält die im archivierungsobjektspezifischen Customizing festgelegte maximale Anzahl von Datenobjekten.

Sind in den Fällen 2 oder 3 noch Daten zu archivieren, so wird eine weitere Archivdatei angelegt. Wenn das Ereignis 2 oder 3 eingetreten ist, fährt die Archivadministration mit der Löschphase fort (vorausgesetzt, im archivierungsobjektspezifischen Customizing sind die folgenden Ankreuzfelder gesetzt: *Start automatisch* und *Löschphase vor Ablage*).

Nach Abschluss dieses Schrittes befinden sich die archivierbaren Daten immer noch in der R/3-Datenbank, d.h., die R/3-Datenbank wird durch die Ausführung des ersten Schrittes noch nicht verändert. In Abbildung 5.2 wird dieser erste Schritt der SAP-Datenarchivierung illustriert.

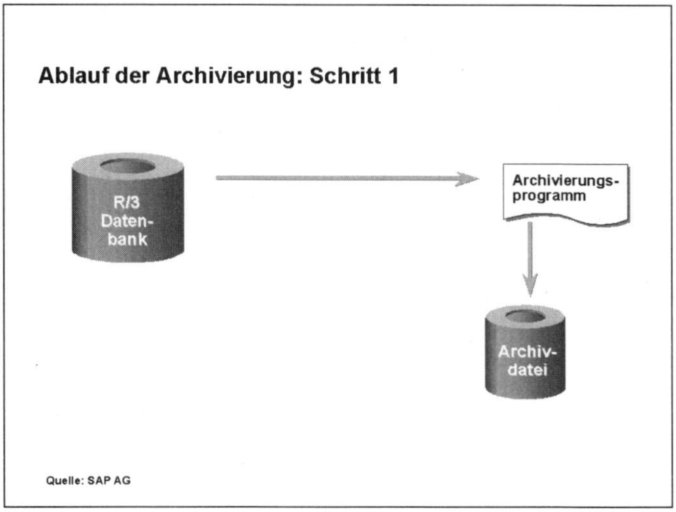

Abbildung 5.2
Datenarchivierung Schritt 1- Erzeugen einer Archivdatei

5.5.2 Schritt 2 – Ausführen des Löschprogramms in der Datenbank

Im zweiten Schritt werden, wie in Abbildung 5.3 grafisch dargestellt, die in Schritt 1 erzeugten Archivdateien von einem Löschprogramm des verwendeten Archivierungsobjektes wieder eingelesen. Dabei werden die zugehörigen Daten aus der R/3-Datenbank gelöscht. Der Löschlauf erfolgt aber erst, nachdem die im 1. Schritt angelegten Archivdateien erfolgreich gelesen werden konnten. Dies sorgt für eine sehr hohe Sicherheit bei der SAP-Datenarchivierung.

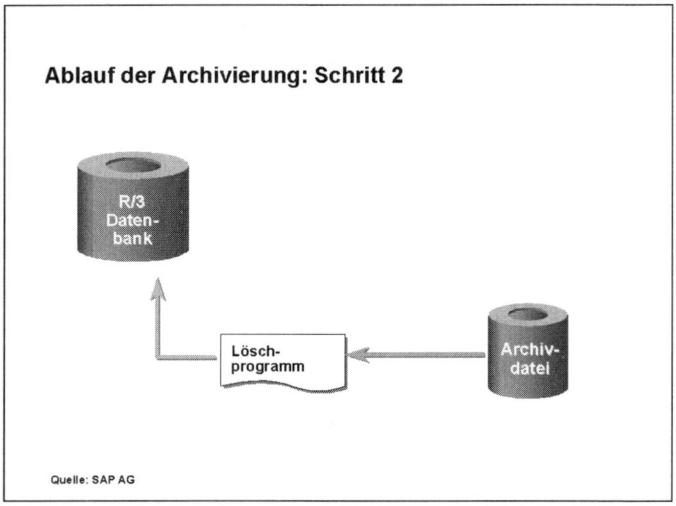

Abbildung 5.3
Datenarchivierung Schritt 2 – Ausführen des Löschprogramms in der Datenbank

In diesem Schritt kann zwischen sequentieller und paralleler Ausführung der Schreib- und Löschjobs gewählt werden.

Sequentielle Ausführung der Schreib- und Löschjobs

Bei der sequentiellen Ausführung erfolgt der Löschlauf erst, nachdem alle Archivdateien geschrieben wurden. Der Schreiblauf gilt als beendet, wenn alle Archivdateien geschrieben wurden und die zuletzt erzeugte fehlerfrei geschlossen wurde.

Parallele Ausführung der Schreib- und Löschjobs

Bei der parallelen Ausführung hingegen wird, nachdem die erste Archivdatei geschlossen und erfolgreich vom Löschprogramm gelesen werden konnte, diese aus der Datenbank entfernt, während bereits die nächste Archivdatei geschrieben wird.

Durch das Lesen der Daten, bevor der Löschlauf erfolgt, wird sichergestellt, dass nur solche Daten aus der Datenbank gelöscht werden, die auch erfolgreich archiviert wurden. Dieses Verfahren bringt gegenüber der sequentiellen Ausführung den Vorteil, dass die Archivierungslaufzeit verkürzt wird. In der Regel sind auch mehrere Löschprogramme aktiv, da das Löschen der Daten länger dauert als der Schreibjob.

Falls das Löschen erst nach der Dateiablage erfolgt, kann man im archivierungsobjektspezifischen Customizing einstellen, dass die Archivdateien während der

Löschphase aus dem Ablagesystem gelesen werden. Dadurch können eventuelle Fehler bei der Übertragung oder Sicherung der Archivdateien im Ablagesystem rechtzeitig erkannt werden.

5.5.3 Schritt 3 – Ablage der Archivdateien

Die SAP R/3-Datenarchivierung arbeitet grundsätzlich mit einem Zweischrittverfahren, das optional zum Dreischrittverfahren ausgebaut werden kann. Dieser dritte Schritt, die Ablage der Archivdateien, ist optional zu den ersten beiden Schritten durchzuführen. In einem dritten Schritt der Datenarchivierung können die erzeugten Archivdateien, die sich nach ihrer Erstellung im Filesystem eines R/3-Servers befinden, an externe Massenspeichersysteme übergeben oder auf tertiäre Speichermedien außerhalb des R/3-Systems ausgelagert werden. Die Auslagerung auf diese Speichermedien erfolgt über die so genannte ArchiveLink-Schnittstelle im R/3-System. Durch diese Schnittstelle kann ein externes Archivsystem an das R/3-System angebunden werden.

Für die Ablage von Archivdateien kommen mehrere Möglichkeiten in Betracht:

- SAP ArchiveLink bzw. ab Release 4.6C Content Management Service: Falls ein Ablagesystem/optisches Archivsystem an das SAP-System angeschlossen ist, wird das Ablagesystem am Ende eines erfolgreichen Schreiblaufs beauftragt (die entsprechenden Einstellungen im archivierungsobjektspezifischen Customizing vorausgesetzt), die erzeugte Archivdatei abzulegen. Archivdateien lassen sich auch nachträglich manuell ablegen, wenn die automatische Ablage nicht erwünscht ist.
- Hierarchische Speichermanagementsysteme (HSM-Systeme): Falls ein HSM-System eingesetzt wird, ist es ausreichend, wenn im Customizing (Transaktion *FILE*) der Dateipfad entsprechend gepflegt ist. Eine Kommunikation mit dem Ablagesystem über den Content Management Service ist dann nicht notwendig, da es dem HSM-System überlassen wird, die Dateien je nach Zugriffshäufigkeit und Plattenplatzbelegung auf tertiäre Speichermedien auszulagern.
- Manuelle Ablage: Nachdem das Löschprogramm die jeweilige Archivdatei bearbeitet hat, kann diese auch manuell auf Band gezogen werden.

Wenn die ausgelagerten Archivdaten innerhalb des SAP-Systems angezeigt oder ausgewertet werden sollen, so ist es notwendig, sie vom Tertiärmedium wieder zurück in das Filesystem eines SAP-Servers zu laden. Die Anwendungsdaten der SAP-Archiv-Files sind von externen Systemen nicht lesbar, da sie komprimiert abgespeichert werden.

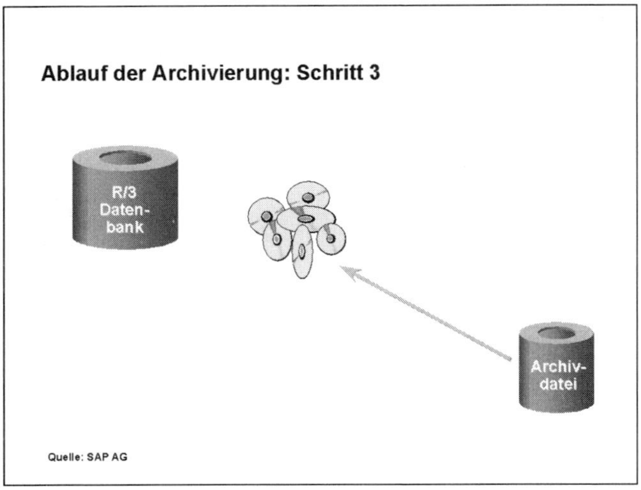

Abbildung 5.4
Datenarchivierung Schritt 3 – Ablage der Archivdateien

5.6 Leistungsmerkmale der Datenarchivierung

Die SAP Datenarchivierung ist die einzige von SAP unterstützte Methode, um Daten konsistent aus der R/3-Datenbank zu entfernen. Das Konzept basiert auf dem Archive Development Kit (ADK), das zwischen die Anwendung und das Archiv geschaltet ist und alle Funktionen bereitstellt, die für die Archivierung und Nutzung der archivierten Daten benötigt werden. Es stellt die Verwirklichung eines sicheren und effektiven Archivierungsverfahrens sicher. Gleichzeitig ist es Bestandteil der R/3-Entwicklungsumgebung und gehört zur Standardauslieferung der Basis. Das ADK ist für den Einsatz auf den Client-Server-Betrieb zugeschnitten. Die Systembelastung wird auf Datenbank- oder Applikationsserver verteilt. Dies wirkt sich positiv auf den Systembetrieb aus.

Gleichzeitig wird durch Datenkapselung und Bereitstellung von Zugriffsmethoden in Form von Funktionsbausteinen eine objektorientierte Arbeitsweise ermöglicht, durch die die Datenkonsistenz verbessert wird. Das ADK bietet die erforderlichen Schnittstellen, Funktionsbausteine, Beispielprogramme und Dokumentation, um eigene Archivierungsprogramme zu entwickeln. Das ADK wird im weiteren Verlauf dieses Buches noch näher beschrieben werden. Auf diese Ausführungen wird an dieser Stelle hingewiesen.

Die SAP Datenarchivierung bietet dem Nutzer folgende Vorteile:

- bessere Systemperformance und Antwortzeiten im Dialogbetrieb
- Komprimierung
- Archivierung parallel zum Online-Betrieb

- Keine Datenbanksicherung notwendig
- Automatische Umsetzung
- Kostenersparnis durch effizientere Nutzung von Ressourcen
- höhere Systemverfügbarkeit
- Minimierung der Systemausfallzeit bei der Euroumstellung
- Hohe Datensicherheit während der Archivierung
- Zukunftssicherheit durch Unabhängigkeit von Hardware- und Softwarereleasestand
- einfacher Zugriff auf archivierte Daten
- Heterogene Systemumgebung
- Rückladen eines Archivs
- Anschluss an Ablagesysteme

Bessere Performance und Antwortzeiten im Dialogbetrieb

Geringe Datenbestände belasten die Performance der Datenbank- und Applikationsserver im Allgemeinen weniger als große. Die Datenarchivierung gewährleistet, dass nur Daten im System verbleiben, die auch wirklich benötigt werden. Dies verhindert eine schleichende Verschlechterung der Systemperformance und Antwortzeiten im Dialogbetrieb. Die geringeren Selektionsmengen machen sich vor allem bei Auswertungen durch kürzere Laufzeiten bemerkbar.

Komprimierung

Alle Archiv-Files der R/3-Datenarchivierung werden komprimiert gespeichert. Durch diese Kompression wird der Plattenplatzbedarf im Archiv-File bis auf einen Faktor 5 reduziert. Beim Schreiben der Archivdateien werden die zu archivierenden Daten komprimiert. Der Grad der Komprimierung hängt davon ab, wie viel Text, d.h. Character-Felder, im Objekt enthalten sind. Bei optimaler Komprimierung kann der Faktor 5 erreicht werden.

In der Regel werden Schätzwerte über die Größe eines einzelnen Datenobjekts in den anwendungsspezifischen Abschnitten angegeben. Man kann jedoch auch selbst grobe Schätzwerte ermitteln – z.B. bei kundeneigenen Archivierungsobjekten –, wie viel Platz die zu archivierenden Daten in der Datenbank belegen und wie viel Platz die erzeugten Archivdateien benötigen.

Archivierung parallel zum Online-Betrieb

Der gesamte Archivierungsprozess kann parallel zur Dialog- oder Batch-Verarbeitung durchgeführt werden.

Keine Datenbanksicherung notwendig

Vor den Archivierungs- und Löschläufen sind keine speziellen Datenbanksicherungen erforderlich. Bei einem Abbruch der Archivierungsprogramme kann wieder aufgesetzt werden.

Automatische Umsetzung

Wenn im Laufe der Zeit Änderungen in den Datenstrukturen stattfinden, so werden alle alten Archivdateien automatisch entsprechend umgesetzt. Die Umsetzung dieser Strukturen erfolgt während des Datenzugriffs.

Beim Lesen von archivierten Daten werden die durch Hard- und Softwarewechsel bedingten Konvertierungen automatisch vorgenommen.

Beim Zugriff auf alte Archivdateien können zwischenzeitlich erfolgte Änderungen an Datenbankstrukturen (Feldtypen, Feldlängen, neue Felder, gelöschte Felder) und hardwareabhängige Speicherformate vom ADK berücksichtigt werden. Dies erfolgt temporär, d.h. nur während des Lesezugriffs auf die Archivdatei. Die Daten in der Archivdatei werden nicht verändert. Im Einzelnen werden die folgenden Änderungen bei der automatischen Konvertierung berücksichtigt:

- Schema einer Datenbanktabelle (neue und gelöschte Spalten)
- Datentyp einer Spalte
- Länge einer Spalte
- Codepage (ASCII, EBCDIC)
- Zahlenformat (z.B. Integer auf verschiedenen Hardwareplattformen)

Werden in einer Anwendung Datenbankstrukturen stärker verändert als das ADK beim Lesen berücksichtigen kann, z.B. durch Verschieben von Tabellenfeldern zwischen Tabellen oder durch Aufteilung einer Tabelle in mehrere andere, so wird von der Anwendung ein Programm für die dauerhafte Umsetzung bestehender Archivdateien ausgeliefert.

Kostenersparnis durch effizientere Nutzung von Ressourcen

Bei der Archivierung spielt die Zurückgewinnung von Speicherplatz in der Datenbank und die daraus resultierende Performancesteigerung der Anwendungsprogramme eine wichtige Rolle. Es ist daher hilfreich zu wissen, wie viel Platz die zu archivierenden Daten in der Datenbank einnehmen.

Durch die Entlastung der R/3-Datenbank von Altdaten hat man das Datenwachstum langfristig im Griff. Dies ermöglicht eine effizientere Nutzung verfügbarer Ressourcen wie Festplatten, CPU, Netzwerk etc. Auch der auf Grund des geringeren Datenbankvolumens nicht überproportional wachsende Administrationsaufwand wirkt sich positiv auf die IT-Kosten aus.

Höhere Systemverfügbarkeit

Ein geringeres Datenvolumen führt zu einer Minimierung der Systemausfallzeiten, da sich der Aufwand für folgende Administrationsaufgaben entsprechend verringert:

- Software-Upgrade
- Datenbank-Reorganisation
- Datensicherung
- Recovery

Die Archivierung kann im Online-Betrieb erfolgen, ein Herunterfahren des Systems ist somit nicht erforderlich.

Minimierung der Systemausfallzeit bei der Euro-Umstellung

Die Umstellung der Hauswährung auf Euro macht eine Systemsperrzeit erforderlich, da hierbei Felder in Datenbanktabellen umgesetzt werden müssen. Während dieser Zeit kann das System produktiv nicht genutzt werden. Ein großes Datenbankvolumen führt in der Regel zu einer Verlängerung der Umstellungszeit. Um diese Umstellung in möglichst kurzer Zeit zu bewältigen, können die umstellungsrelevanten Tabellen mit Hilfe der Datenarchivierung verkleinert werden. Auf die Ausführungen in Kapitel 12 dieses Buches wird in diesem Kontext verwiesen.

Hohe Datensicherheit während der Archivierung

Die Archivierung arbeitet mit einem Zweischrittverfahren, das optional zum Dreischrittverfahren ausgebaut werden kann. (Ein weiterer Schritt, die Ablage der Archivdateien, ist optional.) Im ersten Schritt (siehe Abschnitt 5.5.1) werden die Daten in Archivdateien geschrieben. Nachdem die zu archivierenden Daten vollständig in die Archivdatei kopiert wurden, werden sie im zweiten Schritt (beschrieben in Abschnitt 5.5.2) in einem separaten Programmlauf aus der Datenbank entfernt. Für den dritten, optionalen Schritt siehe Abschnitt 5.5.3 dieses Kapitels.

Dieses ausgeklügelte Archivierungsverfahren garantiert die Sicherheit vor Datenverlust durch Störungen während des Archivierungsprozesses. So werden z.B. Fehler bei der Übertragung der Daten von der Datenbank über das Netzwerk in die Archivdatei abgefangen. Im Falle eines Fehlers kann jederzeit eine neue Archivierung aufgesetzt werden, da die Daten entweder noch in der Datenbank oder in einer Archivdatei stehen. Dies wiederum garantiert, dass man in der Regel parallel zur Dialoganwendung, also während des normalen Systembetriebs, archivieren kann, ohne vorher ein aufwändiges Datenbankbackup durchführen zu müssen.

Die Datensicherheit lässt sich weiter erhöhen, wenn die erzeugten Archivdateien vor Ausführung des Löschprogramms auf einem Ablagesystem abgelegt werden. Dies gewährleistet, dass Daten aus der Datenbank erst gelöscht werden, nachdem sie sicher auf einem Ablagesystem abgelegt wurden. Der Zeitpunkt der Ablage kann im archivierungsobjektspezifischen Customizing eingestellt werden. Auf die Ausführungen hierzu in Kapitel 10 wird an dieser Stelle verwiesen.

Zukunftssicherheit durch Unabhängigkeit von Hardware und Software-Releasestand

Für die Archivdateien garantiert die SAP Datenarchivierung größtmögliche Unabhängigkeit von Hardware und Software-Releaseständen. Nach einem System-Upgrade stehen die archivierten Daten daher dem Nutzer weiterhin zur Verfügung. Auch die Integration kundeneigener Datenbanktabellen in die Datenarchivierung ist möglich.

Einfacher Zugriff auf archivierte Daten

Neben den Standardleseprogrammen, die einen einfachen Zugriff auf archivierte Daten ermöglichen, steht mit dem Archivinformationssystem (SAP AS) ein spezielles Retrieval-Werkzeug zur Verfügung, das über komfortable Such- und Anzeigefunktionen für archivierte Daten verfügt. Das Archivinformationssystem ist nahtlos in das SAP Archivierungsumfeld integriert.

Heterogene Systemumgebung

Arbeitet ein R/3-System mit mehreren R/3-Servern mit unterschiedlicher Hard- und Software, müssen bei der Auswertung der Archivdaten die Code Pages für die entsprechenden Rechnerplattformen angepasst werden. Die SAP-Datenarchivierung verfügt über diese Funktionalität.

Rückladen eines Archivs

Die Archiv-Files bestimmter Archivobjekte können in Notfällen in die Datenbank des R/3-Systems zurückgeladen werden. Voraussetzung dafür ist, dass sich das Archiv-File im Filesystem befindet. Es besteht allerdings die Einschränkung, dass diese Funktionalität für viele wichtige Archivobjekte nicht vorhanden ist. Das Rückladen eines Archivs kann als Zugriffsmöglichkeit auf archivierte Daten nicht empfohlen werden.

Anschluss an Ablagesysteme

- SAP ArchiveLink / Content Management Service (CMS): Mit Hilfe der SAP Datenarchivierung erzeugte Archivdateien können bis Release 4.6B über die ArchiveLink-Schnittstelle auf Tertiärspeichermedien (z.B. WORMs, magneto-optische Platten, Bandlaufwerke etc.) abgelegt werden. Die Ablage erfolgt entweder automatisch oder manuell. Zu Release 4.6C löst der Content Management Service die bisher verwendete Schnittstelle SAP ArchiveLink im Kontext der Datenarchivierung ab.
- Hierarchische Speichermanagementsysteme (HSM-Systeme): Archivdateien können ebenso an ein HSM-System übergeben werden, indem man sie einfach in das Dateisystem des HSM-Systems ablegt. Die Verwaltung der Archivdateien erfolgt automatisch durch das HSM-System. Zum Speichern der Archivdateien kann das HSM-System ebenfalls Tertiärspeichermedien, wie z.B. MO-Laufwerke, verwenden.

5.7 Technischer Hintergrund der Datenarchivierung in R/3-Systemen

Ein Problem aller operativen Systeme ist, dass mit der Zeit wachsende Datenmengen die Performance der Datenbank verschlechtern und ihre Administrierbarkeit erschweren [Buck-Emden98]. Früher oder später steht dann in einem Unternehmen das Thema »Archivierung« ganz oben auf der Tagesordnung. Anwendungsdaten, die im Online-Betrieb nicht mehr benötigt werden, müssen aufgrund gesetzlicher Vorgaben oder interner Regelungen dennoch weiterhin aufbewahrt werden. Mit dem R/3-System wird eine entsprechende Archivierungslösung als integraler Bestandteil des Systems angeboten. Diese Lösung basiert auf dem Archive Development Kit (ADK), das alle technischen Belange wie

- Dateizugriffe
- Löschen auf der Datenbank
- Jobeinplanung

regelt [Buck-Emden98]. Im Folgenden wird das ADK näher beschrieben.

5.7.1 ADK – Archive Development Kit

Das Archive Development Kit (ADK) ist ein wesentlicher Bestandteil der Entwicklungsumgebung des R/3-Systems und stellt die für die Datenarchivierung benötigte Funktionalität zur Verfügung.

ADK als Softwareschnittstelle zwischen R/3-Anwendungen und dem Archiv

Das ADK kann als Softwareschnittstelle zwischen den R/3-Anwendungen und dem Archiv definiert werden. Es beinhaltet für jedes R/3-Modul spezielle Archivierungs-, Auswertungs- (Lese-) und Löschprogramme für die zu archivierenden Daten. Dies bedeutet, dass »über das ADK die Archivdateien erzeugt, geöffnet, geschrieben, gelesen und wieder geschlossen werden.« Die Spezifikation der zu archivierenden Datenobjekte wird durch den Benutzer über das jeweilige Archivierungsobjekt getroffen.

Das vom ADK bereitgestellte Archivierungsprogramm führt nun die Prüfung der einzelnen Datenobjekte auf deren Archivierbarkeit durch. Anschließend werden die für die Archivierung durch das Anwendungsprogramm freigegebenen Daten vom ADK in einem einheitlichen Format in eine Archivdatei geschrieben. Zusätzlich schreibt das ADK Verwaltungsinformationen in die Archivdatei, um diese später wieder durch das R/3-System lesen zu können.

Darüber hinaus ist es möglich, mit dem ADK eigene Archivierungs- und zugehörige Lösch-, Auswertungs- und Rückladeprogramme zu entwickeln. Die hierfür erforderlichen Schnittstellen, Funktionsbausteine, Beispielprogramme und Dokumentationen werden durch das ADK bereitgestellt. Eine weitere Funktion des ADK ist die automatische Konvertierung alter Archivdateien, so dass eine Weiterverarbeitung dieser Daten möglich wird. Dies erfolgt beim Lesezugriff auf die Archivdateien, und es werden auch zwischenzeitlich erfolgte Änderungen an Datenbanktabellen und hardwareabhängige Speicherformate berücksichtigt.

Versorgung der Archivadministration durch das ADK

Die Archivadministration wird vom Archive Development Kit (ADK), das Funktionen für die Archivierung und den späteren Zugriff auf die archivierten Daten bereitstellt, automatisch mit Informationen versorgt. In diesem Zusammenhang ist es wichtig, deutlich zwischen der Archivierung von Anwendungsobjekten und dem ADK zu unterscheiden:

Das ADK stellt eine Entwicklungsumgebung für die Entwicklung von Archivierungsobjekten dar. Es unterstützt die Archivierung von Anwendungsobjekten durch Bereitstellung von

- Programmierhilfen für die eigentlichen Archivierungsprogramme
- einer einheitlichen Administrationsoberfläche zur Steuerung und Überwachung der Archivierungsläufe

Über das ADK ist auch eine Anbindung an die SAP ArchiveLink-Schnittstelle realisiert, um die archivierten Daten an ein Ablagesystem übergeben zu können. Dazu setzt das ADK einen Ablagebefehl an SAP ArchiveLink ab, das die Kommunikation mit dem Ablagesystem steuert und die Abholung der Archivdateien veranlasst. Die SAP-ArchiveLink-Schnittstelle ist im weiteren Verlauf dieses Buches näher beschrieben. Auf die entsprechenden Ausführungen sei an dieser Stelle hingewiesen.

Steuerung des Archivlaufs durch das ADK

Das ADK ist die zentrale Komponente zur Steuerung eines Archivierungslaufs. Sie bietet Funktionen für die Analyse der einzelnen Archivierungsobjekte und für die Administration der Archivierungsläufe. Das ADK umfasst die folgenden Transaktionen:

- Transaktion *SARA* zur Archivadministration
- Transaktion *AOBJ* zur Definition der Archivierungsobjekte
- Transaktion *ACLA* zur Definition der Archivierungsklassen
- Transaktion *DB15* zur Speicherplatzüberwachung in der Datenbank

Bereitstellung von Programmierschnittstellen durch das ADK

Das ADK stellt den Anwendungsprogrammen Programmierschnittstellen zur Verfügung, die die folgende Funktionalität implementieren:

- Schreiben der Archivdateien
- Lesen der Archivdateien
- Einbinden von Archivierungsklassen

Das ADK übernimmt hier die Handhabung der Archivdateien, d.h., über das ADK werden die Archivdateien erzeugt, geöffnet, beschrieben, gelesen und wieder geschlossen. Weiterhin ist im ADK die folgende Funktionalität gekapselt:

- Steuerung und Parametrisierung des Archivierungslaufs
- zentrales Repository, in dem die Definitionen der Archivierungsobjekte hinterlegt sind
- Verwaltung der Archivdateien
- Sicherstellung der Interpretierbarkeit: Dies beinhaltet die Lesbarkeit der Bitfolgen und die Konvertierung der Codepage, falls Abweichungen vorhanden sind.

Die Funktionalität für die Datenarchivierung findet sich in folgenden Komponenten:

- Archivierungsobjekt
- Standardklasse

- Archivierungsklasse
- Archivverwaltung
- Netzplangrafik
- SAP ArchiveLink

5.7.2 Archivierungsobjekt

Die zu archivierenden Daten des R/3-Systems befinden sich in sehr vielen relationalen Datenbanktabellen der R/3-Datenbank. In den einzelnen Applikationen des R/3-Systems werden betriebswirtschaftlich zusammengehörende Daten aus den unterschiedlichsten Datenbanktabellen zu logischen Einheiten, den so genannten Archivierungsobjekten zusammengefasst.

Das Archivierungsobjekt – zentrales Element der SAP-Datenarchivierung

Ein zentrales Element in der Datenarchivierung ist also das Archivierungsobjekt. Es definiert die kleinste Einheit, die als Ganzes archiviert und in der Datenbank gelöscht werden kann. Durch ein Archivierungsobjekt wird ein Anwendungsobjekt typisiert, um es für die Archivierung nutzbar zu machen. Es beschreibt, wie und auf welche Datenbankobjekte zugegriffen werden muss, um ein betriebswirtschaftliches Objekt vollständig zu archivieren.

Beispiel

Das Archivierungsobjekt FI_DOCUMNT fasst beispielsweise alle Datenbanktabellen, die für die Speicherung von Buchungen aus der Finanzbuchhaltung des SAP-Systems verwendet werden, zu einer logischen Einheit zusammen.

Das Archivierungsobjekt definiert also die Datenbanktabellen, aus denen die Daten archiviert werden. Dabei ist es von der im jeweiligen Archivierungsprogramm implementierten Prüflogik abhängig, welche Daten archiviert werden. Durch diese Prüflogik wird ein konsistenter Datenbestand in der R/3-Datenbank, nachdem die Archivdateien gelöscht wurden, garantiert. Das Löschprogramm löscht alle Daten, die der Prüflogik entsprechen, aus den Datenbanktabellen des zugehörigen Archivierungsobjektes.

Komponenten eines Archivierungsobjektes

Ein Archivierungsobjekt setzt sich im Wesentlichen aus drei Komponenten zusammen:

- Datendeklarationsteil: Im Datendeklarationsteil werden alle relevanten Datenbankobjekte beschrieben, die ein Anwendungsobjekt charakterisieren.

- Archivierungsprogramme: Hierzu zählen Schreib- , Lösch-, Vorlauf-, Anzeige-, Nachlauf- und Rückladeprogramme.
- Customizing-Einstellungen: Damit werden archivierungsobjektspezifische Parameter zu einem Archivierungslauf eingestellt.

In jedem R/3-Modul sind in der Regel mehrere Archivierungsobjekte definiert. Einen Überblick über die vorhandenen Archivierungsobjekte erhält man beispielsweise anhand der Transaktion SARA.

Anzumerken ist, dass aufgrund der Vielzahl der vorhandenen Archivierungsobjekte je nach Datenaufkommen mit einer Vielzahl von Archivierungs- und Löschläufen zu rechnen ist.

5.7.3 Standardklasse

Die Standardklasse ist eine Sammlung von Funktionsbausteinen, die grundsätzlich für jedes Archivierungsobjekt zur Verfügung stehen. Diese Funktionsbausteine bieten allgemeine Zugriffe auf archivierte Daten.

Die Funktionalität beinhaltet Schreiben und Lesen von Datensätzen in den bzw. aus dem Datencontainer. Es können darüber hinaus einfache Umsetzungen während des Lesens, wie Änderung der Codepage, des Zahlenformats oder im Satzaufbau, durchgeführt werden. Löschen der archivierten Daten in der Datenbank sowie Zurückladen der Daten können mit der Standardklasse nicht durchgeführt werden. Verwendet man für ein Archivierungsobjekt die Standardklasse, muss man solche Aktionen selbst programmieren.

Diese Standardklasse ist allgemein gültig, sie muss deshalb jeweils über das spezifische Archivierungsobjekt informiert werden, zu dem Aktionen durchgeführt werden sollen. Diese Informationen werden durch Steuerungsparameter übergeben.

Aufgaben der Standardklasse

- Schreiben von Datensätzen für den Datencontainer
- Herauslesen von Daten aus dem Datencontainer
- Automatische Umsetzungen während des Lesens
  - Codepage
  - Zahlenformat, z.B. Integer-Umsetzung DEC/HP
  - Einfache Strukturänderungen

Die Methoden der Standardklasse sind in jedem Fall immer dann zu verwenden, wenn zu den entsprechenden Tabellen keine Archivierungsklasse vorhanden ist.

Enthält das Archivierungsobjekt Teilobjekte, die als Service-Funktionalität mehrfach im System verwendet werden, wie z.B. Änderungsbelege, sollte die Entwicklung einer Archivierungsklasse in Betracht gezogen werden.

5.7.4 Archivierungsklassen

Neben dem Archivierungsobjekt gibt es noch so genannte Archivierungsklassen. Damit werden Objekte charakterisiert, die keine eigenständige betriebswirtschaftliche Bedeutung haben, z.B. SAPscript-Texte, Änderungsbelege oder Klassifizierungsdaten, und zusammen mit Anwendungsobjekten archiviert werden müssen.

Archivierungsklassen bieten den Vorteil objektorientierter Verarbeitungsmöglichkeiten der zu archivierenden Daten. Sie dienen dazu, den Zugriff auf Daten betriebswirtschaftlicher Einheiten für die Archivierung zu vereinfachen.

Eine Archivierungsklasse ist ein Satz von Funktionsbausteinen und Unterprogrammen zu einem betriebswirtschaftlichen Objekt, das in der Regel nicht eigenständig archiviert wird, sondern als Servicefunktion mehrfach innerhalb des Systems verwendet und mitarchiviert wird, wie z.B. SAPscript-Texte, Änderungsbelege, Bestellanforderungen. Daten werden durch die Klasse zusammengefasst und als Datenpaket an den ADK-Datencontainer weitergereicht. Dieses Datenpaket kann nur durch die Funktionsbausteine der Archivierungsklasse verarbeitet werden.

Durch die Datenkapselung ist es für die aufrufenden Programme nicht mehr nötig, die spezifischen Datenstrukturen und Hierarchien zu kennen. Durch die Verwendung von Archivierungsklassen können Daten auf einfache Weise und ohne spezielle Kenntnisse archiviert werden.

Das Entwickeln der Archivierungklassen bedeutet zwar zunächst einen gewissen Arbeitsaufwand, er zahlt sich aber durch einen konsistenten Datenbestand sowie vereinfachte Programmentwicklung aus. Es ist gegebenenfalls zu veranlassen, dass für die zu archivierenden Daten Archivierungsklassen angelegt werden.

Wenn es zu einer Überschneidung von zu archivierenden Tabellen zwischen zwei Archivierungsobjekten kommt, muss nicht notwendigerweise eine Archivierungsklasse entwickelt werden. In diesem Fall kann auch eine gegenseitige Prüfung auf Bedarf an den zu löschenden Daten ausreichen. Wegen des Entwicklungsaufwandes für Archivierungsklassen sollte je Fall entschieden werden, ob es sich lohnt eine Archivierungsklasse zu schreiben, oder ob es besser ist, mit einer Überschneidung in den Archivierungsobjekten entsprechend umzugehen.

Archivierungsklassen sollten bereitgestellt werden, wenn komplexe logische Objekte als Servicefunktionen bei der Archivierung von Anwendungsdaten mitarchiviert werden müssen. Hierdurch werden Dateninkonsistenzen vermieden. Vor allem wenn ein logisches Objekt Bestandteil einer Archivierung sein soll, aber Verarbeitungslogiken nicht mit den Methoden der Standardklasse abgedeckt werden können, ist es notwendig, Archivierungsklassen zu verwenden.

Mit den Archivierungsklassen können Archivierungsobjekte gebildet werden. Eine Archivierungsklasse kann außerdem in beliebig vielen Archivierungsobjekten verwendet werden. Dies kann entweder statisch durch Festlegung im ADK oder dynamisch im Archivierungsprogramm geschehen.

Bei dem Archivierungsobjekt »FI-Beleg« werden die Belegdaten mit der Standardklasse in den Datencontainer übernommen. Für den Langtext und die Änderungsbelege sind Archivierungsklassen vorhanden, mit denen der Datentransfer zwischen Datenbank und Datencontainer stattfindet.

Vorteile einer Archivierungsklasse

Der Einsatz von Archivierungsklassen bietet folgende Vorteile:

- Wiederverwendbarkeit ohne weiteren Arbeitsaufwand
- Möglichkeit der problemlosen Erweiterung der Archivierungsobjekte durch neue Klassen
- Möglichkeit des dynamischen Einbindens in Archivierungsobjekte
- Betrachtung des Objekts und nicht dessen physischer Datenablage
- Bewahrung der Datenintegrität
- Kapselung der Daten und Methoden
- Zentrale Implementierung von Archivierungsfunktionalität

Aufgaben einer Archivierungsklasse

- Kommunikation mit den Funktionsbausteinen des Archivierungsobjekts
- Beschaffung komplexer Daten
- Bereitstellung von Datenpaketen für den Datencontainer
- Lesen von archivierten Datenpaketen aus dem Datencontainer
- Löschen von archivierten Daten in der Datenbank
- Zurückschreiben von archivierten Daten in die Datenbank

Um Archivierungsklassen zu entwickeln, sind fundierte Kenntnisse über die Datenstruktur erforderlich. Für den Einsatz einer vorhandenen Archivierungsklasse ist es notwendig, dass sie dem betreffenden Archivierungsobjekt zugeordnet wird. Hierfür gibt es zwei Möglichkeiten:

- Statisches Binden: Über einen Tabelleneintrag im ADK (Transaktion *AOBJ*) erfolgt eine feste Zuordnung zwischen Archivierungsklasse und Archivierungsobjekt. Die Funktionsbausteine werden zum Zeitpunkt des Öffnens der Archivdatei mit dem Archivierungsobjekt verbunden. (Diese Form des Bindens entspricht dem Normalfall.)

- Dynamisches Binden: Die Archivierungsklasse wird durch den Aufruf eines Funktionsbausteins (*ARCHIVE_REGISTER_CLASS*) in das Archivierungsprogramm eingebunden. Diese Vorgehensweise ist dann sinnvoll, wenn erst zur aktuellen Laufzeit, z.B. durch Benutzereingaben, bestimmt wird, mit welchen Teilobjekten ein Archivierungsobjekt archiviert werden soll.

5.7.5 Archivadministration

Programme, die archivierte oder zu archivierende Daten verarbeiten, benötigen in der Regel eine längere Laufzeit. Deshalb müssen sie grundsätzlich im Hintergrund laufen. Das ADK bietet hierzu die Archivadministration, mit der für alle Programme im Zusammenhang mit der Archivierung ein Hintergrundjob erzeugt werden kann, d.h. zum Archivieren, Löschen, Auswerten und Rückladen von Daten.

Die Archivadministration kann über die Transaktion *SARA* aufgerufen werden.

Zu den dort angebotenen Aktionen gehört standardmäßig die Aktion *Verwaltung*, mit der man alle bisher zum Objekt durchgeführten Archivierungsläufe anzeigen kann. Bezüglich eines Archivierungslaufs sind folgende Informationen verfügbar:

- Uhrzeit und Datum
- ausführender Benutzer
- Archivdatei- und Pfadnamen
- Status (Löschvorgang durchgeführt oder nicht, Datei im Ablagesystem)

5.7.6 Netzgrafik

Das ADK bietet die Möglichkeit, Abhängigkeiten von Archivierungsobjekten innerhalb des Archivierungsprozesses optisch darzustellen. Hierfür wird eine Netzplangrafik verwendet, die über *Springen → Netzgrafik* im Menü der Transaktion *SARA* aufgerufen werden kann.

Durch die hierarchische Darstellung der Archivierungsobjekte untereinander ist zu erkennen, in welcher Reihenfolge archiviert werden muss, um eine optimale Auslagerung von Daten zu erreichen.

Archivierungsobjekte werden in der Netzgrafik durch Knoten dargestellt. Bezüglich eines Knotens werden folgende Informationen angezeigt:

- Name des Archivierungsobjekts
- Name der Anwendung

- Kurzbeschreibung
- Datum der letzten Archivierung

5.7.7 SAP ArchiveLink

Bei SAP ArchiveLink handelt es sich um ein anwendungsübergreifendes Werkzeug, das als Kommunikationsschnittstelle zwischen den R/3-Anwendungskomponenten und den Komponenten von Ablagesystemen (meist zertifizierte optische Ablagesysteme) dient. Mit SAP ArchiveLink werden Schnittstellen und grundlegende Ablage- und Recherche- bzw. Anzeigefunktionen für Geschäftsdokumente (beispielsweise gescannte Rechnungen, Angebote, Bestellungen etc.) der R/3-Anwendungen zur Verfügung gestellt. Die Datenarchivierung ist dabei eine dieser Anwendungen zur Ablage von Archivdateien. SAP ArchiveLink unterstützt mit den Dokumentfunktionen Eingangsdokumente (z.B. gescannte Originalbelege), Ausgangsdokumente (SAPscript) und Drucklisten (ABAP-Reports).

Innerhalb eines Geschäftsprozesses gibt es verschiedene Zeitpunkte, zu denen Dokumente erfasst und in einem optischen Archiv abgelegt werden können. Während die ausgehenden Dokumente des R/3-Systems gleichzeitig mit ihrer Entstehung (Ausdruck, Faxversand) archiviert werden, besteht bei eingehenden Dokumenten die Möglichkeit, je nach organisatorischen Erfordernissen, Art und Zeitpunkt der Archivierung festzulegen. ArchiveLink stellt verschiedene Szenarien für die Erfassung von Dokumenten zur Verfügung:

- Ablage und Anzeige eingehender Dokumente
- Ablage und Anzeige ausgehender Dokumente
- Ablage und Anzeige von Drucklisten

Ablage und Anzeige eingehender Dokumente

Für Eingangsdokumente unterstützt SAP ArchiveLink unterschiedliche Szenarios:

- Das Szenario »Ablegen für spätere Erfassung« beinhaltet beispielsweise das zentrale Scannen von eingehenden Einkaufsdokumenten und die automatische Weiterleitung der Dokumente an zuständige Sachbearbeiter für die anschließende dezentrale Erstellung der SAP-Belege innerhalb von R/3. Die individuelle Erstellung eines Szenarios für Eingangsdokumente wird durch die Verfügbarkeit eines Workflow-Wizards noch vereinfacht.
- Das Szenario »Spätes Ablegen«, d.h. die Verknüpfung eines bereits existierenden SAP-Belegs mit dem noch zu scannenden Dokument, ist entweder durch eine manuelle (seit Release 4.5 auch mit Workflow-Unterstützung) oder eine automatische Zuordnung mittels Barcode möglich. Die Anzeige er-

folgt direkt aus dem SAP Anwendungsbeleg oder aus der SAP ArchiveLink-Administration.

Ablage und Anzeige ausgehender Dokumente

Mit dem Druck (ab Release 4.6A wird dies auch mit FAX oder E-Mail möglich sein) von SAP-Script-Dokumenten können diese gleichzeitig abgelegt und einem Business-Objekt zugeordnet werden. Die Anzeige erfolgt direkt aus dem SAP Anwendungsbeleg oder aus der SAP ArchiveLink-Administration.

Ablage und Anzeige von Drucklisten

Drucklisten (allgemein Reports in R/3), die beispielsweise für eine spätere Revision ausgewählte Daten eines Datenbankbestandes beinhalten, können parallel zum Ausdruck oder anstelle dessen abgelegt werden. Es können selbst neue Reports zur Drucklistenerzeugung geschrieben werden, die eventuell zusätzliche Hyperlinks für den Zugriff auf einzelne Dokumente enthalten. Die Anzeige erfolgt entweder über den SAPGUI (ab Release 4.5 empfohlen) oder den SAP ArchiveLink Viewer.

Darüber hinaus stellt das ADK noch weitere wesentliche Funktionalitäten zur Auswahl, wie z.B.:

- Bereitstellung verschiedener Schnittstellen zum Ablagesystem
- Übergabe von Dateien über SAP ArchiveLink
- Zugriff auf Dateien über SAP ArchiveLink

Ablagesystem

Für die Ablage von Archivierungsobjekten und Business-Dokumenten kann ein und dasselbe Ablagesystem genutzt werden. Das heißt, es ist ein weltweiter Zugriff auf eine zentral verwaltete, aber möglicherweise dezentrale Ablage möglich.

SAP ArchiveLink beinhaltet die folgenden Schnittstellen:

- Zu R/3-Anwendungen
- Zu Komponenten von Ablagesystemen auf der Basis von OLE/RFC und seit Release 4.5B auch HTTP/OLE/BAPI.

Übergabe von Dateien über SAP ArchiveLink

Im Customizing kann festgelegt werden, ob die bei einem Archivierungslauf erzeugten Archivdateien an ein Ablagesystem übergeben werden sollen. Die Erzeugung und Übergabe der Archivdateien an SAP ArchiveLink verläuft in mehreren Schritten:

❶ Zuerst werden die Daten vom ADK sequenziell in eine Archivdatei geschrieben. Diese wird geschlossen, sobald die maximale Dateigröße bzw. die maximale Anzahl von Datenobjekten erreicht oder die Anwendung beendet wurde.

❷ Anschließend werden die Archivdateien im Lesemodus geöffnet und die Datenobjekte, die erfolgreich in den Archivdateien gelesen werden konnten, in der Datenbank gelöscht.

❸ Nach dem Löschen teilt das ADK dem Ablagesystem über SAP ArchiveLink mit, dass die Ablage der Daten erfolgen kann.

❹ Das Ablagesystem kopiert jetzt aus dem Austauschverzeichnis die Archivdateien in das Ablagemedium.

❺ Nachdem dieser Vorgang abgeschlossen ist, meldet das Ablagesystem den Status an die SAP ArchiveLink-Komponente zurück. Diese wiederum informiert das ADK, ob eine Archivdatei erfolgreich in das Ablagesystem kopiert werden konnte. Wenn ja, löscht das ADK die Archivdateien im Dateisystem (RFC-Fall).

Zugriff auf Dateien über SAP ArchiveLink

Beim Lesevorgang fordert das Anzeigeprogramm über das ADK ein Datenpaket aus dem Ablagesystem an. Dazu übergibt das ADK zunächst den Pfad und den Namen der Archivdatei an die SAP ArchiveLink-Schnittstelle. Beim Direktzugriff wird zusätzlich noch eine Offset-Angabe mitgegeben, um den Dateizeiger zu positionieren.

Je nach Release ergibt sich eine unterschiedliche Vorgehensweise:

Releases vor 3.1I

Die komplette Archivdatei, aus der die Datenobjekte gelesen werden sollen, wird zunächst in das Archivierungsverzeichnis zurückkopiert; anschließend wird die Datei im Lesemodus geöffnet.

Release 3.1I und größer

Die entsprechenden Datenblöcke werden direkt über eine Byte-Stream-Schnittstelle an die ADK-Schicht übergeben, ohne die Archivdatei physisch in das lokale Dateisystem zurückzukopieren. Die gelesenen Daten werden von der ADK-Schicht dekomprimiert und an die Leseprogramme weitergeleitet, die dann die eigentliche Aufbereitung der Datenobjekte vornehmen.

5.7.8 Neuerungen im ADK zum R/3-Release 4.6 B und C

Zu Release 4.6B wurden das Archive Development Kit (ADK), die Archivadministration (Transaktion SARA) und deren Integration in das Computing Center Management System (CCMS) in folgenden Punkten in ihrem Funktions-umfang erweitert und benutzungsfreundlicher gestaltet:

- Identifikation des Archivierungsobjektes im Dateinamen oder Pfad
- Verbesserte Ausgabe von Datei- und Pfadnamen im Jobprotokoll
- Ausgabe der Betriebssystemnachricht beim Öffnen einer Datei
- Erweiterung des Beispielobjektes BC_SBOOK
- Standardprotokoll zum Löschen auf Dateiebene
- Vereinfachtes Customizing
- Alle Läufe auswählen
- Ereignisse auf Auswahlknöpfen der CCMS-Datenarchivierung (DB15)
- Online-Hilfe (QuickInfo) in der Archivverwaltung
- Integration weiterer R/3-Komponenten
- Freiplatzermittlung im Archivverzeichnis
- Prüfung auf EURO-Umstellungskonflikte bei Jobeinplanung
- Integration des ADK in die CCMS-Monitoring-Architektur

Identifikation des Archivierungsobjekts im Dateinamen oder Pfad

Ein zusätzlicher optionaler Parameter (PARAM_3) wurde in der Definition des logischen Dateinamens und des logischen Pfads eingeführt. Dieser wird durch das ADK mit dem Namen des Archivierungsobjekts belegt. Wird PARAM_3 im Customizing des logischen Dateinamens oder Pfads benutzt, lässt sich folglich der Dateiinhalt anhand des physischen Dateinamens erkennen bzw. können Archivdateien im Dateisystem nach Archivierungsobjekten geordnet abgelegt werden.

Verbesserte Ausgabe von Datei- und Pfadnamen im Job-Protokoll

Durch die getrennte Ausgabe des Dateinamens und Pfads im Job-Protokoll ist die vollständige Anzeige des Dateinamens einer neu erzeugten Datei möglich: dieser wird nicht mehr durch die maximale Länge eines Job-Protokolleintrags begrenzt. Darüber hinaus wird jede zum Lesen geöffnete Datei protokolliert.

Ausgabe der Betriebssystemnachricht beim Öffnen einer Datei

Kommt es beim Öffnen einer Datei zu einem Fehler, wird zusätzlich die Betriebssystemnachricht ausgegeben. Dadurch sind Fehlerursachen leichter zu erkennen.

Erweiterung des Beispielobjekts BC_SBOOK

Das Archivierungsobjekt *BC_SBOOK* wurde um ein Rückladeprogramm und die Ausgabe des Standardprotokolls im Löschlauf erweitert.

Standardprotokoll zum Löschen auf Dateiebene

Der Funktionsbaustein `ARCHIVE_WRITE_STATISTICS` wurde so erweitert, dass es möglich ist, das ADK-Standardprotokoll beim Löschen dateibezogen zu erzeugen. Irrelevante Informationen über den Löschlauf werden dabei ausgeblendet.

Vereinfachtes Customizing

Die technische Einstellung »Commit Counter« ist nicht mehr Bestandteil des Customizings, sondern nur noch Teil der Pflegetransaktion für Archivierungsobjekte (AOBJ). Es gibt eine Voreinstellung pro Archivierungsobjekt.

Alle Läufe auswählen

Beim Auswählen von Archivierungsläufen zum Löschen, Lesen oder Zurückladen archivierter Daten kann über die Drucktasten »Alles markieren« bzw. »Markierung aufheben« eine Markierung für alle Läufe auf einfache Weise gesetzt bzw. aufgehoben werden.

Ereignisse auf Auswahlknöpfen in der CCMS-Datenarchivierung (DB15)

Bei der Auswahl, ob man alle Tabellen zu einem Archivierungsobjekt anzeigt oder nur die Tabellen, in denen Daten gelöscht werden, wird die entsprechende Listenausgabe von Tabellen umittelbar durch Betätigen der Auswahlknöpfe aktualisiert.

Online-Hilfe (QuickInfo) in der Archivverwaltung

Zu den Überschriften, die den Status der Archivverwaltung bezeichnen, erscheint durch entsprechende Cursorpositionierung eine Kurzinformation zur Bedeutung der angegebenen Status.

Integration weiterer R/3-Komponenten

Von der Archivadministration aus gibt es jetzt eine direkte Aufrufmöglichkeit der CCMS-Datenarchivierung (DB15) und des Archivinformationssystems (SAP AS). Die CCMS-Datenarchivierung ist im weiteren Verlauf dieses Kapitels näher beschrieben. Erläuterungen zum Archivinformationssystem finden sich in Kapitel 9, welches sich mit den Zugriffsmöglichkeiten auf archivierte Daten beschäftigt. Auf diese Ausführungen sei der interessierte Leser an dieser Stelle hingewiesen.

Freiplatzermittlung im Archivverzeichnis

Mit der Drucktaste »Archivverzeichnis« kann vor dem Archivieren der Freiplatz im aktuellen objektspezifischen Archivverzeichnis bestimmt werden.

Prüfungen auf EURO-Umstellungskonflikte bei Job-Einplanung

Im Vorfeld oder nach der EURO-Hauswährungsumstellung sind bei ausgewählten Archivierungsobjekten einige Aktionen (z.B. Rückladen) nicht möglich. Solche Konflikte werden ab Release 4.6B bereits bei der Einplanung der Archivierungs-, Lese- oder Rücklade-Jobs erkannt und nicht erst zur Laufzeit.

Integration des ADK in die CCMS-Monitoring-Architektur

Ab Release 4.6B melden Archivierungs- und Löschläufe im Produktivmodus automatisch durch das ADK den Fortgang der Abarbeitung (bzgl. verarbeiteter Archivdateien) sowie ausgewählte Statistiken und Fehlersituationen in die CCMS-Monitoring-Architektur. Für jedes Archivierungsobjekt, zu dem ein Lauf durchgeführt wurde, wird ein Knoten im Monitoring-Kontext »DataArchiving« erzeugt. Diese Monitoring- Knoten lassen sich anzeigen über den Monitor »Database«, der standardmäßig als Bestandteil der Monitorsammlung »SAP CCMS Monitor Templates« (Transaktion RZ20) ausgeliefert wird. Informationen zum aktuellen Lauf werden mit grüner (kein Handlungbedarf), gelber (Warnung) oder roter (Fehler) Bewertung im Monitoring-Attribut »Checkpoints« gesammelt. Bei Warnungen und Fehlern werden Alerts ausgelöst, zu deren Analyse der Sprung in die entsprechende Job-Liste möglich ist. Im Monitoring-Attribut »Statistics« werden u.a. die Laufzeiten von Archivierungs- und Lösch-Jobs angegeben.

Die Basisfunktionen der Datenarchivierung (ADK und Transaktion SARA) bieten zu Release 4.6C aktuell folgende Neuerungen:

- Ablage über Content Management Service statt SAP ArchiveLink
- Dateiablage vor Löschphase
- Neugestaltung der Archivverwaltung

- Verifikation der Archivdateien
- Prüfung der Dateiexistenz in der Archivauswahl
- Voreingestellte Spoolparameter
- Archivierungsjobs auch außerhalb der Archivadministration einplanbar
- Ereignisse bei beendetem Schreib- und Löschprozess
- Funktionsbaustein zur Ermittlung der Archivdateien zu einem Lauf
- Ereignisgesteuertes Starten der Löschjobs
- Rückladen von Archivdateien
- Anzeige bereits verwendeter Jobvarianten
- Erweitertes Monitoring der Datenarchivierung
- Mehrere Archivierungsläufe für ungültig erklären oder zum Archivieren vormerken
- Rolle des Datenarchivierungsadministrators

Ablage über Content Management Service statt SAP ArchiveLink

Für die Ablage von Archivdateien in ein externes Ablagesystem wird ab diesem Release der Content Management Service anstelle von SAP ArchiveLink verwendet. Der Erzeugungsort von Archivdateien ist damit nicht mehr auf das Austauschverzeichnis des Ablagesystems beschränkt.

Die verschiedenen Ablagemedien, die für die Ablage dokumentartiger Objekte eingesetzt werden können, zeichnen sich alle durch unterschiedliche Vorteile in Bezug auf die Qualität der Ablage aus: qualitative Aspekte können beispielsweise in den Bereichen Sicherheit, Kostenersparnis oder Performanz liegen.

Der Content Management Service (CMS) ist eine Unterkomponente der informationstechnischen Infrastruktur, die von dem SAP Knowledge Provider im Rahmen der R/3-Basis zur Verfügung gestellt wird. Zentraler Bestandteil des CMS ist die Ausrichtung auf und die Offenheit für die unterschiedlichsten Typen von Ablagemedien. Somit dient der CMS als Schnittstelle zwischen Content-Servern und dem R/3-System.

Zusätzlich stellt der CMS das Caching von Dokumenten über die Integration von Cache-Servern zur Verfügung.

Der CMS stellt die folgenden Dienste zur Verfügung:

- Integration unterschiedlicher externer Speichermedien:
  - R/3-Datenbank
  - externe Content-Server

- Der statische Content kann entweder in der SAP DB selbst oder in einem externen Content-Server abgelegt werden, zu dem der CMS die passende Schnittstelle bereitstellt. Unterschiedliche Arten von Content-Servern können integriert werden.
- Bereitstellung der HTTP API: Die HTTP-Schnittstelle ist in der ersten Version ab Release 4.5 verfügbar. Ein Zertifizierungsprogramm ist angelaufen. Alle Knowledge Provider Client-Anwendungen können Dokumente über HTTP auf einem externen Content-Server ablegen und bei Bedarf wieder anfordern. Die Verwendung von HTTP bietet eine Reihe von Vorteilen im Hinblick auf eine durchgängige und einfache Infrastruktur, die weitgehend unabhängig von den benutzten Content-Servern und Clients ist. Die HTTP Content-Server-Schnittstelle ist so ausgelegt, dass die Eigenschaften des konkreten Speichermediums vollkommen transparent gegenüber R/3 und den verwendeten Clients sind.
- Administration des SAP Content-Servers sowie die Administration von SAP Cache-Servern. Die Administration ist direkt aus dem R/3-System möglich. Zur Überwachung und Administration der zugrunde liegenden SAP DB stehen spezielle SAP DB-spezifische Tools zur Verfügung.
- Bereitstellung von Monitoring im Rahmen des CCMS
- Integration in das Change & Transport System
- Es besteht Anschluss an das SAP Transport- und Korrekturwesen.
- SAP Content-Server: Von SAP wird ein Standard-Content-Server ausgeliefert, der separat auf einem NT-Server installiert werden kann.
- Cache-Server: Es können beliebig viele Content-Server in unterschiedlichen Lokationen errichtet werden. Der Transfer der Inhalte erfolgt auf direktem Weg zwischen Client und Content-Server. Wird auf die Content-Server von unterschiedlichen Standorten (Lokationen), die nur über ein WAN miteinander verbunden sind, zugegriffen, bietet sich der Einsatz von Cache-Servern an. Wird an jeder Lokation mindestens ein Cache-Server eingerichtet, kann hierdurch der Netzverkehr über das WAN auf ein Minimum reduziert und die Performance gesteigert werden. Am Frontend des Benutzers steht zusätzlich ein Client-Cache zur Verfügung.

Der CMS wird eingesetzt, um sowohl die R/3-Anwendungen, die KnowledgeProvider-Dokumentenverwaltungsfunktionalität nutzen, als auch den Knowledge Provider selbst gegenüber der Charakteristika der verschiedenen existierenden Arten von Ablagemedien abzuschirmen. Dadurch wird die Unabhängigkeit in Bezug auf den jeweils eingesetzten Content-Server (d.h. das Ablagemedium) gewährleistet.

Ein Dokument setzt sich aus Verwaltungsdaten und Content zusammen. Zu einem Dokument existieren Verwaltungsdaten, die das Dokument identifizieren und beschreiben. Darüber hinaus existieren zu einem Dokument in sich abgeschlossene Datenmengen, die nachfolgend als Content bezeichnet werden. Der Content wird über die Verwaltungsdaten identifiziert und beschrieben. Genau eine in sich abgeschlossene Datenmenge wird als Content-Einheit bezeichnet. Ein Content-Server ist im SAP-Verständnis ein beliebiger Server, der Content verwaltet. Konkrete Ausprägungen eines Content-Servers können zum Beispiel eine Datenbank, ein Fileserver, ein SAP R/3-System oder ein externes Archiv sein. Auf der Ebene der Verwaltungsdaten sind zur Identifikation von Dokumenten die Begriffe Content Repository, Dokumentenkopf und Komponente von besonderer Bedeutung. Ein Content Repository ist der administrative Repräsentant zur Adressierung eines logischen Ablageorts von Dokumenten in einem Content-Server. Auf einem Content-Server können mehrere Content Repositories existieren. Der Parameter `contRep` identifiziert ein Content Repository. Der Dokumentenkopf ist eine administrative Größe, die mehrere Komponenten zusammenfasst. Der Parameter `docId` identifiziert den Dokumentenkopf. Ein Dokumentenkopf ist genau einem Content Repository zugeordnet. Eine Komponente ist der administrative Repräsentant genau einer Content-Einheit. Eine Komponente ist genau einem Dokumentenkopf zugeordnet. Der Parameter `compId` identifiziert die Komponente.

Dateiablage vor Löschphase

Archivdateien können über den Content Management Service in ein externes Ablagesystem abgelegt werden, bevor die darin enthaltenen Daten in der Löschphase aus der Datenbank gelöscht werden. Ebenso können die Archivdateien während der Löschphase aus dem Ablagesystem gelesen werden. Eventuelle Fehler bei der Übertragung oder Sicherung im Ablagesystem werden dadurch rechtzeitig erkannt.

Neugestaltung der Archivverwaltung

Archivierungsläufe und Archivdateien werden in der Archivverwaltung übersichtlicher als bisher dargestellt. Zusätzlich werden eventuell vorhandene Jobs eines Archivierungslaufs oder einer Archivdatei angezeigt. Ein direkter Absprung vom Detailbild eines Archivierungslaufs oder einer Archivdatei in die Jobübersicht mit den zugehörigen Jobs ist möglich.

Verifikation der Archivdateien

Die Archivdateien können beim Schreiben mit Verifikationsinformationen versehen werden. Die Größe der Archivdateien ändert sich dadurch nicht.

Beim Löschen, Lesen und Zurückladen können anhand dieser Verifikationsinformationen die Archivdateien geprüft werden. Korrupte Dateien werden umgehend erkannt und gemeldet, und das Löschen der Daten aus der Datenbank wird nicht begonnen.

Ob beim Schreiben Verifikationsinformationen abgelegt werden sollen und ob beim Löschen, Lesen und Zurückladen die Verifikationsinformationen ausgewertet werden sollen, kann im archivierungsobjektübergreifenden Customizing jeweils eingestellt werden.

Zusätzlich wird nach dem Schreiben der Archivdateien und vor dem Öffnen der Archivdateien deren Dateigröße und Endmarkierung geprüft. Fehler, die beim Schreiben der Archivdateien aufgetreten sind, werden sofort erkannt.

Prüfung der Dateiexistenz in der Archivauswahl

Bei der Archivauswahl zum Lesen, Löschen etc. wurden vor diesem Release nur diejenigen Dateien angeboten, die entweder über ArchiveLink abgelegt oder im Dateisystem zugreifbar waren. Die zeitaufwändige Dateiexistenzprüfung kann jetzt separat für abgelegte Dateien und Dateien im Dateisystem im archivierungsobjektübergreifenden Customizing ein- oder ausgeschaltet werden.

Auf dem Auswahlbildschirm werden Dateien als »nicht zugreifbar« gekennzeichnet, wenn für sie die Existenzprüfung negativ verlaufen ist.

Voreingestellte Spoolparameter

In der Archivadministration werden die Spoolparameter voreingestellt; d.h. sie müssen nicht bei jedem Aufruf neu gepflegt werden. Die Voreinstellung funktioniert nur dann, wenn die benutzerspezifischen Druckparameter bzw. die Benutzervorgaben gepflegt sind.

Archivierungsjobs auch außerhalb der Archivadministration einplanbar

Ab dem Release 4.6C wird die Ausführung von Archivierungs- bzw. Schreibprogrammen im Hintergrund auch ohne Einplanung über die Transaktion SARA zugelassen. Erkennbar ist dies insbesondere daran, dass auch solche »fremdeingeplanten« Jobs in der Jobübersicht der Archivadministration angezeigt werden. Jedoch muss der Benutzer bzw. das Jobeinplanungsprogramm (Scheduler) selbst prüfen, ob das Schreibprogramm mit der gewählten Variante bereits ausgeführt wurde bzw. eingeplant ist oder dieselben Daten durch noch ausstehende Löschjobs mehrfach archiviert werden können. Dennoch wird durch die nun mögliche externe Steuerung eine höhere Automatisierbarkeit von Archivierungsabläufen erreicht.

Ereignisse bei beendetem Schreib- und Löschprozess

Nachdem alle Archivdateien eines Laufs vollständig geschrieben wurden, wird das Systemereignis »SAP_ARCHIVING_WRITE_FINISHED« durch das ADK ausgelöst. Analog wird das Systemereignis »SAP_ARCHIVING_DELETE_

FINISHED« am Ende aller zu einem Lauf gehörenden Löschjobs ausgelöst. In beiden Fällen ist die Nummer des Archivierungslaufs der Ereignisparameter. Durch Reaktion auf diese Ereignisse lassen sich archivierungsnachgelagerte Prozesse anstoßen, z.B. kann die Dateisicherung durch externe Werkzeuge automatisiert werden.

Funktionsbaustein zur Ermittlung der Archivdateien zu einem Lauf

Der neue Funktionsbaustein »ARCHIVE_GET_FILES_OF_SESSION« liefert plattformabhängig die Namen und Pfade der Archivdateien, die in einem Archivierungslauf geschrieben wurden. Er unterstützt die Automatisierung basierend auf den neuen Systemereignissen.

Ereignisgesteuertes Starten der Löschjobs

Ab diesem Release können automatisch eingeplante Löschjobs ereignisgesteuert gestartet werden. Die Ereignisse, auf die die Löschjobs »warten«, werden im archivierungsobjektspezifischen Customizing festgelegt.

Rückladen von Archivdateien

Die Drucktaste »Zurückladen« wurde auf dem Einstiegsbild der Transaktion SARA gelöscht. Über das Menü *Springen* → *Zurückladen* kann das Zurückladen gestartet werden.

Während des Rückladens werden die beteiligten Archivierungsläufe in der Archivverwaltung besonders dargestellt. Die dabei neu erzeugten Archivierungsläufe werden erst nach erfolgreichem Abschluss des Rückladevorgangs für lesenden Zugriff angeboten.

Anzeige bereits verwendeter Jobvarianten

Blockierende Jobs (Jobs mit bereits verwendeten Varianten) können in der Jobverwaltung angezeigt und gegebenenfalls gelöscht werden.

Erweitertes Monitoring der Datenarchivierung

In die Monitorsammlung »SAP CCMS Monitor Templates« wurde der dedizierte Datenarchivierungsmonitor »Data Archiving« aufgenommen. Er kann auch als Transaktion »SAR_SHOW_MONITOR« aufgerufen werden.

Zusätzlich zu den bisher gemeldeten Zuständen wird das Ablegen von Archivdateien überwacht und eine entsprechende Erfolgsmeldung bzw. im Fehlerfall ein Alert ausgelöst.

Ab diesem Release ist das Monitoring der Datenarchivierung im archivierungsobjektübergreifenden Customizing ein- bzw. ausschaltbar.

Mehrere Archivierungsläufe für ungültig erklären oder zum Archivieren vormerken

Der neue Report »RSARCH_FLAG_SESSIONS« dient zum Markieren ausgewählter Läufe. Mit ihm kann das Ungültigkeitskennzeichen oder die Archivierungsvormerkung gesetzt werden, z.B. für Läufe, die vor einem bestimmten Datum erzeugt wurden. Der Report ist z.B. als Vorlauf zum Archivierungsobjekt »BC_ARCHIVE« (Archivieren von Archivadministrationsdaten) von Nutzen.

Rolle des Datenarchivierungsadministrators

Für den Datenarchivierungsadministrator wurde eine dedizierte (Einzel-)Rolle mit dem technischen Namen »SAP_BC_CCM_DATA_ARCHIVING« angelegt.

5.7.9 Archivierungsfunktionen des ADK

Folgende Archivierungsfunktionsbausteine stehen zur Erstellung eigener Archivierungsprogramme innerhalb des ADK zur Verfügung:

- ARCHIVE_CLOSE_FILE
- ARCHIVE_DELETE_OBJECT_DATA
- ARCHIVE_GET_CUSTOMIZING_DATA
- ARCHIVE_GET_FIRST_RECORD (nur für Standardklasse)
- ARCHIVE_GET_INFORMATION
- ARCHIVE_GET_OPEN_FILES
- ARCHIVE_GET_NEXT_OBJECT
- ARCHIVE_GET_NEXT_RECORD (nur für Standardklasse)
- ARCHIVE_GET_NEXT_STRUCT_SPECIF (nur für Standardklasse)
- ARCHIVE_GET_RECORD_INFO (nur für Standardklasse)
- ARCHIVE_GET_TABLE
- ARCHIVE_GET_WITH_CURSOR (nur für Standardklasse)
- ARCHIVE_NEW_OBJECT
- ARCHIVE_OPEN_FOR_MOVE
- ARCHIVE_OPEN_FOR_READ
- ARCHIVE_OPEN_FOR_WRITE

- ARCHIVE_PUT_RECORD (nur für Standardklasse)
- ARCHIVE_PUT_TABLE (nur für Standardklasse)
- ARCHIVE_REGISTER_CLASS
- ARCHIVE_RELOAD_OBJECT_DATA (nur für Archivierungsklassen)
- ARCHIVE_ROLLBACK_WORK
- ARCHIVE_SAVE_OBJECT
- ARCHIVE_SET_RECORD_CURSOR (nur für Standardklasse)
- ARCHIVE_WRITE_STATISTICS (nur für Standardklasse)

ARCHIVE_CLOSE_FILE

Mit diesem Funktionsbaustein schließt man alle unter einem Handle zusammengefassten Archivdateien, unabhängig davon, ob sie zum Lesen, Schreiben oder Rückladen geöffnet waren.

ARCHIVE_DELETE_OBJECT_DATA

Mit diesem Funktionsbaustein ruft man zum aktuellen Datenobjekt die Löschunterprogramme der beteiligten Archivierungsklassen auf.

ARCHIVE_GET_CUSTOMIZING_DATA

Dieser Funktionsbaustein liefert den Commit-Zähler sowie das Kennzeichen für Indexaufbau zurück. Der Commit-Zähler legt fest, nach wie vielen Datenobjekten ein COMMIT WORK abgesetzt werden soll. Das Kennzeichen für Indexaufbau sagt aus, ob das Löschprogramm die archivierten und gelöschten Datenobjekte im ADK-Index aufnehmen soll.

ARCHIVE_GET_FIRST_RECORD (nur für Standardklasse)

Mit diesem Funktionsbaustein setzt man den Satzzeiger auf den ersten Satz im Datencontainer innerhalb des zuvor mit ARCHIVE_GET_NEXT_OBJECT eingelesenen Datenobjekts und liest diesen. Dieser Funktionsbaustein vereint die Funktionen der Funktionsbausteine ARCHIVE_SET_RECORD_CURSOR und ARCHIVE_GET_NEXT_RECORD. Wenn man nur die Felder RECORD_FLAGS und RECORD_STRUCTURE benötigt, kann der Funktionsbaustein ARCHIVE_GET_RECORD_INFO verwendet werden.

ARCHIVE_GET_INFORMATION

Mit diesem Funktionsbaustein erhält man zu einem Archiv-Handle aktuelle Informationen, wie Datum, Release, SAP-System und Archivnamen.

ARCHIVE_GET_OPEN_FILES

Mit diesem Funktionsbaustein füllt man eine Tabelle mit den Dateinamen aller Archivdateien, die gerade mit den Funktionsbausteinen des ADK bearbeitet werden.

ARCHIVE_GET_NEXT_OBJECT

Dieser Funktionsbaustein liest zu einem Archiv-Handle das nächste Datenobjekt aus einem zum Lesen geöffneten Archiv in den Datencontainer. Dieser Aufruf ist Voraussetzung für den Funktionsbaustein ARCHIVE_GET_NEXT_RECORD oder ARCHIVE_GET_FIRST_RECORD sowie den Aufruf der Archivierungsklassen. Verwendet man nun Archivierungsklassen, so sind nach diesem Aufruf die Daten der Archivierungsklassen über deren Funktionsbausteine abrufbar.

ARCHIVE_GET_NEXT_RECORD (nur für Standardklasse)

Mit diesem Funktionsbaustein liest man innerhalb eines mit ARCHIVE_GET_NEXT_OBJECT eingelesenen Datenobjekts sequentiell den nächsten Satz im Datencontainer. Beim ersten Aufruf wird automatisch der erste Satz gelesen.

Die folgenden zwei Funktionsbausteine (ARCHIVE_GET_NEXT_STRUCT_SPECIF und ARCHIVE_GET_RECORD_INFO) wurden für die leichte Implementierung von Leseoperationen in Archiven in logischen Datenbanken entwickelt. Sie können natürlich auch in anderen Programmen sinnvoll eingesetzt werden.

ARCHIVE_GET_NEXT_STRUCT_SPECIF (nur für Standardklasse)

Mit diesem Funktionsbaustein werden Archive mit vorgegebenen Strukturen in logischen Datenbanken gelesen. Die Gruppenwechsellogik ist integriert. Man kann jedoch auch den Funktionsbaustein ARCHIVE_GET_NEXT_RECORD verwenden, muss jedoch in diesem Fall die Gruppenwechsellogik für die einzelnen Hierarchiestufen selbst programmieren.

ARCHIVE_GET_RECORD_INFO (nur für Standardklasse)

Mit diesem Funktionsbaustein sind Informationen zu archivierten Datensätzen in logischen Datenbanken zu erhalten.

ARCHIVE_GET_TABLE

Mit diesem Funktionsbaustein liest man innerhalb eines mit ARCHIVE_GET_NEXT_OBJECT eingelesenen Datenobjekts mehrere Datensätze in eine interne Tabelle.

ARCHIVE_GET_WITH_CURSOR (nur für Standardklasse)

Mit diesem Funktionsbaustein können Datensätze im Datencontainer innerhalb eines Datenobjekts direkt gelesen werden. Den dafür benötigten Satzzeiger erhält man durch den sequentiellen Zugriff auf die Datensätze eines Datenobjekts über den Parameter RECORD_CURSOR. Dieser Funktionsbaustein eignet sich dazu, Sätze über den Satzzeiger zu »merken«, um sie zu einem späteren Zeitpunkt weiterzuverarbeiten.

ARCHIVE_NEW_OBJECT

Mit diesem Funktionsbaustein fordert man zu einem Archiv-Handle einen neuen Datencontainer zum Schreiben an.

ARCHIVE_OPEN_FOR_MOVE

Mit diesem Funktionsbaustein wird eine oder mehrere Archivdateien zum Rückladen von archivierten Daten geöffnet. Man erhält dann einen Archiv-Handle für die zu lesende Archivdatei sowie einen weiteren Archiv-Handle zum Schreiben derjenigen Datenobjekte, die nicht zurückgeladen werden sollen. Dies erlaubt das selektive Zurückladen von einzelnen Datenobjekten aus Archiven in das R/3-System.

ARCHIVE_OPEN_FOR_READ

Dieser Funktionsbaustein öffnet eine vorhandene Archivdatei zum Lesen. Dabei wird ein Archiv-Handle zurückgeliefert, unter dem auf diese Datei gezielt zum Lesen zugegriffen werden kann. Es können auch mehrere Archivdateien gleichzeitig geöffnet werden. Sie werden dann alle unter dem einen Handle zusammengefasst. Funktionsbausteine, die mit diesem Archiv-Handle lesend zugreifen, behandeln alle unter diesem Archiv-Handle zusammengefassten Dateien wie eine einzige Datei.

ARCHIVE_OPEN_FOR_WRITE

Mit diesem Funktionsbaustein erzeugt man eine neue Archivdatei und einen Archiv-Handle, mit dem man schreibend auf diese Datei zugreifen kann. Sollte im archivierungsobjektspezifischen Customizing kein Dateiname festgelegt worden sein, wird automatisch der plattformunabhängige logische Dateiname ARCHIVE_DATA_FILE verwendet, um einen gültigen plattformabhängigen Dateinamen zu ermitteln. Über Steuerungsparameter ist ferner festzulegen, ob das Löschprogramm für die archivierten Daten im Anschluss an das Schreiben automatisch aufgerufen werden soll.

ARCHIVE_PUT_RECORD (nur für Standardklasse)

Mit diesem Funktionsbaustein übergibt man einen Datensatz an den zuvor mit dem Funktionsbaustein ARCHIVE_NEW_OBJECT angeforderten Datencontainer. Alle an den Datencontainer übergebenen Datensätze werden mit dem Funktionsbaustein ARCHIVE_SAVE_OBJECT gemeinsam in die Archivdatei geschrieben.

ARCHIVE_PUT_TABLE (nur für Standardklasse)

Mit diesem Funktionsbaustein wird eine interne Tabelle an den zuvor mit ARCHIVE_NEW_OBJECT angeforderten Datencontainer übergeben. Die Zeilen der internen Tabelle werden dabei als einzelne Datensätze in den Datencontainer gestellt.

ARCHIVE_REGISTER_CLASS

Dieser Funktionsbaustein bindet Archivierungsklassen dynamisch an ein Archivierungsobjekt.

ARCHIVE_RELOAD_OBJECT_DATA (nur für Archivierungsklassen)

Mit diesem Funktionsbaustein ruft man die Rückladeunterprogramme der beteiligten Archivierungsklassen auf.

ARCHIVE_ROLLBACK_WORK

Falls in einem Lösch- oder Rückladeprogramm ein ROLLBACK WORK durchgeführt werden muss, so sollte dies nicht durch den ABAP/4-Befehl ROLLBACK WORK geschehen, sondern durch den Aufruf dieses Funktionsbausteins. Dieser Funktionsbaustein gewährleistet das korrekte Zurücksetzen der Daten aller verwendeten Archivierungsklassen.

ARCHIVE_SAVE_OBJECT

Mit diesem Funktionsbaustein wird ein Datenobjekt in die Archivdatei geschrieben. Neben den mit ARCHIVE_PUT_RECORD übergebenen Daten werden auch die Daten berücksichtigt, die über die Archivierungsklassen übergeben wurden.

ARCHIVE_SET_RECORD_CURSOR (nur für Standardklasse)

Mit diesem Funktionsbaustein setzt man den Satzzeiger innerhalb der Standardklasse des zuletzt eingelesenen Datenobjekts. Dann kann man mit ARCHIVE_GET_NEXT_RECORD auf den nächsten Satz lesend zugreifen.

ARCHIVE_WRITE_STATISTICS (nur für Standardklasse)

Mit diesem Funktionsbaustein erzeugt man den Ausdruck einer Statistik über die Datenobjekte, die man mit ARCHIVE_SAVE_OBJECT in die Archivdateien geschrieben hat.

5.8 SAPDBA, CCMS und Datenarchivierung

Für jedes Unternehmen, welches das R/3-System produktiv nutzt oder dessen Einführung plant, stellt die Datenarchivierung ein Thema dar. Denn mit jeder Geschäftstransaktion wächst die Datenbank und belastet die Systemressourcen. Wurden diese bei der SAP-Einführung falsch geplant oder steigt das Datenvolumen stärker an als geplant, ist dies ein Grund mehr, sich mit der Datenarchivierung frühzeitig zu beschäftigen. In den nächsten Monaten nimmt die Datenarchivierung auch wegen der Umstellung des R/3-Systems auf den Euro an Bedeutung zu: Die Umstellung der Hauswährung auf den Euro bedingt eine Systemsperrzeit, da hier eine Umsetzung von Inhalten der Währungsfelder in der Datenbank vorgenommen wird. Während dieser Zeit steht das System dem produktiven Betrieb nicht zur Verfügung, weshalb eine Minimierung dieser Zeit von großer Bedeutung ist. Die Dauer dieser Umstellung verhält sich proportional zur Größe der umzusetzenden Tabellen, weshalb es entscheidend ist, die Größe der Datenbank möglichst klein zu halten. Dies kann mit Hilfe der Datenarchivierung erreicht werden. Wie bereits erwähnt, ist es heute unverzichtbar, schnell und umfassend informiert zu sein. Dafür wurden betriebliche Standardsoftwaresysteme wie das SAP R/3-System geschaffen. Dabei ist von größter Wichtigkeit, die Leistungsfähigkeit und Schnelligkeit solcher Systeme zu gewährleisten. Dazu leistet die Datenarchivierung ohne Zweifel einen erheblichen Beitrag.

Verwaltung verteilter Systeme durch CCMS

Die Verwaltung verteilter Systeme stellt hohe Ansprüche an die Systemüberwachung und -steuerung. Gleichzeitig besteht ein hoher Bedarf an zusätzlichen Services, um die Hintergrundverarbeitung, das Spooling und die Archivierung effizienter zu gestalten.

Das R/3-System bietet für diese Aufgaben im Rahmen einer gut ausgebauten Infrastruktur komfortable und leistungsfähige Werkzeuge. Die effiziente Unterstützung der Systemadministration wird im Wesentlichen durch die Bereitstellung von Werkzeugen für die Systemüberwachung und die Systemsteuerung erreicht. Mit ihrer Hilfe kann sich der Systemadministrator einen lückenlosen Überblick über seine »Systemlandschaft« verschaffen und bei Bedarf unmittelbar steuernd eingreifen.

Die für das R/3-Release 4.x entwickelte Monitor-Architektur des Computing Center Management Systems (CCMS) bietet Systemadministratoren eine völlig neue, sehr flexible Arbeitsumgebung für die Systemüberwachung. Der Grund: Die zu den einzelnen Systemkomponenten gehörenden, datenversorgenden Programme (Data Suppliers) wurden vollständig von der Monitorumgebung (Data Consumers) entkoppelt. Die Monitor-Architektur zwischen diesen beiden Ebenen sorgt dafür, dass Systeminformationen über die unterschiedlichen Komponenten wie Betriebssystem, Datenbank, R/3-Komponenten oder außerhalb des R/3-Systems liegende Komponenten in einem Monitor beliebig zusammengeführt werden können. Ein komfortables Alert-Handling komplettiert diese neue Monitor-Architektur und erhöht die Reaktionsgeschwindigkeit der Systemadministration.

Optimale Datenbank-Systemverwaltung

»Optimale Unterstützung durch perfekte Integration« lautet das Motto für die Bereiche SAPDBA, CCMS und R/3-Datenarchivierung. Alle drei Begriffe stehen für bestimmte Komponenten des Systems SAP R/3 im Bereich der Datenbank-Systemverwaltung. Jede für sich stellt bereits umfangreiche Möglichkeiten zur Verfügung, das SAP R/3 beziehungsweise die darunter liegende Datenbank zu verwalten und den reibungslosen Betrieb zu sichern. Die enge Verknüpfung dieser drei Komponenten zeigt die Kompetenz der SAP für Lösungen nicht nur im Bereich betriebswirtschaftlicher Anwendungen, sondern auch im Bereich der Systemverwaltung.

Effizientes Alert-Handling für optimale Systemüberwachung

Von besonderer Bedeutung im Rahmen einer effizienten Systemüberwachung ist die Gestaltung des Alert-Handlings. Im Rahmen der Monitor-Architektur schicken die Data Supplier Systemmeldungen in die zu einem Monitorobjekt (Disk, CPU, R/3-Anwendungskomponente etc.) gehörenden Monitorattribute, die Blätter des Baumes. Das geschieht bei der Überwachung von R/3-Komponenten selbstständig, während im Zusammenhang mit Betriebssystemen und Datenbanken die entsprechenden Data Supplier getriggert werden. Das gesamte Verfahren stellt sicher, dass die Systemüberwachung insgesamt auf Basis konsistenter Meldungen durchgeführt werden kann. Bereits die Einstellung von Schwellwerten, die zu einem Alert führen sollen, ist für die Systemadministration besonders einfach: Es muss lediglich der entsprechende Knoten angeklickt werden. Durch nochmaliges Klicken auf das Einstellungssymbol erscheint ein Menü, in dem die Einstellungen eingetragen werden. Von nun an ist sichergestellt, dass jedes einzelne Über- oder Unterschreiten eines Schwellwertes einen entsprechenden Alert auslöst und den Systemadministrator zum Eingreifen auffordert.

Alert-Analyse

Für die detaillierte Analyse eines Alerts stehen dem Systemadministrator zu jedem Monitorobjekt entsprechende Werkzeuge zur Verfügung. Diese Werkzeuge liegen im System vor und verwenden eigene, dem jeweiligen Problem angemessene Methoden der Informationsdarstellung. Über ein Symbol kann er jederzeit vom Alert zu dem entsprechenden Werkzeug springen. Das Zusammensuchen verschiedener Analysemethoden für die Lösung eines bestimmten Problems entfällt damit. Zugleich ist damit eine fundierte Basis für eine schnelle Entscheidung darüber geschaffen, wie bei einem Alert tatsächlich eingegriffen werden muss oder ob er toleriert werden kann.

5.8.1 SAPDBA

Sicherung von Lauffähigkeit und Verfügbarkeit von SAP R/3

SAPDBA garantiert die Lauffähigkeit und Verfügbarkeit von SAP R/3. Das breite Funktionsspektrum sowie die Abstimmung der Funktionen untereinander machen das SAP-Werkzeug zu einem besonderen Produkt.

SABDBA als Standalone-Werkzeug

SAPDBA ist ein Standalone-Werkzeug, das außerhalb von SAP R/3 läuft und damit unabhängig von der Verfügbarkeit des R/3-Systems ist. Kunden mit sehr großen R/3-Systemen haben besondere Anforderungen an die Laufzeit und Handhabung von Datenbanksicherungen und Wiederherstellungsmaßnahmen. Deshalb bietet die SAP ergänzend zu dem eigenen Werkzeug über die zertifizierte Schnittstelle BACKINT einen Anschluss an externe Enterprise-Sicherungslösungen.

Unterstützung von Hochverfügbarkeitsszenarien

SAPDBA unterstützt zudem Hochverfügbarkeitsszenarien wie Standby-Datenbanken und Spiegelplatten-Sicherungen, die besonders für große Datenbanken und Kunden mit hohen Verfügbarkeitsanforderungen von zentraler Bedeutung sind. Die Standardfunktionalität des SAPDBA wurde in R/3 integriert, so dass Monitoring, Konfiguration und Einplanung regelmäßiger DBA-Operationen auf einfache Weise und von einer zentralen Instanz aus durchführbar sind. Ein ähnlicher Funktionsumfang wird auch für alle anderen von SAP unterstützten Datenbanken geboten.

5.8.2 Datensicherung mit SAPDBA

Sicherungsstrategie für Daten

Einer der wichtigsten Aspekte der Datenbankverwaltung im R/3-Umfeld ist eine angemessene Sicherungsstrategie für die Daten. Diese umfassende Sicherungsstrategie sollte neben den Datendateien auch die auf dem Dateisystem abgelegten Profile und Protokolle sowie andere Metainformationen beinhalten. Auch im Fehlerfall können mit SAPDBA schnell Gegenmaßnahmen ergriffen werden.

Stärken von SAPDBA

Stärken von SAPDBA liegen unter anderem im Bereich der automatischen Erkennung von fehlerhaften Dateien und der optimalen Koordination zwischen dem Zurückladen (Restore) und Wiederherstellen dieser defekten Dateien (Recovery). Aber auch andere Aufgaben wie Platzanalysen, Reorganisationen und Tablespace-Verwaltung lassen sich mit SAPDBA sicher bewältigen.

Verknüpfung von SAPDBA mit dem CCMS

Die DBA-Programme der SAP sind sowohl untereinander als auch mit dem CCMS (Computing Center Management System) von SAP R/3 eng verknüpft. Die Standardaktionen der Datenbankverwaltung sind über das CCMS aufrufbar beziehungsweise einplanbar. Zudem können Status und Ergebnisse der Aktionen sowie detaillierte Protokolle angezeigt werden.

Die dynamische Führung durch das SAPDBA-Menü, die Automatismen und die vielfältigen Kontrollmöglichkeiten helfen dem Datenbankadministrator, den täglichen Arbeitsablauf zu optimieren und Fehler zu vermeiden.

Integration des ORACLE RECOVERY MANAGERS

Eine bedeutende Erweiterung zu Release 4.5A in Kombination mit Oracle 8.0 ist die Integration des Oracle RECOVERY MANAGERs (RMAN) in die DBA-Programme der SAP. Aus dem SAPDBA-Menü heraus kann zusätzlich gewählt werden, ob Datenbanksicherungen und Recovery-Situationen über RMAN oder ausschließlich über SAP-Programme abgewickelt werden sollen. Die Integration von RMAN bringt einige wesentliche funktionelle Erweiterungen – etwa inkrementelle Sicherungen zur Reduktion des täglich zu sichernden Datenvolumens und automatisches Erkennen von fehlerhaften Blöcken während der Sicherung.

5.8.3 Datenbank-Systemprüfung

Zu R/3-Release 4.0 wurde die Datenbank-Systemprüfung des SAPDBA (»Healthcheck«) wesentlich erweitert und in das CCMS integriert. Die Einplanung der Prüfung über den Einplanungskalender, die Anzeige der Resultate und die entsprechenden Anleitungen zur Fehlerbehebung ermöglichen dem Administrator eine einfache Handhabung dieser Monitoring-Funktion. Flexibilität bietet die Datenbank-Systemprüfung vor allem hinsichtlich der freien Konfigurierbarkeit der Einzelprüfungen (Wiederholfrequenz, Schweregrad, Schwellwerte etc.). Es wird eine vorkonfigurierte Systemprüfung ausgeliefert, in der die wichtigsten Fehlerzustände inklusive geeigneter Lösungsvorschläge enthalten sind.

5.8.4 Datenarchivierung und CCMS

Um die Größe einer Datenbank möglichst klein zu halten, unterstützt die R/3-Datenarchivierung das Archivieren von Anwendungsdaten, die im Online-Betrieb nicht mehr benötigt werden oder auf die nur selten lesend zugegriffen wird. Dabei bestimmen so genannte, in den Anwendungsmodulen definierte Archivierungsobjekte, aus welchen Tabellen Datensätze in Archivdateien geschrieben und in der Datenbank gelöscht werden.

SAP Archivierungskonzept

Softwaretechnisch basiert das SAP Archivierungskonzept, wie schon erwähnt, auf dem Archive Development Kit (ADK), das zwischen R/3-Anwendung und Archiv geschaltet ist. Das ADK übernimmt alle Funktionen, die für die Archivierung von Daten und den späteren Zugriff darauf benötigt werden.

Messung des Archivierungserfolgs durch das CCMS

Aus Sicht der Datenbankverwaltung stellt sich die Frage, was die Archivierung von Daten hinsichtlich des Platzgewinns tatsächlich gebracht hat. Dank der engen Verknüpfung zwischen SAPDBA und R/3 ist wiederum das CCMS in der Lage, diese Informationen zu liefern. Dort können Zusammenhänge zwischen Tabellen und Archivierungsobjekten angezeigt und Speicherplatzinformationen abgefragt werden.

Diese Informationen helfen, den Bedarf an einer Datenarchivierung zu erkennen und geeignete Archivierungsobjekte zu finden. Außerdem kann durch einen Vergleich des Speicherplatzes vor und nach einer Archivierung die Reduzierung des Platzbedarfs kontrolliert werden. Auch die dazu notwendige Aktualisierung der Tabellenstatistiken ist direkt aus dem CCMS heraus durchführbar.

5.9 Repository

5.9.1 Allgemeine Beschreibung

Das R/3-Repository ist der zentrale Container, der sämtliche Informationen über das Produktivsystem einmalig hält, und zwar sowohl die technischen Objekte als auch die Business-Objekte. Zwei Ziele werden damit verfolgt: Erstens werden redundante Definitionen vermieden. Zweitens wird die Wiederverwendung von Software ermöglicht, indem eben auch die wiederverwendbaren Repository-Objekte zentral verwaltet und dokumentiert werden. Zu den Repository-Objekten gehören zum einen die technischen Objekte, darunter die für die Anwendungsentwicklung wichtigen Dictionary-Informationen wie Daten- und Tabellendefinitionen, Bildschirmmasken, ABAP-Programme oder die wiederverwendbaren Funktionsmodule.

5.9.2 Business-Objekte

Zum anderen enthält das Repository im Rahmen des R/3-Referenzmodells die Business-Objekte. Komplett abgebildet sind dort die Funktionen und betriebswirtschaftlichen Objekte, die Prozesse, der Informationsfluss, die systemtechnische Organisation, die Aufbauorganisation sowie die Verteilung von Anwendungen.

Das gesamte R/3-Referenzmodell ist integraler Bestandteil des Repository. Änderungen an irgendeiner Stelle des Systems R/3 werden automatisch in allen anderen davon betroffenen Systembereichen nachvollzogen. Im Referenzmodell sind über 1000 Geschäftsprozesse enthalten, die die Funktionalität des Systems R/3 beschreiben. Ferner bietet das Referenzmodell über 100 grundlegende Business-Szenarien, die als Wertschöpfungsketten verstanden werden. Zum Beispiel wird die Terminauftragsabwicklung als Prozessmodell beschrieben. Das Repository enthält Attribute für jede Funktion in einem Prozessmodell. So ist es möglich, direkt aus dem Prozessmodell ins laufende R/3-System zu navigieren. Diese Möglichkeiten werden durch ein umfangreiches Repository-Metamodell unterstützt.

Die so genannten Business Objects bilden den Kern der Objektstrategie der SAP. Seit dem Release 4.6 sind mehr als 300 Business-Objekte verankert, die im Business Object Repository (BOR) dokumentiert sind. Das BOR stellt betriebswirtschaftliche Daten, Transaktionen und Ereignisse im R/3 als integrierte Business-Objects dar. SAP Business-Objects bieten stabile Schnittstellen für eine breite Palette durchdachter Prozesse und Daten, auf die über das BOR zugegriffen werden kann. Sie schaffen eine stabile Definition für in der realen Welt vorhandene Einheiten, wie z.B. Kunde, Material, Anfrage, Angebot, Auftrag oder Rechnung. Zudem strukturieren sie über eine semantische businessorientierte Definition damit stabil und langfristig die Schnittstelle zu den Business Components.

In diesen Business-Objekten sind Daten und Funktionen gekapselt. Die Kommunikation zwischen ihnen läuft über klar definierte Methodenaufrufe. Das Business Object Repository repräsentiert den evolutionären Einstieg der SAP in objektorientierte Technologien für Modellierung, Vorgangsbearbeitung (Workflow), Interfacing und Programmierung. R/3-Anwender werden damit in die Lage versetzt, aus einer betriebswirtschaftlichen Sicht in einer gemeinsamen Sprache mit eher technisch orientierten Mitarbeitern zu kommunizieren.

BAPIs sind offene betriebswirtschaftliche Schnittstellen. Sie sorgen dafür, dass bei der Kommunikation zwischen zwei Anwendungssystemen der jeweilige betriebswirtschaftliche Inhalt, etwa der Auftrag, die Kundennummer oder die Teilenummer, der gleichen Semantik entsprechen und damit Transaktionen über Unternehmensgrenzen hinweg ausgetauscht werden können. Sie sind sowohl kompatibel zu Microsofts COM/DCOM-Spezifikationen als auch zu denjenigen von Corba. Außerdem sind die BAPIs mit Release 4.0 Java-fähig. Die Interaktion der einzelnen Objekte erfolgt über eindeutig definierte Schnittstellen. Die Business Application Programming Interfaces (BAPI), die als Methoden der SAP-Business-Objekte implementiert sind, spielen in diesem Zusammenhang die entscheidende Rolle.

5.10 Berechtigungskonzept zum Archivierungsverfahren

5.10.1 Allgemeines

Berechtigungskonzept für die Datenarchivierung

Zum Archivierungsverfahren gehört es auch, mit den Fachabteilungen ein entsprechendes Berechtigungskonzept zu erarbeiten. Dies hat den Hintergrund, dass in den Fachabteilungen nur wenige Mitarbeiter die Daten archivieren dürfen. Hier ist festzulegen, welche Personen auf die archivierten Daten zugreifen dürfen: Gilt dies für alle Mitarbeiter, die auch im Online-Betrieb mit diesen Datenobjekten gearbeitet haben, oder gibt es Einschränkungen? Es sollte geklärt werden, ob diese Mitarbeiter auch die Hintergrundjobs einplanen und freigeben dürfen. Unter Umständen kann ein Archivierungslauf die Datenbank stark beanspruchen. Dies kann dann andere Hintergrundjobs oder die Dialogverarbeitung beeinflussen. Deshalb müssen einerseits das Berechtigungskonzept und andererseits das Konzept für die Hintergrundverarbeitung aufeinander abgestimmt und optimiert werden [Brand 1998].

Das R/3-Berechtigungskonzept ermöglicht sowohl die Vergabe von allgemeinen als auch von sehr feingliedrigen Benutzerberechtigungen, die bis auf Transaktions-, Feld- und Werteebene herabreichen. Benutzerberechtigungen werden zentral in den Stammsätzen der Benutzer verwaltet. Die meisten Benutzer-Berechtigungen autorisieren zur Handhabung von bestimmten SAP-Objekten, können sich aber auch auf bestimmte Operationen beziehen. Häufig erfordert eine Operation mehrere Berechtigungen.

Berechtigungsobjekte für die Datenarchivierung

Die entstehenden Verknüpfungen können sehr umfangreich werden. Um die daraus resultierenden Anforderungen erfüllen zu können, wurde das R/3-Berechtigungskonzept realisiert. Mehrere zu schützende Einheiten bilden zusammen ein Berechtigungsobjekt. Jedes Berechtigungsobjekt ist eine Zusammenfassung von Berechtigungsfeldern. Damit der Pflegeaufwand möglichst gering ist, können Berechtigungen auch zu Berechtigungsprofilen und diese wiederum zu Sammelprofilen für bestimmte Gruppen zusammengefasst werden. Insbesondere ist es möglich, ein »Vier-Augen-Prinzip« zu implementieren. SAP hat im System R/3 bereits eine große Menge Profile vordefiniert. So gibt es Profile, die eine Trennung der verschiedenen Aufgaben im Bereich der Systemadministration realisieren.

Profilgenerator zur Erstellung des Berechtigungsumfelds

Der Profilgenerator vereinfacht und beschleunigt das Erstellen des Berechtigungsumfelds auf Kundenseite. Der Administrator führt nur noch die kundenspezifischen Einstellungen durch, alle anderen Aufgaben übernimmt der Profilgenerator, insbesondere die Auswahl, welche Berechtigungsobjekte zu betrachten sind. Der Profilgenerator ist in das System R/3 integriert und steht auf allen von R/3 unterstützten Plattformen zur Verfügung. Die Definition der Berechtigungsprofile setzt auf dem Unternehmensmenü auf. Aus diesem Menü wählt der Administrator für jede Benutzergruppe eine spezifische Auswahl der Menüzweige bzw. Funktionen. Eine solche Auswahl beschreibt auf Funktionsebene, welche Aktivitäten Benutzer aus der jeweiligen Benutzergruppe im System R/3 ausführen dürfen.

Für ausgesuchte Transaktionen sucht der Profilgenerator die benötigten Berechtigungen aus. Jede Berechtigung verwendet genau ein Berechtigungsobjekt als Vorlage. Dieses Berechtigungsobjekt besteht dabei aus mehreren Berechtigungsfeldern. Es wird eindeutig bezeichnet. Dabei kürzt der Name die Bedeutung des Objekts ab. Wenn man aus einem Berechtigungsobjekt eine Berechtigung erzeugen möchte, legt man die Werte für die entsprechenden Berechtigungsfelder fest. Dabei gilt, dass der Profilgenerator für die meisten Berechtigungsobjekte bereits Werte vorgibt. Für die übrigen Berechtigungsobjekte kann man selbst geeignete Werte auswählen.

Das Berechtigungsobjekt »Archivierung« hat beispielsweise drei Felder:

- Aktivität
- Arbeitsgebiet
- Archivierungsobjekt

Damit nun beispielsweise ein Finanzbuchhalter verschiedene Werte der Buchhaltung archivieren darf, benötigt er unterschiedliche Werte für das Feld »Archivierungsobjekt«. Zur Realisierung dieser Anforderung schlägt der Profilgenerator mehrere Berechtigungen vor, und zwar mit je einem anderen Wert im Feld »Archivierungsobjekt«, wie z.B. FI_DOCUMNT oder FI_SL_DATA [Brand98].

5.10.2 Berechtigungsobjekte für die SAP R/3-Datenarchivierung

Folgende Berechtigungsobjekte werden hier näher betrachtet.

- S_ARCHIVE
- S_WFAR_OBJ
- Spezielle Berechtigungsobjekte bezüglich der verschiedenen modulspezifischen Archivierungsobjekte

Berechtigungsobjekt S_ARCHIVE

Das Berechtigungsobjekt S_ARCHIVE steuert den Zugriff auf archivierte Daten. Mit diesem Berechtigungsobjekt wird in SAP-Archivierungsprogrammen der Zugriff auf Archivdateien (Aktionen: Schreiben, Löschen, Lesen, Zurückladen) sowie der Änderungsmodus für die Archivverwaltungsliste (TAC »SARA«, Auswahl »Verwalten«) geschützt.

Berechtigungsobjekt S_WFAR_OBJ

Mit diesem Berechtigungsobjekt besteht die Möglichkeit, den Zugriff auf archivierte Dokumente einzuschränken. Die Zugriffsberechtigung kann auf der Ebene von Objektarten, Dokumentarten, physikalischen Archiven geprüft werden und für unterschiedliche Aktivitäten zulässig sein.

Spezielle Berechigungsobjekte

Zur Archivierung von Daten mit Hilfe eines entsprechenden Archivierungsobjektes sind die allgemeinen Archivierungsberechtigungen erforderlich. Das Berechtigungsobjekt S_ARCHIVE kontrolliert die Bedienung der verschiedenen Programme der Archivierung (Archiv schreiben, löschen, zurückladen). Es muss jeweils entsprechend zugewiesen werden: Aktivität: »01«; Anwendungsgebiet z.B. »FI«; Archivierungsobjekt: z.B. »FI_DOCUMNT«).

Die übergreifende Berechtigung »S_ARCH_ALL« erlaubt es, sämtliche Aktivitäten für alle Archivierungsobjekte durchzuführen.

Im Folgenden werden die weiteren notwendigen Berechtigungen für verschiedene ausgewählte Archivierungsobjekte der R/3-Module

- Finanzbuchhaltung – FI
- Controlling – CO
- Unternehmenscontrolling – EC
- Logistik – LO
- Materialwirtschaft – MM
- Qualitätsmanagement – QM
- Instandhaltung – SM/PM
- Produktionsplanung und -steuerung – PP
- Projektsystem – PS
- Personalwirtschaft – HR

sowie sonstige weitere Archivierungsobjekte dargestellt.

R/3 Komponente FI	
Archivierungsobjekt	**Berechtigungsobjekte**
FI_DOCUMNT	S_ADMIN_FCD, S_BTCH_JOB, F_BKPF_BUK
FI_SL_DATA	G_ADMIN_CUS, S_TCODE
FLC_OBJECT	G_ADMIN_CUS, S_TCODE

Tabelle 5.1
Berechtigungsobjekte zu verschiedenen Archivierungsobjekten des Moduls FI

R/3 Komponente CO	
Archivierungsobjekt	**Berechtigungsobjekte**
CO_ORDER	K_AUFK_ART, K_ORDER

Tabelle 5.2
Berechtigungsobjekte zu verschiedenen Archivierungsobjekten des Moduls CO

R/3 Komponente EC	
Archivierungsobjekt	**Berechtigungsobjekte**
PCA_OBJECT	G_ADMIN_CUS

Tabelle 5.3
Berechtigungsobjekte zu verschiedenen Archivierungsobjekten des Moduls EC

R/3 Komponente LO	
Archivierungsobjekt	**Berechtigungsobjekte**
MM_MATNR	S_PROGRAMM, S_DEVELOP, S_DATASET, S_DCD0, S_SPO_DEV, S_TCODE
MM_SPSTOCK	S_PROGRAMM, S_DEVELOP, S_DATASET, S_DCD0, S_SPO_DEV, S_TCODE
LO_CHANGEM	C_AENR_BG
MC_Sxxxx	M_INFO_ANL

Tabelle 5.4
Berechtigungsobjekte zu verschiedenen Archivierungsobjekten des Moduls LO

R/3 Komponente MM	
Archivierungsobjekt	**Berechtigungsobjekte**
MM_EBAN	M_BANF_EKG, M_BANF_BSA, M_BANF_WRK
MM_EKKO	M_ANFR_EKO, M_ANFR_EKG, M_ANFR_BSA, M_ANFR_WRK
MM_EINA	M_EINF_EKO, M_ANFR_EKG, M_ANFR_WRK
MM_MATBEL	M_MSEG_WMB
MM_INVBEL	M_ISEG_WIB
MM_REBEL	M_RSEG_WMB

Tabelle 5.5
Berechtigungsobjekte zu verschiedenen Archivierungsobjekten des Moduls MM

R/3 Komponente QM	
Archivierungsobjekt	**Berechtigungsobjekte**
QM_PLAN	Q_VORG_MEL, Q_ROUT
QM_CONTROL	Q_VORG_MEL, Q_ROUT
QM_MEL	Q_VORG_MEL, Q_ROUT

Tabelle 5.6
Berechtigungsobjekte zu verschiedenen Archivierungsobjekten des Moduls QM

R/3 Komponente SM/PM	
Archivierungsobjekt	**Berechtigungsobjekte**
SM_QMEL	I_VORG_MEL
PM_QMEL	I_VORG_MEL
PM_ORDER	C_AFKO_ATY
PM_PLAN	I_ROUT
PM_MPLAN	I_VORG_MP

Tabelle 5.7
Berechtigungsobjekte zu verschiedenen Archivierungsobjekten des Moduls SM bzw. PM

R/3 Komponente PP	
Archivierungsobjekt	**Berechtigungsobjekte**
PR_ORDER	C_AFKO_ATY
PP_ORDER	C_AFKO_ATY
PP_PLAN	C_ROUT
PP_WKC	Berechtigung zum Löschen der Arbeitsplätze

Tabelle 5.8
Berechtigungsobjekte zu verschiedenen Archivierungsobjekten des Moduls PP

R/3 Komponente PS	
Archivierungsobjekt	**Berechtigungsobjekte**
PS_PROJECT	C_AFKO_ACT, AFKO_DIS, C_AFRU_APL, C_AFVG_APL, C_AFVG_TYP, C_AFVG_USR, C_MLST_BGR, C_PLKO_PLG, C_PROJ_KOK, C_PROJ_PRC, C_PROJ_TCD, C_PROJ_VNR, C_PRPS_ART, C_PRPS_KOK, C_PRPS_KST, C_PRPS_PRC, C_PRPS_USR, C_PRPS_VNR, C_PSTX_ART
CA_KBLX	K_KMOD_DCT
PS_PLAN	C_ROUT

Tabelle 5.9
Berechtigungsobjekte zu verschiedenen Archivierungsobjekten des Moduls PS

R/3 Komponente HR	
Archivierungsobjekt	**Berechtigungsobjekte**
PA_LDOC	P_ARCH_LDOC
PA_TIME	P_TCODE, P_PERNR, P_ARCH_TIME
PA_CALC	P_TCODE, P_PERNR, P_ARCH_TRAVL
PA_TRAVEL	P_TCODE, P_PERNR, P_ARCH_CALC
PA_PDOC	P_PYEV_ALL, P_PYDOC_ALL
PA_PIDX	P_PYEV_ALL, P_PYDOC_ALL

Tabelle 5.10
Berechtigungsobjekte zu verschiedenen Archivierungsobjekten des Moduls HR

Sonstige Archivierungsobjekte	
Archivierungsobjekt	**Berechtigungsobjekte**
CV_DVS	C_DRAW_TCD
MM_ACCTIT	G_ADMI_CUS, S_TCODE

Tabelle 5.11
Berechtigungsobjekte zu verschiedenen sonstigen Archivierungsobjekten

5.11 Hintergrundverarbeitung

Die Datenarchivierung ist prinzipiell im Online-Modus möglich, das R/3-System muss nicht für den Benutzerzugriff gesperrt werden. Dennoch empfiehlt es sich, die Datenarchivierung dann anzustoßen, wenn keine anderen Benutzer im System arbeiten und auch keine Langläufer-Jobs aktiv sind. Im Einzelfall muss der Systemverantwortliche entscheiden, wann Archivierungsläufe durchgeführt werden können. Aussagen zur Laufzeit der Archivierungsläufe können nach Durchführung von Massentests getroffen werden.

Gerade in großen Unternehmen und Institutionen sind häufig Verarbeitungsläufe mit Massendatenverarbeitung notwendig, zum Beispiel für zeitintensive Archivierungsläufe, Materialbedarfsplanungen oder Personalabrechnungen. Das System R/3 bietet für solche Verarbeitungsabläufe eine ausgefeilte und flexible Service-Infrastruktur für die Hintergrundverarbeitung, um einzelne Jobs automatisch und ohne weiteren Bedienereingriff abzuarbeiten. Sie zeichnet sich aus durch

- eine hohe Flexibilität bei der Job-Einplanung
- die Möglichkeit, verschiedene Verarbeitungsprogramme zu einem logischen Job zusammenzufassen
- die Einbindung von externen Programmen
- die Parallelisierung von Hintergrund-Jobs
- ein eigenes API, um individuelle Hintergrund-Jobs zu programmieren.

Hinzu kommen ausgereifte Werkzeuge einschließlich eines grafischen Monitors für das Job-Management und die Problem-Diagnose. Und schließlich ist die R/3-Hintergrundverarbeitung auch in das CCMS integriert.

Startzeiten

Das System R/3 bietet eine Vielzahl von Job-Einplanungsoptionen, einschließlich einer zeit-, kalender- und ereignisbasierten Einplanung.

- Für Jobs können Zeit-Fenster für einen einmaligen oder automatisch zu wiederholenden Start definiert werden.
- Die kalenderbasierte Einplanung ermöglicht den Start eines Jobs an einem bestimmten Tag des Monats; auch hier ist die automatische Wiederholung möglich.
- In einem R/3-Fabrikkalender kann festgelegt werden, ob ein Tag ein Werktag ist, und der Benutzer kann regeln, wie ein Job an einem Feiertag zu behandeln ist.
- Die ereignisbasierte Einplanung ermöglicht den Start von Jobs in Abhängigkeit von einem Vorgängerjob, von einem Wechsel des Operations-Modus im

System R/3 oder von einem benutzerprogrammierten Ereignis. Solche Ereignisse können aus ABAP-Programmen oder von Programmen außerhalb des Systems R/3 getriggert werden.

Job-Konzept

Wesentlich für die R/3-Hintergrundverarbeitung ist das Job/Job-Step-Konzept. Jeder Job besteht aus einem oder mehreren Job-Steps, die hintereinander abgearbeitet werden. Wird eine Hintergrundverarbeitung definiert, während der mehrere Programme abgearbeitet werden sollen, so können diese als einzelne Job-Steps eines Jobs definiert werden. Die gesamte Verarbeitung wird in diesem Job logisch zusammengefasst und ist damit übersichtlicher und leichter steuerbar.

Externe Programme

Darüber hinaus können auch beliebige externe Programme und Betriebssystembefehle von einem R/3-Hintergrundjob gestartet werden. Um Missbrauch auszuschließen, dürfen solche externen Programme nur als so genannte R/3-externe Kommandos ausgeführt werden. Ein externes Programm muss also vorher R/3- intern als externes Kommando definiert werden, wobei sowohl die Definition als auch die Ausführung berechtigungsgeschützt sind. Bei besonders zeitintensiven Verarbeitungsläufen ist es schließlich möglich, die Hintergrundverarbeitung auch auf mehreren Workprozessen parallel durchzuführen. Die Systemleistung bei der Ausführung von anderen Hintergrund-Jobs bzw. von anderen Arbeiten im System bleibt davon unberührt. Welche Server für die parallele Verarbeitung verwendbar sind, ist steuerbar.

6 Anforderungen an die Datenarchivierung

6.1 Einführung

Die Datenarchivierung hat die Aufgabe, die im operativen Geschäft nicht mehr benötigten Anwendungsdaten aus der Datenbank auszulagern, um so eine bessere Performance der Datenbankressourcen zu ermöglichen. Dies dient primär zur Reduzierung des Datenbankvolumens unter Berücksichtigung betriebswirtschaftlicher Kriterien. Grundsätzlich sollten nur Daten abgeschlossener Geschäftsvorfälle, auf die nur noch im Anzeigemodus zugegriffen werden muss, archiviert werden. Für operativ ständig im Tagesgeschäft verwendete Daten ist eine Datenarchivierung nicht sinnvoll.

Es gibt eine ganze Reihe von Anforderungen, denen die Archivierung Rechnung tragen muss: Die Unternehmen verschiedenster Branchen sind gesetzlich dazu verpflichtet, alle Geschäftsunterlagen (Rechnungen, Aufträge oder sonstige Belege) für eine bestimmte Zeitspanne, welche allerdings bereichsspezifisch variieren kann, aufzubewahren. Ein weiterer Grund für die Archivierung kann die Verwendung archivierter Daten beispielsweise als juristisches Beweismittel im Falle einer Reklamation durch den Lieferanten sein.

Ziel dieses Kapitels soll es sein, die Anforderungen an die archivierten Daten darzustellen. Diese lassen sich generell in folgende Kategorien einteilen:

- *Gesetzliche Anforderungen*: Hier sind im Wesentlichen die Grundsätze ordnungsmäßiger Buchführung zu nennen sowie bestimmte Anforderungen der Steuerbehörden.
- *Betriebswirtschaftliche Anforderungen*: Dies sind beispielsweise Anforderungen, wie sie Service-Abteilungen, das Controlling oder die interne Revision stellen.
- *Technische Anforderungen*: z.B. Zugriffszeiten, Haltbarkeit der verwendeten Datenträger, Lesbarkeit der Informationen über einen längeren Zeitraum etc.

6.2 Gesetzliche Anforderungen

6.2.1 Grundsätzliches

Durch sehr viele Gesetze, Verordnungen und Vorschriften wird in direkter oder indirekter Weise die Aufbewahrung von Daten und Dokumenten zum Nachweis erbrachter Leistungen, erhaltener Aufträge oder Bescheide, von geleisteten Ausgaben, Abgaben und vielem mehr gefordert. Im Klartext bedeutet dies, dass die Daten so archiviert werden müssen, dass sie jederzeit an einem späteren Zeitpunkt wieder ausgewertet werden können.

In manchen Ländern (z.B. USA) fordern die Finanzbehörden zudem, dass die Daten transparent zu speichern sind, damit die Behörde die Daten mit eigenen EDV-Mitteln auswerten kann.

Buchungs- und andere betriebswirtschaftliche Belege unterliegen nach [Gulbins99] bestimmten steuer- und handelsrechtlichen Aufbewahrungsfristen.

Maßgebliche Gesetzesvorschriften

Die Archivierung wird in Deutschland u.a. durch folgende Gesetze betroffen:

- Handels- und Steuerrecht (HGB, AO)
- Zivil- und Strafrecht (ZPO, BGB, StGB, StPO)
- Signaturgesetz (als Teil des IuKDG)
- Datenschutz (BDSG d.h. Bundesdatenschutzgesetz)
- Urheberrecht (UrhG d.h. Urheberrechtsgesetz)
- Betriebsverfassungsgesetz (bei der Arbeitsplatzgestaltung)

Diese Rechtsgrundlagen sind bisher noch landesspezifisch geregelt. Generell ist allerdings zu beachten, dass die rechtliche Situation in Deutschland in wesentlichen Punkten beispielsweise von jener der Schweiz, Großbritannien oder der USA abweicht. Die wesentlichen zu ermittelnden Punkte sind hier nach [Gulbins99] die in den Gesetzen und Vorschriften festgelegten Aufbewahrungsformen und -fristen sowie möglicherweise bestehende Sicherheits- bzw. Vetraulichkeitsanforderungen.

So gelten z.B. für Krankenhäuser sehr lange Aufbewahrungsfristen. Hier gilt eine Verjährungsfrist von 30 Jahren. Wissenschaftliche Zwecke und die Dokumentation der Krankengeschichte erfordern teilweise wesentlich längere Aufbewahrungsfristen [Gersbacher2000].

Aus dem Produkthaftungsgesetz heraus können sich indirekt weitere zu beachtende Anforderungen ergeben. Es kann danach beispielsweise erforderlich sein, dass Konstruktionspläne, Rezepturen und ähnliche produktbezogene Informationen über den vollständigen Lebenszyklus eines Produktes hinweg aufbewahrt werden müssen. Dies kann bei langlaufenden Produkten zu sehr langen Aufbewahrungsfristen führen, die insbesondere zum Zeitpunkt der Archivierung noch gar nicht festzuliegen brauchen. Im Rahmen der Produkthaftung haftet der Hersteller eines Produkts für den Schaden, der durch einen Fehler dieses Produkts verursacht wurde. Daher erfordert die Beweislast, auch Produktinformationen über einen längeren Zeitraum aufzubewahren, beispielsweise um mögliche Fertigungs- oder Konstruktionsfehler nachverfolgen zu können [Gulbins99]. Häufig ist in diesem Kontext seitens des Herstellers auch eine Gewährleistungspflicht zu beachten, die das Einstehen für offene oder verdeckte Mängel eines verkauften Produkts erfordert. Auf Grund gesetzlicher Anforderungen kann es daher erforderlich sein, relevante Informationen über den gesamten Lebenszyklus eines Produkts aufzubewahren [Gersbacher2000].

Aber nicht nur durch den Gesetzgeber, sondern auch aus Vorschriften und Gepflogenheit von Branchen, Organisationen und Unternehmen ergeben sich viele Anforderungen an die archivierten Daten [Gulbins99].

Sieht man von personenbezogenen Daten ab, beziehen sich die rechtlichen Anforderungen an die Archivierung von Belegdaten im kommerziellen Umfeld weniger auf die Vertraulichkeit der Daten, sondern stärker auf das Unterbinden von Manipulationen und eine ordnungsgemäße Ablage.

Die Anforderungen an eine ordnungsgemäße Ablage lassen sich nach [Gulbins99] vereinfacht wie folgt zusammenfassen:

- Unzulässige Änderungen der Unterlagen müssen verhindert werden.
- Kein Zugang Unbefugter – insbesondere zu vertraulichen Daten und zu kritischen DM-Operationen.
- Abruf der Daten muss möglich sein: problemlos, zeitnah, in korrekter Reihenfolge, – über den gesamten geforderten Aufbewahrungszeitraum hinweg.
- Eine bildliche Übereinstimmung zwischen Original und Kopie ist bei Buchungsbelegen und eingehenden Handelsbriefen zu gewährleisten. Für ausgehende Handelsbriefe reicht eine inhaltliche Übereinstimmung.
- Protokollierung von Korrekturen und Umkopieren (und eventuellen Konvertierungen) von Daten/Dokumenten.
- Die Einhaltung der gesetzlichen Vorschriften muss (organisatorisch) kontrolliert werden.
- Dem Prüfer muss eine Verfahrensdokumentation vorgelegt werden können, aus der er den Ablauf des Verfahrens erkennen kann.
- Besonderes Augenmerk muss der Dokumentensicherheit gelten.
- Vertrauliche Daten – etwa Personaldaten – müssen zusätzlich geschützt werden. Diese Daten sollten nur chiffriert übertragen werden!

Diese Ausführungen wurden von Gulbins im Buch »Dokumentenmanagement – vom Imaging zum Business Dokument« näher spezifiert. Auf dieses Buch sei der Leser ausdrücklich hingewiesen.

Die gesetzlichen Anforderungen weisen große landesspezifische Unterschiede auf und müssen daher auch landesweise geprüft und erfüllt werden, um die Revisionssicherheit der aufzubewahrenden Informationen sicherzustellen. Generelle Aussagen zu Art und Umfang der Informationsaufbewahrung lassen sich daher nicht machen. Die gesetzlichen Anforderungen beruhen hier generell auf den Grundsätzen der ordnungsmäßigen Buchführung (GOB) nach [Leffson87] sowie den Grundsätzen ordnungsmäßiger DV-gestützter Buchführungssysteme (GoBS):

- Grundsatz der Dokumentation
- Grundsatz der Ordnungsmäßigkeit
- Grundsatz der Vollständigkeit
- Grundsatz der Richtigkeit
- Grundsatz der Prüfbarkeit

Grundsatz der Dokumentation

Entsprechend der Buchführungspflicht, der jedes Unternehmen unterliegt, ist es zur Dokumentation bestimmter Geschäftsvorfälle gesetzlich verpflichtet. So müssen Rechnungsbücher, Inventare, Jahresabschlüsse, Lageberichte, Arbeitsanweisungen etc. auswertbar aufbewahrt werden. Die von der Geschäftstätigkeit ausgelösten Daten und Dokumente sind zu erfassen und systematisch zu ordnen. Dabei ist deren Richtigkeit und Vollständigkeit zu gewährleisten. Die Aufgabe einer jeden Dokumentation erstreckt sich auf

1. Sammlung, Sichtung und Aufbereitung von Daten und Dokumenten
2. Zugriffsbereite Archivierung der Daten und Dokumente
3. Zweckgerichtete und inhaltliche Darstellung der Daten und Dokumente in Verbindung mit deren Archivierung etc.

Der Grundsatz der Dokumentation sichert, dass die Daten und Dokumente zuverlässig und vollständig festgehalten und in geeigneter Weise dargestellt werden. Dass das archivierte und damit dokumentierte Material inhaltlich richtig ist, wird u.a. durch den Grundsatz der Richtigkeit, der im weiteren Verlauf beschrieben wird, bestimmt.

Grundsatz der Ordnungsmäßigkeit

Der Grundsatz der Ordnungsmäßigkeit wird durch die Einhaltung und Beachtung von handels- und steuerrechtlichen Aufbewahrungsfristen begründet. Die Aufbewahrung archivierter Daten muss den Grundsätzen der ordnungsgemäßen Buchführung entsprechen. Bei diesen Grundsätzen handelt es sich um ein Gewohnheitsrecht, welches sich über einen langen Zeitraum für das traditionelle Aufbewahrungsmittel des Papiers entwickelt hat. Mit der Archivierung von Daten und Dokumenten auf digitalen Speichern ist ein Medienbruch eingetreten. Daher mussten die Grundsätze ordnungsgemäßer Buchführung für digitale Medien erweitert werden. Durch eine ordnungsgemäße Aufbewahrung und Wiedergabe der aufgewahrungspflichtigen Informationen (Daten und Dokumente) wird die Integrität der elektronisch archivierten Informationen sichergestellt. Von ordnungsgemäßer Aufbewahrung spricht man dann, wenn eine gesicherte Aufbewahrung gewährleistet ist und die archivierten Informationen für die Dauer der Archivierung jederzeit abrufbar erhalten bleiben. Gemäß § 257 HGB und § 147 AO ist die Wiedergabe von aufbewahrungspflichtigen Informationen dann ordnungsgemäß, wenn der Zugriff innerhalb einer angemessenen Frist möglich ist. Aufgrund der Ordnungsmäßigkeit werden elektronisch archivierte Daten und Dokumente im Rahmen der handelsrechtlichten und steuerrechtlichen Prüfung anerkannt. Durch das R/3-System ist es möglich, die Anforderungen an die ordnungsgemäße Aufbewahrung und Wiedergabe zu erfüllen. Die Daten und Dokumente können dort für eine bestimmte Zeit jederzeit abrufbar erhalten bleiben. Probleme ergeben sich allerdings erst bei der so genannten Langfristarchivierung. Denn es gibt Daten und Dokumente, die entsprechend den gesetzlichen Anforderungen z.B. über einen Zeitraum von 30 Jahren archiviert werden müssen. Auch während dieses langen Zeitraums muss nach den Grundsätzen ordnungsgemäßer Buchführung der Zugriff auf die archivierten Daten und Dokumente möglich sein. Und genau an dieser Stelle zeigen sich die Grenzen des SAP R/3-Systems, denn die Archivierungsfunktionen des SAP-Systems, wie z.B. die Konten- und Journalfunktion, machen das SAP-System nicht zu einem langfristigem Archivierungsmedium. Daraus ergibt sich die Schlussfolgerung, dass der Grundsatz der Ordnungsmäßigkeit erst durch die Kombination des SAP R/3-Systems mit einem Archivsystem, welches für Langfristarchivierung geeignet ist, in optimaler Weise erfüllt wird.

Grundsatz der Vollständigkeit

Der Grundsatz der Vollständigkeit charakterisiert die Forderung, dass die aufzubewahrenden Daten eines Datenobjekts in ihrer Gesamtheit in externe Archivdateien ausgelagert werden. Dies impliziert, dass im Zuge eines R/3-Archivierungslaufs keine in der Datenbank abgelegten Informationen weggelassen werden dürfen.

Grundsatz der Richtigkeit

Als richtig bezeichnet man Daten und Dokumente in der Buchführung, wenn sie den bei der Darstellung der realen wirtschaftlichen Tatbestände geltenden Grundsätzen und Regeln entsprechen.

Entsprechend dem Grundsatz der Richtigkeit sind die Datenobjekte so in die Archivdateien auszulagern, wie sie auch tatsächlich in der Datenbank vorliegen. Dies bedeutet, dass die Informationen durch den Archivierungsvorgang nicht verändert werden dürfen. Dieser Anspruch wird neben dem GoB-Grundsatz der Richtigkeit auch vom GoBS-Grundsatz der Unveränderbarkeit des Dokuments erhoben.

Im Rahmen von externen Revisionen, beispielsweise durch Steuerbehörden, müssen Datenobjekte externen Prüfern zugänglich gemacht werden. Hierbei gibt es konkrete Anforderungen an die Richtigkeit und Vollständigkeit der aufbewahrten Informationen. In diesem Zusammenhang ist es empfehlenswert, mit Steuerberatern oder Wirtschaftsprüfern eine Aufbewahrungsstrategie zu erarbeiten und zu erörtern, welche Daten überhaupt für externe Revisionen relevant sind. Hier kann es sinnvoll sein, diese Informationen separat auf Drucklisten abzuspeichern. Dies kann z.B. im Vorfeld der EURO-Konvertierung notwendig sein, um den Zustand des SAP R/3-Systems vor der Umstellung sozusagen »einzufrieren«.

Grundsatz der Prüfbarkeit

Die ausgelagerten Datenobjekte müssen lesbar sein und bildlich oder inhaltlich richtig wiedergegeben werden können. Dies erfordert der GoB-Grundsatz der Prüfbarkeit. Dies ist integraler Bestandteil jeder Dokumentation, welche die Basis einer jederzeitigen Revisionsfähigkeit bildet. Dadurch wird auch dem GoBS-Grundsatz der ordnungsgemäßen Wiedergabe Rechnung getragen.

Strategien zur Erstellung eines Archivierungskonzeptes

Um das ordnungsgemäße Archivieren und Wiederauffinden der Daten zu gewährleisten, sollten zur Sicherstellung dieser Anforderungen in die Erstellung eines Archivierungskonzepts nach [Gersbacher2000] folgende Überlegungen mit einbezogen werden:

- Welche gesetzlichen Aufbewahrungsfristen gelten für die zu archivierenden Daten?
- Innerhalb welcher Fristen müssen die Datenobjekte bei einer Revision gelesen werden können?
- Muss das Datenobjekt vollständig angezeigt werden oder nur bestimmte Felder, die für die Revision von Bedeutung sind?
- Stehen für das elektronische Aufsuchen der archivierten Daten geeignete Werkzeuge im System zur Verfügung?
- Können auf Anforderung lesbare Reproduktionen erstellt werden?
- Muss der betriebswirtschaftliche Prozess rekonstruierbar sein, d.h., müssen die Daten der Rechnungslegung eindeutig zuzuordnen sein?

- Welche Zugriffsberechtigungen auf die archivierten Daten sind vorgesehen?
- Sind die archivierten Daten vor Manipulationen geschützt?

6.2.2 Data Retention Tool (DART)

An die Archivierung bestimmter Daten besteht die Anforderung, dass diese jederzeit zu einem späteren Zeitpunkt einer Auswertung unterzogen werden können, z.B. durch die Finanzbehörden eines Landes. Diese Vorgaben unterliegen der Gesetzgebung des jeweiligen Landes. Um beispielsweise den Steuerbehörden der USA die Auswertung von archivierten Daten zu ermöglichen, hat SAP das so genannte *Data Retention Tool (DART)* entwickelt. Dieses Tool bietet die entsprechenden Funktionen zur Erstellung von transparenten Dateien aus archivierten Daten sowie zur Anzeige dieser Daten.

Bei DART handelt es sich um eine Add-on-Komponente, die für die Releases 3.0D bis 3.1I nachträglich installiert werden kann. Ab Release 4.5A ist DART Teil der R/3-Standardfunktionalität.

DART macht die periodische Extrahierung und Ablage von Daten sowohl aus aktiven R/3-Anwendungen als auch aus Archivdateien, die mit dem R/3 Archive Development Kit (ADK) erzeugt wurden, möglich. Die extrahierten Daten werden in Dateien abgelegt, die anhand externer Werkzeuge, wie z.B. Textverarbeitungs- oder Tabellenkalkulationsprogrammen, ausgewertet werden können.

DART stellt auch spezielle Anzeigeprogramme zur Verfügung, mit denen der Inhalt der DART-Dateien in verschiedenen Sichten angezeigt werden kann.

6.3 Technische Anforderungen

Um aus technischer Sicht zu gewährleisten, dass die archivierten Daten auch nach einem längeren Zeitraum noch gelesen werden können, und dies unabhängig von der zum Archivierungszeitpunkt verwendeten Hardware und dem Releasestand der R/3-Software, speichert das R/3-System bei der Archivierung zusammen mit den eigentlichen Anwendungsdaten zusätzliche Informationen darüber, mit welcher Hardware die Daten in das Archiv geschrieben wurden und welche Datenstruktur dabei verwendet wurde.

Ein Zweck der Datenarchivierung ist unter anderem die Wiedergabe der aufzubewahrenden Informationen innerhalb definierter Aufbewahrungsfristen und Zugriffszeiten. Gerade die Zugriffszeiten spielen im Produktivbetrieb eine wichtige Rolle. So sollte vor der Archivierung der Daten definiert werden, welche Zugriffszeiten in den einzelnen Fachabteilungen gefordert werden. Diese Anforderungen an die Zugriffszeiten haben natürlich Konsequenzen auf das auszuwählende Speichermedium und die Art des Zugriffs auf die archivierten

Daten. Die Methoden des Zugriffs sind in Kapitel 9 dieses Buches im Detail dargestellt [Gersbacher2000].

Für die technische Durchführung der Datenarchivierung lassen sich allgemein folgende gesetzliche Richtlinien identifizieren:

- Ordnungsgemäße Transformation
- Ordnungsgemäße Speicherung
- Ordnungsgemäße Wiedergabe
- Hardwareunabhängigkeit
- Releaseabhängigkeit

Ordnungsgemäße Transformation

Die technische Auslagerung muss die Anforderung erfüllen, dass die relevanten Informationen korrekt von der Datenbank auf das jeweilige Speichermedium übertragen werden. Die korrekte Übertragung der Daten muss darüber hinaus auch bei einem Wechsel des Speichermediums garantiert werden. Technische Fehler bei der Übertragung der Daten können jedoch nicht ausgeschlossen werden, wodurch solche Transformationsvorgänge immer mit einem gewissen Risiko behaftet sind. Der Gesetzgeber kann deshalb fordern, dass auf maschinellem und/oder manuellem Wege der Nachweis zu führen ist, dass die Informationen in den erstellten Archivdateien identisch sind mit denen in der Datenbank [Gersbacher2000].

Ordnungsgemäße Speicherung

Das gewählte Tertiärspeichermedium muss gewährleisten, dass für die Dauer der Aufbewahrung die Datenobjekte bildlich und/oder inhaltlich erhalten bleiben. Während der Zeit der Speicherung (nicht Aufbewahrung) gefährden physikalische und chemische Vorgänge die Speicherung auf dem Speichermedium. Ein Speichermedium muss daher die Eigenschaft besitzen, die auf ihm aufgezeichneten Daten für die Dauer der Speicherung abrufbar zu halten. Wenn laut Herstellerangaben mit einem (natürlichen) Verfall der Speichermedien zu rechnen ist, sollte rechtzeitig die Umlagerung der betroffenen Daten eingeplant werden.

Ordnungsgemäße Wiedergabe

Die Archivierungslösung muss sicherstellen, dass bei Wiedergabe die angeforderten Datenobjekte gelesen und interpretiert werden können und bildlich/inhaltlich richtig wiedergegeben werden können. In diesem Zusammenhang bedeutet lesbar, dass die wiedergegebenen Informationen von einem sachverständigen Dritten mit Hilfe der erforderlichen Leseprogramme angezeigt werden können [Gersbacher2000].

Hardwareunabhängigkeit

Da die Verschlüsselung der numerischen Felder, wie z.B. Integer, hardwareabhängig ist, muss bei der Archivierung darauf geachtet werden, dass Informationen über die aktuell verwendete Hardware den zu archivierenden Daten beigefügt werden, um die Daten zu einem späteren Zeitpunkt mit veränderter Hardware darstellen zu können [Gersbacher2000].

Releaseabhängigkeit

Da die Datenstruktur unter Umständen von der verwendeten R/3-Version abhängt, ist es bei der Archivierung notwendig, Informationen über die Satzaufbauten und die Felddefinitionen mit zu archivieren.

Im Folgenden werden einige Kriterien besprochen, die der Systemverwaltung bei der Ablage und Verwaltung der Archivdateien eine Entscheidungshilfe bieten können:

- Wahl des Ablagesystems: Hierbei geht es darum, die Anforderungen des Pflichtenheftes in ein brauchbares Archivierungskonzept umzusetzen und technische Spezifikationen, z.B. akzeptable Zugriffszeiten, zu realisieren. Soll neben der Datenarchivierung auch die optische Archivierung eingesetzt werden, z.B. zur Ablage von Drucklisten oder gescannten Belegen, so ist zur Realisierung einer homogenen Archivierungslösung die Benutzung eines gemeinsamen Ablagesystems in Betracht zu ziehen.
- Zugriffszeiten: Hier geht es um die technische Realisierung und Gewährleistung der von der Fachabteilung geforderten Zugriffszeiten. Dies beinhaltet auch die Wahl des Speichermediums bzw. Ablagesystems. Zur Realisierung der geforderten Zugriffszeiten ist es wichtig zu wissen, ob der Zugriff auf die Archivdateien über das LAN oder WAN erfolgt, wie oft darauf zugegriffen wird und wie viele Datenobjekte dabei im Durchschnitt abgefragt werden.
- Backup-Konzept: Für den Fall, dass der Dateiserver ausfällt, sollte ein passendes Backup-Konzept vorhanden sein, das auch die Wiederherstellung (Restore) der Archivdateien einschließt. Dabei sollte auch berücksichtigt werden, ob die Archivdateien gespiegelt oder ausgelagert werden. Es wird empfohlen, ausgelagerte Sicherungsdateien auch einem Backup-Test zu unterziehen, um sicherzustellen, dass eine Wiederherstellung im Notfall möglich ist.
- Haltbarkeit der Datenträger: Da manche Archivdateien 20 Jahre und länger aufbewahrt werden müssen, ist unter Umständen ein Medienwechsel erforderlich.
- Firmeninterne Regelungen: Eventuell gibt es firmeninterne Regelungen, die auch zu berücksichtigen sind. Darin könnte z.B. festgelegt sein, welche Daten in zentralen oder abteilungsbezogenen Speichermedien archiviert werden sollen, oder welche Archivierungsmedien für den jeweiligen Zweck einzusetzen sind [Gersbacher2000].

6.4 Betriebswirtschaftliche Anforderungen

Aus betriebswirtschaftlicher Sicht dürfen nur Datenobjekte ausgelagert werden, die im operativen Geschäftablauf nicht mehr benötigt werden. Durch eine Prüflogik muss deshalb sichergestellt werden, dass nur Datenobjekte zu abgeschlossenen Geschäftsprozessen archiviert werden können. Auf Grund der hohen Integration der Anwendungen im R/3-System kann es in Abhängigkeit von den jeweiligen Geschäftsprozessen zu einer starken Vernetzung der Datenobjekte kommen. Deshalb muss bei der Archivierung geprüft werden, ob die Auslagerung eines bestimmten Datenobjekts die Archivierung anderer Objekte voraussetzt bzw. ob andere Objekte mit archiviert werden müssen.

Neben gesetzlichen Vorgaben gibt es auch betriebswirtschaftliche Anforderungen, die zu erfüllen sind und die gegen das Löschen von Datenobjekten in der Datenbank sprechen. Abhängig vom Lebenszyklus des jeweiligen Produkts müssen die Produktdaten unter Umständen über mehrere Jahrzehnte hinweg aufbewahrt werden. Den Kundendienstabteilungen eines Unternehmens müssen bestimmte Informationen zu einem Produkt während seines gesamten Lebenszyklus zugänglich sein. Dies schließt konstruktionsrelevante CAD-Zeichnungen, Stücklisten inklusive deren zeitlicher Gültigkeit, eingebaute Komponenten, verwendete Fertigungshilfsmittel sowie die erstellten Arbeitspläne mit ein. Diese Aufzählung zeigt, dass hierbei auf verschiedene Datenobjekte zugegriffen werden muss, die dasselbe Endprodukt charakterisieren. In Einzelfällen kann es sogar erforderlich sein, den gesamtem Prozess zu rekonstruieren, in dem das Produkt involviert war. Die hier von den Fachabteilungen benötigten Informationen können hierbei erheblich von den Anforderungen anderer Anwender, wie z.B. externer Revisoren, abweichen.

Die Verantwortung für ein Produkt endet in vielen Fällen nicht mit dem Ende der Nutzung eines Produkts, sondern schließt möglicherweise auch das Recycling mit ein. Das anhaltende Datenwachstum in einem produktiven SAP-System erfordert aber häufig das Auslagern der Daten aus der Datenbank. Aus den oben dargelegten Gründen müssen allerdings einzelne Fachabteilungen weiterhin lesend auf die Datenobjekte zugreifen, so dass ein Löschen daher meistens ausscheidet [Gersbacher2000].

6.4.1 Interne Revisionen

Interne Revisionen erfordern häufig einen Zugriff auf archivierte Datenobjekte, um z.B. Planvorgaben zu überwachen und Entscheidungsgrundlagen zu liefern. Ihre Hauptaufgabe besteht klassischerweise in der Übernahme von Überwachungs- und Kontrollfunktionen des Managements. Hauptziele sind dabei Ordnungsmäßigkeit, Sicherheit und Wirtschaftlichkeit der Archivierungslösung. Interne Revisionen können sich auf beliebige Bereiche eines Unternehmens erstrecken. Es sollte deshalb unternehmensintern abgestimmt werden, welche Daten zusätzlich zu den gesetzlich vorgeschriebenen aufbewahrungsrelevant sind [Gersbacher2000].

6.4.2 Statistische Analysen

Statistische Analysen dienen als Entscheidungsgrundlage, die wichtige Informationen über Produktion, Umsatz und Märkte aggregieren. So bieten einige Programme die Möglichkeit, auch ausgelagerte Datenobjekte auszuwerten und statistisch aufzubereiten und zu gewichten. Allerdings ist eine durchgängige Auswertung unter Einbeziehung von archivierten Datenobjekten nicht bei allen Statistikreports verfügbar. Wenn umfangreiche statistische Analysen unter Einbeziehung historischer Daten benötigt werden, sollte deshalb ein Data-Warehouse benutzt werden. Der archivierte Datenbestand stellt aber auch eine zentrale Wissensbasis dar, die beispielsweise bei der Neu- oder Weiterentwicklung von Produkten benötigt wird, um auf alte produktdefinierende Daten zuzugreifen.

Hier bestimmen die Fachabteilungen auf Grund betriebswirtschaftlicher Notwendigkeiten, welche Daten überhaupt archiviert werden dürfen und welche Zugriffs-/Anzeigemöglichkeiten zu realisieren sind [Gersbacher2000].

6.4.3 Identifizierung der archivierbaren Daten

Aus betriebswirtschaftlicher Sicht ist hauptsächlich zu klären, welche Daten zu welchem Zeitpunkt archiviert werden dürfen. Nur die Datenobjekte können archiviert werden, die zu abgeschlossenen Geschäftsvorfällen gehören. In diesem Zusammenhang ist festzulegen, wann ein Geschäftsvorgang als abgeschlossen gilt. Die Kriterien hierzu sind abhängig von der jeweiligen Anwendung. Unter Umständen sind auch unternehmensspezifische Besonderheiten zu berücksichtigen, wie z.B. unterschiedliche Laufzeiten für ein Datenobjekt je nach Organisationseinheit. Bei einem bereichsübergreifendem Reporting ist jedoch zu bedenken, dass unterschiedliche Laufzeiten eine genaue Kenntnis bereits archivierter Datenbestände erfordern, da ein Teil der auszuwertenden Daten unter Umständen bereits archiviert sein kann [Gersbacher2000].

6.4.4 Einordnung der Datenobjekte in den betriebswirtschaftlichen Prozessablauf

Da viele Datenobjekte nur in Verbindung mit anderen Datenobjekten sinnvoll sind bzw. von anderen Objekten abhängen können, muss bei der Archivierung geprüft werden, ob die Auslagerung eines bestimmten Datenobjekts die Archivierung anderer Objekte voraussetzt bzw. ob andere Objekte parallel archiviert werden müssen. Auf Grund der hohen Integration des R/3-Systems und der möglichen Einbindung der Datenobjekte in komponentenübergreifende Prozessketten sollten auch mögliche Auswirkungen auf Folgeprozesse untersucht werden. Hierbei ist konkret zu klären, ob es Folgeprozesse gibt, die auf die zu archivierenden Datenobjekte zugreifen, bzw. ob es Datenobjekte gibt, die wiederum auf die zu archivierenden Datenobjekte verweisen. Nach der Archivierung können andere Transaktionen unter Umständen nicht mehr auf die archivierten Daten zugreifen. Daher sollten alle Anwendungsverantwortlichen in die Identifizierung der Wechselwirkungen mit einbezogen werden [Gersbacher 2000].

6.4.5 Bestimmung der Residenzzeit

Hier müssen alle betroffenen Fachabteilungen festlegen, wie lange die Datenobjekte im System gehalten werden sollen. Die Residenzzeit hängt von den betriebswirtschaftlichen Gegebenheiten und von dem jeweiligen Geschäftsprozess ab. Bei der Festlegung der Residenzzeit sollten auch eventuelle Verknüpfungen zu anderen Datenobjekten mit berücksichtigt werden [Gersbacher2000].

6.4.6 Zugriff auf archivierte Daten

In der Regel ist ein Zugriff auf archivierte Daten durch eine Anwendung nicht notwendig, da es sich bei diesen Daten um abgeschlossene Geschäftsvorfälle handelt. Vor der Archivierung sollte jedoch anhand einer Liste der zu archivierenden Datenobjekte geklärt werden, ob und wie oft später auf einzelne Datenobjekte zugegriffen werden muss. Beispielsweise kann es vorkommen, dass im Falle einer Reklamation oder im Rahmen der Produkthaftung bestimmte Informationen zu einzelnen Datenobjekten benötigt werden.

Abschließend können die Zugriffsanforderungen spezifiziert und in einen Anforderungskatalog aufgenommen werden. Dabei sollten auch folgende Aspekte berücksichtigt werden:

- Zugriffszeiten: Da die Datenobjekte auf externen Speichermedien liegen, ist mit größeren Zugriffszeiten als im Online-Betrieb zu rechnen. In Absprache mit der jeweiligen Fachabteilung sollten hier genaue Zeitangaben getroffen werden. Entsprechend dieser Vorgaben erfolgt dann die Festlegung der Speichermedien bzw. Ablagesysteme durch die IT-Abteilung.
- Berechtigungskonzept: Hier ist festzulegen, welche Personen auf die archivierten Daten zugreifen dürfen: Gilt dies für alle Mitarbeiter, die auch im Online-Betrieb mit diesen Datenobjekten gearbeitet haben, oder gibt es Einschränkungen? Es sollte auch geklärt werden, welche Personen die Hintergrundjobs einplanen und freigeben dürfen.
- Wiederauffinden der Daten: Hier ist zu klären, ob die vorhandenen Suchmöglichkeiten ausreichen, oder ob eigene Retrieval-Werkzeuge entwickelt werden müssen [Gersbacher2000].

6.4.7 Unternehmens- und Geschäftsstrukturen

Manche Daten sind nur in Verbindung mit Informationen über die organisatorische Struktur des Unternehmens interpretierbar, wie z.B. die Aufteilung in Verkaufsbezirke. Deshalb muss bei der Archivierung darauf geachtet werden, dass diese Angaben mit archiviert werden.

6.5 Code of Practice – die 10 Archivregeln der VOI

Der VOI (Verband Optischer Informationssysteme e.V.) erarbeitete u.a. Richtlinien für eine ordnungsgemäße Archivierung im Sinne des Steuer- und Handelsrechts. Darin wurden 10 Maximen für eine GoBS-konforme Handhabung solcher Dokumente aufgestellt. Sie werden bei der VOI Code of Practice genannt [Gulbins99]:

❶ Jedes Dokument muss unveränderbar archiviert werden.

❷ Kein Dokument darf auf dem Weg ins Archiv oder im Archiv selbst verloren gehen.

❸ Jedes Dokument muss mit geeigneten Retrieval-Techniken wiederauffindbar sein.

❹ Es muss genau das Dokument wiedergefunden werden, das gesucht worden ist.

❺ Kein Dokument darf während seiner vorgesehenen Lebenszeit zerstört werden können.

❻ Jedes Dokument muss in genau der gleichen Form, in der es erfasst wurde, wieder angezeigt und gedruckt werden können.

❼ Jedes Dokument muss zeitnah wiedergefunden werden können.

❽ Alle Aktionen im Archiv, die Veränderungen in der Organisation und Struktur (des Archivs) bewirken, sind so zu protokollieren, dass die Wiederherstellung des ursprünglichen Zustandes möglich ist.

❾ Elektronische Archive sind so auszulegen, dass eine Migration auf neue Plattformen, Medien, Softwareversionen und Komponenten ohne Informationsverlust möglich ist.

❿ Das System muss dem Anwender die Möglichkeit bieten, die gesetzlichen Bestimmungen (BDSG, HGB, AO) sowie die betrieblichen Bestimmungen des Anwenders hinsichtlich Datensicherheit und Datenschutz über die Lebensdauer des Archivs sicherzustellen.

Dieses Kapitel hat verdeutlicht, dass die Archivierung von Daten eine sehr genaue Kenntnis der Semantik dieser Daten erfordert. Aus diesen Gründen ist die anwendungsintegrierte Archivierung der SAP gegenüber Produkten überlegen, die nicht in die R/3-Anwendung eingebunden sind.

7 Archivierung in Anlehnung an die ASAP-Vorgehensmethodik

7.1 Grundlegendes zur Projektvorbereitung

Im R/3-System entstehen häufig in kurzer Zeit sehr große Datenmengen. Das Datenbankwachstum kann, abhängig von Stammdaten, Customizing-Einstellungen und Geschäftsprozessen, bis zu mehrere GB pro Tag betragen. Für alle Daten sollte geprüft werden, ob sie vermieden, verdichtet oder einfach gelöscht werden können.

Frühzeitige Einplanung der Archivierung empfehlenswert

Die Archivierung kommt bei Daten zum Einsatz, die nicht vermieden und auch nicht einfach gelöscht werden können. Schon während der Business-Blueprint-Phase der ASAP-Vorgehensmethodik (näher beschrieben im weiteren Verlauf dieses Kapitels) sollte man sich deshalb bereits mit dem Thema Archivierung beschäftigen.

Leider wird in der Praxis oft erst dann ein Archivierungskonzept erstellt, wenn einige Zeit nach dem Produktivstart die ersten Engpässe in der Datenbank auftreten. Das Archivierungskonzept muss dann meist unter großem Zeitdruck erstellt werden. Hier spricht man dann vom so genannten späten Aufsetzen eines Archivierungsprojektes.

Vorteile einer frühzeitigen Archivierung

Frühzeitige Archivierung hilft Ihnen, die Größe Ihrer Datenbank kontrollierbar zu machen und schafft damit die Voraussetzungen für die schnellere Durchführung von Datensicherungen und eine bessere Performance. Die Auslagerung nicht mehr benötigter Daten aus dem R/3-System ist eine wichtige Administrationsmaßnahme, um die Systemverfügbarkeit und auch die Systemperformance im Produktivbetrieb langfristig optimal sicherzustellen. Da in produktiv eingesetzten R/3-Systemen Massendaten anfallen, ist es nur eine Frage der Zeit, wann diese Daten ausgelagert werden müssen. Die Archivierungsproblematik stellt sich daher früher oder später jedem Administrations- beziehungsweise Applikationsverantwortlichen. Aus diesem Grund sollte die Notwendigkeit einer Archivierung möglichst frühzeitig untersucht werden, um potentiellen Problemen vorzubeugen.

Die Datenarchivierung sollte jedoch nicht als letztes Mittel zur Verhinderung eines Systemstillstands verstanden werden, nachdem alle Hardwareaufrüstungen ausgenutzt wurden, sondern sie sollte zu den normalen Wartungsmaßnahmen gehören. Schon vor dem Produktivsetzen einer Applikation oder eines Prozesses sollte das anfallende Mengengerüst abgeschätzt und für die Zukunft extrapoliert werden. Umgekehrt ergeben sich natürlich zusätzliche Probleme und Kosten, wenn Performance- und Administrationsprobleme zum Archivieren zwingen [Gersbacher2000].

Aufgrund dieser Ausführungen lassen sich zwei Szenarien unterscheiden:

- frühzeitiges Aufsetzen eines Archivierungsprojekts
- spätes Aufsetzen eines Archivierungsprojekts

7.1.1 Frühes Aufsetzen eines Archivierungsprojekts

Das Ziel hierbei ist, das Datenbankvolumen schon im Vorfeld möglichst gering zu halten, und operativ nicht mehr benötigte Daten aus der Datenbank auszulagern. In diesem Szenario wird schon mit dem Produktivsetzen einer Applikation beziehungsweise eines Prozesses die Notwendigkeit der Datenarchivierung berücksichtigt. Der Applikations- beziehungsweise Prozessverantwortliche kennt die betriebswirtschaftlichen Prozessabläufe und auch die Datenobjekte, die im R/3 damit verbunden sind. In fast allen Fällen ist auch ein ungefähres Belegaufkommen beziehungsweise das damit verbundene Mengengerüst bekannt. Anhand der Vergangenheitswerte kann deshalb schon frühzeitig auf die Notwendigkeit der Datenarchivierung geschlossen werden und die notwendigen Schritte, beispielsweise die Aufstellung eines periodischen Archivierungsplanes, eingeleitet werden [Gersbacher2000].

7.1.2 Spätes Aufsetzen eines Archivierungsprojekts

Ziel dieses Szenarios ist die Stabilisierung beziehungsweise Verkleinerung des Datenbankvolumens. Dieser Fall tritt ein, wenn es aufgrund großer Datenmengen zu Performance- und/oder Administrationsproblemen kommt. Sind erst einmal Systemengpässe aufgetreten, ergeben sich auch mit der Datenarchivierung zusätzliche Probleme:

- Längere Laufzeiten der Archivierungsprogramme
- Zusätzliche Systembelastung durch die Archivierung

Die Datenarchivierung erfordert mehr als nur das reine physische Auslagern von Daten aus der Datenbank. Da hierbei betriebswirtschaftliche Daten dem ändernden Zugriff durch die Fachabteilungen entzogen werden, ist es erforderlich, alle betreffenden Gruppen einzubeziehen, um gemeinsam eine Analyse durchzuführen und einen Anforderungskatalog an die zu archivierenden Daten zu erstellen [Gersbacher2000].

7.1.3 Arten der Datenablage im R/3-System

Auf drei Arten können im R/3-System Daten abgelegt werden:

- In den Tabellen der Datenbank
- Als Dateien auf Betriebssystemebene
- In ein separates Archivsystem

Wie eingangs bereits beschrieben speichert das R/3-System die Anwendungsdaten zunächst in der Datenbank. Im weiteren produktiven Betrieb wächst im Zeitablauf das Volumen der Datenbank immer mehr an. Die Folge ist, dass mit steigendem Datenvolumen in der Datenbank die Leistungsfähigkeit des R/3-Systems permanent sinkt und damit auch die Systemadministration umso aufwändiger wird. Dies impliziert für jedes R/3-System irgendwann die Frage, wie denn die Anwendungsdaten, die im täglichen Betrieb nicht mehr benötigt werden, nun archiviert werden sollen.

Für den Produktionsstart muss die Archivierung nicht unbedingt implementiert sein. Trotzdem wurde die Archivierung in ASAP integriert, denn sie wird in der Regel zu spät als Faktor von strategischer Bedeutung erkannt. Für eine detaillierte Strategie zur Archivierung müssen Fachabteilungen und das technische Team eng zusammenarbeiten. Gerade während des Einführungsprojektes ist dies am einfachsten möglich, denn zu diesem Zeitpunkt sind viele Spezialisten im Projektteam zusammengefasst [Brand98].

Die ASAP-Roadmap beinhaltet das Aufgabengebiet »Archivierung« und soll deshalb der Vollständigkeit halber im Folgenden kurz beschrieben werden.

7.2 ASAP

Am Beginn des neuen Jahrtausends sehen sich viele Unternehmen, darunter auch der Mittelstand, zahlreichen Herausforderungen ausgesetzt. Der zunehmende Kosten- und Wettbewerbsdruck sowie die verstärkte Globalisierung der Märkte sind nur Beispiele für Entwicklungen, die die aktuelle Situation kennzeichnen. Mutige und vorausschauende Entscheidungen sind gefordert, um diesen Wandel zu bewältigen und die Chancen zu nutzen, die sich aus den Veränderungen ergeben. Eine herkömmliche Informationsverarbeitung behindert dabei häufig mehr, als dass sie den Aufbruch zu neuen strategischen Ufern fördert. Insbesondere der Jahrtausendwechsel und die EURO-Einführung, auf die in einem der späteren Kapitel noch detaillierter eingegangen wird, erfordern erhebliche Aufwendungen für Anpassungen und Erweiterungen von Altsystemen. Vor diesem Hintergrund entscheiden sich viele Unternehmen aller Größenordnungen für einen grundlegenden Wechsel zur R/3-Standardsoftware von der SAP AG. Die Einführung dieser erprobten betriebswirtschaftlichen Standardsoftware bedeutet für die Unternehmen die große Chance zur Geschäftsprozessoptimierung im Sinne einer Best-Practice-Orientierung. Und gerade die Vereinfachung von Standardabläufen im Unternehmen verschafft dem Unternehmen weitere Ressourcen, um sein Engagement auf die Kernkompetenzen zu fokussieren.

Die neue Anwendungssoftware für Unternehmen muss dabei, wie beschrieben, ein sehr breites Spektrum an Funktionen abdecken. Gleichzeitig muss diese Software ausreichend flexibel konfiguriert sein, um alle speziellen Anforderungen zu erfüllen, die extrem unterschiedlich sein können. Die zahlreichen Erfahrungen aus der Praxis zeigen in diesem Kontext, dass die Zeitspanne, die für die Implementierung des komplexen betriebswirtschaftlichen Standardsoftwarepaketes SAP R/3 nötig ist, sehr stark variiert, dabei jedoch wesentlich von der Unternehmensgröße abhängt. Je größer das Unternehmen, desto länger dauert in der Regel der Einführungsprozess, beginnend mit der Vorstudie bis hin zur Produktivsetzung des Systems.

Bei der Einführung einer Standardanwendungssoftware ist, wie die Erfahrungen aus der Praxis zeigen, in der Regel ein sehr langer, arbeitsintensiver und schwieriger Weg zu absolvieren, bis die vielfältigen Möglichkeiten der Software und die verschiedensten Bedürfnisse des Unternehmens in optimaler Weise aufeinander abgestimmt sind. Erst dann kann das System in den Produktivbetrieb übergehen. Unternehmen, die neu mit der Einführung von Softwaresystemen konfrontiert sind, benötigen daher ein spezielles Projektmanagement für die Einführung der Software.

ASAP wurde 1996 von der SAP Amerika in Zusammenarbeit mit einer Vielzahl von erfahrenen R/3-Beratern entwickelt. Hintergrund dieser Entwicklung war der vielfach geäußerte Wunsch der US-Kunden von SAP nach wesentlich kürzeren Einführungszeiten. Diesem Wunsch wird nun mittels ASAP (*Accelerated SAP*) Rechnung getragen – seit 1997 auch in Europa. Mit dieser Einführungsmethodik sollen vor allem kleinere und mittlere Unternehmen die R/3-Software innerhalb eines halben Jahres bzw. innerhalb von neun Monaten einführen können.

Ziel der ASAP-Einführungsmethodik ist es, so schnell wie möglich ein zufrieden stellendes Produktivsystem zu erreichen und Systemoptimierungen in Anschlussprojekten möglich zu machen. Mit der Version 4.0 bietet ASAP für folgende Arten von Implementierungsprojekten Unterstützung:

- R/3-Ersteinführung
- R/3-Upgrades

- Konzern-Rollout
- Global ASAP für verteilte Geschäftsprozesse

Auf der Basis des Continuous Business Engineerings (CBE) ist die ASAP-Methode entstanden. CBE bedeutet in diesem Kontext, dass betriebliche Anforderungen hinsichtlich der Lösungsmöglichkeiten von R/3 geprüft werden. Dabei wird auf die Istaufnahme bzw. auf die Erstellung eines Prototyps verzichtet. Stattdessen wird eine Version der zu unterstützenden Geschäftsprozesse und Organisationsstrukturen entworfen. Anschließend ermittelt das Unternehmen aus den von R/3 zur Verfügung gestellten »Best Business Practices« das in Frage kommende Sollkonzept. Dieses Sollkonzept wird der ASAP-Terminologie zufolge auch als »Business Blueprint« bezeichnet.

Um R/3 kosteneffektiv zu konfigurieren, enthält ASAP viele Tools für die individuelle Konfiguration von R/3. Man kann die R/3-Prozesse sowie Komponenten, Funktionen und Organisationsstrukturen den Firmenanforderungen entsprechend zuschneiden und nicht genutzte Funktionen ausblenden und/oder deaktivieren. ASAP ist die Standard-Einführungsmethode von SAP, in der die ASAP-Roadmap enthalten ist. Diese ASAP-Roadmap ist ein Leitfaden, in welchem die Erfahrungen aus vielen Jahren der R/3-Einführung enthalten sind und schrittweise vermittelt werden. Seit dem R/3-Release 4.6A ist ASAP im Hauptmenü des R/3-Systems integriert.

ASAP ist aus dem traditionellen R/3-Vorgehensmodell entstanden und integriert neueste Erkenntnisse der R/3-Einführung. ASAP ist demnach keine gänzlich neue Vorgehensweise, sondern stellt gesammeltes Know-how von SAP-Kunden und -Partnern zur Verfügung.

ASAP stellt die Konfigurationsvorgänge anschaulich dar und ermöglicht es, das Potential des R/3-Systems voll auszuschöpfen sowie die Abhängigkeit der Unternehmen von teurer Fremdberatung zu minimieren. ASAP ist deshalb besonders für folgende Gruppen geeignet:

- Mitarbeiter eines Unternehmens, die das Unternehmensmodell und ihren Business Blueprint diskutieren, als Prototyp entwickeln und entwerfen müssen.
- IT-Abteilungen großer Unternehmen, in denen R/3-Anwendungen effektiver und rascher angepasst werden sollen.
- Kleine und mittelgroße Unternehmen, die aufgrund des erwarteten Ausmaßes solcher Projekte bislang zögerten, R/3 einzuführen.
- Berater, die eine effektive Möglichkeit suchen, den Kunden individuelle Konfigurationslösungen anzubieten, oder die auf der Grundlage von R/3-Lösungen für eine bestimmte Branche entwickeln möchten.

Jeder dieser Phasen sind verschiedene Arbeitspakete zugeordnet, die im Verlauf der Phase der Reihenfolge nach abzuarbeiten sind. Dabei bieten sie den

Anwendern konkrete Hilfsmittel wie Beispieldokumente oder -präsentationen sowie konkrete, zur Nachahmung empfohlene Vorgehensweisen an.

Die ASAP-Einführungsmethode unterscheidet sich von anderen vor allem durch den »Timebox-Ansatz«. Das zentrale Element eines ASAP-Projektes ist seine Laufzeit, der Projektumfang muss sich an diese Zeitvorgabe anpassen. Das gilt für das Gesamtvorhaben wie auch für jeden einzelnen Projektschritt. Deshalb erfordert ASAP immer wieder schnelle und teilweise harte Entscheidungen.

7.3 Einführungsphasen der ASAP-Roadmap

In der Roadmap werden alle Aktivitäten einer R/3-Implementierung beschrieben. Dabei wird sichergestellt, dass keine davon wegfällt und dass das Projektmanagement sorgfältig z.B. die Schulung für Endanwender vorausplant. Darüber hinaus schließt die Roadmap auch den gesamten technischen Bereich zur Unterstützung des technischen Projektmanagements mit ein und befasst sich mit Dingen wie Schnittstellen und Zugriffsberechtigungen, und dies bereits viel früher, als es in den meisten herkömmlichen Implementierungen üblich ist. Die ASAP-Roadmap ist der Nachfolger des SAP-Vorgehensmodells auf der Grundlage von R/3, das bis zu Release 3.1 in R/3-Einführungsprojekten verwendet wurde.

Grafisch wird die ASAP-Roadmap wie folgt dargestellt:

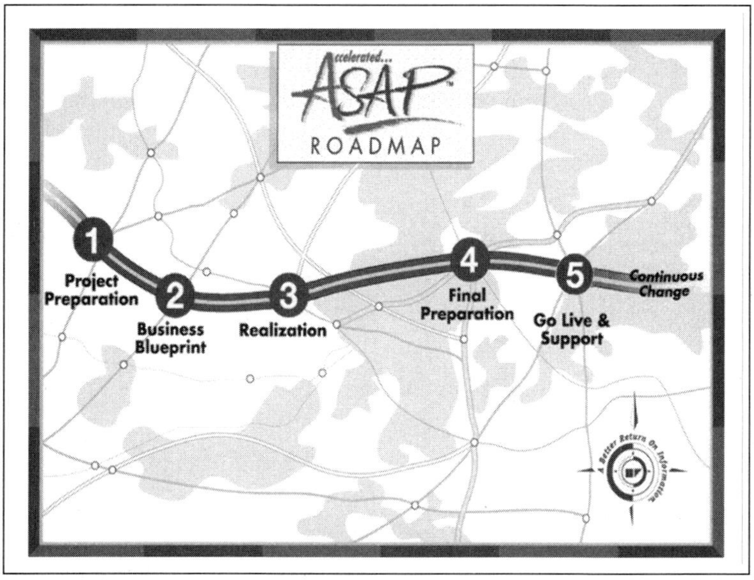

Abbildung 7.1
ASAP-Roadmap (© SAP AG)

Im Folgenden sollen nun die fünf Phasen der ASAP-Roadmap kurz beschrieben werden.

7.3.1 Phase 1: Projektvorbereitung

Diese Phase der ASAP-Einführungsmethode dient der Planung und Vorbereitung des R/3-Projektes. In dieser Phase legen die Entscheidungsträger klare Ziele und eine effiziente Vorgehensweise zur Entscheidungsfindung fest. Folgende Punkte sind hier zu berücksichtigen:

- Ziele und Zielsetzungen des Projektes definieren
- Umfang der Einführung klären
- Einführungsstrategie festlegen
- Zeitplan für das Gesamtprojekt festlegen
- Organisation und Gremien des Projektes einrichten
- Ressourcen zuteilen

In dieser Phase müssen folgende Arbeitspakete abgearbeitet werden:

- Grobplanung des Projektes
- Projektprozeduren
- Kick-Off des Projektes
- Planung der technischen Anforderungen
- Qualitätsprüfung und Projektvorbereitungsphase

Eine der wichtigsten Tätigkeiten in Phase 1 ist die Erstellung der Projektdokumentation, insbesondere der Dokumentation zum R/3-Sollkonzept. Eine gute Projektdokumentation ist unentbehrlich für Informationen bezüglich Projektentscheidungen, der Klärung von offenen Punkten oder für Konfigurationsänderungen, die zu einem späteren Zeitpunkt erforderlich werden. Die folgenden Arten von Dokumentationen sollten in dieser Phase definiert und während des gesamten Projektes gepflegt werden:

- Zu erbringende Projektleistungen
- Projektarbeitspapiere und interne Projektteamdokumentation
- Einzuführende Geschäftsprozesse
- Angaben zum R/3-Design für unternehmensspezifische Erweiterungen
- Benutzerdokumentation

7.3.2 Phase 2: Business Blueprint

Sinn und Zweck dieser Phase ist es, ein Dokument zu erstellen, welches eine detaillierte Dokumentation der in den Anforderungsworkshops der ersten Phase erzielten Ergebnisse enthält. Dieses Dokument wird als »Business Blueprint« bezeichnet. Der Business Blueprint dokumentiert also die Anforderungen des Unternehmens an die Geschäftsprozesse. Anhand dieser Dokumentation erhält man einen genauen Überblick, wie das Unternehmen seine Geschäftsprozesse künftig im R/3-System abbilden möchte. Der Business Blueprint dient als das führende Sollkonzept, auch »Fachkonzept« genannt, und enthält alle Implementierungsdetails in einem einzigen Dokument. Dieses Dokument ist eine detailgetreue Zusammenfassung und Dokumentation der Geschäftsanforderungen und bildet die Grundlage für Organisation, Konfiguration und, falls notwendig, Entwicklungsaktivitäten. Der Business Blueprint stellt sicher, dass jeder Einzelne ein genaues Verständnis vom Detailumfang des Projekts in Bezug auf Geschäftsprozesse, Unternehmensstruktur, Systemumgebung, Projektteamschulung und Projektstandards besitzt. Offene Punkte zu Änderungen im Implementierungsumfang, Auswirkungen auf das Budget und die Ressourcenplanung müssen anhand des Business Blueprints bearbeitet werden.

Folgende Arbeitspakete müssen in dieser Phase erledigt werden:

- Projektmanagement
- Schulung des Projektteams für die zweite Phase
- Systemumgebung definieren
- Organisationsstruktur festlegen
- Geschäftsprozessdefinition festlegen
- Qualitätsprüfung durchführen

7.3.3 Phase 3: Realisierung

Das primäre Ziel dieser Phase ist ein vollständig konfiguriertes, getestetes und abgenommenes R/3-System. In dieser Phase werden die Anforderungen des Kunden, die im Business Blueprint detailliert dokumentiert sind, implementiert. Mit bestimmten Werkzeugen werden alle wichtigen Informationen, die zur Realisierung erforderlich sind, konsolidiert. Zur vollständigen Realisierung müssen des Weiteren Programme zur Datenübernahme, für Schnittstellen und für das Berichtswesen erstellt werden. In dieser Phase wird ein abschließender Integrationstest durchgeführt, der sicherstellt, dass alle relevanten Schnittstellen und Systemerweiterungen geplant, realisiert und getestet werden. Die Konfiguration wird innerhalb des R/3-Systems über den Business Engineer vorgenommen, dokumentiert und transportiert.

Die Arbeitspakete dieser Phase sind:

- Projektmanagement
- Schulung des Projektteams für die dritte Phase
- Basiskonfiguration (Baseline) erstellen und testen
- Systemverwaltung
- Detailkonfiguration erstellen und testen
- Entwicklung von Konvertierungsprogrammen zur Übernahme von Altdaten oder zur Integration von anderen Softwarelösungen
- Entwicklung von Anwendungsschnittstellen
- Entwicklung von Systemerweiterungen
- Erweiterungen, Reports und Formulare entwickeln
- Berechtigungskonzept erarbeiten
- Archivierung einrichten
- Integrationstest durchführen
- Benutzerschulung planen und realisieren
- Qualitätsprüfung

Wie man hier ersehen kann, empfiehlt ASAP bereits hier in Phase 3 (Realisierung) die Einrichtung der Archivierung. Darauf wird im weiteren Verlauf dieses Kapitels im Detail eingegangen.

7.3.4 Phase 4: Produktionsvorbereitung

Diese Phase baut auf der Arbeit auf, die in den drei vorherigen Phasen geleistet wurde, damit das R/3-System für den Produktivbetrieb an die einzelnen Abteilungen übergeben werden kann. In der vierten Phase sollen die Voraussetzungen für den Produktivbetrieb geschaffen werden. Dazu gehören Tests, Benutzerschulungen, Systemverwaltung und Cutover-Aktivitäten. In der Produktionsvorbereitungsphase werden auch alle noch offenen Fragen von entscheidender Bedeutung geklärt. Mit dem Abschluss dieser Phase sollen alle festgelegten Geschäftsabläufe im R/3-System gemäß den Anforderungen bearbeitet werden können.

Diese Phase beinhaltet folgende Arbeitspakete:

- Projektmanagement
- Benutzerschulung
- Systemmanagement
- Planung Cutover and Support
- Cutover

- Help-Desk-Aufbau
- Qualitätsprüfung

In dieser letzten Vorbereitungsphase vor dem Produktivbetrieb werden alle noch offenen Punkte und Fragen geklärt. Nach dem erfolgreichen Abschluss dieser Phase können die Geschäftsprozesse mit dem R/3-Produktivsystem durchgeführt werden.

7.3.5 Phase 5: Go-Live and Support

Ziel der fünften Phase ist es, den produktiven R/3-Betrieb zu unterstützen und den Systemdurchsatz zu optimieren. Hier wird von der vorproduktiven Umgebung zum produktiven Produktionsprozess gewechselt. In dieser Phase haben die Anwender erfahrungsgemäß sehr viele Fragen. Deshalb ist es notwendig, eine solide Support-Einrichtung für die R/3-Benutzer zu schaffen. Diese sollte aber nicht nur während der ersten kritischen Tage des Produktivbetriebs, sondern dauerhaft zur Verfügung stehen.

Diese Phase befasst sich mit folgenden Arbeitspaketen:

- Produktionssupport
- Endbenutzertraining
- System-Management
- Detaillierte Projektplanung für die Produktion
- Einspielen des Produktionssystems
- Aktivitäten nach dem Produktivstart
- Abschließende Qualitätsüberprüfung des Systems und dessen Freigabe

Mit dieser Phase wird das R/3-Einführungsprojekt abgeschlossen. Idealerweise sollte nun eine permanente Optimierung und Weiterentwicklung des R/3-Systems erfolgen.

7.3.6 Zusammenfassung

Die ASAP-Roadmap deckt also die verschiedenen Aspekte und Phasen einer Einführung ab. Sie stellt zusammenfassend ein wiederholbares Standardverfahren für die Einführung des R/3-Systems bereit, das die Projektleitung, die Konfiguration des Geschäftsprozesses und technische sowie Test- und Trainingsaspekte umfasst.

Wo immer es möglich ist, stellt ASAP Beispiele, Checklisten oder Schablonen als Muster bereit.

Diese Beispiele, Checklisten und Schablonen sollen ein Anhaltspunkt dafür sein, was im Projekt zu tun ist, ohne das Rad ständig neu zu erfinden [Keller99]. Diese Muster werden auch als so genannte »accelerators« (Beschleuniger) bezeichnet, welche für jede Art der Implementierung verwendet werden können. Zahlreiche Beschleuniger sind z.B in der so genannten »Knowlegde Corner« enthalten. Diese Beschleuniger stellen eine Sammlung von Beschreibungen, Anleitungen, Vorlagen und Beispielen für alle die Einführung von R/3 betreffenden Themen dar. Einige sind kurze Informationstexte über ein spezielles Thema, andere sind längere Texte. Es existieren rund 350 Beschleuniger für ASAP, die in einer alphabetischen Liste aufgerufen werden können.

7.4 Voraussetzungen für kurze Einführungszeiten

- Klar abgegrenzter, stabiler Projektumfang
- Nur auf dem Referenzmodell basierendes Business Process Reengineering
- Implementierung basierend auf dem R/3-Standard
- Starke Unterstützung innerhalb des Unternehmens

7.5 Vorteile von ASAP

Mit ASAP und R/3 können Kosten und Zeit gespart sowie die Qualität kontrolliert werden, ohne bei den Implementierungszielen Kompromisse eingehen zu müssen. Die Vorteile von ASAP sind:

- Verkürzte Einführungszeiten und ein schnellerer Return on Investment durch eine strukturierte Planung und Vorkonfiguration
- Ein klares Verständnis des großen Spektrums der R/3-Funktionalität
- Prozessoptimierung durch bewährte Szenarien, Prozesse und Wertschöpfungsketten. Diese zeigen die Softwaremöglichkeiten deutlich an und bieten praktische Hilfe bei der Konfiguration des R/3-Systems.
- Qualitativ hochwertige Implementierung aufgrund von eingehaltenen Richtlinien für die Vorgehensweisen der Implementierung
- Optimierung der Geschäftsprozesse durch die Verwendung von SAP-Business Workflow
- Kontinuierliche, dynamische Anpassung und Optimierung der R/3-Anwendungen

7.6 Archivierung in Anlehnung an die ASAP-Vorgehensmethodik

Phase 3 der ASAP-Roadmap beinhaltet das Aufgabengebiet »Archivierung« und soll deshalb im Folgenden im Detail beschrieben werden. Obwohl man mit der Archivierung häufig erst Monate oder gar Jahre nach dem Produktivstart beginnt, empfiehlt ASAP bereits in der Phase »Realisierung« die Strategie festzulegen und die notwendigen Customizing-Einstellungen vorzunehmen. So kann man frühzeitig planen, auf welchem Medium oder in welchem Archivsystem man die Archivdateien speichern will.

7.7 Vorgehensmethodik für Archivierungsprojekte in Anlehnung an ASAP

Die Datenarchivierung stellt immer einen Eingriff in die R/3-Datenspeicherung dar. Die unter R/3 liegende Datenbankschicht wird damit durch die Archivierung der Daten stark beeinflusst. Ebenso wird die Zugreifbarkeit der Daten durch die Archivierung beeinflusst. Vor der Archivierung der Daten sollten daher eingehende Überlegungen über die Notwendigkeit der Datenarchivierung angestellt werden. Um die Effizienz der Datenarchivierung zu steigern, sind nach der eigentlichen Archivierung datenbankseitige Optimierungsarbeiten durchzuführen.

7.7.1 Aktionen vor der Archivierung

Vor der Archivierung sollten folgende Fragestellungen behandelt werden:

Bei Speicherplatzproblemen: Kann der betroffenen Tabelle mehr Speicherplatz zugeordnet werden (MAXEXTENT, Tablespace)?

Wenn ja, und wenn auf die zu archivierenden Daten wahrscheinlich wieder zugegriffen werden soll und keine Performanceprobleme vorliegen, sollte diese Lösung in Betracht gezogen werden. Die genaue Beschreibung hierfür findet sich in der Basis-Dokumentation (BC) *Datenbankverwaltung* (SAPDBA für Oracle und Informix) bzw. *ABAP Dictionary*, Abschnitt *Tablespaces und Extents* (datenbankunabhängige Parametrisierung, SAP DB).

Wie groß ist die Wahrscheinlichkeit, dass auf die zu archivierenden Daten (wie häufig) wieder zugegriffen werden muss?

Wenn davon auszugehen ist, dass wiederholt auf die archivierten Daten zugegriffen werden muss und keine Performancebedenken bestehen, sollte versucht werden, den beteiligten Tabellen mehr Speicherplatz zuzuteilen (s.o.).

Bei Performanceproblemen: Wird über einen optimalen Index zugegriffen?

Unter Umständen ist zwar ein geeigneter Index vorhanden, dieser wird aber nicht genutzt. Dies ist abhängig vom jeweils verwendeten Optimizer der Datenbank. Um zu prüfen, über welchen Index zugegriffen wird, kann man einen SQL-Trace durchführen.

Wird auf die Tabellen, die die zu archivierenden Daten enthalten, von der Anwendung ein full table scan ausgeführt?

Falls dies zutrifft, kann es bei Fragmentierung sinnvoll sein, vor einer Archivierung die betreffende Tabelle zu reorganisieren, um die in der Datenbank verbleibenden sowie die neu zu erwartenden Sätze physisch zusammenhängend zu halten. Dabei ist allerdings zu beachten, dass eine Reorganisation viel Zeit benötigt und u.U. nach der Archivierung eine weitere Reorganisation notwendig ist.

Dauer einer Reorganisation:

- mit exp/imp: ca. 60-100 MB/Stunde
- mit unload/load: ca. 250-300 MB/Stunde

7.7.2 Zusammenstellen des Projektteams

Bei der Datenarchivierung reicht es nicht aus, lediglich die entsprechenden Datenobjekte aus der Datenbank auszulagern. Es ist vielmehr erforderlich, das betriebswirtschaftliche Umfeld, in das die Datenobjekte eingebettet sind, mit zu berücksichtigen, um die Auswirkungen der Archivierung zu erkennen. Da manche Anwendungsobjekte in applikationsübergreifenden Prozessketten verwendet werden, sollten die zuständigen Applikationsverantwortlichen an dem Archivierungsprojekt beteiligt werden. Im Folgenden sind die möglichen Gruppen aufgeführt, die an einem Archivierungsprojekt beteiligt sein können. Die Zusammensetzung einer solchen Gruppe hängt in der Regel von der Größe und der internen Organisation eines Unternehmens ab und kann daher von den hier aufgeführten abweichen.

- IT-Bereich: Datenbankadministration, R/3-Systemadministration
- Fachbereich: Controlling, Revisionsabteilung
- extern: Wirtschaftsprüfung, bei Bedarf externe Dienstleister wie zum Beispiel Beratungsunternehmen, SAP Remote Archiving Service etc.
- Applikationsverantwortliche (auch aus angrenzenden Modulen)

7.7.3 Datenanalyse

Die Datenanalyse stellt den wichtigsten Abschnitt eines Archivierungsprojekts dar. Aus technischer Sicht muss hier die Datenbankgröße und das Tabellenwachstum sowie die Performance analysiert werden. In einem weiteren Schritt sind dann die Archivierungsobjekte zu identifizieren, denen die kritischen Tabellen zugeordnet sind.

Datenbankanalyse und Bestimmung der Archivierungsobjekte

Große Datenvolumina stellen erhöhte Anforderungen an die physikalische Speicherkapazität und an die Durchführung von Datensicherungen. Die Archivierung der Daten kann daher sowohl auf der Administrations- als auch auf der Endanwenderseite Vorteile bringen. Allgemein gültige Aussagen, ab welchem Zeitpunkt Daten aus dem System ausgelagert werden sollen, lassen sich nur schwer treffen. Es gehört zu den Aufgaben der Systemadministration, konkrete Kriterien zu ermitteln, anhand deren eine Empfehlung für oder wider eine Datenauslagerung möglich ist. Zu den Routineaufgaben gehören hierbei die Überwachung der Datenbank und die Sicherstellung der Performance im Produktivbetrieb. Dazu steht dem IT-Bereich eine Vielzahl von leistungsfähigen Werkzeugen zur Verfügung, die im Folgenden genauer beschrieben werden.

Eine Datenanalyse kann stattfinden aus

- Technischer Sicht und aus
- Betriebswirtschaftlicher Sicht.

Analyse aus technischer Sicht

Bei der technischen Sicht geht es darum, die am schnellsten wachsenden Tabellen zu ermitteln und ihnen Archivierungsobjekte zuzuordnen. Eine Tabelle kann mehreren Archivierungsobjekten zugeordnet sein (z.B. Tabelle COEP im CO). Ist das der Fall, müssen Sie mit Hilfe von anwendungsspezifischen Analyseprogrammen das jeweils richtige Objekt ermitteln. Verschiedene Werkzeuge zur Analyse der Datenbank finden Sie im System unter *Werkzeuge → CCMS* (Computing Center Management System). Wichtige Analysewerkzeuge sind z.B. folgende Transaktionen:

- DB02
- DB15
- DB20
- AOBJ
- ST14
- TAANA
- SE16

Transaktion DB02

Mit dieser Transaktion können Sie sich einen Überblick über die Größe Ihrer Tabellen verschaffen. Die Darstellung ist abhängig von der Art der Datenbank. Anhand des Datenbankmonitors (Transaktion DB02) können die Tabellengrößen ermittelt und deren Wachstum in der Vergangenheit angezeigt werden. Diese Transaktion liefert wichtige Datenbankindikatoren, wie z.B. Tablespace-Status, Größe und Wachstum der einzelnen Tabellen, Qualität der Puffer etc. Eine Empfehlung zur Datenarchivierung sollte immer dann gegeben werden, wenn die folgenden Punkte zutreffen (hierbei wird von einer optimalen Konfiguration von Datenbank und Datenbankserver ausgegangen):

- Es gibt Probleme bei der Datenbankadministration aufgrund eines zu großen Datenvolumens.
- Das Antwortzeitverhalten ist auch beim Zugriff über einen optimalen Index kritisch.
- Die Antwortzeit der Datenbank stellt den größten Anteil am Antwortzeitverhalten dar.
- Die zugrunde liegenden Tabellen sind sehr groß.

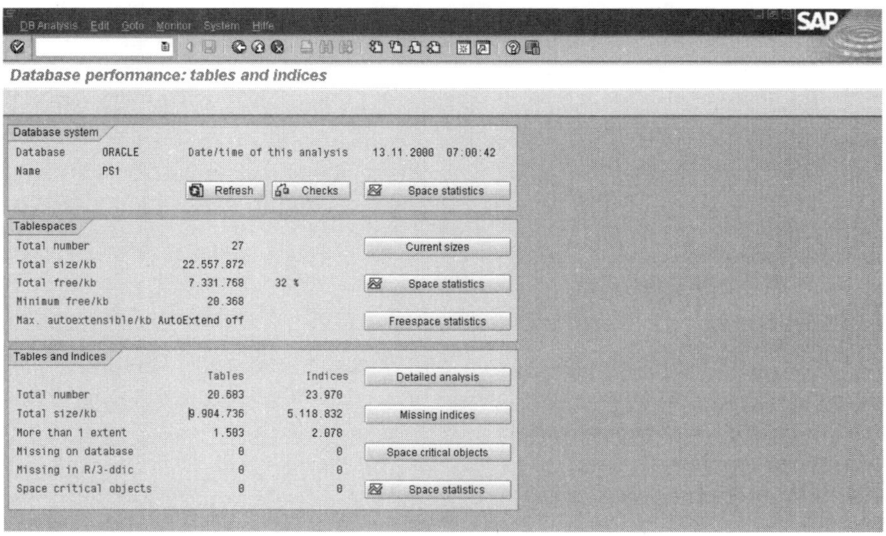

Abbildung 7.2
Datenbankanalyse mittels Transaktion DB02 (© SAP AG)

Der in Abbildung 7.2 dargestellte Tables-and-Indexes-Monitor überwacht die Speicherung der Datenbankobjekte auf den Speichermedien (z.B. Festplatte) der Datenbank. Durch vielfältige von SAP vordefinierte Verdichtungsmöglichkeiten, umfangreiche Historien und detaillierte Einzelanalysen zur Speicherplatzsituation der Datenbankobjekte können aufgrund des Monitors Vorhersagen zum Datenbankwachstum gemacht und potentielle Ressourcenengpässe frühzeitig erkannt werden. Der Monitor kann im R/3-System mit der Transaktion DB02 aktiviert werden und wird im Rahmen der präventiven Analyse des Datenbanksystems eingesetzt. Seine Informationen bezieht der Monitor aus einer R/3-internen Tabelle, die in lastarmen Zeiten von mehrmals täglich laufenden Hintergrundjobs aktualisiert wird. Dieses Verfahren erstellt Historien und ermöglicht auf dieser Basis Vorhersagen über zukünftige Entwicklungen. Zusätzlich ist gesichert, dass die Antwortzeiten des Monitors auch in Zeiten hoher Auslastung kurz sind und seine Benutzung keine negativen Auswirkungen auf den produktiven Betrieb des R/3-Systems hat. Der aktuelle Zustand der Datenbankobjekte kann mit der Drucktaste Refresh angezeigt werden. Der Monitor verfügt über drei Anzeigeebenen:

1. die komplette Datenbank (Ebene der höchsten Verdichtung)
2. die physischen Aspekte der Tablespaces
3. die physischen Aspekte der Tabellen und Indizes (Ebene der höchsten Auflösung)

Auf der Datenbankebene sind folgende Analysen verfügbar:

- Datenbankprüfungen:
  - Korrekte Installation (fehlende UNIQUE-Indizes bzw. Vergleich der auf der Datenbank existierenden Objekte mit den im R/3-Dictionary aktiven Objekten)
  - Speicherparameter (Datenbankobjekte mit mehr als zehn Extents bzw. Datenbankobjekte mit hohem Extent-Wachstum in den letzten vier Wochen)
  - Aktuelle Statistiken für den Optimierer
- Speicherplatzstatistiken der Datenbankobjekte

Durch Doppelklick auf einen Eintrag im Einstiegsbildschirm (Abbildung 7.2) kann man eine Ebene tiefer navigieren und erreicht dann die Speicherplatzstatistiken der Datenbankobjekte.

Auf der Ebene der Tablespaces sind folgende Analysen verfügbar:

- Aktuelle Größe und Speicherplatzverbrauch der Tablespaces
- Aktuelle Freiplatzstatistik der Tablespaces
- Historie der Größe und des Freiplatzes der Tablespaces in Tages-, Wochen- und Monatssicht

Auf der Ebene der Tabellen und Indizes können detaillierte Analysen der Datenbankobjekte durchgeführt werden. Unter anderem sind folgende Analysen möglich:

- Aktuell allokierte Extents einer Tabelle oder eines Indizes
- Historie der allokierten Extents in Tages-, Wochen- und Monatsverdichtung
- Anzeige der Statistikdaten eines Datenbankobjekts

Transaktion DB15

Über diese Transaktion erhalten Sie eine Zuordnung von Tabellen zu Archivierungsobjekten und umgekehrt. Während des produktiven Systembetriebes kann man beispielsweise zunächst nur feststellen, welche Tabellen stark wachsen. Um Daten aus derartigen Tabellen auslagern zu können, müssen geeignete Archivierungsobjekte ausgewählt werden. Die Schwierigkeit dabei besteht darin, dass Tabellen und Archivierungsobjekte über eine n:m-Relation miteinander verknüpft sind. Dies bedeutet, dass es zu einer Tabelle mehrere Archivierungsobjekte geben kann. Anderseits werden natürlich mit einem Archivierungsobjekt Daten aus mehreren Tabellen ausgelagert. Anhand der Transaktion DB15 ist es möglich, sich diese Relationen anzeigen zu lassen. Die Transaktion DB15 hilft also sowohl die Frage zu beantworten, welche Archivierungsobjekte zu welcher Tabelle gehören als auch, welche Tabellen zu einem Archivierungsobjekt gehören.

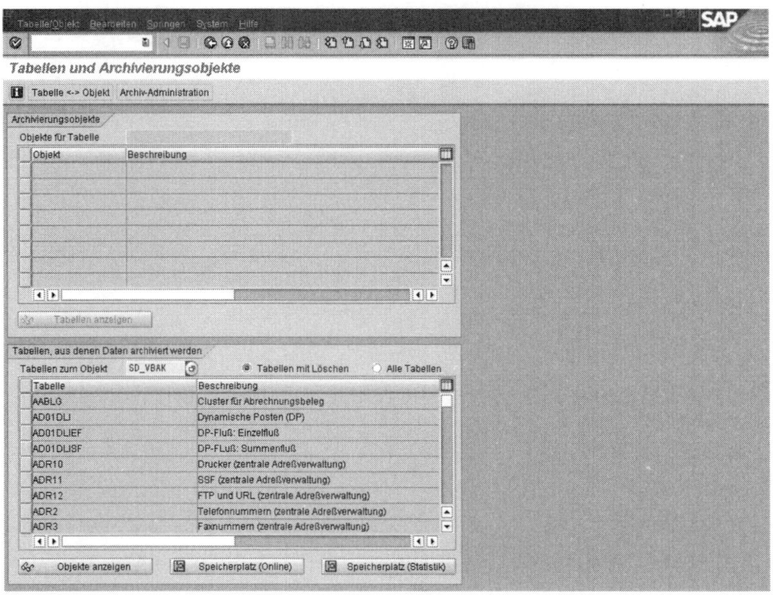

Abbildung 7.3
Transaktion DB15 – Darstellung der dem Archivierungsobjekt SD_VBAK zugeordneten Tabellen (© SAP AG)

Abbildung 7.3 zeigt, aus welchen Tabellen anhand des Archivierungsobjektes SD_VBAK (Verkaufsbelege) Daten ausgelagert werden können. Für jede der einzeln aufgeführten Daten erhält man die Information darüber, wie viele Datensätze sie enthält bzw. wie viel Speicherplatz sie beansprucht. Danach kann man z.B. die Entscheidung treffen, ob es bereits anhand eines einzigen Archivierungslaufes möglich ist, das gewünschte Datenbankvolumen auszulagern. Das R/3-System verfügt auch über einen so genannten Alert-Monitor, welcher auch in die Datenarchivierung integriert werden kann. Anhand dieses Alert-Monitors ist es möglich, für wichtige Anwendungstabellen entsprechende Schwellwerte zu setzen. Falls nun ein derartiger Schwellwert überschritten wird, löst das R/3-System einen Alert aus und verweist auf die zugehörigen Archivierungsobjekte.

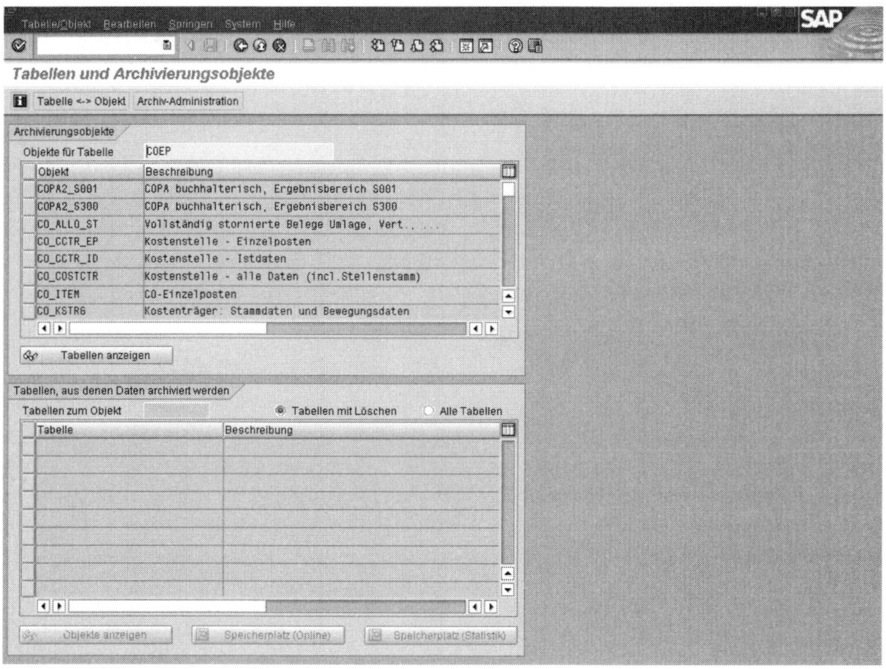

Abbildung 7.4
Transaktion DB15 – Darstellung der der Tabelle COEP zugeordneten Archivierungsobjekte (© SAP AG)

Abbildung 7.4 stellt dar, welche Archivierungsobjekte für die Tabelle COEP einsetzbar sind. Von den Anwendungen des Controllings wird gerade diese Tabelle besonders intensiv genutzt. Unter Umständen wächst diese Tabelle so stark an, dass manche Berichte oder Auswertungen lange Verarbeitungszeiten haben. Ist dies der Fall, kann man anhand der Transaktion DB15, wie in Abbildung 7.4

gezeigt, die relevanten Archivierungsobjekte identifizieren und mittels Archivierung die Probleme beseitigen.

Hat man die erforderlichen Informationen zu den einzelnen Archivierungsobjekten und den davon betroffenen Tabellen gesammelt, ist das Archiv zu konfigurieren. Dazu wechselt man durch Klicken der Taste ARCHIVADMINISTRATION in die Archivadministration. Das weitere Vorgehen hierzu ist in Kapitel 10 dieses Buches näher beschrieben. Auf diese Ausführungen wird an dieser Stelle hier verwiesen.

Transaktion DB20

Mit dieser Transaktion aktualisiert der Datenbankadministrator die Statistiken für einzelne Tabellen, z.B. nachdem deren Zeilenzahl beträchtlich abgenommen hat.

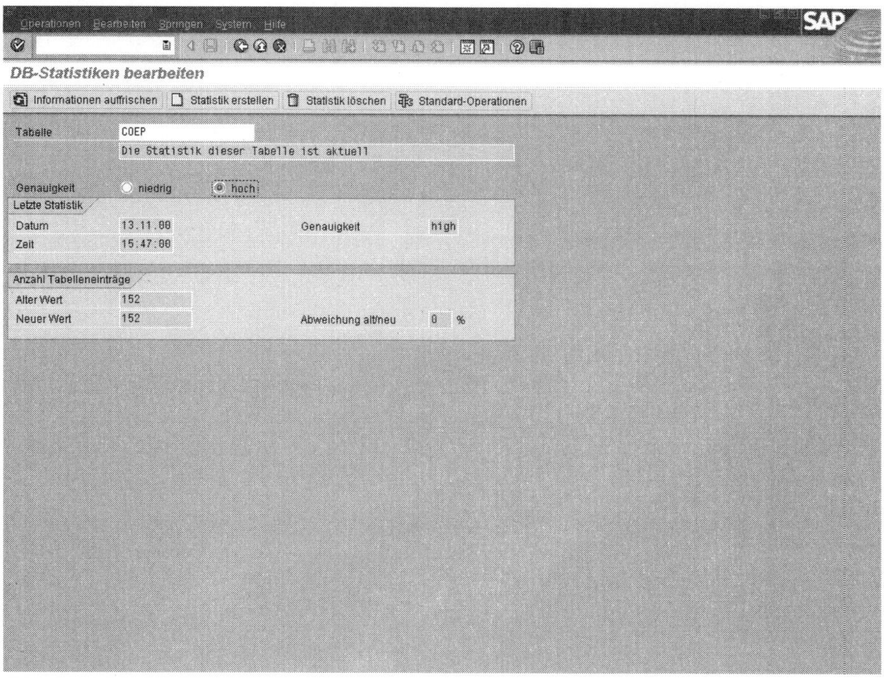

Abbildung 7.5
Analyse der Datenbankstatistiken (© SAP AG)

Transaktion AOBJ

Mit dieser Transaktion werden Archivierungsobjekte konfiguriert. Falls Sie über eine entsprechende Berechtigung verfügen, können Sie sich hier die Pflegesicht der im System vorhandenen Archivierungsobjekte anzeigen lassen.

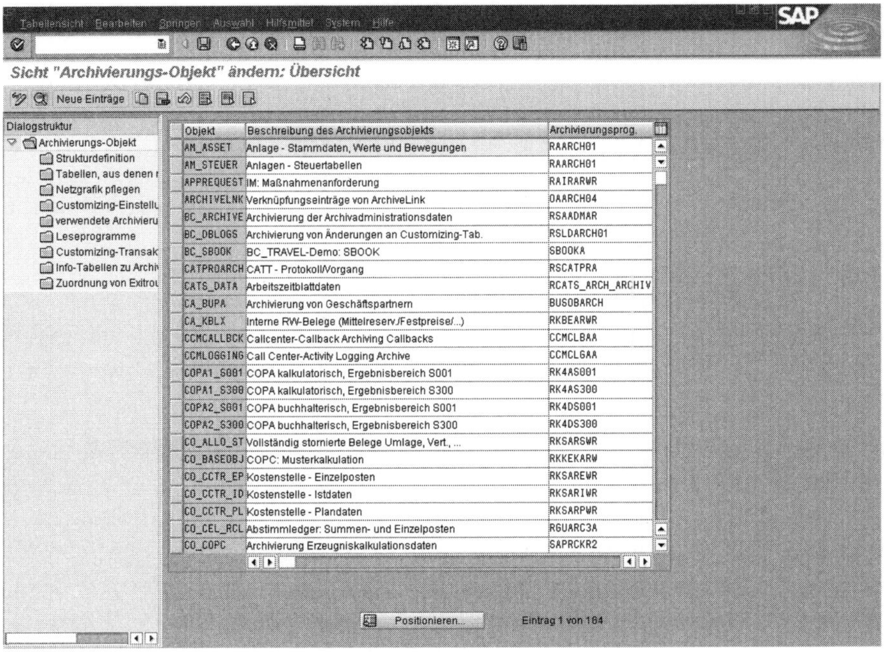

Abbildung 7.6
Konfiguration von Archivierungsobjekten (© SAP AG)

Transaktion ST14

Mit dieser Transaktion können Sie anwendungsabhängig Analysen über bestimmte Funktionen erstellen und sich so einen ersten Überblick über das entsprechende Datenaufkommen verschaffen. Für die Materialwirtschaft können Sie mit dieser Transaktion z.B. Beleglaufzeiten ermitteln.

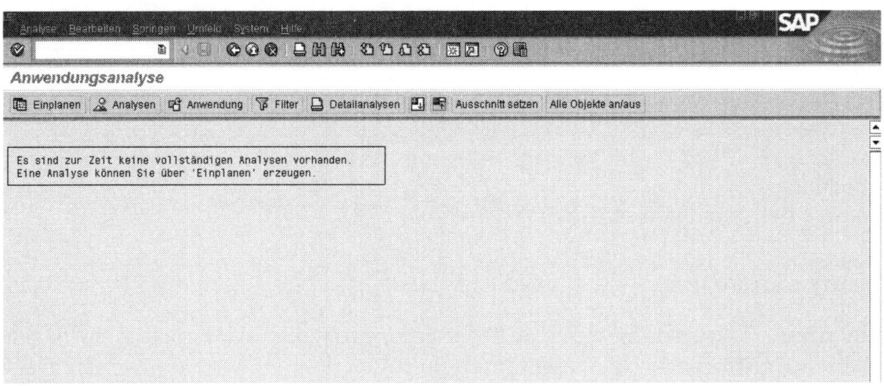

Abbildung 7.7
Anwendungsabhängige Analysen – Teil 1 (© SAP AG)

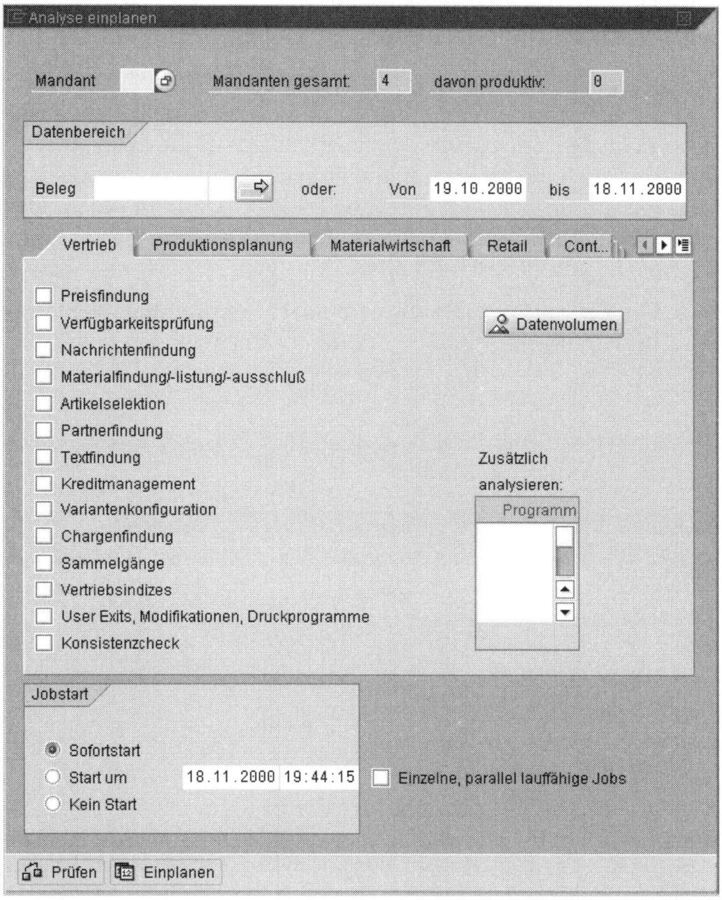

Abbildung 7.8
Anwendungsabhängige Analysen – Teil 2 (© SAP AG)

Transaktion TAANA

Vor allem im Umfeld der Datenarchivierung besteht oftmals die Notwendigkeit, Tabelleninhalte zu analysieren. Mit der Tabellenanalyse kann die Anzahl der Tabelleneinträge einer beliebigen Tabelle zu verschiedenen Feldwertkombinationen angezeigt werden. Die Felder werden über die Analysevariante festgelegt.

Man gelangt über die Transaktion TAANA in die Tabellenanalyse. In Abhängigkeit der dann zu wählenden Tabelle, welche der Analyse unterzogen werden soll, bietet das System in der Eingabehilfe eine Auswahl verfügbarer Analysevarianten an. Die Analysevariante DEFAULT wird zu jeder Tabelle angeboten. Falls die zu analysierende Tabelle mandantenabhängig ist, so wird in der

Analysevariante DEFAULT der Mandant aufgeführt. Enthält die Tabelle jedoch keinen Mandanten, so enthält die Analysevariante DEFAULT kein Feld. Das hat zur Folge, dass bei der Tabellenanalyse nur die Gesamtanzahl der Einträge ermittelt wird.

Ab Release 4.6C können Sie mit dieser Analysetransaktion Tabelleneinträge zählen. Je nach Analyseart werden bestimmten Feldwertkombinationen die Anzahl der Einträge zugeordnet. Beispiel: Für Tabelle *BKPF* ermittelt die Analyseart *ARCHIVE* die Anzahl der Einträge, die bestimmte Werte in den Feldern *MANDT*, *BUKRS*, *GJAHR* und *BLART* enthalten.

Wichtiger Hinweis: Um die Performance zu verbessern, empfiehlt es sich, umfangreiche Tabellen im Hintergrund und nicht online zu analysieren.

Transaktion SE16

Diese Transaktion können Sie ebenfalls, bevorzugt in Releases vor 4.6C, dazu verwenden, um Tabelleneinträge zu zählen.

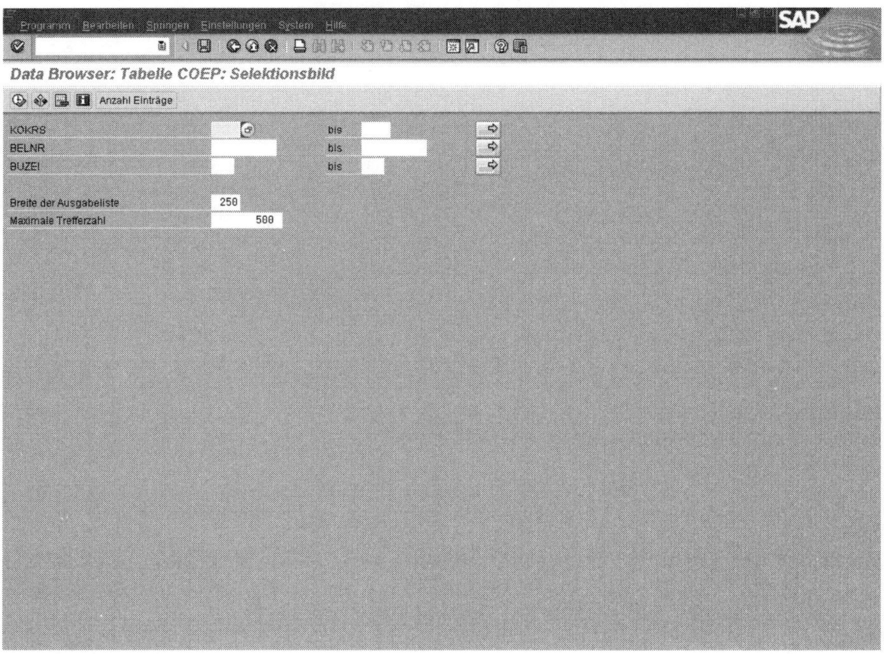

Abbildung 7.9
Selektionsbild zur Tabelle COEP (© SAP AG)

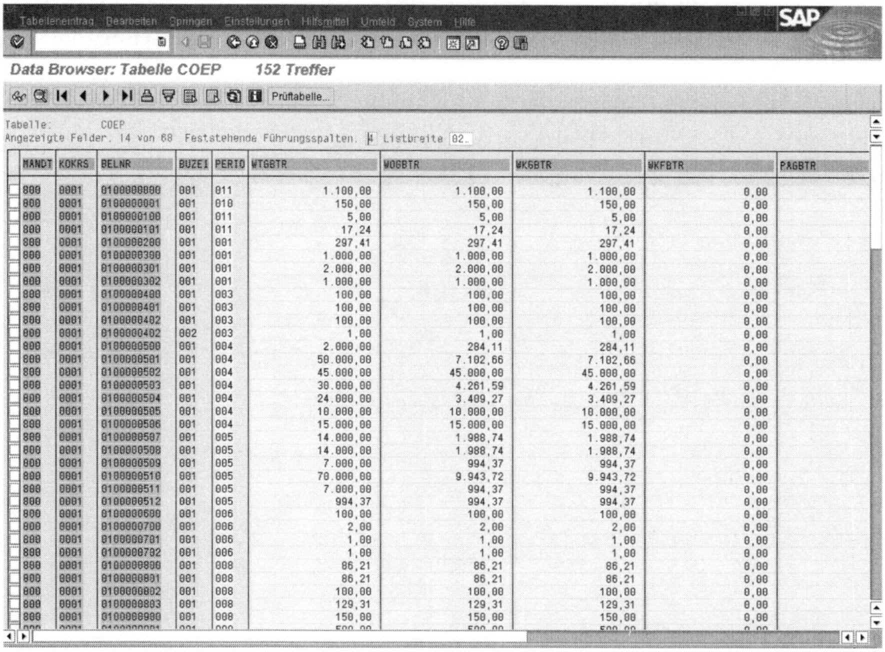

MANDT	KOKRS	BELNR	BUZEI	PERIO	WTGBTR	WOGBTR	WKGBTR	WKFBTR	PAGBTR
800	0001	0100000000	001	011	1.100,00	1.100,00	1.100,00	0,00	
800	0001	0100000001	001	010	150,00	150,00	150,00	0,00	
800	0001	0100000100	001	011	5,00	5,00	5,00	0,00	
800	0001	0100000101	001	011	17,24	17,24	17,24	0,00	
800	0001	0100000200	001	001	297,41	297,41	297,41	0,00	
800	0001	0100000300	001	001	1.000,00	1.000,00	1.000,00	0,00	
800	0001	0100000301	001	001	2.000,00	2.000,00	2.000,00	0,00	
800	0001	0100000302	001	001	1.000,00	1.000,00	1.000,00	0,00	
800	0001	0100000400	001	003	100,00	100,00	100,00	0,00	
800	0001	0100000401	001	003	100,00	100,00	100,00	0,00	
800	0001	0100000402	001	003	100,00	100,00	100,00	0,00	
800	0001	0100000402	002	003	1,00	1,00	1,00	0,00	
800	0001	0100000500	001	004	2.000,00	284,11	284,11	0,00	
800	0001	0100000501	001	004	50.000,00	7.102,66	7.102,66	0,00	
800	0001	0100000502	001	004	45.000,00	45.000,00	45.000,00	0,00	
800	0001	0100000503	001	004	30.000,00	4.261,59	4.261,59	0,00	
800	0001	0100000504	001	004	24.000,00	3.409,27	3.409,27	0,00	
800	0001	0100000505	001	004	10.000,00	10.000,00	10.000,00	0,00	
800	0001	0100000506	001	004	15.000,00	15.000,00	15.000,00	0,00	
800	0001	0100000507	001	005	14.000,00	1.988,74	1.988,74	0,00	
800	0001	0100000508	001	005	14.000,00	1.988,74	1.988,74	0,00	
800	0001	0100000509	001	005	7.000,00	994,37	994,37	0,00	
800	0001	0100000510	001	005	70.000,00	9.943,72	9.943,72	0,00	
800	0001	0100000511	001	005	7.000,00	994,37	994,37	0,00	
800	0001	0100000512	001	005	994,37	994,37	994,37	0,00	
800	0001	0100000600	001	006	100,00	100,00	100,00	0,00	
800	0001	0100000700	001	006	2,00	2,00	2,00	0,00	
800	0001	0100000701	001	006	1,00	1,00	1,00	0,00	
800	0001	0100000702	001	006	1,00	1,00	1,00	0,00	
800	0001	0100000800	001	008	86,21	86,21	86,21	0,00	
800	0001	0100000801	001	008	86,21	86,21	86,21	0,00	
800	0001	0100000802	001	008	100,00	100,00	100,00	0,00	
800	0001	0100000803	001	008	129,31	129,31	129,31	0,00	
800	0001	0100000900	001	008	150,00	150,00	150,00	0,00	

Abbildung 7.10
Selektionsbild zur Tabelle COEP (© SAP AG)

Analyse aus betriebswirtschaftlicher Sicht

Hierbei geht es darum, die Daten im System zu analysieren und die Konsistenz sicherzustellen. Einige Tabellen können mit Hilfe im Standard angebotener Analysewerkzeuge bearbeitet werden. Wichtig sind z.B. folgende Programme:

- RARCCOA1 – Datenextrakt erstellen / RARCCOA2 – Analyse der CO-Tabellen – Datenextrakt anzeigen
- RARCCOAA – Analyse der CO-Tabellen für Archivierungsobjekt CO_ALLO_ST
- RARCCOAP – Analyse der CO-Tabellen für Archivierungsobjekt CO_CCTR_PL
- RM07MBST – Analyse von Inkonsistenzen zwischen MM und FI
- ZAGLPCA / ZAGLPCA2 – Analyse von Profit-Center-Daten

RARCCOA1 – Datenextrakt erstellen /RARCCOA2 – Analyse der CO-Tabellen – Datenextrakt anzeigen

Die Programme RARCCOA1, RARCCOA2 dienen der Analyse von bestimmten Tabellen in der Vorbereitungsphase zur Archivierung von CO-Daten. Sie sind zu empfehlen, falls bei der Archivierung mehrere Archivierungsobjekte in Frage kommen und nicht sofort ersichtlich ist, welches dieser Archivierungsobjekte im Einzelfall angewendet werden soll. Mit Hilfe von Hinweis 138688 (Release 3.0D - 4.6B) können Sie die Analyseprogramme RARCCOA1, RARCCOA2 sowie RARCCOAA und RARCCOAAP in Ihrem System einspielen.

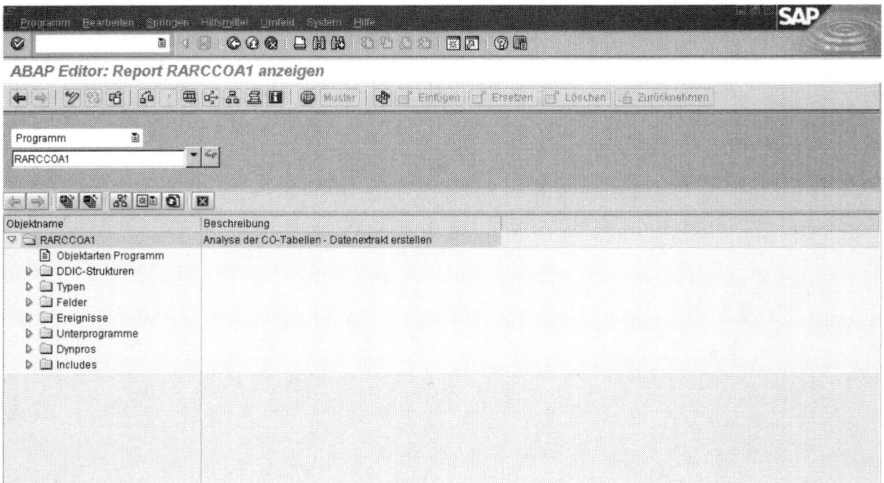

Abbildung 7.11
RARCCOA2 – Datenextrak aus RARCCOA1 Analyse der CO-Tabellen anzeigen – Teil 1 (© SAP AG)

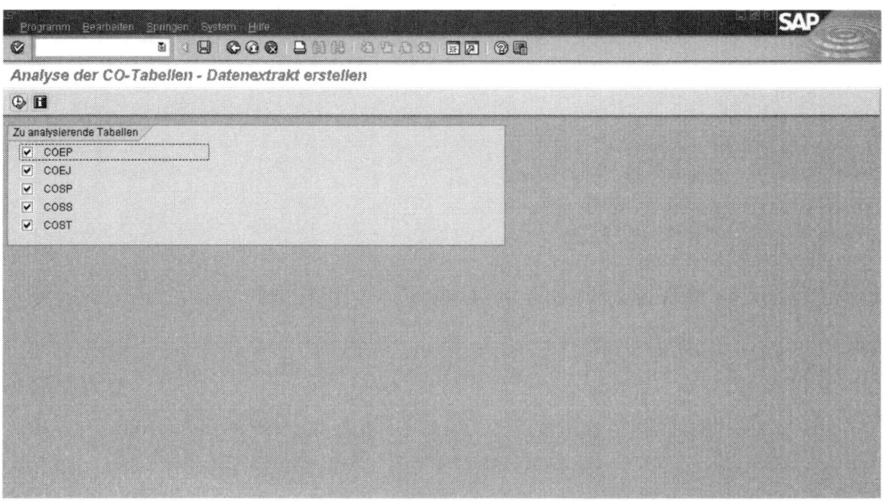

Abbildung 7.12
RARCCOA2 – Datenextrakt aus RARCCOA1 Analyse der CO-Tabellen anzeigen – Teil 2 (© SAP AG)

RARCCOAA – Analyse der CO-Tabellen für Archivierungsobjekt CO_ALLO_ST

Dieses Programm dient der Analyse bestimmter CO-Tabellen in der Vorbereitungsphase zur Archivierung von CO-Daten. Es ist hilfreich, falls Sie für das Archivierungsobjekt CO_ALLO_ST feststellen möchten, welche Selektionskriterien zur Archivierung von wie vielen Sätzen in welchen Tabellen führen.

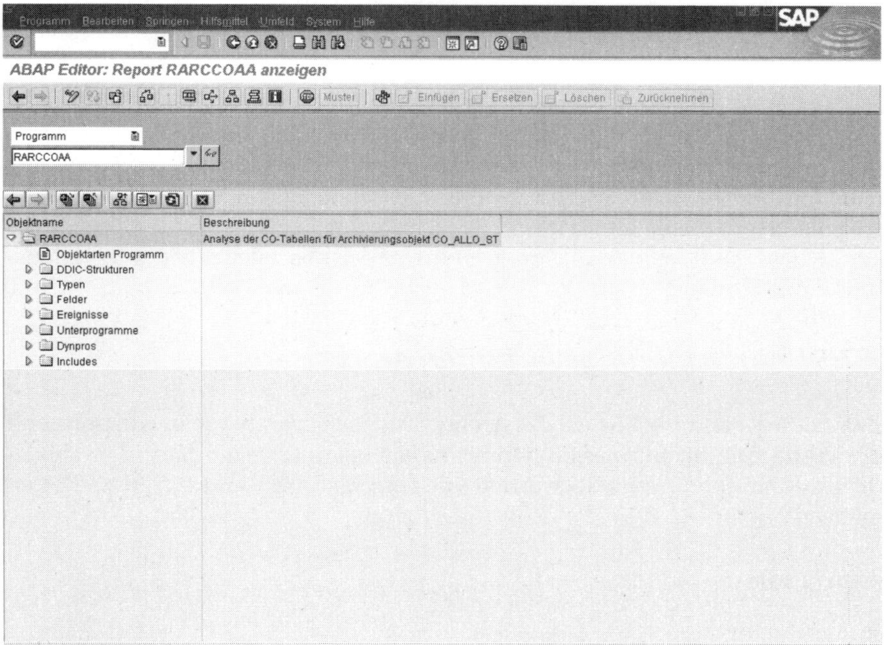

Abbildung 7.13
RARCCOAA – Analyse der CO-Tabellen für Archivierungsobjekt CO_ALLO_ST (© SAP AG)

RARCCOAP – Analyse der CO-Tabellen für Archivierungsobjekt CO_CCTR_PL

Dieses Programm dient der Analyse von CO-Tabellen in der Vorbereitungsphase zur Archivierung von CO-Daten. Es ist hilfreich, falls Sie für das Archivierungsobjekt CO_CCTR_PL feststellen möchten, welche Selektionskriterien zur Archivierung von wie vielen Sätzen in welchen Tabellen führen.

RM07MBST – Analyse von Inkonsistenzen zwischen MM und FI

Mit Hilfe dieses Programms können Sie feststellen, ob in Ihrem System Inkonsistenzen in den Gesamtbestandsmengen und -werten vorhanden sind.

ZAGLPCA / ZAGLPCA2 – Analyse von Profit-Center-Daten

Mit Hilfe der Programme ZAGLPCA1 und ZAGLPCA2 ermitteln Sie im Vorfeld der Archivierung von Profit-Center-Daten, welches Datenvolumen durch Verwendung welcher Selektionskriterien archiviert wird und mit welchen Archivierungsobjekten die Daten archiviert werden können. Mit Hilfe von Hinweis 203545 (Release 3.0F - 4.0B) können Sie diese Analyseprogramme einspielen.

7.7.4 Archivierung einrichten

Zweck dieses Arbeitspakets ist es, Prozeduren für die Archivierung von Daten zu erstellen, die im R/3-System nicht benötigt werden, auf die das System jedoch zugreifen können muss. Große Datenmengen beeinflussen die Leistungsfähigkeit der Datenbank und erschweren die Datenbankverwaltung. Sie müssen diejenigen R/3-Daten archivieren, die nicht online benötigt werden. Stellen Sie sicher, dass das Archivierungsprogramm vor den abschließenden Integrationstests eingerichtet ist.

7.7.5 Archivierungsverfahren erarbeiten

Zweck dieser Aktivität ist es, das Archivierungsverfahrensystem entsprechend der Festlegung im Business Blueprint zu erstellen. Erstellen Sie ein Archivierungssystem für verschiedene Arten von Informationen und für große Datenmengen.

Aufgaben

❶ Archivierungsstrategie festlegen

❷ Archivierungsverfahren erstellen

❸ Archivierungsvorgänge testen

❹ Archivierungsverfahren prüfen und abstimmen

7.7.6 Archivierungsstrategie festlegen

In einer Strategie zur Archivierung sind nach Brand sowohl technische als auch betriebswirtschaftliche Aspekte unbedingt zu berücksichtigen: Zum einen legt man aus technischer Sicht fest, welches Datenvolumen einen optimalen Durchsatz für das System gewährleistet. Zum anderen legt man aus betriebswirtschaftlicher Sicht fest, welche Anwendungsdaten über welchen Zeitraum in der Datenbank verbleiben. Dabei sind neben den geschäftlichen und gesetzlichen Anforderungen auch die Richtlinien des Unternehmens zu berücksichtigen. Die Erfahrung zeigt, dass die wenigsten Unternehmen die Anwendungsdaten in den ersten Wochen nach Produktivstart archivieren. Stattdessen wird (leider) erst damit begonnen, wenn das Datenvolumen datenbankseitig einen kritischen Zustand erreicht hat.

ASAP empfiehlt deshalb, bereits in der Phase »Realisierung« die entsprechende Archivierungsstrategie festzulegen und dafür die notwendigen Customizingeinstellungen vorzunehmen. Dies hat für die IT-Abteilung des Unternehmens den Vorteil, rechtzeitig planen zu können, auf welchem Medium oder in welchem Archivsystem man die Archivdateien speichern möchte.

Grundsätzlich müssen detaillierte Strategien, welche für das Unternehmen langfristige Auswirkungen mit sich bringen, durch ein konstruktives Zusammenspiel von Fachabteilungen und Rechenzentrum erarbeitet werden. Dies ist gerade während eines Einführungsprojektes sehr einfach möglich. Hier kann man dann mit der Fachabteilung eine Liste zur Archivierung festlegen, welche für jeden Geschäftsprozess zeigt, welche Archivierungsobjekte mit diesem Prozess verknüpft sind. Es empfiehlt sich weiterhin, in dieser Tabelle festzuhalten, wie häufig ein Archivierungsobjekt archiviert wird und welche Residenzzeit eingehalten werden muss. Unabdingbare Voraussetzung ist es dabei, die aktuell gültigen und gesetzlichen Anforderungen zu berücksichtigen [Brand98].

Ablauf

Die Archivierung im R/3-System begrenzt die Datenmenge im System. Die Datenmenge im R/3-System wird täglich durch Geschäftstransaktionen erhöht und durch monatliches oder jährliches Archivieren reduziert.

Im technischen Teil Ihres Einführungsprojekts bestimmen die Geschäftsprozessverantwortlichen die Archivierungszyklen der Anwendungen. Die Strategie für die Archivierung der Anwendungs- (Geschäfts-)daten wird durch folgende Arten von Faktoren beeinflusst:

- *Technische*: Welche Datenmengen gewährleisten optimalen Durchsatz aus Sicht der technischen Einführung?
- *Geschäftliche*: Welche Geschäftsdaten müssen im R/3-System für interne Analysen gespeichert werden, um geschäftlichen und gesetzlichen Anforderungen zu genügen oder Konzernrichtlinien gerecht zu werden und über welchen Zeitraum?

Legen Sie, zusammen mit den Benutzerfachbereichen, eine Archivierungsstrategie fest, die Folgendes behandelt:

Technische Anforderungen

Welche Datenmenge wird für technisches Sizing angenommen?

Welche Datenmenge erlaubt die Spezifikation des Hardwarelieferanten?

Gibt es Abhängigkeiten zwischen der möglichen Datenmenge, der Strategie zum Daten-Backup und dem Recovery-Fenster?

Welche Spezifikationen gibt es für das Verhältnis zwischen Datenmenge und Leistung Ihres R/3-Systems?

Geschäftsanforderungen

Welche Abhängigkeiten gibt es innerhalb der Anwendung?

Welches sind die internen Anforderungen an den Geschäftsprozess? Welche Analysen werden benötigt? Welche Audit-Anforderungen gibt es?

Welches sind die externen Anforderungen? Welche Analysen werden benötigt? Welche externen Audit-Anforderungen gibt es?

Ergebnis

Entwickeln Sie eine Archivierungsform zusammen mit den Anwendungsprojektleitern. Beachten Sie Folgendes:

- Kurze Beschreibung des Geschäftsprozesses
- Zuordnung der Geschäftsprozesse zu Archivierungsobjekten
- Definition der Archivierungszyklen für interne und externe Anforderungen

7.7.7 Archivierungsverfahren erstellen

Der Prozess der Archivierung von Geschäftsdaten wird durch die Anwendung bestimmt. Zweck dieser Aktivitäten ist es, die Archivierungsstrategie für die zentralen Geschäftsprozesse im R/3-System festzulegen. Dies geschieht im Zusammenhang mit dem technischen Einführungsprozess. Wie eingangs bereits erwähnt, sind für die Archivierung viele betriebswirtschaftliche Aspekte zu berücksichtigen, welche aber nur die Fachabteilung kennen kann. Dies bedeutet, dass der Fachabteilung im Archivierungsverfahren eine sehr wichtige Rolle zukommt.

Folgende Schritte sind hier durchzuführen:

- Verfahren organisieren
- Identifizierung der Abhängigkeiten und Bestimmung der Residenzzeiten
- Festlegung der Zugriffsfunktionalität
- Festlegung des Berechtigungskonzeptes

Verfahren organisieren

Hier gilt es die Entscheidungen zu treffen, wer für welche Aufgabe bei der Archivierung zuständig und verantwortlich ist. Weiter ist es erforderlich, die Aufgaben zwischen der Fachabteilung und Systemadministration aufzuteilen. Ziel dieser Projektphase ist es, die gesetzlichen, betriebswirtschaftlichen und technischen Anforderungen an die archivierten Daten zu sammeln. Aufgrund dieser Anforderungen erfolgt dann in der Designphase die konkrete Bestimmung der Datenobjekte, die ausgelagert werden dürfen. Die Datenarchivierung dient in erster Linie der Reduzierung des Datenbankvolumens unter Berücksichtigung betriebswirtschaftlicher Kriterien. Archiviert werden sollten nur Daten abgeschlossener Geschäftsvorfälle, auf die nur noch im Anzeigemodus zugegriffen werden muss. Für Daten, mit denen operativ weitergearbeitet wird und die deshalb physisch in der Datenbank gehalten werden müssen, ist eine Datenarchivierung nicht sinnvoll. Eine Frage, die bei der Datenarchivierung von zentraler Bedeutung ist, lautet: »Wie oft muss auf die zu archivierenden Daten im Anzeigemodus erneut zugegriffen werden?« Falls davon auszugehen ist, dass sehr häufig auf die Datenobjekte zugegriffen wird und keine Performancebedenken oder Administrationsprobleme bestehen, sollte versucht werden, den beteiligten Tabellen mehr Speicherplatz zuzuteilen. Die Anforderungen an die archivierten Daten lassen sich am besten in Form eines Pflichtenheftes erfassen, wobei zwei Anforderungsbereiche zu unterscheiden sind:

- *Betriebswirtschaftliche Anforderungen*: Hier bestimmen die Fachabteilungen aufgrund betriebswirtschaftlicher Notwendigkeiten, welche Daten überhaupt archiviert werden dürfen und welche Zugriffs-/ Anzeigemöglichkeiten zu realisieren sind.
- *EDV-technische Anforderungen*: Hierbei geht es darum, die Anforderungen des Pflichtenheftes in ein brauchbares Archivierungskonzept umzusetzen und technische Spezifikationen, zum Beispiel akzeptable Zugriffszeiten zu realisieren.

Hier geht es darum, gesetzliche Anforderungen wie Aufbewahrungsfristen und Auswertungsmöglichkeiten aufzunehmen und zu implementieren. Folgende Rollen können z.B. vergeben werden:

- Fachabteilung
- R/3-System- und Datenbankadministrator

Fachabteilung

Die Customizingeinstellungen und der Zeitplan für die Archivierung werden hier festgelegt. Dementsprechend sind die Hintergrundjobs für die Archivierung einzuplanen. Als weitere Aufgabe prüft die Fachabteilung, ob die gewünschten Daten erfolgreich archiviert wurden.

R/3-System- und Datenbankadministrator

Die Administratoren sorgen für die Verfügbarkeit der Archivdateien oder des angeschlossenen Archivsystems. Insbesondere tragen sie dafür Verantwortung, dass die Daten über den vorgeschriebenen Zeitraum sicher aufbewahrt werden.

Der Vorteil einer solchen Aufgabenteilung liegt darin, dass sie davor schützt, dass Anwendungsdaten archiviert werden, welche das Unternehmen vielleicht noch sporadisch in der Dialogverarbeitung benötigt. Darf der R/3-Systemadministrator Archivierungsläufe einplanen, kann er nur anhand technischer Gründe entscheiden, welche Daten archiviert werden sollten. Er kann aber keine Entscheidung treffen, für welche Daten eine Archivierung betriebswirtschaftlich sinnvoll ist und welche Daten weiterhin für die Dialogverarbeitung in der Datenbank verbleiben sollten [Brand98].

Identifizierung der Abhängigkeiten und Bestimmung der Residenzzeiten

Hier ist von allen betroffenen Fachabteilungen festzulegen, wie lange die Datenobjekte im System gehalten werden sollen. Die Verweildauer ist abhängig von den betriebswirtschaftlichen Gegebenheiten und von dem jeweiligen Geschäftsprozess. Bei der Festlegung der Verweildauer sollten auch eventuelle Verknüpfungen zu anderen Datenobjekten mit berücksichtigt werden.

Festlegung der Zugriffsfunktionalität

Hinsicht der Zugriffsmöglichkeiten ist an dieser Stelle eine Auswahl zu treffen. Auf die entsprechenden Ausführungen in Kapitel 9 dieses Buches sei an dieser Stelle verwiesen.

Festlegung des Berechtigungskonzeptes

Zum Archivierungsverfahren gehört es auch, mit den Fachabteilungen ein entsprechendes Berechtigungskonzept zu erarbeiten. Dies hat den Hintergrund, dass in den Fachabteilungen nur wenige Mitarbeiter die Daten archivieren dürfen. Hier ist festzulegen, welche Personen auf die archivierten Daten zugreifen dürfen: Gilt dies für alle Mitarbeiter, die auch im Online-Betrieb mit diesen Datenobjekten gearbeitet haben, oder gibt es Einschränkungen? Es sollte geklärt werden, ob diese Mitarbeiter auch die Hintergrundjobs einplanen und freigeben dürfen. Unter Umständen kann ein Archivierungslauf die Datenbank stark beanspruchen. Dies kann dann andere Hintergrundjobs oder die Dialogverarbeitung beeinflussen. Deshalb müssen einerseits das Berechtigungskonzept und anderseits das Konzept für die Hintergrundverarbeitung aufeinander abgestimmt und optimiert werden [Brand98]. Hinsichtlich der Festlegung eines Berechtigungskonzeptes wird auch auf die Ausführungen in Kapitel 5 dieses Buches hingewiesen.

7.7.8 Design und Konzeption

Konzepterstellung

Das erklärte Ziel dieser Phase ist es, ein Konzept für die Auslagerung der mittels der Analysephase definierten Datenobjekte zu erstellten. Dabei werden die in der Analysephase aufgestellten Anforderungen in ein technisches und betriebswirtschaftliches Konzept eingebunden. Die Zugriffszeiten beispielsweise werden zur Aufstellung eines technischen Konzeptes berücksichtigt, ebenso die Einbindung in andere Projekte, wie z.B. optische Archivierung.

Im Mittelpunkt der Konzepterstellung steht die Informationsbeschaffung in der IT-Abteilung, den Fachabteilungen sowie beim Management. Gespräche bzw. Diskussionen mit den Beteiligten müssen koordiniert und durchgeführt werden. Jeder Geschäftsprozess kann mehrere Fachabteilungen betreffen, da Abhängigkeiten zwischen den Daten innerhalb des Prozesses bestehen. Daher müssen häufig mehrere Abteilungen gemeinsam festlegen, wie die Archivierung für ein Archivierungsobjekt durchzuführen ist. Es ist sehr wichtig, die Verantwortung der Beteiligten am ganzen Archivierungskonzept klarzustellen. Insbesondere wenn beteiligte Fachabteilungen räumlich getrennt sind, muss die abteilungsübergreifende Zusammenarbeit besonders gefördert und unterstützt werden.

Festlegung der Archivierungsreihenfolge

Hier gilt es zu definieren, in welcher Reihenfolge die verschiedenen zur Archivierung vorgesehenen Archivierungsobjekte behandelt werden. Zwischen den einzelnen Archivierungsobjekten bestehen des Öfteren technische und betriebswirtschaftliche Abhängigkeiten, die es erforderlich machen, eine bestimmte Reihenfolge einzuhalten. Da Archivierungs- und Prozessketten immer sehr kundenspezifisch gestaltet sind, muss im Rahmen der Phase »Design und Konzeption« eine Reihenfolgekonzept erstellt werden, das die kundenspezifischen Anforderungen widerspiegelt.

Evaluierung der Speichermedien

Die Ablage und Verwaltung der Archivdateien ist unabhängig von der jeweils realisierten Archivierungsfunktionalität, d.h., der Endanwender hat eine freie Auswahl unter den Speichermedien, die am Markt angeboten werden. Bezüglich der Anbindung von Ablagesystemen an das R/3-System über die SAP ArchiveLink-Schnittstelle gibt es SAP-zertifizierte Anbieter.

Drei Speicherkonzepte lassen sich im Grundsatz unterscheiden:

- SAP ArchiveLink-Schnittstelle plus Ablagesystem
- Dateisystem plus HSM
- Dateisystem plus Standard-Sicherungswerkzeuge

Betriebsführung festlegen

Man legt in der Phase »Realisierung« am besten nicht nur die Strategie für die Archivierung fest, sondern auch die spätere Betriebsführung, welche im Optimalfall in einem Betriebsführungs-Handbuch dokumentiert wird und die geplanten Verfahren enthält. Zu diesem Zweck ist es erforderlich, zusammen mit der Fachabteilung eine Liste der Geschäftsprozesse mit dem zugehörigen Archivierungsobjekten zu erarbeiten. Folgende Daten sollten unbedingt enthalten sein, um eine optimale Betriebsführung zu gewährleisten:

- Zyklus, d.h. in welchen Zeitabständen die Daten archiviert werden
- Residenzzeit, d.h. wie lange die Daten mindestens im R/3-System verbleiben
- Aufbewahrungszeit, d.h. wie lange die Archivdateien mindestens aufbewahrt werden müssen

Das R/3-System verfügt über einen grafischen Alert-Monitor. In diesem Monitor ist auch die Datenarchivierung integriert. Dort können für wichtige Anwendungstabellen Schwellwerte gesetzt werden. Sollte einer dieser Werte überschritten werden, löst das R/3-System einen Alert aus und verweist auf alle dieser Tabelle zugehörigen Archivierungsobjekte.

Ablauf

❶ Ermitteln Sie den Status des Archivierungsprojekts in der Anwendung mit Hilfe des entsprechenden Fragebogens.

Bearbeiten Sie den Fragebogen unter Berücksichtigung von:

- Weiß das Anwendungsprojektteam, dass Geschäftsdaten archiviert werden müssen? Sind Projekte vorbereitet worden?
- Ist der Lebenszyklus der Daten im System aus Sicht des technischen Managements zu lang?

Gibt es Äußerungen über archivierte Daten zu:

- Testvorgängen und -plänen, wie archivierte Daten beurteilt werden sollen?
- der Verweildauer der archivierten Daten?
- Möglichkeiten, Daten in das R/3-System zurückzuladen?

Was wird benötigt, um ein erfolgreiches externes und internes Prüfen in der Anwendung zu gewährleisten? Zum Beispiel:

- Doppeltes Archivieren
- Extern aufbewahrte Archive
- Gibt es Inkonsistenzen, Lücken oder Überschneidungen bei den Anwendungen?

- Wurden Verantwortliche für die Standardverfahren der Prozessarchivierung in der Anwendung benannt?
- Wurde die Aufteilung der Verantwortlichkeiten zwischen Anwendung und Basis bestimmt?

Modell für die Aufteilung der Verantwortlichkeiten:

- Die Anwendungsabteilung ist verantwortlich für Customizing, Zeitplanerstellung, Durchführung und Prüfung der Archivierung.
- Die technische Abteilung gewährleistet die Systemunterstützung und ist dafür verantwortlich, die Daten so zu speichern, dass sie den Prüfungsanforderungen genügen.
- Die technische und die Anwendungsabteilung stimmen einem gemeinsamen Verfahren bei Ausnahmesituationen oder Problemen zu. Die Verfahren unterliegen der Verantwortung der Anwendungsabteilung.

❷ Arbeiten Sie mit den Geschäftsprozessverantwortlichen zusammen, um fehlende Details zu erfassen.

❸ Erstellen Sie eine Archivierungsanleitung auf der Grundlage von gesammelten Informationen, um Standardverfahren und Zeitpläne zu protokollieren und Verfahren für außergewöhnliche Umstände zu entwickeln.

7.7.9 Implementierung und Produktivstart

Bei einer vollständigen Archivierung ist das genaue Vorgehen jeweils vom verwendeten Archivierungsobjekt abhängig. Auf die Beschreibung der einzelnen Archivierungsobjekte wird an dieser Stelle ausdrücklich verwiesen. Die wichtigsten Archivierungsobjekte sind in Kapitel 8 dieses Buches überblicksweise dargestellt.

In dieser Phase wird die Archivierung auf Grundlage des Konzeptes durchgeführt. Es werden alle erforderlichen Systemeinstellungen vorgenommen und die Systemabläufe gestartet.

Durchführung des Customizings

Das für die Datenarchivierung relevante Customizing lässt sich wie folgt gliedern:

- Logische Dateinamen und Pfade
- SAP ArchiveLink Customizing
- Anwendungsspezifisches Customizing
- Archivierungsobjektspezifisches Customizing

Im Folgenden werden die einzelnen Customizingschritte kurz und prägnant beschrieben.

Logische Dateinamen und Pfade

Man spricht hier auch vom so genannten Allgemeinen Customizing. Hier wird der logische Dateiname festgelegt. Aus diesem wird dann zur Laufzeit der physische Dateipfad und -name generiert.

SAP ArchiveLink Customizing

Das SAP ArchiveLink Customizing ist dann notwendig, wenn ein Ablagesystem eingesetzt wird. Hier wird dann die Zuordnung von Business-Objekt, Dokumentart und Dokumenttyp vorgenommen. Über den Dokumenttyp wird das technische Format einer Dokumentart festgelegt.

Anwendungsspezifisches Customizing

Entsprechend den im Rahmen der Konzeption dargestellten Anforderungen und Vorgaben wird hier im Wesentlichen die Residenzzeit eingestellt.

Archivierungsobjektspezifisches Customizing

Durch das archivierungsobjektspezifische Customizing werden der logische Dateiname, die Größe der Archivdatei und der Anschluss an ein Ablagesystem festgelegt. Falls vorhanden, werden auch Einstellungen zum Lösch- und Nachlaufprogramm vorgenommen.

Genauere Informationen zum Customizing finden sich in Kapitel 10 dieses Buches sowie in der SAP Online-Dokumentation.

7.7.10 Archivierungsvorgänge testen

Die Durchführung von Tests ist bei R/3-Archivierungsprojekten eine sehr wichtige Aktivität, die dabei hilft, das Risiko zu minimieren, dass Fehler den Geschäftsnutzen der Archivierungslösung verringern [Geiss98]. Ziel beim Testen von Software ist es also, Fehler in derselben zu finden. Ein Fehler wurde gefunden, wenn bei der Testdurchführung das erwartete Ergebnis (Sollergebnis) nicht mit dem tatsächlichen Ergebnis (Ist) übereinstimmt. Ein Testvorhaben war erfolgreich, wenn es entweder vorhandene Fehler aufgedeckt hat bzw. die Fehlerfreiheit der Software gezeigt hat.

In R/3-Archivierungs-Projekten muss besonders großer Wert auf eine umfangreiche Qualitätssicherung gelegt werden. Heutzutage ist es nahezu selbstverständlich, dass die Unternehmen der verschiedensten Branchen nach einer einheitlichen Qualitätsnorm wie der DIN ISO 9001 zertifiziert werden. Ein Unternehmen, das nach dieser Norm zertifiziert werden will, muss ausdrücklich nachweisen, dass die SAP R/3-Archivierung den hohen Ansprüchen dieser Qualitätsnorm genügt.

Der Qualitätssicherungsplan ist dabei eines der wichtigsten Instrumente für eine effektive Qualitätssicherung eines R/3-Einführungsprojektes. Die DIN ISO 9000-3 ist in Europa die wichtigste Norm für die Qualitätssicherung in der Entwicklung von Software. In drei Teilen beschreibt diese Norm das Qualitätsmanagement für die Entwicklung, Lieferung und Wartung von Software. Diese drei Teile heißen:

- Rahmen
- Lebenszyklustätigkeiten
- phasenunabhängige Tätigkeiten [Ungermann96]

Der *Rahmen* beschreibt sinngemäß, dass die Verantwortung für die Qualität der Software bei der obersten Leitung des Auftraggebers und des Lieferanten liegt.

Die einzelnen Aspekte der Qualitätssicherung werden bei den *Lebenszyklustätigkeiten* beschrieben. Dazu gehören:

- Festlegung der Anforderungen
- Planung der Entwicklung
- Planung der einzelnen Phasen
- Testen der Software

Zum Abschnitt der *phasenunabhängigen Tätigkeiten* gehören Aspekte, die in jeder Phase des Projektes von Bedeutung sein können, z.B. die Lenkung der Dokumente, Regeln, Werkzeuge und die Schulung.

Aus den vorgenannten Gründen soll nun zunächst der Begriff des Testens näher erläutert werden. Unter Testen im klassischen und im engeren Sinn versteht man in der heutigen Datenverarbeitung die Prüfung von kodierten Programmen sowohl auf korrekte Formulierung als auch auf richtige Ausführung hin. Demzufolge ist Testen ein analytisches Verfahren, welches bereits nach der Programmierung beginnt. Neueste Ansätze versuchen heute, Fehler bereits vor und auch während der Entwicklung der Programme so weit wie möglich zu vermeiden [Oberniedermaier99].

Ziel des Testens ist es, alle im Testobjekt vorhandenen Fehler zu erkennen und zu lokalisieren. Testen verfolgt also die Zielsetzung, möglichst viele Fehler zu entdecken, um der Restfehlerzahl Null so nahe wie möglich zu kommen. Natürlich sind die Ziele des Testens auch vom Nutzer der Testergebnisse abhängig, der Entwickler, Anwender, Qualitätssicherungsbeauftragter oder auch Manager sein kann [Geiss98].

Als Fehler bezeichnet man jede Abweichung des Verhaltens von dem in der Anforderungsdefinition des Programmes festgelegten Verhalten. Testen ist also eine das Datenarchivierungsprojekt begleitende Maßnahme zur Qualitätssicherung nach Qualitätsnormen wie z.B. DIN ISO 9000-3 [VDI92].

An die Qualität des Testens sind entsprechend obiger Norm die Anforderungen zu stellen, dass

- Tests wiederholbar, nachvollziehbar und vollständig sind
- sie klare Ziele erfüllen
- sie wie Softwareprodukte vollständig und lesbar dokumentiert sind
- sie geplant, vorbereitet und der Qualitätssicherung unterworfen sind [Trauboth93]

Wenn Sie die Standardverfahren für die Archivierung festgelegt und in die Archivierungsanleitung aufgenommen haben, testen Sie die Archivierung.

Ablauf

1. Testen Sie die Archivierung für jeden Geschäftsvorgang und jedes Archivierungsobjekt. Besprechen Sie die Schritte mit den Verantwortlichen der Anwendungsteams.
2. Führen Sie die Tests für jede Anwendung so durch, wie sie in dem Testverfahren beschrieben sind.
3. Beaufsichtigen Sie die Tests.
4. Prüfen Sie die definierten Verfahren für den Normal- und Ausnahmefall.

Es empfiehlt sich, einen möglichst großen Datenbestand in einem Testsystem zu archivieren. Nur so ist ein Test unter realistischen Bedingungen sichergestellt. Folgende Tätigkeiten sind im Rahmen des Testens durchzuführen:

- Protokollauswertung
- Testen der Zugriffszeiten
- Überprüfung der Anzeigefunktionalität

7.7.11 Archivierungsverfahren prüfen und abstimmen

Prüfen Sie die in der Archivierungsanleitung definierten Archivierungen und geben Sie, auf der Grundlage der Tests, die sie durchgeführt haben, das definierte Verfahren frei.

Ablauf

Die für die Anwendung verantwortlichen Personen müssen in die Überprüfung der Archivierung miteinbezogen werden. Stimmen Sie die folgenden Schritte mit dem Verantwortlichen ab, und geben Sie die Standardverfahren frei.

❶ Überprüfen Sie die Dokumentation der Archivierung.

❷ Überprüfen Sie die Testprotokolle.

❸ Überprüfen Sie die Verfahren zur Aufbewahrung der Archivierungsdokumente.

Geben Sie die Archivierungsverfahren zusammen mit den für die Anwendung Verantwortlichen frei.

7.7.12 Durchführung der Archivierung

Bei der Durchführung der Archivierung werden folgende Aufgaben erledigt:

- Einplanung der Archivierungsprogramme
- Einstellung des Löschprogramms
- Überwachung der Jobs
- Durchsicht der Protokolle
- Testen des Lesezugriffs

7.7.13 Zusammenfassung des Archivierungsverfahrens in ASAP

Wie schon erwähnt, beginnt man häufig erst Monate oder auch Jahre nach dem Produktivstart mit der eigentlichen Archivierung. Trotzdem aber lohnt es sich, bereits während der Einführung von R/3 die Archivierungsverfahren festzulegen.

Zunächst wird zusammen mit der Fachabteilung eine Strategie zur Archivierung festgelegt. Dabei sind sowohl betriebswirtschaftliche als auch technische Aspekte zu berücksichtigen. Es wird bestimmt, welche Anwendungsdaten wie lange im R/3-System gespeichert werden und welche geschäftlichen und gesetzlichen Anforderungen dazu zu berücksichtigen sind. Weiterhin muss definiert werden, bis zu welchem Datenvolumen der Datenbank der von der Sys-temverwaltung angestrebte Datendurchsatz gewährleistet bleibt. Anhand dieser Überlegungen werden die Verfahren festgeschrieben, wie und welche Daten archiviert werden sollen.

Überdies wird festgelegt, auf welchem Medium die Archivdateien langfristig ausgelagert werden sollen oder ob man vielleicht ein externes Archivsystem einsetzen möchte. Nach der Dokumentation des Archivierungsvorgangs in einem Betriebsführungs-Handbuch, wird die Archivierung so lange getestet, bis man die gewünschten Ergebnisse erreicht. Optimal wäre es, dass die Aufgaben zwischen der Fachabteilung und der Systemadministration effektiv verteilt sind. Als letzten Schritt gibt man die getesteten Verfahren für den produktiven Betrieb frei [Brand98].

7.7.14 Speichermedien auswählen und Archivdateien sichern

Folgende Aspekte sind für die erfolgreiche Durchführung einer Archivierung besonders wichtig:

- Auswahl der geeigneten Speichermedien
- Sichern der Archivdateien

Geeignetes Speichermedium auswählen

Folgende Fragen werden in diesem Kontext häufig gestellt:

- Wie häufig soll auf die archivierten Daten zugegriffen werden?
- Wie schnell soll dies möglich sein?
- Welches Medium ist das beste?

Die Erfahrung zeigt, dass archivierte Daten noch mehrmals für Auswertungen im R/3-System benötigt werden, muss auf diese Daten schnell zugegriffen werden können. Das kann nur durch ein entsprechendes Speichermedium erreicht und gewährleistet werden. Kapitel 11 dieses Buches beschäftigt sich mit möglichen Speichermedien. Auf dieses Kapitel sei an dieser Stelle verwiesen.

Sichern von Archivdateien

Wenn über eine Archivierung Daten aus dem R/3-System dauerhaft ausgelagert wurden, ist es erforderlich, die Verfügbarkeit und Sicherheit der Archivdateien zu gewährleisten. Durch ein Speichermedium kann man sich vor Datenverlust schützen. Es empfiehlt sich, die Daten doppelt zu sichern und die Kopien an einem sicheren Ort aufzubewahren. So kann das Archivsystem in einem Worst-Case-Szenario beispielsweise zerstört werden, so dass diese Daten unwiederbringlich verloren sind. Dem kann durch doppelte Datenhaltung vorgebeugt werden.

7.8 Vorteile aus dem Einsatz von ASAP bei der Archivierung

AcceleratedSAP optimiert Zeitaufwand, Qualität und den effizienten Einsatz aller Ressourcen, indem es sämtliche Aktivitäten koordiniert, die zum erfolgreichen Abschluss eines R/3-Projekts nötig sind.

Zusammenfassend bringt die ASAP-Einführungsmethode folgende Vorteile mit sich:

- **Schnellere R/3-Einführung für schnellere Rentabilität** Ein zielorientiertes Projektmanagement und ein detaillierter Projektplan mit vordefinierten Arbeitsschritten und Qualitätskontrollen helfen, R/3-Projekte überschaubar zu halten. »Die größte Gefahr ist ein schleichendes Wachstum des Projekts.« »Eine schnelle Einführung macht sich durch schnellere Rentabilität bezahlt.« Solche Reaktionen kommen von Unternehmen aller Größen und Branchen. AcceleratedSAP bietet Strategien an, die dabei helfen, Wesentliches von Unwesentlichem zu trennen und eine prozessorientierte Einführung durchzuführen.
- **Weltweit gleichartiger Einführungsprozess:** Ganz gleich, ob man R/3 unternehmensweit einführt oder im Ausland mit anderen Consulting-Firmen zusammenarbeitet: alle Berater haben Zugriff auf AcceleratedSAP und können es für die R/3-Einführung verwenden.
- **Qualitätskontrollen und Know-how-Transfers:** In AcceleratedSAP ist am Ende jeder Phase eine Qualitätskontrolle eingebaut. Zusätzlich bietet ASAP Auswertungen an, die den Projektfortschritt bewerten und eventuelle Risikofaktoren bei einer R/3-Einführung aufzeigen. Darüber hinaus stellen die SAP-Berater während der Realisierungsphase ihr Know-how dem R/3-Team beim Kunden zur Verfügung, um sicherzustellen, dass der Kunde nach der Einführung unabhängig ist.
- **Effiziente Nutzung vorhandener Ressourcen:** Es ist eine altbekannte Tatsache, dass jedes Projekt mehr Mitarbeiter vertragen könnte. Die einen haben anderweitige Verpflichtungen, die anderen sind an anderen Standorten eingesetzt. AcceleratedSAP berücksichtigt diese Umstände und empfiehlt, welches Hintergrundwissen, welche Erfahrung und welche sonstigen Kenntnisse die Mitglieder des Projektteams haben sollten.
- **Wiederverwertbarkeit für künftige Einführungen:** Dokumente wie z.B. der Business Blueprint können für eine unternehmensweite Einführung oder eine neue R/3-Phase wiederverwendet oder ggf. angepasst und erweitert werden.
- **Alles an einem Ort:** Hat ein Unternehmen bereits ein R/3-Projekt durchgeführt, so besitzt es möglicherweise viele eigene Versionen vieler Accelerators. ASAP stellt jedoch als Ausgangspunkt alle Bestandteile komplett an einem Ort zur Verfügung. Daher muss das Rad also nicht neu erfunden werden.
- **Einheitliche Dokumentation der R/3-Lösung:** ASAP enthält ein einheitliches Konzept für alle Arten von Dokumenten, die typischerweise während des Einführungsprozesses erzeugt werden. Soweit möglich, werden Dokumente wiederverwertet. So werden z.B. in der Benutzerdokumentation Teile des Business Blueprints verwendet.
- **Nichts wird vergessen:** AcceleratedSAP stellt sicher, dass nichts ausgelassen wird. Es koordiniert insbesondere die Interaktion zwischen kaufmännischen

und technischen Aufgaben: Denn unsere Untersuchungen haben ergeben, dass Projektmanager normalerweise in einem dieser beiden Bereiche die größere Unterstützung benötigen – je nachdem, welchen Hintergrund sie haben.

- **Einblicke in den Einführungsprozess:** Mit der AcceleratedSAP Roadmap ist es einfacher als je zuvor, den Einführungsprozess nachzuvollziehen, insbesondere, wenn Personen im Team sind, die noch nie eine R/3-Einführung durchgeführt haben. Es ist möglich, alles problemlos zu verstehen, wo man sich auch befindet, was geplant ist, welches die Bestandteile jeder einzelnen Phase sind, warum sie dies oder jenes tun.
- **Konzentration auf frühe Projektstadien:** AcceleratedSAP kümmert sich um zahlreiche Vorgänge, die leicht unterschätzt werden und in der Vergangenheit oft zu spät in Angriff genommen wurden, wie z.B. die Konvertierung von Daten, die Konfiguration von Schnittstellen oder die Vergabe von Zugriffsrechten. Die Faustregel lautet, Probleme müssen in der Phase des Business Blueprints ermittelt werden, so dass sie mit Blick auf das Budget, den Zeitrahmen und die verfügbaren Ressourcen angegangen werden können. Dies gilt insbesondere für mögliche funktionelle Lücken.

7.9 Einführungsplanung einer Archivlösung im Rahmen der Archivierung

Die Einführung von Archivsystemen im Rahmen der Datenarchivierung in einer R/3-Umgebung wirft sowohl eine Reihe organisatorischer Fragen als auch eine Reihe technischer Fragen auf. Diese beginnen bei der qualifizierten Erfassung des Mengengerüsts anfallender Daten und Speichervolumina, erstrecken sich über die Analyse der Datenbank, die Bestimmung der Archivierungsobjekte, der Implementierung der Lösung etc. Auch die Auswahl der geeigneten Technik gehört dazu. All dies kann mit Hilfe eines externen Beraters häufig besser und schneller erfolgen und setzt archivierungsspezifisches Know-how voraus. Es empfiehlt sich hier deshalb – wie in vielen anderen R/3-Bereichen auch – eine qualifizierte Beratung. Das Beratungsspektrum kann – abhängig von den eigenen Erfahrungen – von einer Analyse und Erstberatung bis hin zu einer Einführungsbegleitung und speziellen Adaption der Systeme an die betrieblichen Anforderungen reichen [Gulbins99].

7.10 Tipps zur erfolgreichen Implementierung von Archivierungslösungen im R/3-Umfeld

- Bei der Auswahl des externen Beratungspartners ist dessen funktionales und soziales Leistungsvermögen genau zu hinterfragen. Denn die gute oder schlechte Qualität der Beratung ist wesentlich für das Gelingen oder Nichtgelingen eines Archivierungsprojektes verantwortlich.

- Besonderer Wert sollte auf eine absolut detaillierte und genaue Pflege der Customizingeinstellungen in allen Bereichen gelegt werden. Hier ist es wichtig, frühzeitig Verantwortlichkeiten festzulegen.
- Um dem einzelnen Mitarbeiter stets einen aktuellen Überblick über den momentanen Stand des Projektes zu geben, müssen diese laufend informiert, aber auch kontinuierlich und ausführlich geschult werden. Dies erhöht die Motivation der ins Projekt eingebundenen Mitarbeiter erfahrungsgemäß wesentlich, da sie ihren Anteil am Erfolg des Gesamtprojektes besser einzuschätzen lernen.
- Großer Wert muss auf ein professionelles Projektmanagement gelegt werden.
- Es empfiehlt sich, sich Zeit für ausführliche und umfassende Tests zu erübrigen, bei denen nicht nur die funktionale Durchgängigkeit der Archivierungslösung geprüft wird, sondern auch dessen Belastung.
- Die Mitarbeiter der Fachabteilung müssen von Anfang an intensiv in das Projekt involviert werden. Darüber hinaus muss man der Schulung der Endanwender, welche letztendlich die Archivierungsläufe in regelmäßigen Abständen starten und betreuen, große Bedeutung zumessen. Die Qualität der Schulungsmaßnahmen steigt umso mehr, je besser das Training auf die jeweiligen Bedürfnisse der zu schulenden Mitarbeiter adaptiert ist.
- Detaillierte und fortschreitende Dokumentation des Projektfortschritts, damit neue Mitarbeiter sich jederzeit in die bestehenden Aufgaben einarbeiten und das Projekt Schritt für Schritt nachvollziehen können. Damit wird eine Abhängigkeit sowohl von externen als auch internen Projektmitarbeitern vermindert. Falls ein interner Know-how-Träger das Unternehmen verlässt, bleibt die Dokumentation und damit auch das Wissen über das Projekt zumindest im Unternehmen.
- Frühzeitige Planung der Ausbildungsaktivitäten, damit eine Nachschulung der Mitarbeiter kurz vor Produktivsetzung nicht mehr notwendig ist. Am besten werden die Schulungsmaßnahmen projektbegleitend – auch aus der Sichtweise einer notwendigen Integration aller Beteiligten – durchgeführt.
- Konzentration auf die wesentlichen Kernprozesse im Unternehmen. Dies gewährleistet eine übersichtliche, einfache und damit auch risikolosere Einführung.

7.11 Konsequenzen der Einführung einer Archivierungslösung

Die wesentlichste und spürbarste Auswirkung der Einführung einer Archivierungslösung steht im kausalen Zusammenhang mit der Integration von Aufgaben und Funktionen entlang der verschiedensten Geschäftsprozessketten der einzelnen Bereiche eines Unternehmens. Dadurch wird eine enorme mentale Umstellung des gesamten Mitarbeiterstamms impliziert:

- Es besteht bei sehr vielen Tätigkeiten und Aufgabenbereichen ein extrem großer Zwang, abteilungs- bzw. bereichsübergreifend zu denken und zu handeln, um den Gesamtprozess nicht störend zu beeinflussen.
- Verantwortlichkeiten müssen geregelt werden, da gewisse Aufgaben hinzukommen.
- Der zeitliche Aufwand für das Archivierungsprojekt wird unterschätzt.
- Die Mitglieder des Projektteams zur Einführung der Archivierungslösung werden überbelastet, da sie einerseits das übliche und normale Tagesgeschäft erledigen müssen und andererseits zusätzlich noch in arbeitsintensiven Projektaufgaben tätig sein müssen.
- Dem archivierungsspezifisch angepassten Berechtigungskonzept wird zu wenig Bedeutung beigemessen.
- Die Mitarbeiter werden nicht ausreichend genug in die neu eingesetzten Verfahren eingewiesen.
- Die notwendigen Tests werden nicht oder viel zu spät durchgeführt.
- Im Rahmen des Customizings wurden die angestrebten Einstellungen im System ungenau abgebildet. Wenn hier die Weichen falsch gestellt wurden, ergeben sich später enorm hohe Kosten, um dies wieder entsprechend zu korrigieren.

Nützliche Infos zu wichtigen Archivierungsobjekten

8

Wie bereits mehrmals erwähnt, zeichnet sich das R/3-System unter anderem durch ein umfassendes betriebswirtschaftliches Leistungsangebot, durch eine hohe Modularität bei gleichzeitiger Integration der einzelnen Module aus. Im Folgenden seien nun die wichtigsten R/3-Anwendungsmodule und ausgewählte, ihnen zugeordneten Archivierungsobjekte beschrieben.

8.1 Das Archivierungsobjekt

Den wesentlichen Bestandteil der R/3-Datenarchivierung bilden so genannte Archivierungsobjekte. Letztere legen den Aufbau und die Zusammensetzung der zu archivierenden Daten fest. Diese Daten werden in Archivdateien geschrieben, welche dann auf optische Speichermedien abgelegt werden.

Die Datenarchivierung im R/3-System wird über diese Archivierungsobjekte gesteuert, die der Benutzer vor jedem Archivierungslauf spezifizieren muss. Jedem Archivierungsobjekt sind spezielle Archivierungs- und Löschprogramme zugeordnet.

Ein zentrales Element in der Datenarchivierung ist das Archivierungsobjekt. Es definiert die kleinste Einheit, die als Ganzes archiviert und in der Datenbank gelöscht werden kann. Durch ein Archivierungsobjekt wird ein Anwendungsobjekt typisiert, um es für die Archivierung nutzbar zu machen. Es beschreibt, wie und auf welche Datenbankobjekte zugegriffen werden muss, um ein betriebswirtschaftliches Objekt vollständig zu archivieren. Ein Archivierungsobjekt setzt sich im Wesentlichen aus drei Komponenten zusammen:

- Datendeklarationsteil: Im Datendeklarationsteil werden alle relevanten Datenbankobjekte beschrieben, die ein Anwendungsobjekt charakterisieren.
- Archivierungsprogramme: Hierzu zählen Schreib- , Lösch-, Vorlauf-, Anzeige-, Nachlauf- und Rückladeprogramme.

- Customizing-Einstellungen. Damit werden archivierungsobjektspezifische Parameter zu einem Archivierungslauf eingestellt.

8.2 Ausgewählte Archivierungsobjekte der einzelnen R/3-Module

8.2.1 Archivierungsobjekte im CO

Die Anwendungskomponente Controlling (CO) gliedert sich in die Bereiche Gemeinkostencontrolling, Produktkostencontrolling und Vertriebscontrolling. Das Gemeinkostencontrolling umfasst die Planung, Steuerung und Kontrolle der Gemeinkosten, also der Kosten, die nicht direkt einem Kostenträger zugeordnet werden können. Es gliedert sich in die Kostenartenrechnung, die dokumentiert, welche Kosten im Unternehmen angefallen sind, und die Kostenstellenrechnung, die festhält, wo im Unternehmen welche Kosten angefallen sind. Die Kosten und Leistungen können direkt oder über die interne Leistungsverrechnung auf die Kostenstellen zugerechnet werden.

Im Produktkostencontrolling (Kostenträgerrechnung) erfolgt die Planung, Steuerung und Kontrolle der Produktionskosten. Die Kostenträgerrechnung verrechnet die im Unternehmen angefallenen Kosten auf die verschiedenen Kostenträger, d.h. auf die Leistungseinheiten des Betriebes, wie Erzeugnisse oder Aufträge. In der Kostenträgerrechung werden unter anderem die angefallenen Kosten pro betrieblicher Leistungseinheit ermittelt, die Herstellkosten eines Erzeugnisses errechnet, die Produktionsabweichungen festgestellt und in das Ergebnis übernommen.

Das Vertriebscontrolling dient der Beurteilung der Marktsegmente, die nach Produkten, Kunden, Aufträgen oder auch nach Unternehmensbereichen gegliedert sein können. Die Aufgabe des Vertriebscontrollings ist es, die Bereiche Vertrieb, Marketing, Produktmanagement und Unternehmensplanung mit den benötigten Informationen zu versorgen, auf deren Grundlage weiterführende Entscheidungen und Maßnahmen eingeleitet werden können. Das Vertriebs-Controlling bzw. die Ergebnis- und Marktsegmentrechnung übernimmt für ihre Analysen Daten aus den verschiedenen Bereichen des Systems, wie beispielsweise Erlöse und Erlösschmälerungen aus dem Vertrieb (SD), Herstellkosten aus der Erzeugniskalkulation, Sondereinzelkosten aus der Finanzbuchhaltung (FI) und auftrags- und projektspezifische Kosten aus der Auftrags- und Projektabrechnung [Keller99].

Folgende ausgewählte Archivierungsobjekte stehen in der Anwendung CO bzw. EC (Enterprise Controlling) zur Verfügung:

- CO_ALLO_ST (Vollständig stornierte Belege CO)
- CO_COPC (Erzeugniskalkulation)

- CO_COSTCTR, CO_CCTR_* (Kostenstellenarchivierung)
- CO_ITEM (Controlling – Einzelposten)
- CO_ORDER (Innenaufträge)
- COPA1_**** (Ergebnisrechnung kalkulatorisch)
- PCA_OBJECT (Profit-Center-Accounting)
- EIS_CFnnn (Bewegungsdaten)
- FLC_OBJECT (Konsolidierungs-Ledger-Archivierung)
- FI_LC_ITEM (Konsolidierungs-Ledger – Einzelposten)
- FI_LC_SUM (Konsolidierungs-Ledger – Summensätze)

CO_ALLO_ST (Vollständig stornierte Belege CO)

Mittels des Archivierungsobjekts CO_ALLO_ST können alle vollständig stornierten Verrechnungen wie Umlagen, Verteilungen, periodische Umbuchungen, indirekte Leistungsverrechnung archiviert werden. Werden die genannten Verrechnungen häufig wiederholt, entsteht ein großes Datenvolumen, insbesondere bei der Planverteilung. Mit diesem Archivierungsobjekt kann man ohne Beeinträchtigung der Funktionalität des SAP-Systems jederzeit bedenkenlos »aufräumen«. Falls eine vollständige Stornierung vorliegt, werden die zugehörigen Belege (Originalbeleg und Stornobeleg) und Belegpositionen aus der Datenbank entfernt. Die Selektion kann auf einen oder mehrere Zyklen eingeschränkt werden. Hilfestellung für die Wahl des geeigneten Archivierungsobjekts bietet die Tabellenanalyse der Tabelle COEP.

CO_COPC (Erzeugniskalkulation)

Mittels CO_COPC werden Daten der Erzeugniskalkulation archiviert. Insbesondere werden Kalkulationsgrunddaten, Kostenschichtung, Einzelnachweis und Protokoll archiviert, der Kostenartennachweis wird gelöscht. Das Archivierungsobjekt CO_COPC enthält folgende Objekte, soweit sie für diese Kalkulation vorhanden sind:

- Allgemeine Daten zur Kalkulation
- Kostenschichtung
- Einzelnachweis und Protokoll

Einzelnachweis und Protokoll sind nur vorhanden, wenn diese bei der Kalkulation gesichert wurden. Werden Materialkalkulationen archiviert, werden diese Objekte aus der Datenbank in das Archiv übernommen. Wenn Materialkalkulationen aus dem Archiv in die Datenbank zurückgeladen werden, werden obige Objekte mit Ausnahme des Kostenartennachweises übernommen. Es stehen die üblichen Analysefunktionen für Materialkalkulationen zur Verfügung.

CO_COSTCTR, CO_CCTR_* (Kostenstellenarchivierung)

Die Archivierung der Kostenstellendaten kann mittels der Archivierungsobjekte CO_COSTCTR, CO_CCTR_PL, CO_CCTR_ID und CO_CCTR_EP erfolgen, wobei die Archivierungsobjekte hierarchisch aufeinander aufbauen.

Mit dem Archivierungsobjekt CO_COSTCTR werden Daten in der Kostenstellenrechnung archiviert und gelöscht. Eine weitere Einschränkung auf einzelne Kostenstellengruppen ist möglich. Werden zu einer Kostenstelle alle Daten gelöscht, wird aus deren Gültigkeitsintervall (Kostenstellen haben zeitabhängige Stammdaten) das Archivierungsgeschäftsjahr herausgeschnitten. Danach steht die Kostenstelle für dieses Geschäftsjahr weder als Kontierungsobjekt noch als Planungsobjekt zur Verfügung. Die Gesamtarchivierung darf erst dann durchgeführt werden, wenn die Kostenstellen und deren Daten im betreffenden Geschäftsjahr sowohl für Buchungen als auch für Auswertungen nicht mehr benötigt werden.

Die Anzahl der Kostenstellen-Stammsätze, die archiviert werden, kann auch größer sein als die Anzahl der Objekte, da der nicht existente Kostenstellen-Stammsatz SAP-ARCINF mit Informationen zum Archiv stets vorhanden ist

CO_ITEM (Controlling - Einzelposten)

Das Archivierungsobjekt CO_ITEM dient der Archivierung der CO-Einzelposten. Für jeden Vorgang, bei dem ein Controlling-Objekt (z.B. Auftrag, Kostenstelle) beteiligt ist, erfasst das System als Beleg automatisch einen so genannten CO-Einzelposten. Diese Einzelposten existieren zusätzlich zu den Belegen der Abrechnung oder der Finanzbuchhaltung.

Bei der Archivierung von CO-Objekten werden die zum Objekt gehörenden CO-Einzelposten mitarchiviert. Es ist also normalerweise nicht erforderlich, CO-Einzelposten explizit zu archivieren. Sollten jedoch z.B. bei lange laufenden Aufträgen Platzprobleme mit den Tabellen COEP oder COBK entstehen, können mit Hilfe des Archivierungsobjekts CO_ITEM auch CO-Einzelposten explizit archiviert werden. Hilfestellung für die Wahl des geeigneten Archivierungsobjekts bietet die Tabellenanalyse der Tabelle COEP.

Das System archiviert keine CO-Einzelposten, die folgende Bedingungen erfüllen:

- CO-Einzelposten, die Anzahlungen sind (Werttyp 12, 58, 59, 61, 63)
- CO-Einzelposten zu vorerfassten Belegen (Werttyp 60)
- CO-Einzelposten zu einzelpostengeführten Investitionsmaßnahmen
- CO-Einzelposten der aktuellen oder zukünftigen Periode im Ist
- CO-Einzelposten des aktuellen oder zukünftigen Geschäftsjahres im Plan
- CO-Einzelposten, die per ALE verteilt wurden

Es wird empfohlen, vor der Hauswährungsumstellung keine Einzelposten des aktuellen Geschäftsjahres zu archivieren. Es wird empfohlen, statt CO_ITEM diejenigen CO-Objekte zu selektieren, deren Einzelposten archiviert werden sollen. CO_ITEM archiviert CO-Einzelposten über alle CO-Applikationen hinweg. Durch die Selektion spezifischer CO-Objekte kann die Laufzeit der Hauswährungsumstellung möglichst gering gehalten werden.

Wenn nur Kostenstellen- und Auftragseinzelposten archiviert werden sollen, können Sie anstelle des Archivierungsobjektes CO_ITEM auch die Objekte CO_COSTCTR (Kostenstellen – alle Daten), CO_ORDER (Gemeinkostenaufträge), PP_ORDER (Fertigungsaufträge) und SD_VBAK (Verkaufsbelege) verwenden. Die jeweiligen Einzelposten werden auch mit Hilfe dieser Objekte archiviert.

CO_ORDER (Innenaufträge)

Mit dem Archivierungsobjekt CO_ORDER werden zu Innenaufträgen, die bestimmte Bedingungen erfüllen, sämtliche Stamm- und Bewegungsdaten archiviert und gelöscht.

Für das Archivierungsobjekt CO_ORDER gibt es die folgenden Selektionskriterien:

- Kostenrechnungskreis
- Auftragsart
- Auftragsnummer

*COPA1_**** (Ergebnisrechnung kalkulatorisch)*

In der Ergebnis- und Marktsegmentrechnung (CO-PA) werden bei der Generierung eines Ergebnisbereichs zwei Archivierungsobjekte (COPA1_xxxx für die kalkulatorische Ergebnisrechnung und COPA2_xxxx für die buchhalterische Ergebnisrechnung, wobei xxxx für den Ergebnisbereich steht) und die dazugehörigen Schreib-, Lösch- und Rückladeprogramme generiert.

In der kalkulatorischen Ergebnisrechung können die folgenden Tabellen archiviert werden:

- Ist-Einzelposten
  Tabelle(n) CE1xxxx
- Plan-Einzelposten
  Tabelle(n) CE2xxxx
- Objektebene
  Tabelle(n) CE3xxxx
- VorgangsbezogeneVerteilung
  Tabelle CEALE01

Die Tabelle CEALE01 wird nur bei der verteilten Ergebisrechnung (mit ALE) bei vorgangsbezogener Verteilung fortgeschrieben. Die CEALE01 enthält zu den Einzelposten im Zielsystem die Referenzen zum Ausgangssystem.

In der buchhalterischen Ergebnisrechnung können Sie Folgendes archivieren:

- CO-Einzelposten (betroffene Tabellen: COEP, COEJ, COBK)
- Summensatztabellen (betroffene Tabellen: COSS, COSP, COKA)

PCA_OBJECT (Profit-Center-Accounting)

Mittels des Archivierungsobjekts PCA_OBJECT können Daten des Profit-Center-Accountings archiviert werden. Logische Objekte von betriebswirtschaftlich zusammenhängenden Daten in der Datenbank, die mit einem Archivierungsprogramm aus der Datenbank herausgelesen und durch das dazugehörige Löschprogramm nach erfolgreicher Archivierung aus der Datenbank gelöscht werden können.

EC_PCA_ITM: Ab Release 4.6.A in der Profit-Center-Rechnung verwendetes Archivierungsobjekt zur Archivierung von Einzelposten.

EC_PCA_SUM: Ab Release 4.6.A in der Profit-Center-Rechnung verwendetes Archivierungsobjekt zur Archivierung von Summensätzen.

PCA_OBJECT: Bis Release 4.6A in der Profit-Center-Rechnung zur Archivierung von Einzelposten und Summensätzen verwendetes Archivierungsobjekt. Ab Release 4.6A nur noch eingeschränkt nutzbar.

EIS_CFnnn (Bewegungsdaten)

Bei der Generierung eines Aspekts wird ein Archivierungsobjekt (EIS_CFnnn, wobei nnn für die Aspektnummer steht) und die dazugehörigen Schreib-, Lösch- und Rückladeprogramme generiert. Diese Archivierungsobjekte werden in der Anwendungskomponente Executive Information System (EC-EIS) zur Archivierung von Bewegungsdaten des Aspekts verwendet.

Mit dem Archivierungsobjekt EIS_CFnnn können Bewegungsdaten archiviert, gelöscht und zurückgeladen werden.

FLC_OBJECT (Konsolidierungs-Ledger-Archivierung)

Das bisher vorhandene Archivierungsobjekt FLC_OBJECT für die Daten des Konsolidierungsledgers wird ab Release 4.5A und höher von den Archivierungsobjekten FI_LC_ITEM (Einzelposten) und FI_LC_SUM (Summensätze) ersetzt.

Wenn man vom Anwendungsmenü der Konsolidierung aus die Archivierungsverwaltung aufruft, werden die Vorschlagswerte FI_LC_SUM bzw. FI_LC_ITEM automatisch eingeblendet. Man muss diesen Wert also nicht eingeben. Wenn man die Archivierungsverwaltung von einer anderen Stelle des Systems aus ansteuert oder die Archivverwaltung zum Archivierungsobjekt FLC_OBJECT aufrufen möchte, ist der Name des Archivierungsobjektes explizit einzugeben.

Mit dem Archivierungsobjekt FI_LC_ITEM können eigenen Anforderungen entsprechend Einzelposten archiviert und gelöscht werden. Wenn die Datenbank z.B. eine große Anzahl von Einzelposten enthält, besteht die Möglichkeit, diese Datensätze in regelmäßigen Abständen zu archivieren.

Zu Release 4.5A wurden die Archivierungsfunktionen für die Konsolidierung überarbeitet. Die Summensätze werden jetzt getrennt von den Einzelposten archiviert.

Das bis zu Release 4.0B genutzte Archivierungsobjekt FLC_OBJECT kann ab Release 4.5A nur noch zum Rückladen und Lesen, aber nicht mehr zum Archivieren und Löschen verwendet werden. Wenn Sie mittels FLC_OBJECT archivierte Daten lesen oder rückladen möchten, können Sie jederzeit auch die neuen Archivierungsobjekte FI_LC_SUM oder FI_LC_ITEM verwenden

FI_LC_ITEM (Konsolidierungs-Ledger – Einzelposten)

Das Archivierungsobjekt FI_LC_ITEM archiviert die Einzelposten aus den Tabellen FILCA und FILCP der Konsolidierungs-Ledger.

FI_LC_SUM (Konsolidierungs-Ledger – Summensätze)

Das Archivierungsobjekt FI_LC_SUM archiviert die Summensätze aus den Tabellen FILCT und GLT3 der Konsolidierungs-Ledger.

8.2.2 Archivierungsobjekte im FI

Das Modul Finanzwesen (FI) übernimmt die Funktionen der Finanzbuchhaltung und des Cash Managements. Oberste Gestaltungsprämisse für dieses Modul sind dabei die Prinzipien der ordnungsgemäßen Buchführung. Die Anwendungskomponente FI gliedert sich im Wesentlichen in die Bereiche Stammdaten, Hauptbuchhaltung, Debitorenbuchhaltung, Kreditorenbuchhaltung, Konsolidierung und Anlagenbuchhaltung.

Die Hauptbuchhaltung hat die Aufgabe, die Gesamtdarstellung des externen Rechnungswesens und damit aller Konten zu unterstützen. Im Hauptbuch müssen alle relevanten Geschäftsvorfälle gesammelt werden, so dass die Hauptbuchhaltung jederzeit eine vollständige und abgestimmte Buchhaltung garantiert. Die Hauptbuchhaltung beinhaltet den individuell strukturierbaren Kontenrahmen für das Hauptbuch, das automatisch alle Buchungen aus den Nebenbüchern in das Hauptbuch überträgt. Dabei sind im Vorfeld Stammdatenprozesse und Planungsprozesse durchzuführen, bevor eigentliche Buchungen oder andere Aktivitäten, die Sachkontenbuchungen betreffen, durchgeführt werden können.

Die Debitoren- und auch die Kreditorenbuchhaltung unterstützen die Anwender durch die automatische Verfolgung der offenen Posten und den Abgleich mit den Zahlungsvorgängen. Kontoanalysen, Fälligkeitsraster und ein flexibles Mahnwesen gehören zum funktionalen Gesamtumfang. Der Anwender kann frei die Inhalte und die Periodiziät von Zahlungsmitteilungen, Kontoauszügen, Zinsberechnungen und des Schriftverkehrs bestimmen. Die eigenständige Debitorenabwicklung beschreibt die Abwicklung von Geschäftsvorfällen mit Debitoren, die als eigenständig, d.h. nicht mit anderen Debitoren in Beziehung stehend, gelten. Es wird die Funktionalität von Rechnungsstellung an den Debitor bis zum Ausgleichen der Forderung an diesen Debitor unterstützt.

Die Kreditorenbuchhaltung beschreibt die Abwicklung von Geschäftsvorfällen mit Kreditoren, die als eigenständig, d.h. also nicht mit anderen Kreditoren in Beziehung stehend, gelten. Es wird die Funktionalität von der Rechnungsstellung vom Kreditor bis zum Ausgleichen der Verbindlichkeit von diesem Kreditor unterstützt.

Die Konsolidierung beschäftigt sich mit den Möglichkeiten der Vorbereitung und Durchführung von Konsolidierungen im Konzern, wobei auch unterjährige Abschlüsse und Plankonsolidierungen durchführbar sind. Die Konsolidierung läuft meist in dezentraler Verantwortung der betroffenen Tochtergesellschaften ab. Zu diesem Zweck wird in diesem Funktionsbereich beschrieben, wie Konsolidierungsrichtlinien umgesetzt werden, bestimmte Vorbereitungsaktivitäten dezentral ablaufen und letztendlich die Informationen an die Konzernzentrale weitergeleitet werden. Es ist möglich, dezentral bestimmte Einzelabschlussdaten und sonstige Informationen per PC zu erfassen und dann an ein R/3-System weiterzuleiten.

Die Anlagenbuchhaltung hat die Aufgabe, alle buchhalterisch relevanten Geschäftsvorfälle zu dokumentieren, die im Zusammenhang mit dem betrieblichen Anlagevermögen stehen. Die Anlagenbuchhaltung wird im R/3-System als Nebenbuchhaltung geführt. Es können damit zum einen Anlagengegenstände zu einem Bilanzstichtag ordnungsgemäß bewertet, zum anderen aktuelle Informationen (z.B. Abschreibungen) ermittelt und an das Controlling für Planungszwecke weitergeleitet werden [Keller99].

Folgende Archivierungsobjekte stehen in der Anwendung FI zur Verfügung:

- AM_ASSET (Anlagenbuchhaltung)
- FI_ACCPAYB/FI_ACCREV (Debitor- und Kreditorstammdaten)
- FI_DOCUMNT (Buchhaltungsbelege)
- FI_MONTHLY (Verkehrszahlen)
- FI_SL_DATA (Einzelposten und Summensätze im FI-SL)

- FM_BELEG (Obligo/Ist Einzelposten Finanzbudgetmanagement)
- MM_ACCTIT (FI-Schnittstelle)

AM_ASSET (Anlagenbuchhaltung)

Archivierungsobjekt AM_ASSET zur Archivierung von Anlagendaten der Komponente Finanzwesen. Dieses Objekt beinhaltet alle Stammdaten, Bewegungen und Werte, die zu einer Anlage in der R/3-Datenbank geführt werden. Es beinhaltet keine Steuerungstabellen (Customizing).

Die Tabellen des Archivierungsobjektes »Anlage« sind zu Teilobjekten zusammengefasst. Diese Teilobjekte prüft das Archivierungsprogramm, ob sie gemäß definierter Verweildauer archiviert und reorganisiert werden sollen. Wenn ein Teilobjekt gelöscht werden soll, löscht das Programm in einem zweiten Schritt (nach der Archivierung) alle Datensätze in den zum Teilobjekt gehörigen Tabellen. Das Archivierungsobjekt AM_ASSET wird immer zusammen mit dem Objekt AM_STEUER archiviert. Dieses Objekt enthält Steuerungstabellen, die für eine eventuelle spätere Weiterentwickung der Anlagenarchivierung zur Verfügung gestellt werden. Daher müssen bei der Anlagenarchivierung auch die technischen Einstellungen für das Archivierungsobjekt AM_STEUER (z.B. logischer Dateipfad) gepflegt werden.

FI_ACCPAYB/FI_ACCREV (Debitor- und Kreditorstammdaten)

Das Archivierungsobjekt FI_ACCPAYB dient zur Archivierung von Kreditorstammdaten. Analog dazu dient das Archivierungsobjekt FI_ACCRECV zur Archivierung von Debitorstammdaten.

FI_DOCUMNT (Buchhaltungsbelege)

Belege der Finanzbuchhaltung werden mit dem Archivierungsobjekt FI_DOCUMNT archiviert. Es werden nur Bewegungsdaten archiviert, Stammdaten bleiben von FI_DOCUMNT unberührt. Die Daten der doppelten Rechnungsführung werden vom Archivierungsobjekt FI_DOCUMNT für Finanzbuchhaltungsbelege gelöscht. Sie können diese Daten länger als den Finanzbuchhaltungsbeleg selbst in der Datenbank halten. Die Daten werden nicht vom Löschprogramm, sondern vom Nachlaufprogramm zusammen mit den kreditorischen Sekundärindizes aus der Datenbank entfernt.

Die doppelte Rechnungsprüfung greift noch, wenn ein zugehöriger Beleg bereits archiviert wurde, der kreditorische Sekundärindex aber noch in der Datenbank vorhanden ist.

FI_MONTHLY (Verkehrszahlen)

Verkehrszahlen werden mit dem Archivierungsobjekt FI_MONTHLY archiviert, gelöscht und zurückgeladen. Verkehrszahlen müssen mindestens zwei Jahre im System vorhanden sein, bevor sie archiviert werden können. Es kann keine andere Verweildauer festgelegt werden. Sie können das Archivieren von Verkehrszahlen auf Basis von Buchungskreis, Geschäftsjahr und Kontoart durchführen. Es ist somit nicht möglich, Verkehrszahlen von einzelnen Konten oder Kontengruppen zu archivieren, denn die kleinste Unterteilungseinheit bildet die Kontoart (Debitoren-, Kreditoren- und Sachkonten).

Sie können von einer bestimmten Kontoart entweder alle Konten oder keine archivieren. Bei Sachkonten besteht die zusätzliche Aufteilung in Ist- und Plandaten. Während Plandaten ohne Istdaten archiviert werden können, können Ist-Daten immer nur mit Plandaten archiviert werden. Verkehrzahlen, die aus dem aktuellen bzw. vorherigen Geschäftsjahr stammen, können nicht archiviert werden. Alle Buchungsperioden müssen für den betroffenen Buchungskreis geschlossen sein, bevor Verkehrszahlen archiviert werden können.

Verkehrszahlen werden unabhängig davon archiviert, ob Belege zu dem Geschäftsjahr/Buchungskreis vorliegen oder nicht. So kann es sinnvoll sein, Verkehrszahlen aus dem System zu archivieren, während bestimmte Belege, z.B. langläufige Anzahlungen, im System bleiben. Das Archivieren von Verkehrszahlen ist die Voraussetzung für die Archivierung von Konten. Diese können nur dann aus dem System entfernt werden, wenn für sie keine Verkehrszahlen mehr vorliegen.

FI_SL_DATA (Einzelposten und Summensätze im FI-SL)

Archivierungsobjekt FI_SL_DATA zur Archivierung von Summensätzen und Einzelposten in der Anwendungskomponente Spezielle Ledger (FI-SL). Wenn man vom Bild Spezielle Ledger aus die Archivierungsverwaltung aufruft, wird der Vorschlagswert FI_SL_DATA automatisch eingeblendet, man muss diesen Wert also nicht eingeben. Wenn man die Archivierungsverwaltung von einer anderen Stelle des Systems aus ansteuert, ist der Name des Archivierungsobjektes einzugeben.

Mit dem Archivierungsobjekt FI_SL_DATA können eigenen Anforderungen entsprechend Einzelposten archiviert und gelöscht werden. Wenn die Datenbank z.B. eine große Anzahl von Einzelposten enthält, hat man die Möglichkeit, diese Datensätze in regelmäßigen Abständen zu archivieren. Wenn das System über genügend Speicherplatz verfügt, ist es ausreichend, die Datensätze nur einmal im Geschäftsjahr zu archivieren.

FM_BELEG (Obligo/Ist Einzelposten Finanzbudgetmanagement)

Das Archivierungsobjekt FM_BELEG dient zur Archivierung von Belegen aus dem Haushaltsmanagement.

MM_ACCTIT (FI-Schnittstelle)

Das Archivierungsobjekt MM_ACCTIT wird zum Archivieren, Löschen und Zurückladen von Nachbuchungsdaten aus der Materialwirtschaft (MM) verwendet. Durch Buchungen, die in den Anwendungskomponenten Bestandsführung (MM-IM) und Rechnungsprüfung (MM-IV) vorgenommen werden, werden rechnungswesenrelevante Informationen in den Tabellen ACCTHD, ACCTIT und ACCTCR aktualisiert.

Die Tabellen ACCTHD, ACCTIT, ACCTCR werden bei einer Hauswährungsumstellung nicht umgesetzt Das System greift auf die in den Tabellen ACCTHD, ACCTIT und ACCTCR gespeicherten Daten zu, wenn MM-Daten (mit Hilfe von Nachbuchungen) in folgende Anwendungskomponenten übertragen werden:

- Spezielle Ledger (FI-SL)
- Profit-Center-Rechnung (EC-PCA)
- Controlling (CO)

Die hier angeführten Anwendungskomponenten benötigen ausschließlich zu Nachbuchungszwecken von MM-Daten die in diesen Tabellen gespeicherten Informationen, um auf detaillierte Einzelposteninformationen zuzugreifen, die in der Ursprungsanwendung nicht verfügbar sind.

Da die Tabellen ACCTHD, ACCTIT und ACCTCR relativ viel Datenbankspeicherplatz benötigen, sollte man das Archivierungsobjekt MM_ACCTIT verwenden, um die in diesen Tabellen gespeicherten Daten zu archivieren und in der Datenbank Speicherplatz zu sparen. Es besteht auch die Möglichkeit, die Fortschreibung der Tabellen abzuschalten, falls die zur Frage stehenden Applikationen nicht aktiv sind oder falls keine MM-Datenübernahme geplant ist. Siehe auch Hinweis 48009.

8.2.3 Archivierungsobjekte im HR

Die Personalwirtschaft im System R/3 ist in mehrere große Hauptkomponenten untergliedert. Außer dem Personalmanagement, das im Folgenden noch detaillierter betrachtet wird, gibt es noch die Bereiche Personalzeitwirtschaft, Personalabrechnung, Veranstaltungsmanagement, Reporting in der Personalwirtschaft und andere kleinere SAP-spezifische Bereiche. Das Personalmanagement wiederum umfasst den zum Verständnis dieser Arbeit näher zu betrachtenden Bereich Personalbeschaffung, aber auch andere wichtige Dinge von der Personaladministration über die Personalentwicklung bis hin zum Vergütungs- und Reisemanagement. Diese Komponenten ermöglichen im Zusammenspiel eine umfassende Planung und Steuerung der personalwirtschaftlichen Tätigkeiten von der Organisations- und Kostenplanung über die Personalentwicklung bis hin zur Einsatzplanung. Um die integrierte Bearbeitung der personalwirtschaftlichen Aufgaben zu ermöglichen, wird dabei immer auch auf die Mitarbeiterdaten aus der Personaladministration zugegriffen. Um die Verknüpfung der einzelnen Komponenten zu verdeutlichen, wird nun ein vereinfachter Musterprozess betrachtet. Im Organisationsmanagement wird die Organisations- und Berichtsstruktur des Unternehmens abgelegt. Anschließend wird der aktuelle Personalbedarf durch die vakanten Positionen ermittelt. Der ermittelte Personalbedarf löst den Beschaffungsprozess aus, und die entsprechenden Maßnahmen werden geplant und verwaltet.

Hierzu gehört zum Beispiel die Veröffentlichung von Stellenangeboten im Internet, die Administration der eingehenden Bewerbungen und die Bewerbervorauswahl. Nach erfolgter Vertragsunterschrift werden die Stammdaten des Bewerbers in die Personaladministration übernommen und gegebenenfalls ergänzt. Nun stehen die Mitarbeiterdaten in allen personalwirtschaftlichen Komponenten zur Verfügung. Es werden die Zeitdaten des Mitarbeiters erfasst und bewertet, um die Lohn- und Gehaltsabrechnung durchzuführen. Diese Daten werden als Grundlage zur Kosten- und Budgetplanung herangezogen. Mit Hilfe des Veranstaltungsmanagements wird als Letztes die Einarbeitung des neuen Mitarbeiters durchgeführt.

Folgende Archivierungsobjekte stehen in der HR-Komponente zur Verfügung:

- PA_CALC (Personalabrechnungsergebnisse)
- PA_LDOC (Langzeitbelege)
- PA_TIME (Zeitauswertungsergebnisse)
- PA_TRAVEL (Reisedaten)
- PA_PIDX (Indexdateien)
- PA_PDOC (Abrechnungsbelege)

PA_CALC (Personalabrechnungsergebnisse)

Das Archivierungsobjekt PA_CALC ermöglicht die Archivierung von Tabellen des Typs PCL2 (HR-Cluster). Mit PA_CALC werden somit die Personalabrechnungsergebnisse der Komponente Personalabrechnung (PY) archiviert.

Um Abrechnungsergebnisse der Personalabrechnung zu archivieren, muss man zunächst in der Transaktion Archivierung von Abrechnungsdaten eine Archivierungsgruppe anlegen und spezielle Vorbereitungen treffen. Anschließend kann man die Abrechnungsergebnisse in der Transaktion Archivadministration in eine Archivdatei schreiben und von der Datenbank löschen.

Die Vorbereitungen sind notwendig, damit nicht Abrechnungsergebnisse gelöscht werden, die noch für die Abrechnung oder für Auswertungen aufgrund von länderspezifischen gesetzlichen Bestimmungen benötigt werden.

Wenn man die Komponenten Personalzeitwirtschaft, Personalabrechnung und Reisemanagement integriert einsetzt, müssen Archivierungsdatum und Rückrechnungsgrenze jeder integrierten Komponente aufeinander abgestimmt werden. Die Abstimmung ist unabhängig davon, ob die jeweiligen Archivierungsobjekte einer einzigen oder mehreren Archivierungsgruppen zugeordnet sind.

PA_LDOC (Langzeitbelege)

Das Archivierungsobjekt PA_LDOC dient zur Archivierung von Langzeitbelegen aus der Infotypbelegschreibung. Es kann sich dabei sowohl um Langzeitbelege von Personal- als auch von Bewerbernummern handeln.

Ein Objekt dieses Typs besteht aus allen Langzeitänderungsbelegen einer Personal- oder Bewerbernummer in einem frei wählbaren Zeitraum. Die Änderungsbelege sind in der Tabelle PCL4 in den Clustern LA (Personalnummern) und LB (Bewerbernummern) gespeichert.

PA_TIME (Zeitauswertungsergebnisse)

Zeitauswertungsergebnisse der Komponente Personalzeitwirtschaft (PT) werden mit dem Archivierungsobjekt PA_TIME archiviert. Über das Archivierungsobjekt PA_TIME werden Daten archiviert, die in der Datei PCL2 im Cluster B2 enthalten sind, d.h., es werden alle Clustertypen archiviert.

Um Zeitauswertungsergebnisse zu archivieren, muss zunächst in der Transaktion Archivierung von Abrechnungsdaten eine Archivierungsgruppe angelegt und spezielle Vorbereitungen getroffen werden. Anschließend können die Zeitauswertungsergebnisse in der Transaktion Archivadministration in eine Archivdatei geschrieben und von der Datenbank gelöscht werden.

PA_TRAVEL (Reisedaten)

Reisedaten der Komponente Reisemanagement (FI-TV) werden mit dem Archivierungsobjekt PA_TRAVEL archiviert. Das Archivierungsobjekt PA_TRAVEL besteht aus allen Reisedaten, die bis zum Archivierungsdatum für eine Personalnummer vorhanden sind.

Um Reisedaten zu archivieren, muss man zunächst in der Transaktion Archivierung von Abrechnungsdaten eine Archivierungsgruppe festlegen und spezielle Vorbereitungen treffen. Anschließend kann man die Reisedaten in der Transaktion Archivadministration in eine Archivdatei schreiben und von der Datenbank löschen.

Setzt man die Komponenten Reisemanagement, Personalzeitwirtschaft und Personalabrechnung integriert ein, werden Rückrechnungsgrenze und Archivierungsdatum jeder integrierten Komponente vom System aufeinander abgestimmt. Die Abstimmung ist unabhängig davon, ob die jeweiligen Archivierungsobjekte einer einzigen oder mehreren Archivierungsgruppen zugeordnet sind. Wenn die Reisedaten und die Zeitauswertungsergebnisse in die Personalabrechnung einfließen, wirken sich gesetzliche Regelungen, die für die Archivierung von Personalabrechnungsergebnissen und Zeitauswertungsergebnissen gelten, auch auf die Archivierung von Reisedaten aus.

PA_PIDX (Indexdateien)

Die Auswertung von Personalabrechnungsergebnissen für die Buchung ins Rechnungswesen ist eine der Folgeaktivitäten einer erfolgreich beendeten Personalabrechnung. Sie wird in der Regel pro Abrechnungsperiode durchgeführt. Bei der Buchung ins Rechnungswesen werden alle buchungsrelevanten Informationen der Abrechnungsergebnisse ausgewertet, verdichtet, aufbereitet und in den Komponenten des Rechnungswesens gebucht. Indexdateien, die bei der Erstellung von Personalabrechnungs-Auswertungsbelegen für die Buchung ins Rechnungswesen angelegt werden, archiviert man über das Archivierungsobjekt PA_PIDX. Das Archivierungsobjekt PA_PIDX archiviert Einträge der Tabellen PPOIX und PPOPX, die zu den selektierten Buchungsläufen gehören.

Das Archivierungsdatum für die Archivierung des Archivierungsobjekts PA_PIDX entspricht dem tiefsten Rückrechnungsdatum der Personalabrechnung. Das System sorgt bei der Archivierung von PA_PIDX dafür, dass die Indexdateien nur bis zum tiefsten Rückrechnungsdatum der Personalabrechnung archiviert werden.

PA_PDOC (Abrechnungsbelege)

Die Auswertung von Personalabrechnungsergebnissen für die Buchung ins Rechnungswesen ist eine der Folgeaktivitäten einer erfolgreich beendeten Personalabrechnung. Sie wird in der Regel pro Abrechnungsperiode durchgeführt. Bei der Buchung ins Rechnungswesen werden alle buchungsrelevanten Informationen der Abrechnungsergebnisse ausgewertet, verdichtet, aufbereitet und in den Komponenten des Rechnungswesens gebucht. Personalabrechnungs-Auswertungsbelege für die Buchung ins Rechnungswesen archiviert man über das Archivierungsobjekt PA_PDOC. Das Archivierungsobjekt PA_PDOC archiviert alle Belegpositionen der über Buchungsläufe selektierten Belege.

Bei der Buchung ins Rechnungswesen werden die Abrechnungsergebnisse um Indexdateien ergänzt. Mit diesen Indexdateien wird eine Zuordnung zwischen den mitarbeiterbezogenen Personalabrechnungsergebnissen und den Belegdaten hergestellt. Die Indexdateien werden über das Archivierungsobjekt PA_PIDX archiviert.

8.2.4 Archivierungsobjekte im Modul MM

Das Modul MM-Materialwirtschaft ermöglicht es dem Unternehmen, die gesamte Prozesskette des Beschaffungszyklus ausgehend vom Beschaffungsbedarf bis hin zum Wareneingang abzuwickeln. Folgende Aufgaben werden durch MM unterstützt:

- Bedarfsplanung
- Ermittlung der Bezugsquellen
- Lieferantenauswahl
- Bestellabwicklung
- Bestellüberwachung
- Wareneingangsbearbeitung
- Rechnungsbearbeitung
- Bestandskontrolle
- Bestandsplanung

Die Beschaffung der Rohstoffe und der Materialfluss innerhalb eines Betriebs hat entscheidenden Anteil am Unternehmenserfolg. Die Anwendung Materialwirtschaft des Systems R/3 enthält alle notwendigen Funktionen, um die Prozesse in Bedarfsplanung, Einkauf, Bestandsführung und Lagerverwaltung sowie Rechnungsprüfung zu vereinfachen und Standardabläufe zu automatisieren. Diese Funktionen sind eng miteinander und mit den übrigen Funktionen des Systems R/3 integriert. Dadurch stehen der Materialwirtschaft und den anderen Anwendern der Logistik und des Rechnungswesens jederzeit aktuelle Informationen zur Verfügung. Durch die Entlastung von Routinetätigkeiten gewinnt man mehr Zeit für wichtigere Aufgaben.

Die verbrauchsgesteuerte Materialbedarfsplanung erstellt aktuelle Beschaffungsvorschläge, die entweder auf der Überwachung von Bestellpunkten oder auf Prognosedaten basieren. Auch Logistikanwendungen wie Vertrieb, Instandhaltung, Produktion und Projektsystem können Anforderungen für die Fremdbeschaffung von Materialien oder Dienstleistungen erstellen. Fachabteilungen können Bestellanforderungen manuell erfassen. Diese Bestellanforderungen werden direkt an den Einkauf weitergeleitet, der sie in Bestellungen umsetzt. Hierbei stehen dem Einkäufer alle Mittel einer effizienten Einkaufsabwicklung zur Verfügung, von speziellen Einkaufsstammdaten über Anfragen und Angebote bis hin zu Rahmenverträgen. Es ist beispielsweise möglich, Preisvergleiche während des Bestellvorgangs durchzuführen oder die Lieferantenauswahl oder die Bestellerzeugung zu automatisieren. Mit Hilfe der Lieferantenbeurteilung findet man den besten Lieferanten nach selbst definierten Kriterien. Ferner besteht die Möglichkeit, die Weiterbearbeitung von Einkaufsbelegen erst nach einem Freigabeverfahren zuzulassen. So erhält der Einkauf die Genehmigung für seine Vorgänge durch hierzu bevollmächtigte Personen per elektronischer Unterschrift. Bestellungen oder Lieferabrufe können in Papierform oder elektronisch (z.B. per EDI) an den Lieferanten übermittelt werden. Die Bestellentwicklung informiert jederzeit über den aktuellen Stand eines Bestellvorgangs, beispielsweise über eingegangene Lieferungen und Rechnungen.

Die Bestandsführung verwaltet die Lagerbestände mengen- und wertmäßig. Dabei werden alle Arten von Zugängen, Abgängen und Umbuchungen sowie die Verwaltung von Sonderbeständen (z.B. Chargen, Konsignationsbestände, Projektbestände, Bestände von Mehrwegtransportverpackungen oder Komponenten bei einem Lohnbearbeiter) unterstützt. Die Warenbewegungen schreiben zugleich die Werte in der Finanzbuchhaltung, Anlagenbuchhaltung und im Controlling fort. Ob die Inventur zu einem Stichtag oder permanent durchgeführt wird, als Vollerhebung, Stichprobeninventur oder nach dem Cycle-Counting-Verfahren – das System unterstützt mit komfortablen Erfassungshilfen und automatischen Auswertungen. Damit die Bestände richtig in die Bilanz eingehen, können verschiedene Bewertungsverfahren wie LIFO oder FIFO eingesetzt werden.

Die Anwendung Warehouse Management (WM) unterstützt Unternehmen mit flexiblen Funktionen bei Warenbewegungen und aktuellen Bestandsanalysen ihrer Materialien in hochkomplexen Lagerstrukturen. Mit modernen Ein- und Auslagerungsstrategien optimiert WM den Materialfluss und die Lagerkapazitäten in den entsprechenden Lagern. So kann der Zugriff auf die benötigten Materialien wesentlich vereinfacht werden. Schnittstellen zu Handgeräten, Bar-Code-Scannern und automatisierten Lagerverwaltungssystemen komplettieren die vielen automatisierten Prozesse, die in der Anwendung WM die perfekte Ergänzung der Logistikkette darstellen.

In Papierform oder über EDI eingehende Rechnungen für Materiallieferungen werden maschinell geprüft. Bei Bezug auf eine Bestellung kann das System die zu erwartende Rechnung automatisch generieren. Eine Rechnung wird automatisch zur Zahlung gesperrt, falls unerlaubte Abweichungen beispielsweise von Liefertermin oder -menge oder vom vereinbarten Preis aufgetreten sind.

Bei der automatischen Wareneingangsabrechnung ist es nicht notwendig, eine Rechnung des Kreditors zu erfassen. Das Programm erstellt periodisch die Rechnungen auf Basis der erfassten Wareneingänge zur Bestellung.

Die Logistik-Rechnungsprüfung ist ein gesondertes Verfahren zum schnellen Erfassen von Eingangsrechnungen.

Die Anwendung MM verfügt über viele zusätzliche Funktionen, mit deren Hilfe man ein Materialwirtschaftssystem effektiver gestalten kann. Pipelinematerial, das direkt in den Produktionsprozess fließt, kann für einen Auftrag, eine Kostenstelle oder ein Netzwerk erfasst werden und wird ähnlich dem Konsignationsbestand verwaltet. Durch die Verwendung von Umlagerungen können Lagerbewegungen zwischen verschiedenen Werken abgebildet werden. Es besteht auch die Option, die Umlagerung mit oder ohne Bestellung und mit oder ohne Lieferschein zu erfassen. Die Transportabwicklung wird durch Funktionen wie Versandstellenfindung und Routenermittlung erleichtert. Um eine reibungslose Außenhandelsabwicklung zu ermöglichen, können die für Import- bzw. Exportabwicklung nötigen Daten (z.B. für Zollerklärungen) aufbereitet werden.

Neben effizienten Beschaffungsprozessen für Materialien bietet die Anwendung MM leistungsfähige Werkzeuge für den schnellen und kostengünstigen Einkauf, die Abnahme und die zeitgerechte Abrechnung von Dienstleistungen. Für Verhandlungen mit dem Lieferanten stellt das Einkaufsinformationssystem und die Lieferantenbeurteilung die nötigen Informationen zur Verfügung. Es ist möglich, selbst zu definieren, welche Daten in den Auswertungen berücksichtigt werden und wie diese Informationen aufbereitet werden. Mit dem Bestandscontrolling können beispielsweise Bestandswerte oder Umschlagshäufigkeiten ermittelt und analysiert werden. Diese Informationssysteme geben die Möglichkeit, Entwicklungen zu erkennen und die nötigen Entscheidungen begründet zu treffen.

Folgende ausgewählte Archivierungsobjekte sind dem Modul MM zugeordnet:

- MM_EBAN (Bestellanforderungen)
- MM_EINA (Einkaufsinfosätze)
- MM_EKKO (Einkaufsbelege)
- MM_INVBEL (Inventurbelege)
- MM_MATBEL (Materialbelege)
- MM_MATNR (Materialstammsätze)
- RL_LINKP (Inventuraufnahmebelege)
- RL_LINV (Inventurhistorien)
- RL_LUBU (Umbuchungsanweisungen)
- RL_TA (Transportaufträge)
- RL_TB (Transportbedarfe)

MM_EBAN (Bestellanforderungen)

Mittels des Archivierungsobjekts MM_EBAN können Bestellanforderungen der Materialwirtschaft archiviert werden.

MM_EINA (Einkaufsinfosätze)

Mittels des Archivierungsobjekts MM_EINA können Einkaufsinfosätze der Materialwirtschaft archiviert werden.

MM_EKKO (Einkaufsbelege)

Mittels des Archivierungsobjekts MM_EKKO können Einkaufsbelege der Materialwirtschaft archiviert werden. Es werden damit Anfragen, Bestellungen, Kontrakte und Lieferpläne, nicht jedoch Bestellanforderungen archiviert

MM_INVBEL (Inventurbelege)

MM_INVBEL archiviert Belege der Materialwirtschaft, die durch Inventurbuchungen entstanden sind.

Es werden nur die Inventurbelege mit Differenzenbuchung berücksichtigt. Die Inventurbelege mit Löschvormerkung werden ohne Berücksichtigung der Verweildauer (Anzahl Monate) selektiert. Die Inventurbelege ohne Löschvormerkung werden nur dann selektiert, wenn sie die Verweildauer erreicht haben.

MM_MATBEL (Materialbelege)

Das Archivierungsobjekt MM_MATBEL archiviert Materialbelege zu Materialbewegungen.

MM_MATNR (Materialstammsätze)

Mittels des Archivierungsobjekts MM_MATNR können Materialstammdaten archiviert werden. Alle Informationen, die ein Unternehmen zur Verwaltung eines Materials benötigt, sind in einem Datensatz im Materialstamm nach verschiedenen Kriterien geordnet. Wenn ein Material in einem Unternehmen oder Werk nicht mehr benötigt wird, können Sie den Materialstammsatz archivieren und löschen.

Das Archivierungsobjekt MM_MATNR setzt sich aus sämtlichen Materialstammtabellen zusammen. Dieses Archivierungsobjekt verwendet man, um die in diesen Tabellen enthaltenen Datensätze zu archivieren und zu löschen.

Bevor man einen Materialstammsatz archivieren und löschen kann, müssen zunächst alle sonstigen Objekte archiviert werden, die auf dieses Material verweisen (z.B. Einkaufsbelege). Um welche Objekte es sich hierbei handelt, und welche Abhängigkeiten zwischen diesen bestehen, ersieht man aus der Netzwerkabbildung. Wenn ein Materialstammsatz auf einer bestimmten Organisationsebene nicht archiviert und gelöscht werden kann, ist der Grund hierfür (z.B. das Vorhandensein einer Bestellung für das Material) im Protokoll vermerkt. Das Protokoll enthält auch technische Daten wie z.B. die Anzahl der gelesenen und der gelöschten Materialstammsätze.

Da Materialstammsätze sowohl einzeln als auch in Gruppen und sowohl für eine als auch für mehrere Organisationsebenen archiviert und gelöscht werden können, ist keine allgemein gültige Aussage zu Laufzeiten und Speicherbedarf möglich. Der Löschlauf sollte so bald wie möglich nach dem Archivierungslauf stattfinden. So kann man vermeiden, dass die betreffenden Materialien zwischen den beiden Läufen geändert oder in anderen Funktionen (z.B. Warenbewegungen) verwendet werden, was zu Problemen führen würde.

RL_LINKP (Inventuraufnahmebelege), RL_LINV (Inventurhistorien), RL_LUBU (Umbuchungsanweisungen), RL_TA (Transportaufträge), RL_TB (Transportbedarfe)

Für das Lagerverwaltungssystem (WM) können WM-Sätze mit Hilfe der unten aufgeführten Objekte und Reports archiviert werden:

RL_LINKP archiviert Inventuraufnahmebelege der Lagerverwaltung.

RL_LINV archiviert Inventurhistorien der Lagerverwaltung.

RL_LUBU archiviert Umbuchungsanweisungen der Lagerverwaltung.

Transportaufträge innerhalb der Lagerverwaltung werden mittels des Archivierungsobjekts RL_TA archiviert und gelöscht.

Transportbedarfe innerhalb der Lagerverwaltung werden mittels des Archivierungsobjekts RL_TB archiviert und gelöscht.

Diese Reports archivieren bearbeitete Sätze, die seit einer bestimmten Anzahl von Tagen im WM-System gespeichert sind. Mit Hilfe dieser Programme ist es möglich, gleichzeitig für mehrere Lagernummern zu archivieren.

Bei der Archivierung von Transportaufträgen, für die Arbeiterleistungsdaten erfasst werden sollen, prüft das System, ob die Leistungsdaten vollständig bearbeitet wurden. Die Prüfung findet in der logischen Datenbank RTL statt.

8.2.5 Archivierungsobjekte im Modul PM

Alle mit der Planung und Abwicklung von Instandsetzungsarbeiten verbundenen Leistungen werden durch das Modul Instandhaltung unterstützt. Dies beinhaltet sowohl die Terminierung periodischer Wartungs- und Inspektionsmaßnahmen als auch die Auftragserteilung für die eigene und fremdbezogene Instandsetzung bei unvorhergesehenen Störungen.

Nicht nur firmeninterne, wie z.B. Produktions-, Versorgungs-, Entsorgungs- und Transportsysteme, sondern auch firmenexterne Systeme, wie z.B. Kundenanlagen, können durch das Instandhaltungsmodul verwaltet werden.

Mit objekt-, typen- und funktionsbezogenen Sichten unterstützt PM unterschiedliche Strukturierungen der Anlagen und ermöglicht eine flexible Navigation. Planung, Abwicklung und Historie der Instandhaltungsmaßnahmen werden im System dokumentiert und genügen damit den Forderungen einer betrieblichen Nachweispflicht. Mittels eines umfangreichen Katalogsystems können die Ursachen, Tätigkeiten und Instandhaltungsmaßnahmen frei definiert werden. Alle Instandhaltungsmaßnahmen wie Inspektion, Wartung und Instandsetzung werden in einer umfangreichen Historiendatenbank gesichert. Für die Auswertung stehen neben Standardkennzahlen (VDI) vielfältige Analysemöglichkeiten zur Verfügung.

Die Anwendung PM liefert technische und kaufmännische Auswertungen, deren Darstellung nach den unterschiedlichsten Kriterien (z.B. Organisationseinheit, Standort, Durchführungszeitraum der Maßnahme oder Hersteller der Anlagen) variiert werden kann. Diese Informationen helfen, die Zeiten und Kosten schadensbedingter Anlagenausfälle zu reduzieren und mögliche Schwachstellen an betrieblichen Anlagen frühzeitig zu erkennen. Sie bilden die Basis zur Ermittlung einer optimalen Instandhaltungsstrategie im Sinne eines TPM oder einer risikooptimierten Instandhaltung. Die schnittstellenfreie Integration der Instandhaltung in das System R/3 ist Grundlage einer schnellen und effizienten Kommunikation und Kooperation aller Unternehmensbereiche. Damit steht ein vollständiges, branchenneutrales Instandhaltungsmanagementsystem zur Verfügung, das die Instandhaltung als integralen Bestandteil des Enterprise Resource Plannings versteht. In vielen bewährten Praxiseinsätzen hat die Anwendung PM die Anforderungen der technischen und kaufmännischen Unternehmensbereiche an ein vollständiges Anlageninformationssystem erfüllt.

PM unterstützt die Planung und Durchführung aller Instandhaltungsmaßnahmen bzgl. Anlagenverfügbarkeit, Kosten, Material- und Personaleinsatz. Die Offenheit des Systems R/3 bietet viele Möglichkeiten, externe Systeme integriert mit der Anwendung PM zu betreiben, wie beispielsweise:

- Geographische Informationssysteme
- CAD-Systeme
- Betriebsdaten-Erfassungssysteme
- Systeme zur Erfassung von Messwerten bzw. Zählerständen (SCADA)

Folgende ausgewählte Archivierungsobjekte sind der Anwendung PM unter anderem zugeordnet:

- PM_ORDER (Instandhaltungsaufträge)
- PM_EQUI (Equipmentstammdaten)
- PM_QMEL (Instandhaltungsmeldungen)

PM_ORDER (Instandhaltungsaufträge)

Mittels des Archivierungsobjektes PM_ORDER lassen sich Daten zu Instandhaltungsaufträgen aus der R/3-Online-Datenbank archivieren.

PM_EQUI (Equipmentstammdaten)

Das Archivierungsobjekt PM_EQUI ermöglicht die Archivierung von Equipmentstammdaten aus der R/3-Datenbank.

PM_QMEL (Instandhaltungsmeldungen)

Die Instandhaltungsmeldungen als Vorgänger von Instandhaltungsaufträgen können mittels des Archivierungsobjekts PM_QMEL archiviert werden.

8.2.6 Archivierungsobjekte im Modul PP

Dieses Modul beschäftigt sich mit der mengen- und zeitmäßigen Planung der zu produzierenden Erzeugnisse sowie der Steuerung des Fertigungsablaufs. Neben der Stammdatenpflege werden auch alle mengen- und kapazitätsmäßigen Schritte zur Planung und Steuerung der Produktion unterstützt. Beispiele für derartige Planungskonzepte wären z.B. MRP II oder KANBAN.

Der wachsende Druck am Markt, die Globalisierung der Standorte und die ständig zunehmende Kundenorientierung veranlassen die Unternehmen in der Fertigung, die traditionellen Pfade zu verlassen und mehr kundenorientierte und flexible Fertigungsmethoden einzusetzen. Die Anwendung Produktionsplanung und -steuerung erfüllt die betriebswirtschaftlichen Anforderungen von Fertigungsunternehmen, die sich kontiniuierlich verändern und entwickeln, und bietet Lösungen für die Bereiche Produktionsplanung, durchführung und -steuerung.

Die Anwendung PP umfasst den kompletten Fertigungsprozess von der Erfassung der Produktionsstammdaten über die Produktionsplanung, Materialbedarfsplanung und Kapazitätsplanung bis zur Fertigungssteuerung und Kalkulation. Sie ist branchenübergreifend konzipiert und bietet ein Spektrum von Produktionsmethoden, das von der Einzel- oder Variantenfertigung bis zur Serien- bzw. Massenfertigung reicht. Wie die anderen R/3-Logistikanwendungen ist auch die Anwendung PP voll in das gesamte System R/3 integriert. Unabhängig davon, ob ein einzelnes System oder ein weltweites Netz von verteilten R/3-Systemen benötigt wird, die über ALE miteinander verbunden sind, stehen die Daten nicht nur der Produktionsplanung und -steuerung innerhalb von Augenblicken zur Verfügung, sondern auch dem Rechnungswesen, dem Vertrieb und der Personalwirtschaft.

Bausteine der Produktionsplanung

Mit der Absatz- und Produktionsgrobplanung können realistische und konsistente Planzahlen und -termine auf Basis des voraussichtlichen Absatzes oder anderer flexibel wählbarer Kennzahlen aufgestellt werden. Die anschließende Programmplanung bricht diese Grobplanung auf Erzeugnisebene herunter und erstellt das Produktionsprogramm. Mit der Materialbedarfsplanung werden die Teilebedarfe und -termine bis hin zum Rohstoff ermittelt. Bereits in dieser Planungsphase ist es möglich, die Kapazitätsplanung durchzuführen, um frühzeitig Kapazitätsengpässe zu ermitteln.

Bausteine der Produktionssteuerung

Je nach Produktionsmethode stehen für die Fertigungssteuerung die Fertigungsauftragsabwicklung, die Serienfertigung oder KANBAN zu Verfügung. Der Fertigungsauftrag ist in erster Linie ein Werkzeug für die werkstattorientierte, diskrete Fertigung und bietet u.a. eine umfassende Statusverwaltung, auftragsbezogenes Controlling sowie verschiedene vorgangsbezogene Funktionen. Die Serienfertigung bietet sich vorrangig für Serien- und Wiederholfertiger an, da hier die Planung und Steuerung der Produktion sowie das Controlling i.d.R. perioden- und mengenorientiert erfolgen soll. Mit der Serienfertigung wird zu diesem Zweck ein produktionsraten- und linienorientiertes Werkzeug angeboten. Die Kapazitätsplanung ist sowohl in die Fertigungsauftragsabwicklung als auch in die Serienfertigung integriert. Verschiedene Einplanungsstrategien und eine flexibel einstellbare grafische Plantafel unterstützen bei der Planung der Ressourcen.

Bei der Fertigungssteuerung mit KANBAN wird der Nachschub bzw. die Fertigung eines Materials erst dann in die Wege geleitet, wenn eine Fertigungsstufe das Material tatsächlich benötigt. Im KANBAN stehen verschiedene Nachschubstrategien für Eigenfertigung, Fremdbeschaffung sowie Umlagerung zur Verfügung. Der Impuls zur Wiederbeschaffung eines Materials kann per Barcode oder über eine komfortable grafisch gestaltete Kanbantafel erfolgen. Integriert in die Fertigungssteuerung sind ebenfalls das Qualitätsmanagement, Schnittstellen zu BDE-Systemen und Prozessleitsystemen, LIMS sowie eine umfangreiche Datenanalyse im Open Information Warehouse.

Die Anwendung PP gewährleistet die Planung und Steuerung des gesamten Materialflusses im Produktionsprozess auf einem hohen Leistungsniveau. Außerdem stehen komfortable Informationssysteme zur Verfügung, die flexibel angepasst werden können. Disponenten, Arbeits- und Fertigungsplaner werden dadurch im Bereich der betrieblichen Logistik von Routineaufgaben entlastet und können sich auf die Bearbeitung entscheidender Vorgänge konzentrieren.

Folgende Archivierungsobjekte sind dem Modul PP unter anderem zugeordnet:

- PP_ORDER (Fertigungsaufträge)
- PP_PLAN (Arbeitspläne)
- PR_ORDER (Prozessaufträge)

PP_ORDER (Fertigungsaufträge)

Für die Archivierung von Fertigungsaufträgen wird das Archivierungsobjekt PP_ORDER verwendet. PP_ORDER archiviert alle Daten, die zum Auftrag gehören, wie Materialkomponenten, Fertigungshilfsmittel, Prüfmerkmale und Prüfmerkmalswerte etc.

PP_PLAN (Arbeitspläne)

Das Archivierungsobjekt PP_PLAN ermöglicht die Archivierung von einzelnen Arbeitsplänen und Plangruppen aus der R/3-Datenbank.

PR_ORDER (Prozessaufträge)

Das Archivierungsobjekt PR_ORDER archiviert in der Komponente Produktionsplanung/-steuerung Prozessaufträge Es enthält alle Daten zum Prozessauftrag, wie Vorgänge, Materialkomponenten, Fertigungshilfsmittel, Prüfmerkmale und Prüfmerkmalswerte, Ereignispunkte, Rückmeldungen, fehlerhafte Warenbewegungen, Texte etc.

8.2.7 Archivierungsobjekte im Modul PS

Mit Hilfe dieses Moduls können Projekte aller Art abgebildet und verwaltet werden. Spezielle Charakteristika von Projekten können dabei berücksichtigt werden. Projekte definieren sich in der Regel als komplexe, zeitlich begrenzte, kosten- und kapazitätsintensive Vorhaben. Ihnen werden genaue Zielvorgaben und definierte Qualitätsanforderungen zugrunde gelegt. Aufgrund dieser Vorgaben haben Projekte meist hohe strategische Bedeutung.

Das bedeutet, wesentliche Vorhaben zielorientiert und wirtschaftlich zu planen, durchzuführen und zu kontrollieren. Projektmanagement ist umso erfolgreicher, je leistungsfähiger die dafür eingesetzten organisatorischen Mittel und technischen Systeme sind. Die Leistungsfähigkeit beweist sich insbesondere in einer umfassenden Funktionalität und in der integrierten Abwicklung von Projekten. Projektziele und beteiligte Unternehmensbereiche bilden ein vielfältiges Netz von Beziehungen, in die das Projektmanagement eingebunden ist. Das Projektsystem entspricht dieser Beziehungsvielfalt durch die bedarfsgerechte Verknüpfung des Projektmanagements mit der betrieblichen Informationsverarbeitung. Planung und Steuerung von Projekten entwickeln sich zu einem integrierten Bestandteil der Unternehmensorganisation und -führung. Das umfassende Funktionsspektrum der Anwendung Projektsystem gewährleistet sowohl die effiziente Unterstützung aller Phasen eines Vorhabens als auch die Berücksichtigung der typischen Bedingungen von Projekten unterschiedlicher Art und Komplexität. Man kann das Projektsystem in unterschiedlichen Bereichen einsetzen, wie beispielsweise:

- Investitionsmanagement
- Marketing
- Software-, Beratungsleistungen
- Forschung und Entwicklung
- Instandhaltungsmaßnahmen, Stillstandsplanung
- Anlagen-, Sondermaschinenbau
- Komplexe Einzelfertigung

Die zentralen Strukturen des Projektsystems sind Projektstrukturpläne (PSP) und Netzpläne mit Vorgängen und Meilensteinen. Man kann diese Strukturen flexibel auch in Kombination mit Kundenaufträgen für den Vertrieb und Stücklisten für Produktion und Beschaffung einsetzen, um komplexe Projekte abzubilden.

Mit der grafischen Oberfläche des Projektsystems lassen sich die Strukturen einfach und schnell erzeugen. Die Planung von Kosten und Terminen verfeinert sich automatisch mit zunehmender Detaillierung des Projekts. Die Integration zu anderen Modulen des Systems R/3 ermöglicht es, Ressourcen beispielsweise in Abstimmung mit dem Einkauf, der Bestandsführung und der Materialdisposition zu planen. Es können Einzelpersonen und Gruppen als Kapazitäten im System hinterlegt und zugeordnet werden.

Das Projektsystem prüft und überwacht die Verfügbarkeit von finanziellen Mitteln, Kapazitäten oder Material, damit sie auch wirklich dann ausreichend vorhanden sind, wenn sie zur Projektdurchführung benötigt werden. Der Projektaufwand lässt sich mit Hilfe von genehmigten und freigegebenen Projektbudgets der Budgetverwaltung begrenzen und steuern. SAP Business Workflow verbessert den Kommunikations- und Informationsfluss in großen Projekten. So wird beispielsweise der Einkauf sofort und automatisch über Mengen- oder Terminänderungen informiert.

Während der gesamten Projektabwicklung steht ein leistungsfähiges und flexibles Informationssystem zur Verfügung, bei dem Layout und Detaillierungsgrad benutzerspezifisch festgelegt werden können. Auswertungen in Listenform oder grafische Analysen zu Budget, Ist- und Plankosten, Erlösen, Obligos, Ein- und Auszahlungen, Terminen und Ressourcen liefern alle gewünschten und benötigten Informationen. Für weitere Planungen und Berechnungen in zusätzlichen Systemen oder dezentral bieten Standardschnittstellen die Kommunikationsbasis zum beiderseitigen Datenaustausch.

Folgende Archivierungsobjekte sind der Anwendung PM zugeordnet:

- PS_PROJECT (operative Strukturen Projektsystem)
- PS_PLAN (Archivierung Standardnetze)
- CA_KBLX (Archivierung PS-Belege)

PS_PROJECT (operative Strukturen Projektsystem)

Das Archivierungsobjekt PS_PROJECT wird verwendet, um operative Strukturen des Projektsystems zu archivieren.

PS_PLAN (Archivierung Standardnetze)

Archivierungsobjekt PS_PLAN zum Archivieren und Löschen von Standardnetzen einschließlich aller Bewegungsdaten.

Das Archivierungsobjekt PS_PLAN enthält folgende Daten zum Standardnetz:

- Vorgänge und Vorgangselemente
- Anordnungsbeziehungen
- Materialkomponenten
- Fertigungshilfsmittel
- Meilensteine
- Einkaufsdaten (Einkaufsinfosatz und Lieferantenstammsatz)
- Klassifizierungsdaten

Das Archivieren und Löschen der Daten erfolgt grundsätzlich in zwei Schritten: Im ersten Schritt prüft das System die Löschvormerkungen und setzt ein internes Löschkennzeichen. Im zweiten Schritt schreibt das System die Daten in Archivdateien und löscht sie aus der Datenbank.

CA_KBLX (Archivierung PS-Belege)

Archivierungsobjekt *CA_KBLX* zur Archivierung folgender Belegtypen:

- Mittelreservierungen für Aufträge, Kostenstellen und Projekte
- Transferpreisvereinbarungen zwischen Projekten
- Transferpreisverrechnungen zwischen Projekten

8.2.8 Archivierungsobjekte im Modul QM

Dieses Modul beschäftigt sich mit der Aufgabenstellung, entlang der logistischen Prozesskette dafür Sorge zu tragen, dass sowohl die Prozesse an sich als auch die in den Prozessen verarbeiteten Einheiten den Anforderungen, denen sie unterliegen, gerecht werden.

Qualitativ hochwertige Produkte fördern langfristige Kunden-Lieferantenbeziehungen, sparen Geld und verbessern die Wettbewerbsfähigkeit. Daneben haben sie eine nachhaltige, positive Wirkung auf die Kundenzufriedenheit und die Einhaltung von Qualitätssicherungsnormen.

Auch in den internationalen Qualitätsnormen ISO 9000 wird verlangt, dass das Qualitätsmanagementsystem sämtliche Prozesse in einem Unternehmen durchdringt.

Mit der Anwendung QM lassen sich Abläufe zur Erreichung eines hohen Qualitätsniveaus in jeder Phase der logistischen Kette zielgerichtet realisieren. Mit diesem Ziel vor Augen ist die Anwendung QM eng mit anderen Anwendungen im System R/3 integriert. Die Einbindung in ein logistisches System bietet Vorteile, die durch eine dezentrale Insellösung nur mit hohem Aufwand zu erreichen sind:

Der Einkauf erhält aktuelle Qualitätskennzahlen für die Lieferantenbeurteilung sowie qualitätsbezogene Daten für Anfragen und Bestellungen. Bei kritischen Materialien kann gezielt eine Lieferantenfreigabe durch das Qualitätswesen erfolgen. Vom Qualitätsmanagement vorgegebene Steuerungsdaten legen fest, welche Materialien geprüft und in den Qualitätsprüfbestand gestellt werden müssen – beispielsweise zwecks Wareneingangsprüfung, Produktionsprüfung oder Abnahmeprüfung. Damit wird gewährleistet, dass nur Ware an nachgelagerte Prozesse weitergereicht wird, die den vorgegebenen Qualitätsansprüchen genügt.

Die zentrale Qualitätsplanung gewährleistet die Aktualität und Dokumentation der Qualitätsanforderungen im Hinblick auf Qualitätsmerkmale, Prüfmethoden und Spezifikationen. Die Modularisierung der Stammdaten fördert eine einheitliche und rationelle Prüfplanung. Problemlösung (inkl. Anbindung an den SAP Business Workflow) initiieren und permanent überwachen. Die im Zusammenhang mit der Qualitätsmeldung angefallenen Kosten können durch die Integration in die SAP Kostenrechnung (CO) transparent aufgezeigt werden. Das Funktionsangebot wird durch ein Internet-Szenario, das die dezentrale Meldungserfassung erlaubt, abgerundet. Damit lassen sich die Kunden direkt in den Prozess der Problembearbeitung einbinden.

Neben den Versandpapieren kann der Warenlieferung ein Qualitätszeugnis beigefügt werden, das die Produktqualität dem Kunden gegenüber bescheinigt. Anstelle eines Zeugnisausdrucks kann das Zeugnis auch direkt per Telefax versendet werden. Darüber hinaus besteht für die Kunden die Möglichkeit, das Zeugnis über das Internet abzurufen. Zusammen ergeben die Funktionen der Anwendung QM ein computerintegriertes Qualitätsmanagementsystem (CIQ) und bilden die solide Grundlage für »Total Quality Management«.

Die Durchführung einer Qualitätsprüfung wird im System R/3 durch Prüflose und Ergebnisse dokumentiert. Man kann die Ergebniserfassung direkt am R/3 Front-End durchführen, Prüf- und Messmittel für die Ergebnisübernahme an das System R/3 anbinden oder über eine Standardschnittstelle Prüfvorgaben an ein untergelagertes System reichen und von dort die Ergebnisdaten übernehmen. Auf der Grundlage bestimmter Qualitätsmerkmale können Materialen in getrennten Chargen verwaltet werden, wobei die im QM ermittelten Chargenmerkmale als Grundlage für die Chargenselektion in der Lieferung genutzt werden.

Die Statistische Prozessregelung (SPC) dient zur Überwachung, Regelung und Verbesserung von Prozessen. QM unterstützt dabei verschiedene Qualitätsregelkarten und stellt dem Unternehmen mit dem QM-Informationssystem ein Werkzeug für die Planung, die Überwachung, die Auswertung und die Lenkung der Qualität zur Verfügung. Qualitätsbezogene Probleme an Produkten oder Dienstleistungen lassen sich effizient und flexibel mit dem Qualitätsmeldungssystem lösen. Qualitätsmeldungen werden im System R/3 umfassend für die Abwicklung von Mängelrügen an Lieferanten, internen Problemmeldungen und Kundenreklamationen eingesetzt.

Folgende Archivierungsobjekte sind der Anwendung QM zugeordnet:

- QM_CONTROL (Prüflose)
- QM_PLAN (Prüfpläne)
- QM_QMEL (Qualitätsmeldungen)
- QM_CHARACT (Stammprüfmerkmale)
- QM_METHOD (Prüfmethoden)

QM_CONTROL (Prüflose)

Mit dem Archivierungsobjekt QM_CONTROL lassen sich QM-Bewegungsdaten zu Prüfungen, also Prüflose, archivieren. Wenn Sie Prüflose archivieren, wird die gesamte logische Datenbank PGQ mit Ausnahme der Materialbelege archiviert. Es werden nicht alle Segmente physisch ins Archiv geschrieben, sondern nur diejenigen Tabellen zum Prüflos archiviert, die notwendig sind, um die logische Struktur der Datenbank aus dem Archiv liefern zu können. Das System archiviert zusätzlich Langtexte, Änderungsbelege und Statusinformationen zu Prüflos und Teillos.

Ein Prüflos kann nur archiviert werden,

- Wenn es storniert wurde oder wenn ein Verwendungsentscheid getroffen wurde
- Wenn die letzte Änderung des Verwendungsentscheids länger zurückliegt, als die Residenzdauer
- Das bestandsrelevante Prüflos vollständig entlastet ist
- Wenn das Prüflos in keinem der folgenden Datensätze verwendet wird:
  - Fertigungsauftragskopf
  - Lieferscheinposition
  - Transportbedarfsposition ohne Endlieferungskennzeichen
  - Qualitätslage

QM_PLAN (Prüfpläne)

Das Archivierungsobjekt QM_PLAN ermöglicht die Archivierung von einzelnen Prüfplänen. Mit dem Archivierungsobjekt für Prüfpläne kann man Prüfpläne oder Prüfplangruppen, auf die kein unmittelbarer Zugriff im System mehr nötig ist, archivieren. Die Daten werden in Archivdateien geschrieben und, wenn dieser Vorgang erfolgreich war, aus dem System gelöscht. Das Zurückladen der Daten ist nicht vorgesehen.

Das Archivierungsobjekt QM_PLAN umfasst einzelne Prüfpläne, die durch Plangruppe und Plangruppenzähler eindeutig identifiziert sind. Man muss daher nicht die gesamten Plangruppen archivieren und löschen, sondern kann auch einzelne Pläne innerhalb verschiedener Plangruppen selektiv archivieren und löschen.

Das Archivierungsobjekt QM_PLAN zur Archivierung von Prüfplänen enthält folgende Daten zum Prüfplan:

- Material-Plan-Zuordnung
- Vorgänge
- Fertigungshilfsmittel
- Klassifizierungsdaten
- Prüfmerkmale und Prüfmerkmalswerte
- CAP-Daten (Teiloperationen und Merkmalswerte)
- Texte

Ein Prüfplan kann nicht archiviert werden,

- Sobald eine Verwendung (z.B. im Prüflos, Serienauftrag) nachgewiesen wird
- Wenn der zu archivierende Standardplan in einem Prüfplan referenziert wird
- Wenn der Änderungsstand nach dem Stichtag endet

QM_QMEL (Qualitätsmeldungen)

Das Archivierungsobjekt QM_QMEL archiviert Qualitätsmeldungen des Qualitätsmanagement-Moduls. Mit dem Archivierungsobjekt für Qualitätsmeldungen können Daten von Qualitätsmeldungen, auf die kein unmittelbarer Zugriff im System mehr nötig ist, archiviert werden. Die Daten werden in Archivdateien geschrieben und, wenn dieser Vorgang erfolgreich war, aus dem System gelöscht.

Eine Ausnahme bildet der Workflow der Qualitätsmeldungen, der nur archiviert, aber nicht gelöscht werden kann. Der Workflow wird mit dem Archivierungsobjekt WORKITEM archiviert und anschließend gelöscht.

QM_CHARACT (Stammprüfmerkmale)

Archivierungsobjekt zur Archivierung von Stammprüfmerkmalen (Archivierungsobjekt QM_CHARACT) und Prüfmethoden (Archivierungsobjekt QM_METHOD) der Anwendungskomponente Qualitätsmanagement (QM).

Mit den Archivierungsobjekten für Stammdaten kann man Stammdaten, auf die kein unmittelbarer Zugriff im System mehr nötig ist, archivieren. Die Daten werden in Archivdateien geschrieben und, wenn dieser Vorgang erfolgreich war, aus dem System gelöscht.

QM_METHOD (Prüfmethoden)

Archivierungsobjekte zur Archivierung von Stammprüfmerkmalen (Archivierungsobjekt QM_CHARACT) und Prüfmethoden (Archivierungsobjekt QM_METHOD) der Anwendungskomponente Qualitätsmanagement (QM).

Mit den Archivierungsobjekten für Stammdaten kann man Stammdaten, auf die kein unmittelbarer Zugriff im System mehr nötig ist, archivieren. Die Daten werden in Archivdateien geschrieben und, wenn dieser Vorgang erfolgreich war, aus dem System gelöscht.

8.2.9 Archivierungsobjekte im Modul SD

In den Unternehmen finden heutzutage grundlegende Umstrukturierungen statt, die auch den Vertrieb und das Vertriebsnetz (d.h. die logistische Kette) betreffen. Diese Marktkräfte, aufgrund deren Änderungen in den Vertriebsnetzen der Unternehmen erforderlich werden, spiegeln verschiedene Tendenzen wider:

- Die Produktentwicklungszyklen werden kürzer und überschneiden sich bei Unternehmen, die über ein großes Produktsortiment verfügen.
- Die Erwartungen der Kunden steigen kontinuierlich. Sie erwarten Waren von hoher Qualität zu niedrigen Preisen.
- Neuerungen in der Informationstechnologie ermöglichen die elektronische Online-Verarbeitung von Kundenaufträgen, auch über große Entfernungen hinweg.
- Die Globalisierung der Unternehmen erfordert Systeme, mit denen Waren und Informationen schnell und zuverlässig über jegliche Distanz hinweg geliefert werden können.
- Die Rolle der Verteiler gegenüber den Produktionsunternehmen wird zunehmend stärker und einflussreicher.
- Der Druck, die Kosten zu senken, wird durch den anhaltenden Druck, Dienstleistungen schneller und qualitativ hochwertiger anzubieten, noch verstärkt.

Die heutigen Kräfte des Marktes zwingen Unternehmen, gleichzeitg ihren Kundenservice zu verbessern, den Gesamtproduktzyklus von Auftrag über Lieferung bis hin zur Rechnungstellung zu kürzen, die Qualität des Vertriebsnetzes zu verbessern und die Vertriebskosten zu senken. Es gibt drei Methoden, um diese Ziele zu erreichen: Geschäftsprozessoptimierung, der Einsatz neuer Technologien und die strategische Zusammenarbeit mit Kunden.

Der Bedarf an strategischer Zusammenarbeit ist auf die Tatsache zurückzuführen, dass Markttendenzen zunehmend vom Kunden bestimmt werden. Kunden erwarten, dass ihre Bedürfnisse erfüllt werden. Um diesem harten Wettbewerb um Kunden entgegenzutreten, entwickeln vorausdenkende Unternehmen enge Geschäftsbeziehungen zu Lieferanten und Kunden. Dadurch verringern sie den Wettbewerb auf ein Mindestmaß, während sie ihre Möglichkeiten, die Kundenanforderungen zu erkennen und zu erfüllen, maximieren. Mit den Modulen des R/3-Systems kann jede dieser Methoden erfolgreich eingesetzt werden.

Durch das Vertriebsmodul werden alle Aufgaben unterstützt, die zur Durchführung der Aktivitäten innerhalb der Vertriebslogistik erforderlich sind. Dies beinhaltet alle wichtigen Funktionen des Vertriebs wie z.B.:

- Stammdatenpflege
- Materialfindung
- Preisfindung
- Verfügbarkeitsprüfung
- Kalkulation
- Kreditlimitprüfung
- Gut- und Lastschriftsbearbeitung
- Retourenbearbeitung
- Kommissionierung
- Transportplanung
- Abwicklung von Außenhandelsgeschäften

Mit dem Vertriebsmodul können Produkte an Geschäftspartner verkauft und auch Dienstleistungen erbracht werden. Alle dazu erforderlichen Daten werden in den so genannten Stammdaten abgelegt. Diese Stammdaten bilden dann die Basis für alle Tätigkeiten in der Abwicklung des Vertriebs. Das SD-Modul ermöglicht damit neben der Verwaltung dieser Stammdaten die Ausführung aller Aufgaben

- des Verkaufs,
- des Versands
- und der Fakturierung.

Durch den Aufbau eines transparenten Belegflusses anhand der so genannten Vertriebsbelege kann der Anwender ausgehend von einem Kontakt, einer Anfrage, einem Angebot, einem Auftrag, einer Lieferung oder einer Faktura jederzeit den aktuellen Stand zu einem Geschäftsvorfall entlang der logistischen Kette erzeugen. Dadurch ergibt sich für das Unternehmen die Möglichkeit, schnell und flexibel auf sich verändernde Marktanforderungen zu reagieren.

Folgende Archivierungsobjekte sind der Anwendung SD unter anderem zugeordnet:

- SD_COND (Konditionssätze)
- RV_LIKP (Lieferungsbelege)
- SD_VBAK (Verkaufsbelege)
- SD_VBKA (Vertriebskontakte)
- SD_VBRK (Fakturen)
- SD_VTTK (Transporte)

SD_COND (Konditionssätze)

Mittels des Archivierungsobjekts SD_COND lassen sich Konditionssätze archivieren. Derzeit können nur Konditionssätze der Preisfindung archiviert werden.

Vor der ersten Verwendung des Archivierungsobjekts sollte man das Anwendungscustomizing prüfen.

RV_LIKP (Lieferungsbelege)

Das Archivierungsobjekt RV_LIKP archiviert im SD-Modul entstehende Lieferungsbelege. Auslieferungen sollten vor Vertriebsbelegen und Fakturen archiviert werden. Die Reihenfolge ergibt sich aus der Verknüpfung der Belege durch den Fluss. Anlieferungen, die nicht relvant für Warenbewegungen sind, können erst nach dem Archivieren der zugrunde liegenden Bestellung archiviert werden. Warenbewegungsrelevante Anlieferungen sind nach dem Buchen des Wareneingangs erledigt und können nach der erfolgreichen Prüfung der übrigen Bedingungen direkt archiviert werden. Bei Vorhandensein zugehöriger Transporte können Lieferungen erst nach erfolgter Archivierung dieser Transporte archiviert werden.

SD_VBAK (Verkaufsbelege)

Mittels des Archivierungsobjekts SD_VBAK werden Verkaufsbelege wie Anfragen, Angebote, Aufträge und Kontrakte archiviert. Vor der Archivierung von Verkaufsbelegen sollten zunächst die Lieferungen archiviert werden. Die Reihenfolge ergibt sich aus der Verknüpfung der Belege durch den Fluss. Eine Abhängigkeit zu den Fakturen besteht nicht.

SD_VBKA (Vertriebskontakte)

Archivierungsobjekt zur Archivierung von Vertriebskontakten. Vertriebskontakte können unabhängig von anderen Vertriebsbelegen archiviert werden.

SD_VBRK (Fakturen)

Mit diesem Objekt können alle Arten von SD-Fakturen wie Rechnungen, Lastschriften, Gutschriften, Stornos etc. archiviert werden. Vor der Archivierung von Fakturen sollten zunächst die Lieferungen archiviert werden. Die Reihenfolge ergibt sich aus der Verknüpfung der Belege durch den Fluss. Eine Abhängigkeit zu den Verkaufsbelegen besteht nicht.

SD_VTTK (Transporte)

Mittels des Archivierungsobjekts SD_VTTK können Transporte zu Lieferungen des SD-Moduls archiviert werden. Bei der Archivierung von Transportaufträgen, für die Arbeiterleistungsdaten erfasst werden sollen, prüft das System, ob die Leistungsdaten vollständig bearbeitet wurden. Die Prüfung findet in der logischen Datenbank RTL statt.

8.2.10 Modulübergreifende Archivierungsobjekte bzw. der R/3-Basis zugeordnete Archivierungsobjekte

Folgende Archivierungsobjekte seien hier beispielhaft genannt:

- WORKITEM (Workitems Business-Workflow)
- MC_SELVS (Selektionsversionen)
- IDOC (EDI/ALE-Zwischenbelege)
- MC_S*** (Informationssysteme)
- CV_DVS (Dokumenteninformationssätze)
- CATPROARCH (CATT-Protokolle)
- CATS_DATA (Arbeitszeit-Blattdaten)
- ARCHIVELINK (Verknüpfungseinträge SAP ArchiveLink)

- BC_ARCHIVE (Archivadministration)
- BC_DBLOGS (Tabellenänderungen)
- US_USER (Benutzeränderungen)
- US_AUTH (Berechtigungsänderungen)
- US_PROF (Profiländerungen)

WORKITEM (Workitems Business-Workflow)

Für die Archivierung von Workitems des SAP-Business-Workflow-Systems steht das Archivierungsobjekt WORKITEM zur Verfügung. Das System archiviert alle Daten, die zu einem Workitem gehören und die keine reinen Laufzeitdaten sind. Sie können nur beendete Workflow-Workitems archivieren. Dabei werden auch alle von diesem Workflow-Workitem abhängigen Workitems archiviert. Ein Workitem, dass von übergeordneten Workitems abhängt, kann nicht alleine archiviert werden. Archiviert werden die Protokolldaten, die Daten des Workflow-Managers und die abhängigen Workitems.

Die Objekte im Container eines Workitems werden nur als Verweise archiviert. Gleiches gilt für die Anlagen zu einem Workitem. Die Anlagen selbst werden nicht archiviert, weil diese Anlagen auch Objekte außerhalb des R/3-Systems sein können (z.B. Microsoft Word-Dateien), für die eine Archivierung derzeit nicht vorgesehen ist.

MC_SELVS (Selektionsversionen)

Mittels des Archivierungsobjekts MC_SELVS können Selektionsversionen des Logistik-Informationssystems archiviert werden. Selektionsversionen können jederzeit archiviert werden, wenn sie im operativen Betrieb nicht mehr benötigt werden. Selektionsversionen basieren auf Informationsstrukturen. Da die Informationsstrukturen in der Regel eigendefiniert sind, ist es nicht möglich, das Datenvolumen global einzuschätzen.

IDOC (EDI/ALE-Zwischenbelege)

Durch das Archivierungsobjekt IDOC werden so genannte Zwischenbelege, die beim Datenaustausch mit anderen Systemen via EDI (Electronic Data Interchange) oder ALE (Application Link Enabling) entstehen, archiviert.

MC_S*** (Informationssysteme)

Achivierungsobjekt MC_Snnn zur Archivierung von Statistikdaten in der Komponente Logistik-Informationssystem (LO-LIS). Die Archivierung von Statistikdaten erfolgt in Abhängigkeit von der Informationsstruktur.

Im Einstiegsbild der Transaktion muss man eine Informationsstruktur angeben (z.B. S001, S004). Zu dieser Informationsstruktur wird automatisch ein Archivierungsobjekt MC_Snnn (Snnn steht für die Datenbanktabelle zur Informationsstruktur) generiert (z.B. MC_S001, MC_S004).

Die Daten können jederzeit archiviert werden, wenn sie im operativen Betrieb nicht mehr benötigt werden. Statistikdaten in detaillierten Informationsstrukturen sollten häufiger archiviert werden, Statistikdaten in aggregierten Informationsstrukturen dagegen seltener. Mit Hilfe des LIS-Copy Management können Sie aggregierte Informationsstrukturen in regelmäßigen Abständen aus detaillierten Informationsstrukturen füllen.

CV_DVS (Dokumenteninformationssätze)

Archivierungsobjekt CV_DVS zur Archivierung von Dokumentinformationssätzen (Dokumente) der Komponente Anwendungsübergreifende Funktionen (CA).

Dokumentinformationssätze, die nicht mehr für die Verwaltung von Dokumenten und deren Originaldateien benötigt werden, kann man durch die Löschvormerkung kennzeichnen. Das Archivierungsobjekt CV_DVS ermöglicht, diese Dokumentinfosätze zu archivieren. Nach dem Archivierungslauf kann man die archivierten Dokumente löschen

CATPROARCH (CATT-Protokolle)

Archivierungsobjekt CATPROARCH zur Archivierung von Ablaufprotokollen des CATT. Ablaufprotokolle werden bei jedem Start eines CATT-Testobjekts erzeugt. Es werden nur die Protokolle für die Archivierung vorgemerkt, die mit dem CATT-Prüfkennzeichen versehen sind. Dieses Prüfkennzeichen kann in den Benutzerfestwerten des Testers gesetzt werden. Weiterhin kann einem Protokoll dieses Kennzeichen auch manuell zugeordnet werden.

Es wird empfohlen, die Ablaufprotokolle in festen Zeiträumen wie z.B. zweiwöchig zu archivieren. Die Zeiträume sollten je nach Testaufkommen im System variiert werden. Eine Abhängigkeit zu anderen Archivierungsobjekten besteht nicht. Die Archivierung von Ablaufprotokollen erfolgt mandantenübergreifend.

CATS_DATA (Arbeitszeit-Blattdaten)

CATS_DATA zur Archivierung von Daten der Datenbanktabelle des Arbeitszeitblattes CATSDB. Indem man nicht mehr zur Bearbeitung benötigte Arbeitszeit-Blattdaten in Archivdateien auslagert, ist es möglich, die Performance des Arbeitszeitblattes wesentlich zu verbessern.

ARCHIVELINK (Verknüpfungseinträge SAP ArchiveLink)

Archivierungsobjekt ARCHIVELINK zur Archivierung von Verknüpfungseinträgen von SAP ArchiveLink.

Dokumente, die mit SAP ArchiveLink in ein externes Ablagesystem ausgelagert werden, erhalten einen eindeutigen Bezug zu einem in den R/3-Anwendungskomponenten erzeugten Business-Objekt durch Verknüpfungseinträge. In der Datenbank erfolgt in der Verknüpfungstabelle während des laufenden Betriebs die Zuordnung des jeweiligen Business-Objekts zu dem dazugehörigen abgelegten Dokument.

Jedem Verknüpfungseintrag kann ein Verfallsdatum mitgegeben werden. Sobald das Verfallsdatum erreicht wurde, können die jeweiligen Verknüpfungseinträge über die Archivierungstransaktion des ADK archiviert und von der Datenbank gelöscht werden.

BC_ARCHIVE (Archivadministration)

Archivierungsobjekt BC_ARCHIVE zur Archivierung der Archivadministrationsdaten. Dieses Archivierungsobjekt kann man zum Auslagern von Informationen über Archivierungsläufe verwenden, die in der Verwaltung beliebiger Archivierungsobjekte zum Archivieren vorgemerkt wurden.

US_USER (Benutzeränderungen)

Das Archivierungsobjekt US_USER archiviert Kennwortänderungssätze aus Tabelle USRH02. Das Objekt US_PASS archiviert alle anderen Änderungssätze für Änderungen des Benutzerstammsatzes. So werden z.B. Berechtigungsänderungen in einem Benutzerstammsatz aufgezeichnet. Diese Aufzeichnungen werden in Tabelle USRH04 abgelegt.

US_AUTH (Berechtigungsänderungen)

Das Archivierungsobjekt US_AUTH archiviert Änderungssätze für Berechtigungsänderungen aus Tabelle USRH10. Wenn man Berechtigungsänderungssätze archiviert, hat dies keinerlei Auswirkungen auf andere archivierbare Daten. Zwischen Berechtigungsänderungssätzen und anderen archivierbaren Daten bestehen keine besonderen Abhängigkeiten oder Beziehungen.

SAP empfiehlt eine Verweildauer von 10 Jahren für alle Änderungssätze für Benutzer- und Berechtigungsänderungen. Änderungssätze werden gemäß dem vom Anwender angegebenen Datum archiviert. Alle Sätze, die älter sind als das angegebene Datum, werden ebenfalls archiviert. Alte Archive werden nicht automatisch gelöscht.

US_PROF (Profiländerungen)

Das Archivierungsobjekt US_PROF archiviert Änderungssätze für Änderungen von Berechtigungsprofilen aus Tabelle USRH12. Wenn man Profiländerungssätze archiviert, hat dies keinerlei Auswirkungen auf andere archivierbare Daten. Zwischen Profiländerungssätzen und anderen archivierbaren Daten bestehen keine besonderen Abhängigkeiten oder Beziehungen.

8.2.11 Archivierungsobjekte des Moduls SM

Die zunehmende Globalisierung der Märkte führt zu einem immer härteren Wettbewerb zwischen den Unternehmen. Nach einer Änderung in den Unternehmenszielen spielt der Kundendienst heute als eigenständiger Geschäftszweig eine wichtige Rolle. Die moderne Systemlandschaft ist durch eine mangelnde Integration zwischen den kaufmännischen Systemen (z.B. Servicevertragsverwaltung, Fakturierung) und den eher technischen Systemen wie Kundenobjektverwaltung, Serviceabwicklung etc. gekennzeichnet. Es ist fast unmöglich, schnelle Entscheidungen auf der Grundlage von Servicevertragsverpflichtungen und Ressourcenverfügbarkeit zu treffen. Mit dem Servicemanagementsystem steht dazu eine hochintegrierte, eigenständige Branchenlösung zur Verfügung.

Die Verwaltung der Serviceobjekte des Kunden mit Konfiguration und Historie ist ein zentraler Bestandteil des Systems.

Langfristige Servicevereinbarungen werden in Serviceverträgen bzw. Gewährleistungsbedingungen festgehalten, die bei der Protokollierung eines Serviceabrufs abgeprüft werden. Bei der Serviceabwicklung werden protokollierte Kundenabrufe automatisch gegen Servicevertragsverpflichtungen und Gewährleistungsbedingungen geprüft. Zur Erfassung von Aktionen, Schadensbildern, Schadensursachen, Ersatzteilfindung etc. können neben einem umfassenden Kennzeichenkatalog auch freie Datenformate verwendet werden. Alle Serviceleistungen werden in einer Historiendatenbank gespeichert. Außerdem steht ein leistungsfähiges Informationssystem zur Verfügung, das Wünschen der Unternehmen entsprechend angepasst werden kann.

Abrechnung und Fakturierung können bei Serviceverträgen periodisch und bei Serviceaufträgen nach Zeit- und Materialaufwand erfolgen.

Folgende Archivierungsobjekte sind der Anwendung SM zugeordnet:

Keine!

8.3 Archivierungsobjekte mit dem größten Tabellenwachstum

Nachfolgend sind weitere nützliche Detailinformationen zu den Archivierungsobjekten mit dem größten Tabellenwachstum aufgeführt. Die Archivierungsobjekte sind nach Anwendungskomponenten geordnet. Es handelt sich unter anderem um die folgenden Archivierungsobjekte:

- CO_ITEM
- COPA1_*
- FI_DOCUMNT
- FI_GLF_IT
- FI_SL_DATA
- MM_ACCTIT

8.3.1 CO_ITEM

Verfügbare Programme

Schreibprogramm: RKCOITWR

Löschprogramm: RKCOITDL

Realisierung der Anzeigefunktionalität

Für das sequentielle Lesen gibt es einen Vorabtransport, siehe SAP-Hinweis Nr. 73152. Folgende Leseprogramme sind verfügbar: RKCOITS4, RKCOITS1 und RKCOITS2. Ab Release 4.0 können CO-Einzelpostenberichte im Archiv gelesen werden.

Customizing-Funktionen

Customizing-Residenzzeiten: Transaktion SM30, Tabelle ARCU_COIT1

Customizing-Blockgröße: Transaktion SM30, Tabelle ARCU_COIT2. Hierbei ist zu beachten, dass die Pflege der Tabelle ARCU_COIT2 nicht obligatorisch ist; die Archivierung mittels CO_ITEM ist auch ohne die Pflege dieser Tabelle möglich.

Abhängigkeiten bzw. festgelegte Reihenfolgen bei der Archivierung

Mit CO_ITEM können auch CO-Daten, die von Kundenaufträgen fortgeschrieben wurden, archiviert werden. Daher kann ein Reihenfolgeproblem auftreten, da mit dem Archivierungsobjekt CO_ITEM auch Einträge archiviert werden, für die das Archivierungsobjekt SD_VBAK zuständig ist. Diese Überschneidung zwischen den Archivierungsobjekten SD_VBAK und CO_ITEM betrifft nur die Objektart »VBP« (Verkaufsbelegpositionen).

8.3.2 COPA1_*

Wenn in der Ergebnis- und Marktsegmentrechnung (CO-PA) ein Ergebnisbereich generiert wird, werden das Archivierungsobjekt COPA1_xxxx für die kalkulatorische Ergebnisrechnung (wobei xxxx für den Ergebnisbereich steht) und die dazugehörigen Schreib-, Lösch- und Rückladeprogramme generiert.

Programme

Schreibprogramm: RK4A****

Löschprogramm: RK4B****

Rückladeprogramm: RK4C****

(»****« steht für den 4-stelligen Ergebnisbereich)

Realisierung der Anzeigefunktionalität

Die Archivdateien können über das CO-PA-Berichtswesen sequentiell gelesen werden.

Customizing-Funktionen

Kein archivierungsspezifisches Customizing verfügbar

Abhängigkeiten bzw. festgelegte Reihenfolgen bei der Archivierung

Beim Löschen empfiehlt sich, die Funktion »Verdichtungen löschen« zu markieren. Unter Umständen kann es sonst zu falschen Daten in Berichten oder in der Planung kommen, wenn beispielsweise eine Planversion in einem archivierten Zeitraum neu beplant wird, oder wenn ein Bericht gleichzeitig archivierte Daten und Verdichtungsebenen liest. Verdichtungsebenen sowie Verdichtungs- und Sicherungsdaten müssen dann nach dem Löschen bzw. Rückladen von Archivdaten neu aufgebaut werden.

8.3.3 FI_DOCUMNT

Die Finanzbuchhaltungsbelege bilden die größte und wichtigste an der Hauswährungsumstellung beteiligte Datenbasis. Wenn eine solche Umstellung geplant ist (insbesondere wenn die Archivierung im gleichen Geschäftsjahr vor der Umstellung liegt), wird dringend auf die Anweisungen in den entsprechenden Leitfäden zur Hauswährungsumstellung verwiesen. Man beachte auch, dass es zur Ergänzung und Sicherstellung dieser Anweisungen entsprechende Hot-Packages gibt (siehe SAP-Hinweis Nr. 99059), die gegebenenfalls noch installiert werden müssen.

Programme

Schreibprogramm: SAPF048

Löschprogramm: SAPF048D

Indexabbauprogramm: SAPF048I

Indexaufbauprogramm: SAPF048S

Rückladeprogramm: SAPF049

Leseprogramme:

- SAPF048A (technische Archivanalyse)
- SAPF048S (Archiv-Browser)

Realisierung der Anzeigefunktionalität

- sequentielles Lesen
- Einzelbelegzugriff

Es gibt entsprechende (gekapselte) Funktionsbausteine für den Einzelbelegzugriff und den sequentiellen Zugriff auf das Archiv:

- FI_DOCUMENT_ARCH_READ_NEXT (nur für Archiv)
- FI_DOCUMENT_READ_SINGLE (für Datenbank und Archiv)

Ab Release 4.5A können alle Lesezugriffe auf das Archiv so eingestellt werden, dass Sie für die Anzeige eine Währungsumrechnung gemäß der Hauswährungsumstellung (Euro) durchführen können (siehe persönliches Customizing in der Transaktion FB00). Ob ein Einzelbelegzugriff möglich ist, hängt ab von der Lesbarkeit der Archive sowie von der Existenz entsprechender Indizes bzw. der Verwendung adäquater (frei einstellbarer), persönlicher Suchstrategien (siehe Indexaufbau SAPF048S und persönliches Customizing FB00).

Customizing-Funktionen

Für FI_DOCUMNT gibt es grundsätzlich zwei Arten des Customizings:

- Customizing des Archivierungsverhaltens (Laufzeiten der Objekte in der Datenbank) und des Indexlöschverhaltens (Laufzeiten der Indizes in der Datenbank)

- Persönliches Customizing des Archivzugriffs (Suchstrategien, bedingter/ unbedingter Zugriff, Umrechnung während des Lesens)

Customizing des Zugriffs

Innerhalb der Transaktion FB00 können benutzerspezifische Parameter gesetzt werden. Es gibt folgende Suchstrategien (ab 4.0A): ohne Archiv und mit Archiv (über Index, Inhaltsverzeichnis). Die Umrechnung der Beträge beim Lesen erfolgt gemäß Hauswährungsumsetzung (ab 4.5A).

Abhängigkeiten bzw. festgelegte Reihenfolgen bei der Archivierung

FI_DOCUMNT ist von keinem anderen Archivierungsobjekt abhängig. Es gibt jedoch andere Archivierungsobjekte, die von FI_DOCUMNT abhängig sind: FI_MONTHLY (FI-Verkehrszahlen) sowie FI_ACCOUNT, FI_ACCPAYB und FI_ACCRECV (jeweils FI-Stammdaten). Des Weiteren gibt es die Abhängigkeit, dass Sekundärindizes erst gelöscht werden können, wenn die dazugehörigen Belege bzw. (ab 4.5A; siehe SAP-Hinweis Nr. 81489) die Vorgängerbelege archiviert wurden.

8.3.4 FI_GLC_IT

Programme

Schreibprogramm: RGUARCGL

Löschprogramm: RGUDELGL

Leseprogramme: RGUGLFLEXA (Lesen von Ist-Einzelposten)

RGUGLFLEXP (Lesen von Plan-Einzelposten)

Rückladeprogramm: RGURELGL

Realisierung der Anzeigefunktionalität

- sequentielles Lesen
- Einzelbelegzugriff

Die oben aufgeführten Leseprogramme ermöglichen einen sequentiellen Lesezugriff. Im Standard sind ein Ist-Einzelposten- und Plan-Einzelposten-Report (ABAPs) zu den Tabellen GLFLEXA und GLFLEXP ausgeliefert. Diese können die Daten sowohl aus dem Archiv als auch aus der Datenbank lesen. Des Weiteren ist ein Absprung von den Summen auf die korrespondierenden Einzelposten, und im nächsten Schritt auf den Originalbeleg möglich (unabhängig davon, ob sich dieser in der Datenbank oder im Archiv befindet). Ab Release 4.0

ist der Report-Writer/Report-Painter für alle Archivierungsobjekte an das Archiv angeschlossen. Für die »kontenweise« bzw. »belegweise« sortierte Archivierung (siehe Ratgeber zur FI-GLFLEX-Archivierung) ist ein Lesezugriff über das SAP Archivinformationssystem (Transaktion SARI) möglich, falls »belegweise sortiert« archiviert wurde, ist der Zugriff ein so genannter »Einzelbelegzugriff«.

Customizing-Funktionen

Die Customizing-Einstellungen für die Archivierung sind über die Transaktion AOBJ erreichbar. Mit Hilfe der Customizing-Transaktion GLAREP können alle archivierungsrelevanten Report-Writer-/Report-Painter-Berichtsgruppen für die oben genannten Tabellen dem entsprechenden Archivierungsobjekt zugeordnet und direkt gestartet werden.

Abhängigkeiten bzw. festgelegte Reihenfolgen bei der Archivierung

Zur Laufzeit findet eine Konsistenzprüfung gegen die Kopfdatentabelle BKPF statt (Archivierungsobjekt FI_DOCUMNT), und zwar für die Ledger, die an den Splitprozessor angeschlossen sind. Ferner können die korrespondierenden Summen des Flexiblen Hauptbuchs (Archivierungsobjekt FI_GLF_SUM) erst nach der Archivierung der Einzelposten archiviert werden.

8.3.5 FI_SL_DATA

Programme

Schreibprogramm: RGUARCSL

Löschprogramm: RGUDELSL

Rückladeprogramm: RGURELSL

Leseprogramme:

Für Releases 3.0D bis 3.1I:

RGURDASL (Lesen von Ist-Einzelposten)

RGURDPSL (Lesen von Plan-Einzelposten)

RGURDTSL (Lesen von Summensätzen)

Ab Release 4.0: Generierung von Lese-ABAPs (tabellenweise für Plan- und Ist-Einzelposten sowie Summentabellen) über die Transaktion GAR9 (auch über Transaktion SARA sowie IMG erreichbar). Diese ABAP-Reports sind miteinander verknüpft, so dass ein Drill-down von den Summen auf die Einzelpostenreports möglich ist. Ausgelieferte Beispielberichtsgruppen 0M11 und 0M12 (weitere können mit Transaktion GAR8, SARA oder über IMG eingetragen werden). Für Release 4.5A wurden diese Programme im Rahmen einer Überarbeitung des Archivierungsobjekts FI_SL_DATA geändert. Für niedrigere Releasestände (bis einschließlich 3.0D) können die neuen Programme vom Server SAPSERVx importiert werden (siehe SAP-Hinweis Nr. 84766).

Realisierung der Anzeigefunktionalität

Die oben aufgeführten Leseprogramme ermöglichen einen sequentiellen Lesezugriff. Im Standard sind ein Ist-Einzelposten-, Plan-Einzelposten- und Summensatzreport (ABAPs) zu den Tabellen GLT1, GLS1, GLP1, GLFUNCT, GLFUNCA, GLFUNCP, FILCT, FILCA und FILCP ausgeliefert. Diese können die Daten (ab Release 4.0) sowohl aus dem Archiv als auch aus der Datenbank lesen (bis Release 3.1I nur aus dem Archiv). Des Weiteren ist ab Release 4.0 (bis 3.1I geht das noch nicht, kann aber gegebenenfalls nachentwickelt werden) ein Absprung von den Summen auf die korrespondierenden Einzelposten, und im nächsten Schritt auf den Originalbeleg möglich (unabhängig davon, ob sich dieser in der Datenbank oder im Archiv befindet). Ab 4.0 ist der Report-Writer/-Painter für alle Archivierungsobjekte an die Datenarchivierung angeschlossen. Für die »kontenweise« bzw. »belegweise« sortierte Archivierung (siehe Ratgeber zur FI-SL-Archivierung) ist ein Lesezugriff über das SAP Archivinformationssystem (Transaktion SARI) geplant (problematisch, weil im FI-SL Tabellen vom Kunden generiert werden können).

Customizing-Funktionen

Das Customizing kann über die Transaktionen GAR8, GAR9 und GCAG vorgenommen werden.

Abhängigkeiten bzw. festgelegte Reihenfolgen bei der Archivierung

Zur Laufzeit findet eine Konsistenzprüfung gegen die Kopfdatentabelle BKPF für Ledger statt, die an den Splitprozessor angeschlossen sind. Summen können erst nach Archivierung der korrespondierenden Einzelposten archiviert werden.

8.3.6 MM_ACCTIT

Programme

Schreibprogramm: RGUARCMM

Löschprogramm: RGUDELMM

Rückladeprogramm: RGURELMM (in Arbeit)

Leseprogramm: Lesen über das SAP Archivinformationssystem (siehe SAP-Hinweis Nr. 99388)

Realisierung der Anzeigefunktionalität

Einzelbelegzugriff: Der Einzelbelegzugriff kann über das SAP Archivinformationssystem realisiert werden.

Customizing-Funktionen

Das Customizing erfolgt über die Transaktion SARA.

Abhängigkeiten bzw. festgelegte Reihenfolgen bei der Archivierung

Unter Umständen besteht eine Abhängigkeit zum Objekt MM_MATBEL (ist noch nicht in der Netzgrafik hinterlegt, da bis jetzt nach der Archivierung keine Rücklade- oder Nachbuchungsmöglichkeit besteht).

9 Zugriff auf archivierte Daten

Wesentliche Voraussetzung für die Archivierung von Anwendungsdaten ist, dass diese Daten zu abgeschlossenen Geschäftsvorfällen bzw. Perioden gehören und somit für aktuelle Geschäftsprozesse nicht mehr benötigt werden. Aber auch nach der Archivierung muss in der Regel nur noch selten auf diese Daten zugegriffen werden, beispielsweise im Falle einer Reklamation, für Auswertungen oder bei einer internen oder externen Revision. Das ADK legt die Daten so ab, dass ein Lesezugriff darauf jederzeit möglich ist. Voraussetzung dafür ist das Vorhandensein entsprechender Leseprogramme, die von dem jeweiligen Archivierungsobjekt zur Verfügung gestellt werden [Gersbacher2000].

Folgende Zugriffsmöglichkeiten sind derzeit realisierbar:

- Einzelbelegzugriff
- SAP Archivinformationssystem (SAP AS)
- Drucklisten
- Reporting
- Rückladen
- SAP Document Relationship Browser (SAP DRB)

9.1 Einzelbelegzugriff

Der so genannte Direkt- oder Einzelbelegzugriff auf einzelne archivierte Datenobjekte, etwa einen Auftrags- oder Fakturabeleg, lässt sich nur unter Zuhilfenahme einer Indextabelle realisieren. Das anzuzeigende Datenobjekt wird zunächst anhand von Suchbegriffen in der Indextabelle eingegrenzt. Ist dies erfolgreich verlaufen, so wird die Archivdatei, die das betreffende Datenobjekt enthält, mit Hilfe des Index lokalisiert und geöffnet. Jetzt ist das Leseprogramm in der Lage, direkt auf das gesuchte Datenobjekt zuzugreifen und es anzuzeigen.

Diese Art des Direktzugriffs ist programmtechnisch relativ aufwändig und wird daher nur von wenigen Archivierungsobjekten, wie z.B. *FI_DOCUMNT*, angeboten. Eine wesentlich umfangreichere und komfortablere Funktionalität zur Realisierung eines schnellen Direktzugriffs auf archivierte Datenobjekte bietet das SAP Archivinformationssystem, das im Folgenden behandelt wird. Neben dem Lesen und Anzeigen der archivierten Datenobjekte sind die meisten Leseprogramme in der Lage, auch abhängige Daten, die nicht Bestandteil des Archivierungsobjekts sind, mit darzustellen. Hier handelt es sich beispielsweise um gescannte Originaldokumente, CAD-Zeichnungen, Workitems, IDocs, E-Mails etc. Diese Objekte sind in der Regel notwendig, um den ursprünglichen Prozesskontext, in dem sich die archivierten Datenobjekte befanden, zu rekonstruieren. Dazu gehören auch Verknüpfungen zu abhängigen Datenobjekten, wie z.B. dem Vorgänger- oder Nachfolgebeleg innerhalb einer Prozesskette [Gersbacher 2000].

Auch hier hängt der Umfang der angebotenen Funktionalität von dem jeweiligen Archivierungsobjekt ab. Im SD wurde dieser Ansatz mit Hilfe des SAP Archivinformationssystems größtenteils schon realisiert.

9.2 SAP Archivinformationssystem

Das SAP AS ist ein voll in das Archivierungsumfeld integriertes Werkzeug zur Durchführung von Recherchen in R/3-Datenarchiven. Es unterstützt den Anwender bei der Suche nach archivierten Daten und bietet Funktionen zur Anzeige dieser Daten. Man hat zusätzlich zur technischen Sicht auch die Möglichkeit, selbst eine betriebswirtschaftliche Sicht auf die Daten zu erstellen.

Beim Archivieren von Business-Objekt-Daten mittels Archivierungsobjekten werden die dem Business-Objekt zugeordneten Tabellen im R/3-System berührt. Am Beispiel der Materialbelegarchivierung mittels MM_MATBEL erfolgt eine Archivierung in den Tabellen MKPF und MSEG. Es werden dabei immer vollständige Records mit allen Feldern aus der Datenbank entnommen und in der erzeugten Archivdatei abgespeichert.

Das R/3-AS erlaubt es nun, archivierungsobjektspezifische Informationsstrukturen zu definieren, die Felder aus allen durch das Archivierungsobjekt berührten Tabellen enthalten können. Beispielsweise könnte für das obige Beispiel eine Informationsstruktur definiert werden, die zwei Felder aus Tabelle MKPF und ein Feld aus Tabelle MSEG enthält. Zusätzlich enthält die Infostruktur Verwaltungsdaten. Diese Informationsstruktur wird als transparente Tabelle in der R/3-Online-Datenbank abgelegt.

Die Befüllung der Informationsstrukturen kann direkt beim Archivieren durch das Löschprogramm des Archivierungsobjekts erfolgen. Alternativ kann eine nachträgliche Befüllung durch Auswertung eines Archivierungslaufes erfolgen. Damit ist es möglich, das R/3-AS nachträglich in ein bereits bestehendes Archivierungskonzept einzubinden.

Innerhalb einer Informationsstruktur können keine Daten zur Auswertung bereitgehalten werden, die aus verschiedenen Archivierungsobjekten stammen, eine Abbildung von Belegflüssen innerhalb einer Infostruktur ist damit nicht möglich. Jedoch können für ein Archivierungsobjekt mehrere Infostrukturen definiert und befüllt werden.

Die Informationsstruktur stellt damit eine Art Index der archivierten Daten dar.

Das R/3-AS ist geeignet, Indexinformationen über Archivierungsläufe im System zu halten. Bei geschickter Gestaltung der Indexfelder ist es möglich, den Informationsbedarf der Anwender dadurch abzudecken. In den anderen Fällen kann der Direktzugriff auf die Archivdatei die benötigten Informationen liefern.

Ein umfassender Einsatz des R/3-AS als universelles Recherchetool kann aus diesem Grund erst ab R/3 Release 3.1G uneingeschränkt empfohlen werden. Bei den anderen Releaseständen beeinträchtigen die durch ArchiveLink bedingten nötigen Kopiervorgänge der Archivdateien die praktische Einsetzbarkeit des Systems.

Beachtet werden muss immer, dass der erzeugte Index bzw. die gefüllte Infostruktur online in der Datenbank gehalten wird. Damit wird die Effizienz der Datenarchivierung, was den Platzgewinn betrifft, beeinträchtigt.

Die Abbildung von Informationen aus verschiedenen Archivierungsobjekten innerhalb einer Infostruktur ist nicht möglich. Damit lässt sich z.B. der SD-Belegfluss nicht innerhalb einer Infostruktur abbilden. Ist dies gewünscht, ist eine Erweiterung der Standardfunktionalität nötig.

Bei der Recherche nach einem archivierten Beleg über das SAP Archivinformationssystem werden u.U. Belegflussinformationen gebraucht. Beim Aufbau einer betriebswirtschaftlichen Sicht sollte daher die Möglichkeit geprüft werden, alle zu einem Belegfluss gehörenden Daten in ihrem ursprünglichen betriebswirtschaftlichen Kontext anzuzeigen bzw. die Navigation zwischen den einzelnen Belegen zu ermöglichen. In diesem Zusammenhang spricht man auch von prozessorientiertem Retrieval.

Ab Release 4.6A verfügt das SAP AS über diverse Funktionsbausteine, mit denen sich ein prozessorientiertes Retrieval verwirklichen lässt (weitere Informationen siehe SAP-Bibliothek). Für Releasestände vor 4.6A muss das prozessorientierte Retrieval auf andere Weise realisiert werden. Als Beispiel bieten sich die betriebswirtschaftlichen Sichten für die Objekte RV_LIKP, SD_VBRK und SD_VBAK an, die über den Hinweis 140652 auch für Releasestände bis einschließlich 3.0D verfügbar sind.

Abschließend muss bedacht werden, dass das R/3-AS derzeit noch nicht den vollständigen Funktionsumfang besitzt, also ein in Entwicklung befindliches System darstellt. Es sollte daher anhand von realitätsnahen Testsituationen überprüft werden, inwieweit die Informationsanforderungen der Benutzer über das R/3-AS abgedeckt werden können.

9.2.1 Konzept und Einsatzmöglichkeiten

Die Datenrecherche erfolgt stets auf der Grundlage so genannter Archivinformationsstrukturen. Hierbei handelt es sich um transparente Datenbanktabellen, die mit Daten aus dem Archiv versorgt werden. Analog zum Sprachgebrauch in anderen R/3-Informationssystemen, wie dem Logistikinformationssystem (LIS) oder dem Vertriebsinformationssystem (VIS), spricht man hier jedoch nicht von Tabellen, sondern von *Informationsstrukturen*. Zu einer solchen Informationsstruktur gehört immer die Struktur selbst, die entsprechende transparente Datenbanktabelle sowie ein Auswertungsprogramm. Beim Anlegen einer neuen Informationsstruktur wird lediglich die Struktur erzeugt, die Datenbanktabelle und das Auswertungsprogramm werden erst beim Aktivieren der Informationsstruktur generiert. Eine Archivinformationsstruktur ist stets einem einzigen Archivierungsobjekt zugeordnet.

Für die Recherche nach archivierten Daten zu einem Archivierungsobjekt muss zu diesem Archivierungsobjekt mindestens eine Archivinformationsstruktur existieren. Die Informationsstruktur sollte alle für die Recherche benötigten Felder beinhalten. Sie können den Inhalt der Informationsstruktur bei Bedarf ändern, indem Sie Felder entfernen oder weitere Felder aus einem von SAP bereitgestellten Feldkatalog (siehe unten) aufnehmen. Bei der Anzeige der archivierten Daten können Sie in der Regel zwischen mehreren Sichten wählen, in denen die Datenobjekte dargestellt werden können. Beispiele hierfür sind die technische Sicht und die betriebswirtschaftliche Sicht. Eine technische Sicht ist standardmäßig für jedes Archivierungsobjekt vorhanden. Ob auch eine anwendungsspezifische Sicht angeboten wird, hängt davon ab, ob eine solche Sicht für dieses Archivierungsobjekt implementiert wurde.

9.2.2 Komponenten

Das SAP Archivinformationssystem kann aus der Archivadministration (Transaktion *SARA*) oder direkt über die Transaktion *SARI* (ab Release 4.5A) aufgerufen werden.

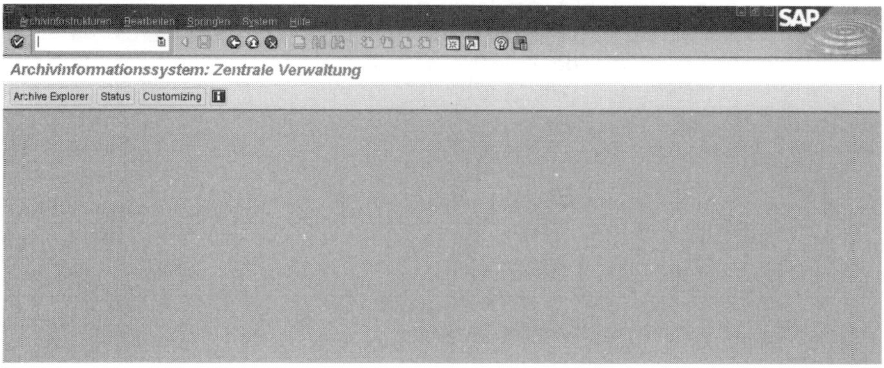

Abbildung 9.1
Einstiegsbildschirm Archivinformationssystem – Transaktion SARI (© SAP AG)

Das Archivinformationssystem gliedert sich in die folgenden Komponenten:

Archive Retrieval Configurator: Mit dem *Archive Retrieval Configurator (ARC)* können Archivinformationsstrukturen auf der Grundlage eines Feldkatalogs angelegt und mit Daten aus Archivdateien gefüllt werden. Darüber hinaus besteht die Möglichkeit, eigene Feldkataloge zu erstellen.

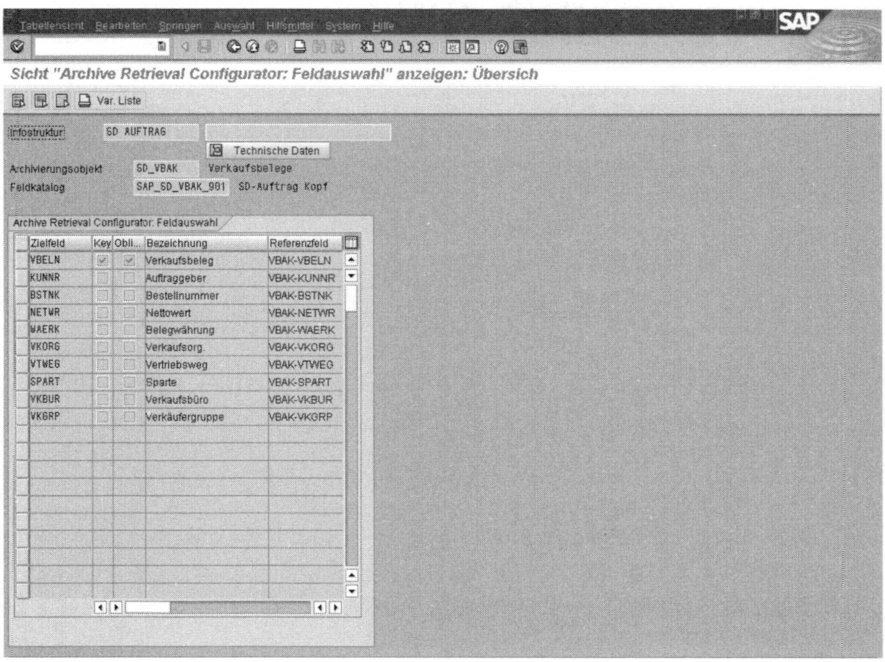

Abbildung 9.2
Archivinformationssystem – Archive Retrieval Configurator Teil 1 – Feldauswahl (© SAP AG)

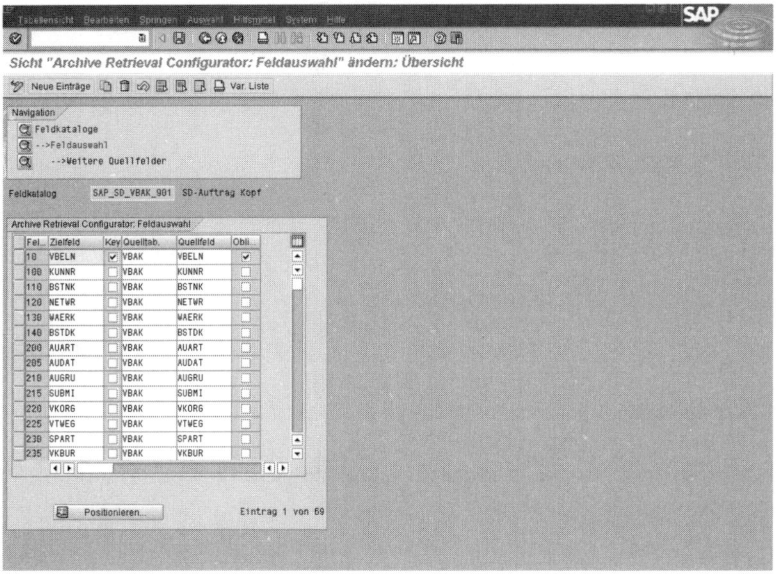

Abbildung 9.3
Archivinformationssystem – Archive Retrieval Configurator Teil 2 – Feldauswahl im Feldkatalog ändern (© SAP AG)

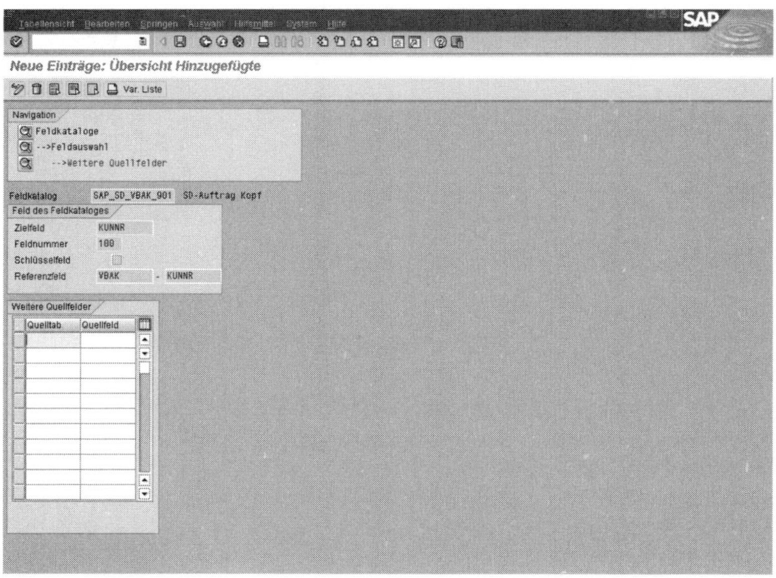

Abbildung 9.4
Archivinformationssystem – Archive Retrieval Configurator Teil 1 – Hinzufügen eines neuen Feldes im Feldkatalog (© SAP AG)

Archive Explorer: Eine weitere Komponente des SAP Archivinformationssystems ist der Archive Explorer, der auf der Funktionalität des ABAP Listviewers (ALV) basiert. Der Archive Explorer ermöglicht die Anzeige der archivierten Datenobjekte. Die Anordnung der angezeigten Felder wird von der Informationsstruktur vorgegeben. Im Selektionsbild lässt sich festlegen, welche Datenobjekte vom Auswertungsprogramm des Archive Explorers gelesen werden sollen. Ausgehend von dieser Selektion wird eine Objektliste zur eingestellten Informationsstruktur angezeigt, aus der ein Absprung auf einzelne Datenobjekte im Archiv möglich ist.

Statusverwaltung: Die Statusverwaltung liefert Informationen darüber, ob eine Informationsstruktur erfolgreich auf- bzw. abgebaut wurde. Über die Statusverwaltung kann außerdem der Auf- bzw. Abbau von aktivierten Infostrukturen angestoßen werden. Beim Aufbau werden im Hintergrund die entsprechenden Tabellen auf der Datenbank mit Informationen aus den Archivdateien gefüllt.

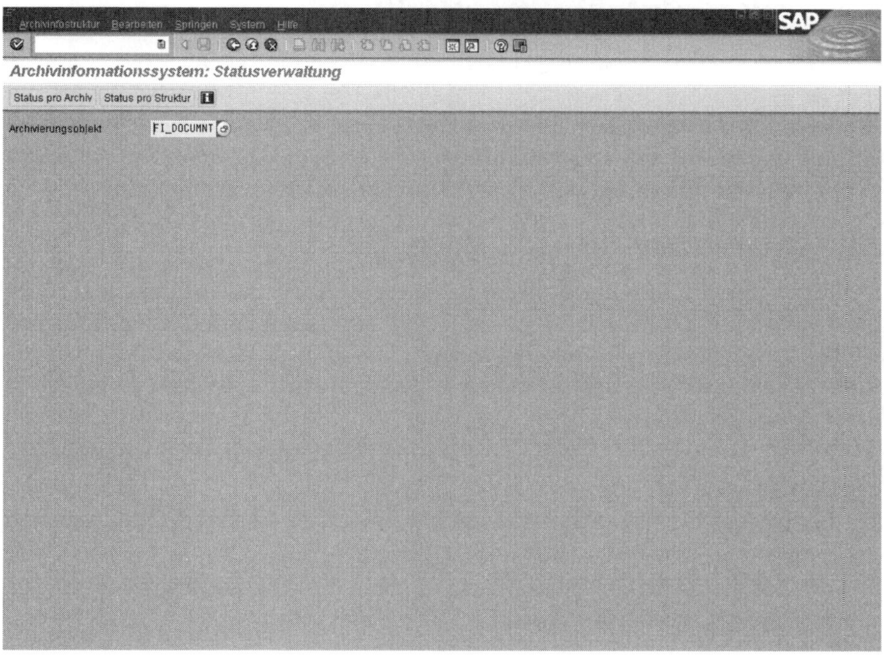

Abbildung 9.5
Archivinformationssystem – Statusverwaltung: Einstiegsbildschirm (© SAP AG)

Die Informationen können in zwei Sichten angezeigt werden:

- Status pro Archiv: In dieser Sicht erhält man eine Liste aller Archivierungsläufe, die es zu dem eingestellten Archivierungsobjekt gibt, sowie der ihnen zugeordneten Informationsstrukturen. Die Liste liefert Informationen darüber, zu welchen Archivierungsläufen die aktiven Strukturen aufgebaut wurden und ob es hierbei zu Problemen kam.
- Status pro Infostruktur: Diese Sicht liefert Informationen zum Status aller aktiven Informationsstrukturen, die es zum eingestellten Archivierungsobjekt gibt, sowie zum Status der verarbeiteten Archivdateien. Man kann erkennen, ob eine Archivdatei zu einer Informationsstruktur vollständig, teilweise oder gar nicht ausgewertet wurde. Weitere Funktionen der Statusverwaltung sind die Prüfung der Indizierung sowie die Anzeige der Dateiresidenz.

9.3 Rückladen in die Datenbank

Mit der SAP Datenarchivierung archivierte Daten können auch nach Jahren und über Releasewechsel hinweg noch gelesen werden. Voraussetzung ist, dass die Daten vom externen Speichersystem korrekt zur Verfügung gestellt werden. Deshalb ist ein Rückladen von archivierten Daten in die Datenbank in der Regel nicht notwendig. Aus diesem Grund werden Rückladeprogramme auch nicht für alle Archivierungsobjekte zur Verfügung gestellt. Die Unterstützung eines allgemeinen Rückladens ist nicht geplant.

Technisch gesehen, könnten archivierte Daten wieder in die Datenbank zurückgeladen werden. Da es sich aber um historische Daten handelt, die der Datenbank entzogen wurden, besteht die Gefahr, dass durch das Zurückladen Inkonsistenzen auftreten. Deshalb ist stets von einem Zurückladen von archivierten Daten abzuraten. Die Ausnahme davon stellt das Rückladen von Daten unmittelbar nach deren Archivierung dar. Diese Funktion ist eine reine Notfunktion nach einer missglückten Archivierung, wenn beispielsweise aufgrund von falschen Customizingeinstellungen die falschen Daten archiviert wurden.

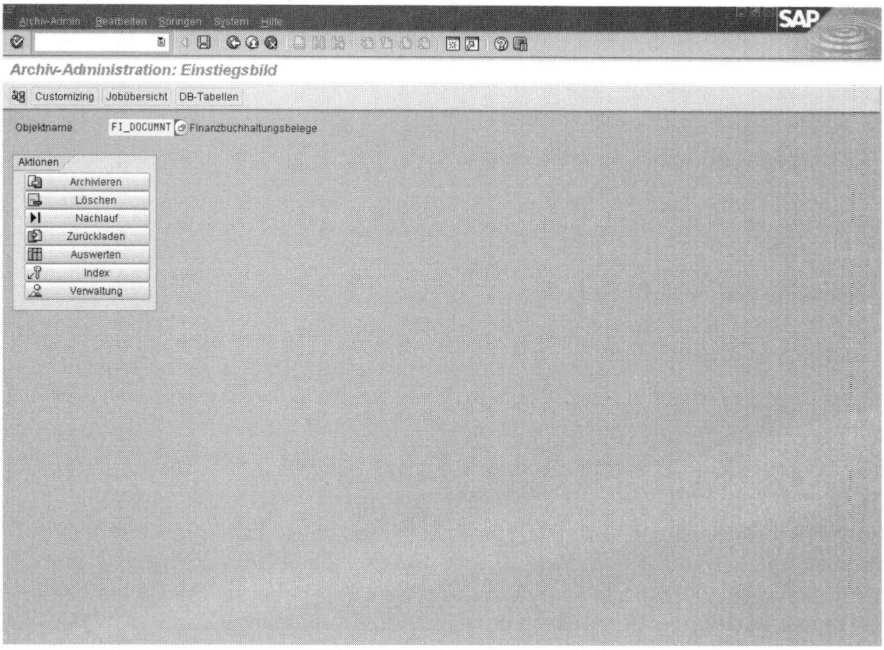

Abbildung 9.6
Archivadministration zum Archivierungsobjekt FI_DOCUMNT – Möglichkeit des Zurückladens wird geboten (© SAP AG)

9.4 Drucklisten

Eine abgelegte oder gedruckte Druckliste repräsentiert ein definiertes, betriebswirtschaftliches Datenverhältnis, das auf dem R/3-Datenbestand zum Zeitpunkt der Ablage oder des Ausdrucks basiert. Da Drucklisten bzw. Reports jederzeit und individuell erstellt werden können, ist bei ausgegebenen Drucklisten zu unterscheiden, ob sie auf bereits abgelegten oder noch nicht abgelegten (aktuellen Daten) basieren. Seit Release 3.1 ist es möglich, aus abgelegten Drucklisten über Hyperlinks auf bereits abgelegte Dokumente zu verweisen.

Je nach Art der Druckliste kann später das aktuelle Datenverhältnis im R/3-System und damit eine neue Version der Druckliste von der bisherigen abweichen. Möglicherweise stimmen auch die Daten des abgelegten Originalbelegs nicht mehr mit den Daten des R/3-Belegs überein. Dies ist besonders bei revisionsrelevanten Drucklisten zu beachten, die z.B. im Vorfeld der EURO-Konvertierung erstellt werden, um den Systemzustand von der Konvertierung sozusagen »einzufrieren«. Drucklisten werden nicht zur Vereinfachung von Datenrecherchen eingesetzt, sondern sie ermöglichen die Bereitstellung eines Auszugs des Datenbestandes zu einem bestimmten Zeitpunkt und in einem betriebswirtschaftlichem Zusammenhang.

Drucklisten sind Listen, die von R/3-Reports erzeugt werden. Drucklisten werden für gewöhnlich generiert, um große Mengen von Daten in einer kohärenten und lesbaren Art und Weise zu speichern. Beispiele für solche Drucklisten sind:

- kumulierte Kontenschreibungen
- Chargenverwendungsnachweise
- Objektleistungsverzeichnisse
- Bilanzbewertungen
- Kostenstellenberichte

Drucklisten stellen stets eine Momentaufnahme (»Schnappschuss«) des Datenbestandes dar. Sie haben das Format ALF und können auf einfache Weise abgelegt und recherchiert werden. (Es wird die neue SAP Terminologie verwendet, in der nicht mehr von »Archivsystemen«, »logischen Archiven« und »archivieren« gesprochen wird, sondern nur noch von »Ablagesystemen«, »Ablagesystem-Identifikationen« und »ablegen«.)

Nachteile von Drucklisten sind das Fehlen von Auswertemöglichkeiten und der statische Charakter. Zusätzlich zur reinen Ablage und Recherche gibt es noch einige spezielle Eigenschaften von Drucklisten, die bei der Ablage eingesetzt werden können: Attribute, Hyperlinks und Listenseparation.

Attribute und Hyperlinks machen Drucklisten zu einem sehr wichtigen Tool im Zusammenhang mit der Datenreorganisation. Wenn man eine Druckliste über zu reorganisierende Daten generiert, so stellt man damit schnellen Zugriff auf die reorganisierten Daten (via Attribute) und ebenfalls Zugriff auf die mit den Daten verknüpften Originale (via Hyperlinks) sicher. Zusätzlich wird die Online-Last reduziert.

Mittels Listenseparation ist es möglich, Drucklisten bei der Ablage in einzelne Listenteile zu zerlegen und diese an beliebige R/3-Objekte zu verknüpfen. Von der Anzeige des R/3-Objekts aus kann dann auf die Listenteile zugegriffen werden. Dies kann sehr nützlich sein, wenn die Listen eine Seitenstruktur haben, wobei jede Seite eindeutigen Bezug zu einem R/3-Objekt besitzt.

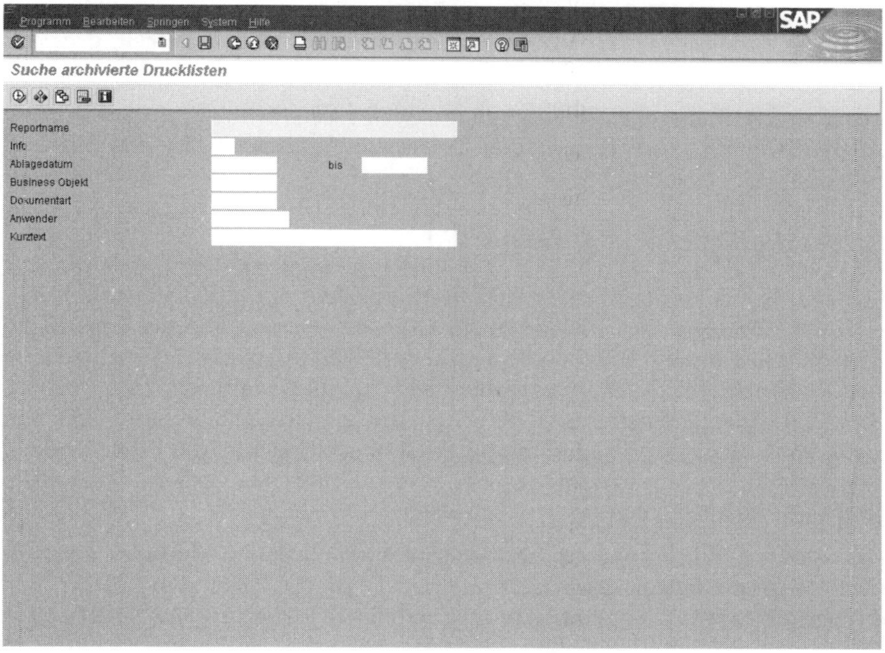

Abbildung 9.7
Suche nach archivierten Drucklisten – Einstiegsbildschirm – Transaktion OADR (© SAP AG)

9.4.1 Berechtigungen für Drucklisten

Der Zugriff auf abgelegte Dokumente und Drucklisten wird über das Standard-SAP-Berechtigungssystem geregelt. Das R/3-System prüft Zugriffe auf abgelegte Dokumente und Drucklisten ab Release 4.5 mit den Berechtigungsobjekten

- S_WFAR_OBJ und
- S_WFAR_PRI.

Vor Release 4.5 gab es nur das Objekt S_WFAR_OBJ für alle Arten von abgelegten Dokumenten inklusive Drucklisten.

Berechtigungsobjekt S_WFAR_OBJ

Mit dem Berechtigungsobjekt S_WFAR_OBJ besteht die Möglichkeit, den Zugriff auf abgelegte Dokumente einzuschränken. Die Zugriffsberechtigung kann auf der Ebene von Objekttypen, Dokumentarten und Ablagesystem-Identifikationen geprüft werden und für unterschiedliche Aktivitäten zulässig sein.

Der Benutzer darf alle Dokumentarten des Objekttyps DRAW, die im Ablagesystem A1 abgelegt wurden oder abgelegt werden sollen, anzeigen, drucken und erzeugen (d.h. ablegen).

In den von SAP ausgelieferten R/3-Berechtigungsobjekten wird nur die Aktivität (ACTVT) vergeben. Die weiteren Felder sind je nach Bedarf vom Systemadministrator einstellbar.

Berechtigungsobjekt S_WFAR_PRI

Mit dem Berechtigungsobjekt S_WFAR_PRI besteht die Möglichkeit, den Zugriff auf abgelegte Drucklisten einzuschränken. Dieses Berechtigungsobjekt wird ab R/3 Release 4.5 zur Verfügung gestellt. Die Zugriffsberechtigung kann auf der Ebene von Objekttypen, Dokumentarten, Ablagesystem-Identifikationen und Reportnamen geprüft werden und für unterschiedliche Aktivitäten zulässig sein. Mit diesem Drucklisten-Berechtigungsobjekt wird der Mangel beseitigt, dass Zugriffe auf verschiedene Arten von Drucklisten bisher umständlich über verschiedene Dokumentarten gesteuert werden mussten.

Der Report RFBELJ00 erzeugt das Belegkompaktjournal im Modul FI. Der Benutzer darf alle Belegkompaktjournal-Drucklisten des Objekttyps DRAW, die im Ablagesystem A1 abgelegt wurden oder abgelegt werden sollen, anzeigen, drucken und erzeugen (d.h. ablegen).

9.4.2 Berechtigungen bei Hyperlinks

Bei der Verwendung von Drucklisten mit Hyperlinks auf abgelegte Dokumente ist insofern Vorsicht geboten, als der Zugriff auf Originaldokumente via Hyperlink aus dem Viewer architekturbedingt die R/3-Berechtigungsprüfung umgeht. Falls Drucklisten mit Hyperlinks abgelegt werden, ist also sicherzustellen, dass diejenigen Personen, die Zugriff auf die Drucklisten haben, auch demjenigen Personenkreis angehören, welcher die referenzierten Originaldokumente sehen darf. Andernfalls wird das Berechtigungskonzept unterlaufen. Falls sowohl Personen, die die Originale sehen dürfen, als auch Personen, die die Originale nicht sehen dürfen, Zugriff auf die Druckliste haben müssen, so ist die Liste zweimal abzulegen, einmal mit und einmal ohne Hyperlinks. Die Zugriffsmöglichkeiten auf die Drucklisten sind entsprechend einzuschränken.

9.5 Auswertungen über Archivdateien durch Lesereports

Es besteht die Möglichkeit, mittels ABAP-Reports Auswertungen über die Datenbestände durchzuführen. Dies kann über Lesereports geschehen, die unter Nutzung von ADK-Funktionalitäten die Archivdateien sequentiell lesen und auswerten. Daneben kann das Prinzip der logischen Datenbanken verwendet werden. Damit können Standardreports, die auf logische Datenbanken zugreifen, oftmals durch Modifikationen für Auswertungen auf Archivdateien verwendet werden. Die bereits verwendbaren Lesereports werden für jedes Archivierungsobjekt aufgezeigt. Zu beachten ist, dass für einen auswertenden Zugriff auf Archivdateien eine Kopie der entsprechenden Dateien in das Austauschverzeichnis erfolgen muss, wenn ein R/3-Release kleiner 4.0 zum Einsatz kommt. Abhängig von der Größe der Archivdateien und der eingesetzten Hardware wird dieser Kopiervorgang zusätzliche Zeit in Anspruch nehmen und Platz im Dateisystem belegen. Ein direkter Zugriff auf die im optischen Archiv liegende Archivdatei ist ab R/3-Release 4.0 möglich, der bis Release 4.0 nötige Kopiervorgang wird allerdings komfortabel über die Verwaltungsfunktion der Datenarchivierung (TAC SARA) gesteuert.

Reporting ist allerdings noch nicht für alle Archivierungsobjekte möglich und durch die sequentielle Bearbeitung der Archiv-Files relativ langsam und umständlich. Diese Zugriffsmethode ist für den schnellen Zugriff wenig geeignet, liefert jedoch nach einer gewissen Wartezeit (Batchlauf) individuell selektierte und sortierte Ergebnisse.

Der sequentielle (lesende) Zugriff stellt die einfachste Form des Zugriffs auf archivierte Daten dar. Dabei öffnet das Leseprogramm zunächst sequenziell die Archivdateien eines Archivierungslaufs, liest den Inhalt aller Datenobjekte und listet die den eingegebenen Selektionskriterien entsprechenden Daten nacheinander auf. Mit dieser Methode lassen sich z.B. alle Datenobjekte einer bestimmten Buchungsperiode oder eines bestimmten Belegnummernkreises auflisten. Weitere Selektionskriterien können z.B. sein: alle Materialbelege zu einem Werk, alle Materialnummern einer bestimmten Charge, alle Belegnummern eines bestimmten Kostenrechnungskreises etc. Art und Anzahl der Selektionskriterien werden jeweils von der Anwendung vorgegeben. Das verwendete Leseprogramm hat nur die Aufgabe, die selektierten Daten anzuzeigen.

Die Darstellung der gelesenen Datenobjekte ist abhängig von der Anzeigefunktionalität, die für das verwendete Archivierungsobjekt realisiert wurde, und somit nicht für alle Datenobjekte gleich. Der sequentielle Lesezugriff wird hauptsächlich zur Auswertung archivierter Datenbestände eingesetzt und stellt für die meisten Archivierungsobjekte eine Standardfunktion dar. Ebenso wie der Zugriff auf Anwendungsdaten im R/3-System ist auch ein sequentieller Zugriff auf archivierte Daten, der mit Hilfe eines Leseprogramms der Archivierung durchgeführt wird, durch ein Berechtigungskonzept gesichert. Die verschiedenen Berechtigungsprüfungen erfolgen im sequentiellen Leseprogramm selbst sowie beim Einstieg über die Archivadministration (Transaktion *SARA*) [Gersbacher2000].

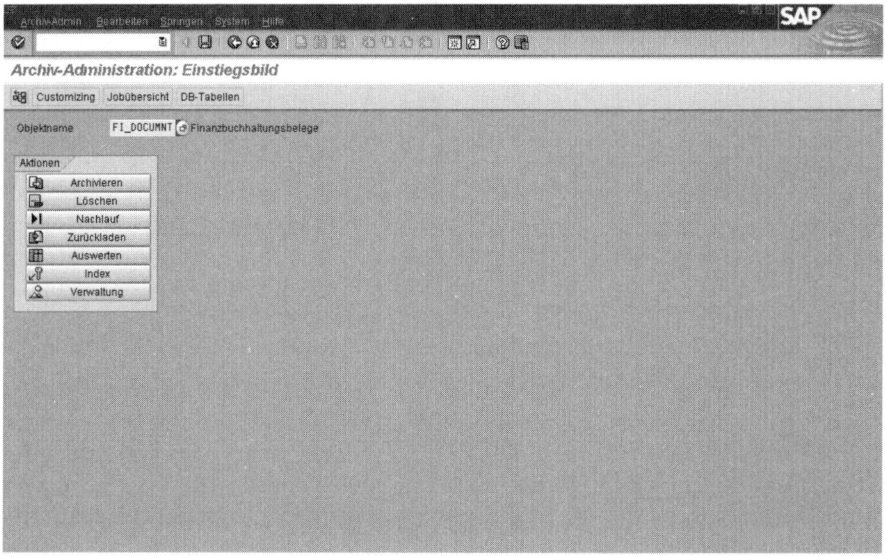

Abbildung 9.8
Reporting – Archivadministration Transaktion SARA – Einstiegsbildschirm (© SAP AG)

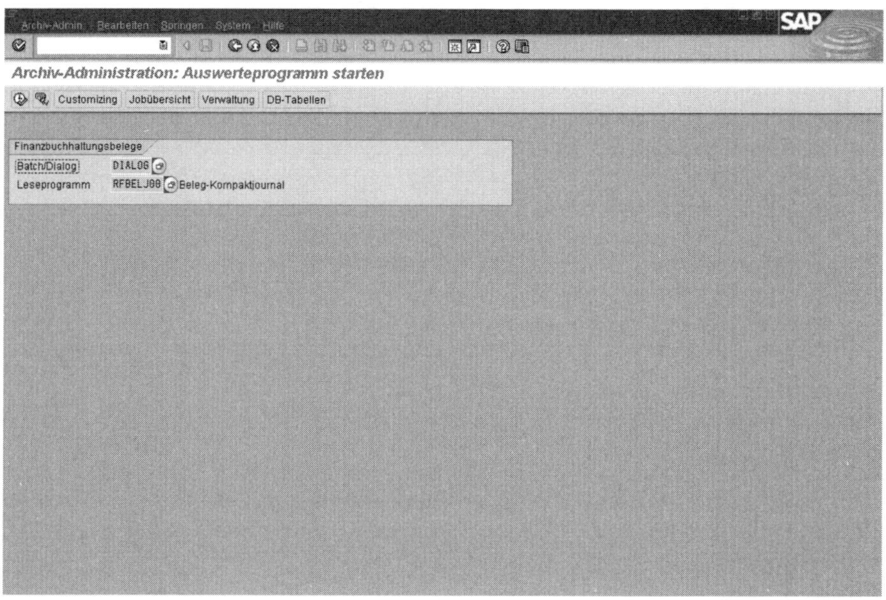

Abbildung 9.9
Reporting – Archivadministration Transaktion SARA – Auswerteprogramm starten (© SAP AG)

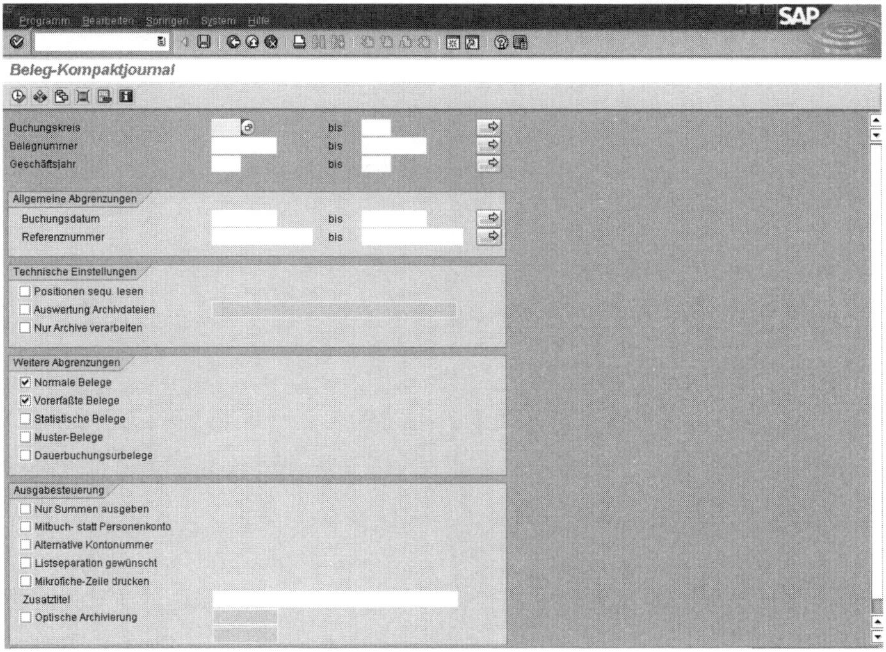

Abbildung 9.10
Reporting – Archivadministration Transaktion SARA – Selektionsbildschirm des Auswerteprogramms RFBELJ00 (© SAP AG)

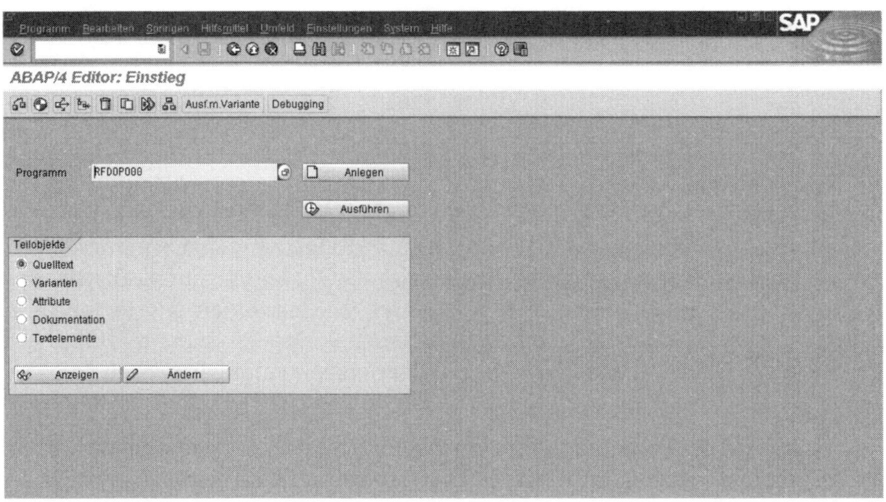

Abbildung 9.11
Reporting – Alternative Einstiegsmöglichkeit über den ABAP/4 Editor – Transaktion SE38 (© SAP AG)

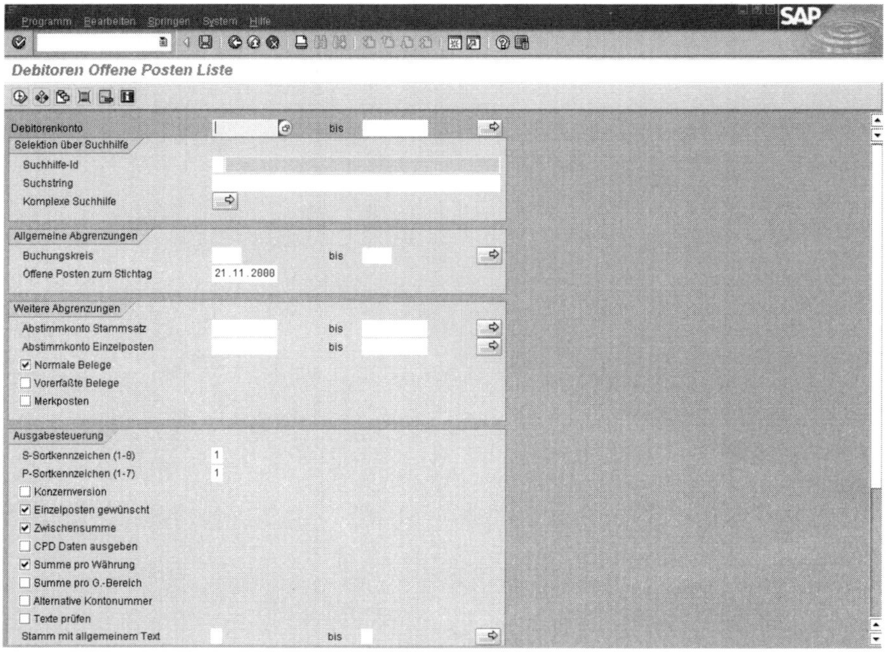

Abbildung 9.12
Reporting – Alternative Einstiegsmöglichkeit über den ABAP/4 Editor – Transaktion SE38 – Selektionsbildschirm zum Report RFDOPO00 (© SAP AG)

9.6 SAP Document Relationship Browser

Bisher fehlte eine Möglichkeit, Verknüpfungen von und zu Datensätzen, die im Archiv und/oder in der Datenbank stehen, über Anwendungsgrenzen hinweg zu analysieren und anzeigen zu lassen. Datensätze, die aus der Datenbank über die Archivierung entfernt worden sind, konnten nur eingeschränkt oder gar nicht mehr analysiert bzw. zur Anzeige gebracht werden. Eine weitere Auswertung über Archivierungsobjekte oder Anwendungen hinweg ist nur eingeschränkt oder gar nicht möglich. Ab Release 4.6C ist diese Funktionalität im Standard vorhanden. Damit das DRB einwandfrei funktioniert, müssen die folgenden Voraussetzungen erfüllt sein: Das SAP AS muss implementiert und im Einsatz sein (Hinweis 99388). Die entsprechenden Feldkataloge müssen vorhanden sein.

Bei der folgenden Auflistung der Zugriffsmöglichkeiten auf archivierte Daten der aufgeführten Archivierungsobjekte ist der SAP DRB noch nicht berücksichtigt, da er erst ab Release 4.6C im Standard enthalten sein wird, und bislang nur erst wenige Zugriffsszenarien entwickelt wurden.

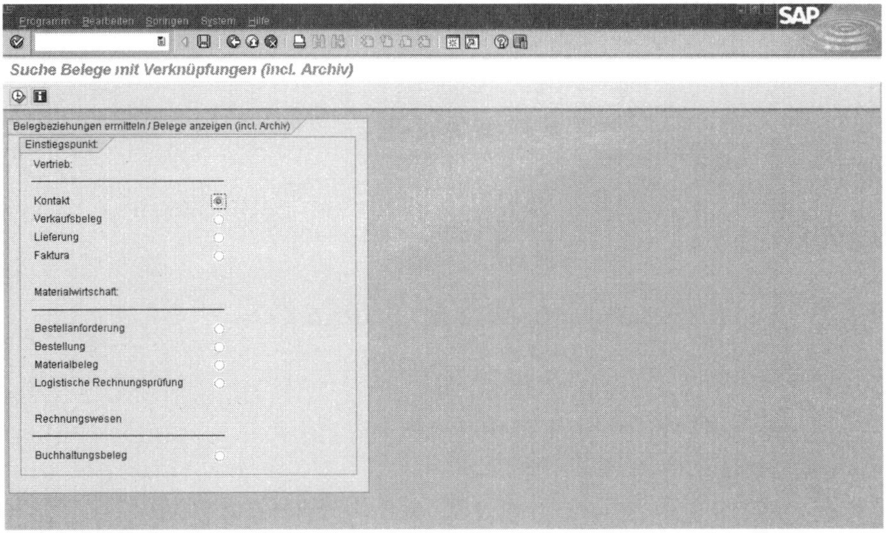

Abbildung 9.13
Einstiegsbildschirm DRB – Transaktion ALO1 (© SAP AG)

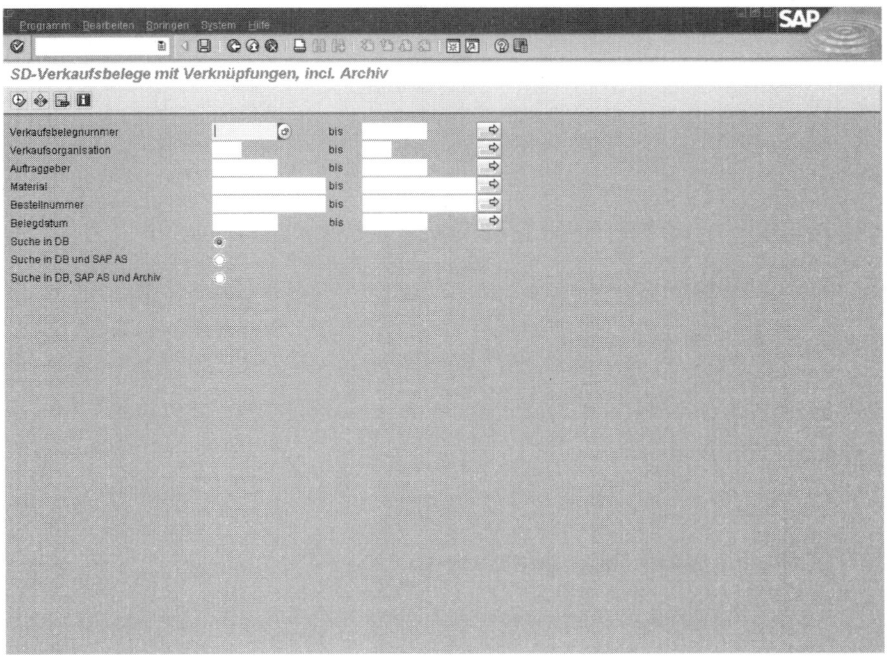

Abbildung 9.14
DRB – Selektionsbildschirm für SD-Verkaufsbelege mit Verknüpfungen incl. archivierter Belege (© SAP AG)

9.7 Zugriffsmöglichkeiten auf die wichtigsten Archivierungsobjekte

In diesem Abschnitt werden zu den wichtigsten Archivierungsobjekten ausgewählter SAP R/3-Module die Zugriffsmöglichkeiten aufgezeigt. Dabei sei auf die bisherigen Ausführungen in diesem Kapitel und die entsprechenden SAP-Dokumentationen verwiesen. Insbesondere die SAP-Dokumentationen leisten hier noch eine größere Hilfestellung.

9.7.1 Archivierungsobjekte im Modul CO

Folgende Archivierungsobjekte stehen in der Anwendung CO zur Verfügung:

- CO_ALLO_ST (Vollständig stornierte Belege CO)
- CO_COPC (Erzeugniskalkulation)
- CO_COSTCTR, CO_CCTR_* (Kostenstellenarchivierung)
- CO_ITEM (Controlling – Einzelposten)
- CO_ORDER (Innenaufträge)
- COPA1_**** (Ergebnisrechnung kalkulatorisch)
- PCA_OBJECT (Profit-Center-Accounting)
- FLC_OBJECT (Konsolidierungs-Ledger-Archivierung)

Auf die einzelnen Archivierungsobjekte bestehen folgende Zugriffsmöglichkeiten:

CO_ALLO_ST (Vollständig stornierte Belege CO)

Die transparente Einzelbeleganzeige aus dem Archiv ist im CO-Modul nicht enthalten

Die Anzeige von archivierten Daten ist über den Lesereport RKSRSAO1 möglich

Rückladen der Daten in die Datenbank ist nicht im Standard enthalten

Erstellung von Drucklisten

Verwendung von R/3-Archivinformationssystem

CO_COPC (Erzeugniskalkulation)

Die transparente Einzelbeleganzeige aus dem Archiv ist im CO-Modul nicht enthalten

Online-Reporting ist über Lesereports möglich

Rückladen der Daten in die Datenbank ist nicht im Standard enthalten

Erstellung von Drucklisten

Verwendung von R/3-Archivinformationssystem

CO_COSTCTR, CO_CCTR_* (Kostenstellenarchivierung)

Die transparente Einzelbeleganzeige aus dem Archiv ist im CO-Modul nicht enthalten

Online-Reporting ist über Lesereports möglich

Rückladen der Daten in die Datenbank ist nicht im Standard enthalten

Erstellung von Drucklisten

Verwendung von R/3-Archivinformationssystem

CO_ITEM (Controlling - Einzelposten)

Die transparente Einzelbeleganzeige aus dem Archiv ist im CO-Modul nicht enthalten

Online-Reporting ist über Lesereports möglich

Rückladen der Daten in die Datenbank ist nicht im Standard enthalten

Erstellung von Drucklisten

Verwendung von R/3-Archivinformationssystem

CO_ORDER (Innenaufträge)

Die transparente Einzelbeleganzeige aus dem Archiv ist im CO-Modul nicht enthalten

Online-Reporting ist über Lesereport RKAARCS1 möglich

Rückladen der Daten in die Datenbank ist nicht im Standard enthalten

Erstellung von Drucklisten

Verwendung von R/3-Archivinformationssystem

COPA1_**** (Ergebnisrechnung kalkulatorisch)

Die transparente Einzelbeleganzeige aus dem Archiv ist im CO-Modul nicht enthalten

Online-Reporting über die archivierten Daten ist nicht im Standard enthalten

Rückladen der Daten in die Datenbank ist technisch möglich, aber nur erlaubt, wenn zwischen Archivierung und Rückladen keinerlei Buchungen vorgenommen wurden.

Erstellung von Drucklisten

PCA_OBJECT (Profit-Center-Accounting)

Die transparente Einzelbeleganzeige aus dem Archiv ist nicht im Standard enthalten

Online-Reporting ist über Lesereports möglich

Rückladen der Daten in die Datenbank ist technisch möglich

Erstellung von Drucklisten

Verwendung von R/3-Archivinformationssystem

9.7.2 Archivierungsobjekte im Modul FI

Folgende Archivierungsobjekte stehen in der Anwendung FI zur Verfügung:

- AM_ASSET (Anlagenbuchhaltung)
- FI_ACCPAYB/FI_ACCREV (Debitor- und Kreditorstammdaten)
- FI_DOCUMNT (Buchhaltungsbelege)
- FI_MONTHLY (Verkehrszahlen)
- FI_SL_DATA (Einzelposten und Summensätze im FI-SL)
- FM_BELEG (Obligo/Ist Einzelposten Finanzbudgetmanagement)
- MM_ACCTIT (FI-Schnittstelle)

Auf die einzelnen Archivierungsobjekte bestehen folgende Zugriffsmöglichkeiten:

AM_ASSET (Anlagenbuchhaltung)

Die transparente Einzelbeleganzeige aus dem Archiv ist im AM-Modul nicht im Standard enthalten

Online-Reporting über die archivierten Daten ist nicht im Standard enthalten

Rückladen der Daten in die Datenbank ist technisch möglich

Erstellung von Drucklisten

Verwendung von R/3-Archivinformationssystem

FI_ACCPAYB/FI_ACCREV (Debitor- und Kreditorstammdaten)

Die transparente Einzelbeleganzeige aus dem Archiv ist nicht im Standard enthalten

Online-Reporting über die archivierten Daten ist nicht im Standard enthalten

Rückladen der Daten in die Datenbank ist technisch möglich

Erstellung von Drucklisten

Verwendung von R/3-Archivinformationssystem

FI_DOCUMNT (Buchhaltungsbelege)

Die transparente Einzelbeleganzeige aus dem Archiv ist bei Vorhandensein eines Archivindexes möglich

Beleganzeige aus der Postenliste heraus ist bei Vorhandensein der Sekundarindizes möglich

Online-Reporting über die archivierten Daten ist über Lesereports möglich

Rückladen der Daten in die Datenbank ist technisch möglich

Erstellung von Drucklisten

Verwendung von R/3-Archivinformationssystem

FI_MONTHLY (Verkehrszahlen)

Die transparente Einzelbeleganzeige aus dem Archiv ist nicht im Standard enthalten

Online-Reporting über die archivierten Daten ist nicht im Standard enthalten

Rückladen der Daten in die Datenbank ist technisch möglich

Erstellung von Drucklisten

Verwendung von R/3-Archivinformationssystem

FI_SL_DATA (Einzelposten und Summensätze im FI-SL)

Die transparente Einzelbeleganzeige aus dem Archiv ist nicht im Standard enthalten

Online-Reporting über die archivierten Daten ist über Lesereport möglich

Rückladen der Daten in die Datenbank ist technisch möglich

Erstellung von Drucklisten

Verwendung von R/3-Archivinformationssystem

FM_BELEG (Obligo/Ist Einzelposten Finanzbudgetmanagement)

Online-Reporting über die archivierten Daten ist nicht im Standard enthalten

Rückladen der Daten in die Datenbank ist technisch möglich

Erstellung von Drucklisten

Verwendung von R/3-Archivinformationssystem

MM_ACCTIT (FI-Schnittstelle)

Online-Reporting über die archivierten Daten ist nicht im Standard enthalten

Rückladen der Daten in die Datenbank ist technisch möglich

Erstellung von Drucklisten erscheint hier nicht sinnvoll

Verwendung von R/3-Archivinformationssystem

9.7.3 Archivierungsobjekte im Modul HR

Folgende Archivierungsobjekte stehen in der HR-Komponente zur Verfügung:

- PA_CALC (Personalabrechnungsergebnisse)
- PA_LDOC (Langzeitbelege)
- PA_TIME (Zeitauswertungsergebnisse)
- PA_TRAVEL (Reisedaten)
- PA_PIDX (Indexdateien)
- PA_PDOC (Abrechnungsbelege)

Auf die einzelnen Archivierungsobjekte bestehen folgende Zugriffsmöglichkeiten:

PA_CALC (Personalabrechnungsergebnisse)

Die transparente Einzelbeleganzeige aus dem Archiv ist im Standard nicht enthalten

Die Anzeige von archivierten Daten ist mit dem länderspezifischen Report RPCLSTRx möglich

Rückladen der Daten in die Datenbank ist nicht im Standard enthalten

Erstellung von Drucklisten

Verwendung von R/3-Archivinformationssystem derzeit nicht möglich

PA_LDOC (Langzeitbelege)

Die transparente Einzelbeleganzeige aus dem Archiv ist im Standard nicht enthalten

Die Anzeige von archivierten Daten ist mit dem Report RPUAUD00 möglich

Rückladen der Daten in die Datenbank ist technisch möglich

Erstellung von Drucklisten

Verwendung von R/3-Archivinformationssystem derzeit nicht möglich

PA_TIME (Zeitauswertungsergebnisse)

Die transparente Einzelbeleganzeige aus dem Archiv ist im Standard nicht enthalten

Die Anzeige von archivierten Daten ist mit dem Report RPCLSTB2 möglich

Rückladen der Daten in die Datenbank ist nicht möglich

Erstellung von Drucklisten

Verwendung von R/3-Archivinformationssystem derzeit nicht möglich

PA_TRAVEL (Reisedaten)

Die transparente Einzelbeleganzeige aus dem Archiv ist im Standard nicht enthalten

Die Anzeige von archivierten Daten ist mit dem Report RPCLSTTE möglich

Rückladen der Daten in die Datenbank ist nicht möglich

Erstellung von Drucklisten

Verwendung von R/3-Archivinformationssystem derzeit nicht möglich

PA_PIDX (Indexdateien)

Die transparente Einzelbeleganzeige aus dem Archiv ist im Standard nicht enthalten

Die Anzeige von archivierten Daten ist derzeit mit keinem Report möglich

Rückladen der Daten in die Datenbank ist nicht möglich

Erstellung von Drucklisten

Verwendung von R/3-Archivinformationssystem derzeit nicht möglich

PA_PDOC (Abrechnungsbelege)

Die transparente Einzelbeleganzeige aus dem Archiv ist im Standard nicht enthalten

Die Anzeige von archivierten Daten ist mit dem länderspezifischen Report RPCIPs00 möglich

Rückladen der Daten in die Datenbank ist nicht möglich

Erstellung von Drucklisten

Verwendung von R/3-Archivinformationssystem derzeit nicht möglich

9.7.4 Archivierungsobjekte im Modul MM

Folgende Archivierungsobjekte sind dem Modul MM zugeordnet:

MM_EBAN (Bestellanforderungen)

Die transparente Einzelbeleganzeige aus dem Archiv ist im Standard nicht enthalten

Online-Reporting über die archivierten Daten ist über Lesereport RM06BR30 möglich

Rückladen der Daten in die Datenbank ist nicht im Standard enthalten

Erstellung von Drucklisten

Verwendung von R/3-Archivinformationssystem

MM_EINA (Einkaufsinfosätze)

Die transparente Einzelbeleganzeige aus dem Archiv ist im Standard nicht enthalten

Online-Reporting über die archivierten Daten ist über Lesereport RM06IR30 möglich

Rückladen der Daten in die Datenbank ist nicht im Standard enthalten

Erstellung von Drucklisten

Verwendung von R/3-Archivinformationssystem

MM_EKKO (Einkaufsbelege)

Die transparente Einzelbeleganzeige aus dem Archiv ist im Standard nicht enthalten

Online-Reporting über die archivierten Daten ist über Lesereport RM06ER30 möglich

Rückladen der Daten in die Datenbank ist nicht im Standard enthalten

Erstellung von Drucklisten

Verwendung von R/3-Archivinformationssystem

MM_INVBEL (Inventurbelege)

Die transparente Einzelbeleganzeige aus dem Archiv ist im Standard nicht enthalten

Online-Reporting über die archivierten Daten ist über Lesereport RM07IAAU möglich

Rückladen der Daten in die Datenbank ist nicht im Standard enthalten

Erstellung von Drucklisten

Verwendung von R/3-Archivinformationssystem

MM_MATBEL (Materialbelege)

Die transparente Einzelbeleganzeige aus dem Archiv ist im Standard nicht enthalten

Online-Reporting über die archivierten Daten ist über Lesereport RM07MAAU möglich

Rückladen der Daten in die Datenbank ist nicht im Standard enthalten

Erstellung von Drucklisten

Verwendung von R/3-Archivinformationssystem

MM_MATNR (Materialstammsätze)

Die transparente Einzelbeleganzeige aus dem Archiv ist im Standard nicht enthalten

Online-Reporting über die archivierten Daten ist über Lesereport MMREO120 möglich

Rückladen der Daten in die Datenbank ist nicht im Standard enthalten

Erstellung von Drucklisten

Verwendung von R/3-Archivinformationssystem

RL_LINKP (Inventuraufnahmebelege)

Die transparente Einzelbeleganzeige aus dem Archiv ist im Standard nicht enthalten

Online-Reporting über die archivierten Daten ist über Lesereport RLRI0001 möglich

Rückladen der Daten in die Datenbank ist nicht im Standard enthalten

Erstellung von Drucklisten

Verwendung von R/3-Archivinformationssystem

RL_LINV (Inventurhistorien)

Die transparente Einzelbeleganzeige aus dem Archiv ist im Standard nicht enthalten

Online-Reporting über die archivierten Daten ist über Lesereport RLRH0001 möglich

Rückladen der Daten in die Datenbank ist nicht im Standard enthalten

Erstellung von Drucklisten

Verwendung von R/3-Archivinformationssystem

RL_LUBU (Umbuchungsanweisungen)

Die transparente Einzelbeleganzeige aus dem Archiv ist im Standard nicht enthalten

Online-Reporting über die archivierten Daten ist über Lesereport RLRU0001 möglich

Rückladen der Daten in die Datenbank ist nicht im Standard enthalten

Erstellung von Drucklisten

Verwendung von R/3-Archivinformationssystem

RL_TA (Transportaufträge)

Die transparente Einzelbeleganzeige aus dem Archiv ist im Standard nicht enthalten

Online-Reporting über die archivierten Daten ist über Lesereport RLRT0001 möglich

Rückladen der Daten in die Datenbank ist nicht im Standard enthalten

Erstellung von Drucklisten

Verwendung von R/3-Archivinformationssystem

RL_TB (Transportbedarfe)

Die transparente Einzelbeleganzeige aus dem Archiv ist im Standard nicht enthalten

Online-Reporting über die archivierten Daten ist über Lesereport RLRT0001 möglich

Rückladen der Daten in die Datenbank ist nicht im Standard enthalten

Erstellung von Drucklisten

Verwendung von R/3-Archivinformationssystem

9.7.5 Archivierungsobjekte im Modul PM

Folgende Archivierungsobjekte sind der Anwendung PM zugeordnet:

- PM_ORDER (Instandhaltungsaufträge)
- PM_EQUI (Equipmentstammdaten)
- PM_QMEL (Instandhaltungsmeldungen)

Auf die einzelnen Archivierungsobjekte bestehen folgende Zugriffsmöglichkeiten:

PM_ORDER (Instandhaltungsaufträge)

Die transparente Einzelbeleganzeige aus dem Archiv ist im Standard nicht enthalten

Online-Reporting über die archivierten Daten ist über Lesereport RIARCORS möglich

Rückladen der Daten in die Datenbank ist nicht im Standard enthalten

Erstellung von Drucklisten

Verwendung von R/3-Archivinformationssystem ist derzeit nicht möglich

PM_EQUI (Equipmentstammdaten)

Online-Reporting über die archivierten Daten ist über Lesereport RIARCEQS möglich

Rückladen der Daten in die Datenbank ist technisch möglich

Erstellung von Drucklisten

PM_QMEL (Instandhaltungsmeldungen)

Die transparente Einzelbeleganzeige aus dem Archiv ist im Standard nicht enthalten

Online-Reporting über die archivierten Daten ist über Lesereport RKARCQMS möglich

Rückladen der Daten in die Datenbank ist nicht im Standard enthalten

Erstellung von Drucklisten

Verwendung von R/3-Archivinformationssystem

9.7.6 Archivierungsobjekte im Modul PP

Folgende Archivierungsobjekte sind dem Modul PP zugeordnet:

- PP_ORDER (Fertigungsaufträge)
- PP_PLAN (Arbeitspläne)
- PR_ORDER (Prozessaufträge)

Auf die einzelnen Archivierungsobjekte bestehen folgende Zugriffsmöglichkeiten:

PP_ORDER (Fertigungsaufträge)

Die transparente Einzelbeleganzeige aus dem Archiv ist im Standard nicht enthalten

Online-Reporting über die archivierten Daten ist über Lesereport PPARCHR1 möglich

Rückladen der Daten in die Datenbank ist nicht im Standard enthalten

Erstellung von Drucklisten

Verwendung von R/3-Archivinformationssystem ist derzeit nicht möglich

PP_PLAN (Arbeitspläne)

Online-Reporting über die archivierten Daten ist nicht vorgesehen

Rückladen der Daten in die Datenbank ist nicht vorgesehen

Erstellung von Drucklisten

PR_ORDER (Prozessaufträge)

Die transparente Einzelbeleganzeige aus dem Archiv ist im Standard nicht enthalten

Online-Reporting über die archivierten Daten ist über Lesereport PRARCHR1 möglich

Rückladen der Daten in die Datenbank ist nicht im Standard enthalten

Erstellung von Drucklisten

Verwendung von R/3-Archivinformationssystem ist derzeit nicht möglich

9.7.7 Archivierungsobjekte im Modul PS

Folgende Archivierungsobjekte sind der Anwendung PM zugeordnet:

- PS_PROJECT (operative Strukturen Projektsystem)

Auf die einzelnen Archivierungsobjekte bestehen folgende Zugriffsmöglichkeiten:

PS_PROJECT (operative Strukturen Projektsystem)

Die transparente Einzelbeleganzeige aus dem Archiv ist im Standard nicht enthalten

Online-Reporting über die archivierten Daten ist über das Projektinformationssystem möglich

Rückladen der Daten in die Datenbank ist nicht im Standard enthalten

Erstellung von Drucklisten

Verwendung von R/3-Archivinformationssystem ist derzeit nicht möglich

9.7.8 Archivierungsobjekte im Modul QM

Folgende Archivierungsobjekte sind der Anwendung QM zugeordnet:

- QM_CONTROL (Prüflose)
- QM_PLAN (Prüfpläne)
- QM_QMEL (Qualitätsmeldungen)

Auf die einzelnen Archivierungsobjekte bestehen folgende Zugriffsmöglichkeiten:

QM_CONTROL (Prüflose)

Die transparente Einzelbeleganzeige aus dem Archiv ist im Standard nicht enthalten

Online-Reporting über die archivierten Daten ist über Lesereport RQGAAM31 möglich

Rückladen der Daten in die Datenbank ist nicht im Standard enthalten

Erstellung von Drucklisten

Verwendung von R/3-Archivinformationssystem ist derzeit nicht möglich

QM_PLAN (Prüfpläne)

Online-Reporting über die archivierten Daten ist nicht vorgesehen

Rückladen der Daten in die Datenbank ist nicht vorgesehen

Erstellung von Drucklisten

QM_QMEL (Qualitätsmeldungen)

Die transparente Einzelbeleganzeige aus dem Archiv ist im Standard nicht enthalten

Online-Reporting über die archivierten Daten ist technisch über Lesereport RQARCQMS möglich.

Rückladen der Daten in die Datenbank ist nicht im Standard enthalten

Erstellung von Drucklisten

Verwendung von R/3-Archivinformationssystem

9.7.9 Archivierungsobjekte im Modul SD

Folgende Archivierungsobjekte sind der Anwendung SD zugeordnet:

- SD_COND (Konditionssätze)
- RV_LIKP (Lieferungsbelege)
- SD_VBAK (Verkaufsbelege)
- SD_VBRK (Fakturen)
- SD_VTTK (Transporte)

Auf die einzelnen Archivierungsobjekte bestehen folgende Zugriffsmöglichkeiten:

SD_COND (Konditionssätze)

Die transparente Einzelbeleganzeige aus dem Archiv ist im Standard nicht enthalten

Online-Reporting über die archivierten Daten ist im Standard nicht enthalten

Rückladen der Daten in die Datenbank ist technisch möglich

Erstellung von Drucklisten

Verwendung von R/3-Archivinformationssystem ist zu prüfen

RV_LIKP (Lieferungsbelege)

Die transparente Einzelbeleganzeige aus dem Archiv ist im Standard nicht enthalten

Online-Reporting über die archivierten Daten ist über Lesereport S3LIKPAU möglich

Rückladen der Daten in die Datenbank ist technisch möglich

Erstellung von Drucklisten

Verwendung von R/3-Archivinformationssystem

SD_VBAK (Verkaufsbelege)

Die transparente Einzelbeleganzeige aus dem Archiv ist im Standard nicht enthalten

Online-Reporting über die archivierten Daten ist über Lesereport S3VBAKAU möglich

Rückladen der Daten in die Datenbank ist technisch möglich

Erstellung von Drucklisten

Verwendung von R/3-Archivinformationssystem

SD_VBRK (Fakturen)

Die transparente Einzelbeleganzeige aus dem Archiv ist ab Release 4.5 nicht mehr enthalten.

Online-Reporting über die archivierten Daten ist über Lesereport S3VBRKAU möglich

Rückladen der Daten in die Datenbank ist technisch möglich

Erstellung von Drucklisten

Verwendung von R/3-Archivinformationssystem

SD_VTTK (Transporte)

Die transparente Einzelbeleganzeige aus dem Archiv ist im Standard nicht enthalten

Online-Reporting über die archivierten Daten ist nicht im Standard enthalten

Rückladen der Daten in die Datenbank ist technisch möglich

Erstellung von Drucklisten

Verwendung von R/3-Archivinformationssystem

Customizing-Einstellungen zur Datenarchivierung

10

10.1 Allgemeine Definition

Die Programme müssen in der Regel noch den speziellen Anforderungen des Unternehmens angepasst werden [Stahlknecht95]. Für die Anpassung von Standardsoftware an die betrieblichen Anforderungen, auch Customizing (engl. = »auf Maß anfertigen; Anpassung einer Standardsoftware auf die speziellen Anforderungen des Kunden« [Thome96]) genannt, gibt es im Wesentlichen drei Möglichkeiten. Diese wären

- Parametrisierung,
- Konfigurierung oder
- Individualprogrammierung.

10.1.1 Parametrisierung

Hier werden die gewünschten Funktionen des Programms durch das Setzen von Parametern initialisiert. Als Voraussetzung wird hierfür benötigt, dass alle erdenklichen Programmfunktionen in der Standardsoftware vorhanden sind.

10.1.2 Konfigurierung

Lediglich die gewünschten Programmbausteine werden bei der Konfigurierung (wird auch als Modularisierung bezeichnet) in das Software-Paket aufgenommen. Die Generierung erfolgt per Computer durch Auswahl aus den vorhandenen Bausteinen.

10.1.3 Individualprogrammierung

Dies bedeutet, dass für die erforderlichen Anpassungen Software individuell erstellt wird. Die so modifizierte Standardsoftware wird den Kundenanforderungen am besten gerecht, ist allerdings auch am teuersten.

10.2 Customizing zur Datenarchivierung in R/3-Systemen

Das Customizing zur Datenarchivierung gliedert sich grundsätzlich in zwei Bereiche:

- ADK- und ArchiveLink Customizing. Man spricht hier auch vom so genannten allgemeinen Basiscustomizing.
- Archivierungsobjektspezifisches Customizing

Das Archivierungsobjektspezifische Customizing lässt sich darüber hinaus wiederum in folgende Bereiche aufteilen:

- Archivierungsobjektspezifisches Customizing
- Anwendungspezifisches Customizing
- Archivierungsobjektübergreifendes Customizing (neu ab R/3-Release 4.6C)

10.2.1 ADK- und ArchiveLink Customizing

Technische Beschreibung des Archivierungsvorgangs

Das ADK (Archive Development Kit) bildet, wie bereits in diesem Buch beschrieben, eine Schicht zwischen den Archivdateien und der R/3-Applikation. Wenn nun beispielsweise ein R/3-Release-Upgrade durchgeführt oder die Hardware ausgetauscht wird, stellt diese Zwischenschicht sicher, dass alle alten Archivdateien mit SAP R/3 weiterhin problemlos gelesen werden können. Das ADK passt die Formate der wieder benötigten Daten an die aktuellen Formate im R/3-Repository an [Brand98].

Bei einem Archivierungslauf werden die dabei erzeugten Archivdateien vom ADK in ein Verzeichnis, das so genannte Austauschverzeichnis geschrieben, welches als Zwischenspeicher für die Archivdateien dient. Dieses Austauschverzeichnis muss nicht Bestandteil eines R/3-Servers sein. Hinsichtlich der einzelnen Schritte des Archivierungslaufes sei an dieser Stelle auf das Kapitel 5 dieses Buches verwiesen. Dort werden die Schritte im Detail beschrieben.

Konnten die Archivdateien vom ADK erfolgreich ausgewertet, also gelesen werden, werden sie in der R/3-Datenbank gelöscht. Dies wird durch das ADK an die

SAP ArchiveLink-Schnittstelle gemeldet, in welcher ein Pfad zum Austauschverzeichnis definiert ist. Von dort aus wird ein Befehl an den Archivserver über die RFC-Schnittstelle übermittelt, welcher den Pfad zum Austauschverzeichnis enthält. Dadurch wird der Archivserver beauftragt, die Archivdateien, die sich noch im Austauschverzeichnis befinden, in das definierte Archiv zu schreiben.

Nach erfolgreichem Abschluss dieses Vorgangs wird dies vom Archivsystem über die SAP ArchiveLink-Schnittstelle an das ADK gemeldet. Sofern die Übergabe der Archivdateien erfolgreich war, werden diese im Austauschverzeichnis gelöscht.

Um eine Recherche und exakte Identifikation von abgelegten Archivdateien sicherzustellen, nimmt das SAP R/3-System eine Verknüpfung beispielsweise in der Verknüpfungstabelle TOA01 vor, welche die Objektidentifikation (Objekt-ID) derselben aus dem R/3-System und eine vom Archivserver zugewiesene Dokumentenidentifikation (Dokument-ID) enthält. Anschließend erhält die zugehörige Archivdatei mit dem Objekttyp ARCHIVE genau diese Objekt-ID zugewiesen und wird zusammen mit diesen Informationen in einem definierten logischen Archiv (Archiv-ID) ablegt.

Der Archivserver weißt dieser Archivdatei nun die Dokument-ID zu, welche in der R/3-Verknüpfungstabelle und in der Datenbank des Archivservers gespeichert werden.

Bei einer möglichen Auswertung der Archivdatei kann nun über die Objekt-ID des R/3-Systems die zugehörige Dokument-ID des Archivservers in der Verknüpfungstabelle TOA01 gefunden und damit über die SAP ArchiveLink-Schnittstelle auf die Archivdatei im logischen Archiv zugegriffen werden.

Customizing

Im Rahmen des ADK- und ArchiveLink Customizings sind folgende Customizing-Schritte durchzuführen:

- Pflege der Dokumentart zur Ablage der Archivdateien
- Verknüpfung zwischen Objekttyp, Dokumentart und logischem Archiv
- Pflege von logischem Dateinamen und Dateipfad

Dieser Sachverhalt wird durch folgende Abbildung 10.1 grafisch illustriert.

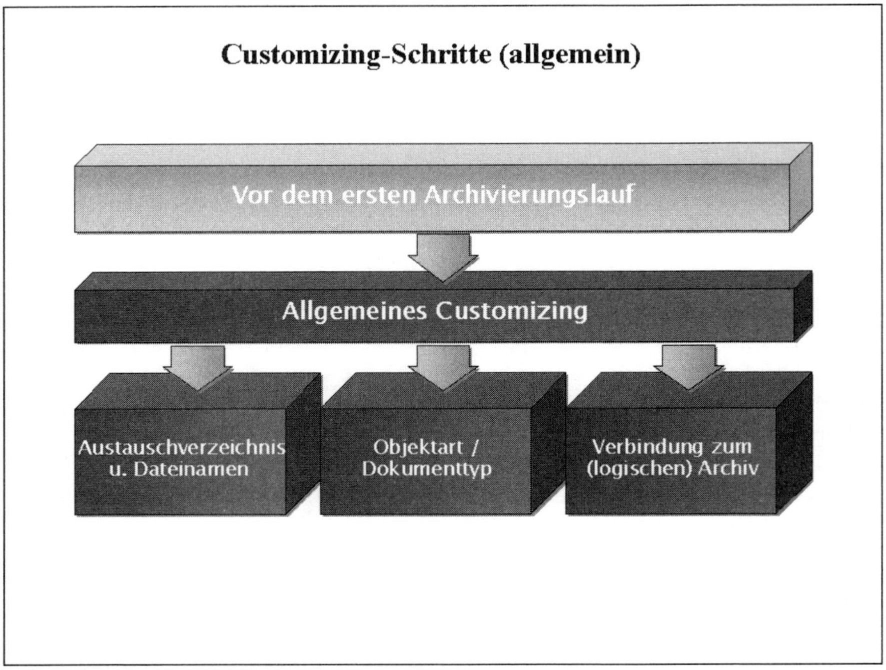

Abbildung 10.1
Darstellung des ADK- und ArchiveLink Customizings

Pflege der Dokumentart zur Ablage der Archivdateien

Die Dokumentart steuert im R/3-System die Ablage der erzeugten Archivdateien über die SAP ArchiveLink-Schnittstelle in das jeweilige logische Archiv des Archivsystems. Den dabei zu verwendenden Dokumenttyp zur Datenarchivierung bezeichnet man mit REO (Transaktion OAD2). Er ist im SAP Standard vordefiniert und kennzeichnet das Ablageformat für das optische Archivsystem.

Im Folgenden wird nun die Pflege der Dokumentart Z-ARCHIV1 vom Typ Z-GO-REO gezeigt. Die Dokumentart Z-ARCHIV1 basiert auf der SAP Standarddokumentart ARCHIVE, welche für die Datenarchivierung verwendet wird. Wenn geplant ist, die archivierten Daten in unterschiedliche logische Archive abzulegen, ist zu beachten, für jedes logische Archiv eine weitere Dokumentart über die Transaktion OAC2 zu definieren.

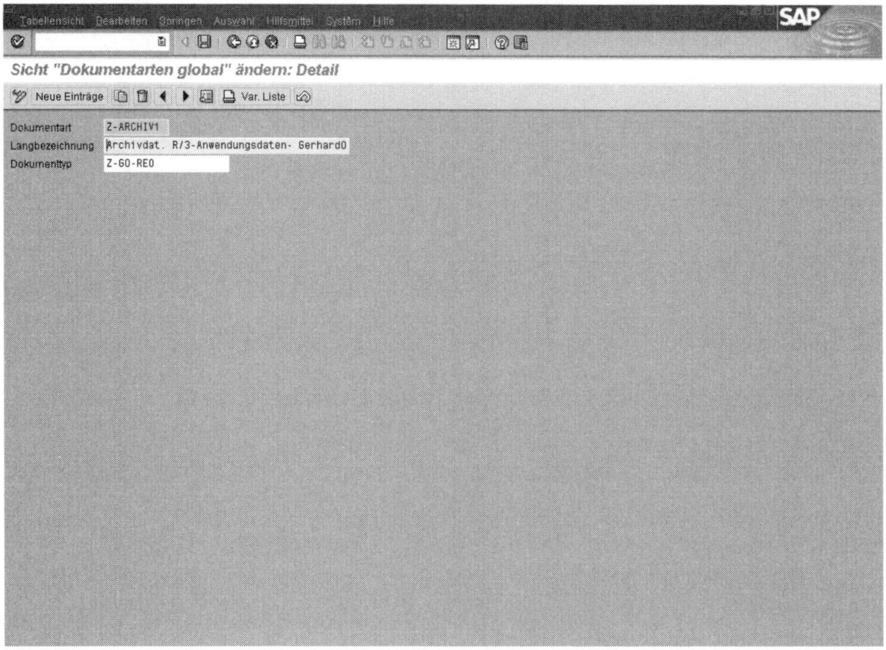

Abbildung 10.2
Pflege der Dokumentart zur Ablage der Archivdateien (© SAP AG)

Verknüpfung zwischen Objekttyp, Dokumentart und logischem Archiv

Nun ist die Verknüpfung zwischen Objekttyp, Dokumentart und logischem Archiv mittels der Transaktion OAC3 herzustellen. Der Objekttyp, welcher zur Bezeichnung der archivierten Daten und Dokumente verwendet wird, ist Z-ARCHIV1. Jeder geplanten Kombination von Objekttyp und Dokumentart muss ein zuvor in Transaktion OAC0 definiertes logisches Archiv bzw. ab Release 4.6 C ein so genanntes Content Repository zugeordnet werden. Es ist dann noch zu aktivieren. Abschließend ist jeder dieser Kombinationen eine Verknüpfungstabelle (hier beispielsweise die Tabelle TOA01) zuzuordnen.

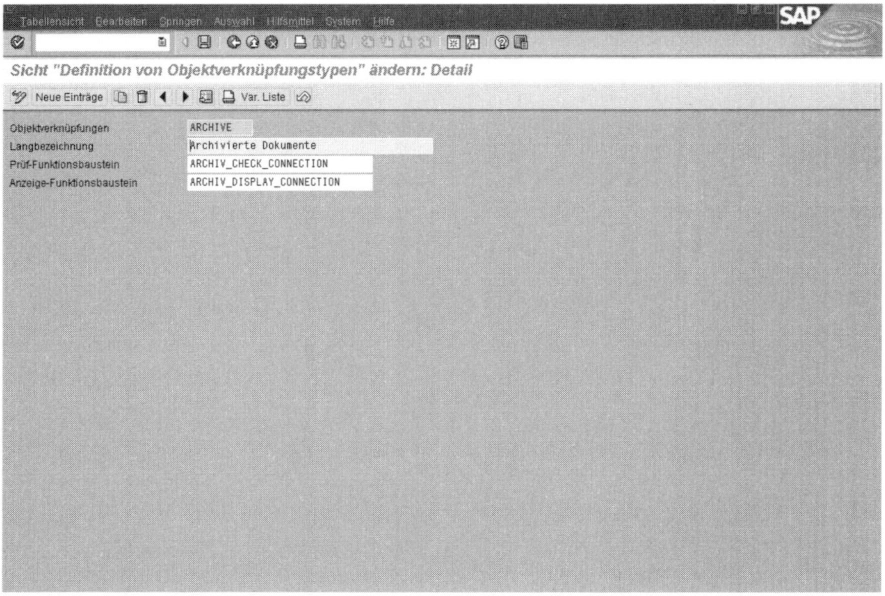

Abbildung 10.3
Festlegung des Objekttyps (© SAP AG)

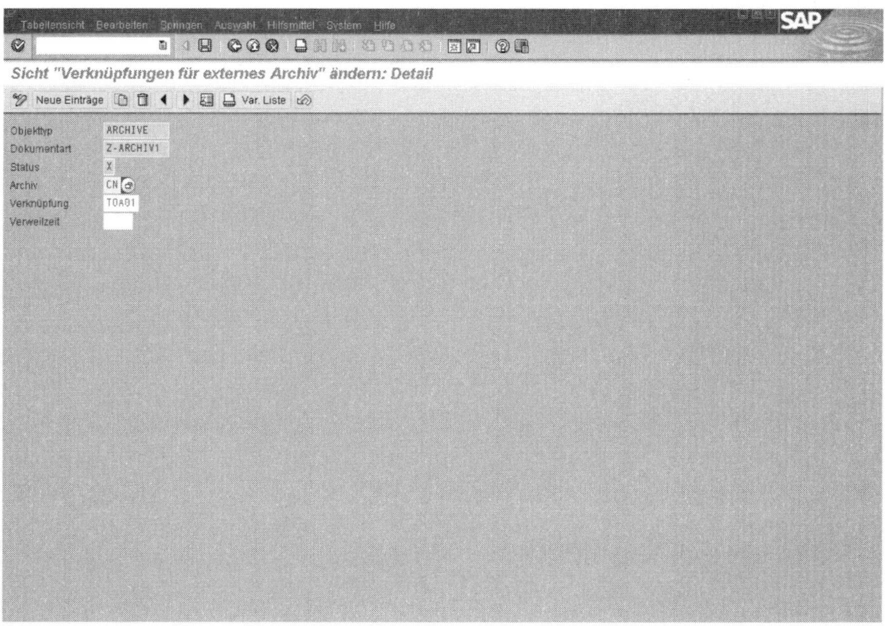

Abbildung 10.4
Verknüpfung zwischen Objekttyp, Dokumentart und logischem Archiv (© SAP AG)

Pflege von logischem Dateinamen und Dateipfad

Während eines Archivierungslaufs werden die erzeugten Archivdateien in einem Zwischenspeicher, dem so genannten Austauschverzeichnis abgelegt. Man bestimmt dieses Verzeichnis über einen logischen und physischen Dateipfad. Über die Transaktion SARA ist für jedes Archivierungsobjekt der logische Dateiname zu pflegen. Dabei wird für alle Archivierungsobjekte, deren Archivdateien über SAP ArchiveLink in ein optisches Archiv abgelegt werden, der logische Dateiname ARCHIVE_DATA_FILE_WITH_ARCHIVE_LINK verwendet.

Diesem logischen Dateinamen wird mittels der Transaktion FILE im ADK- und ArchiveLink Customizing ein logischer Dateipfad zugewiesen, der wiederum auf einen physischen Pfad verweist.

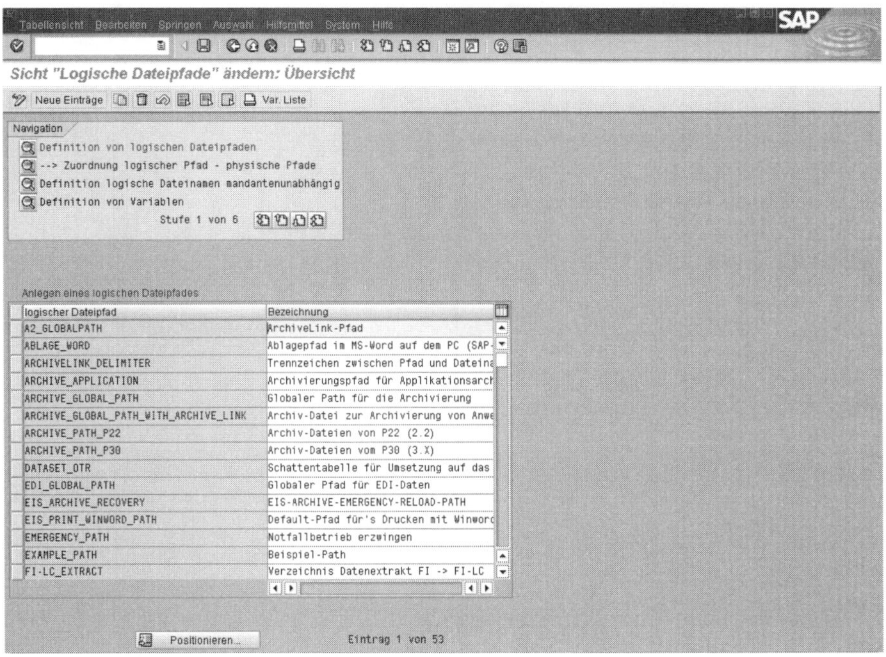

Abbildung 10.5
Pflege von logischem Dateinamen und Dateipfad (© SAP AG)

Als physischen betriebssystemunabhängigen Dateipfad verwendet man am bes-ten den Pfad <F=ARCHIVELINK>/<FILENAME> (Transaktion FILE). Siehe in diesem Kontext Abbildung 10.8. Die Abbildungen 10.6 und 10.7 zeigen den Weg im Customizing dorthin.

Der oben genannte Dateipfad referiert auf den im ArchiveLink Customizing über die Transaktion OAC0 definierten Archivpfad zum Austauschverzeichnis.

Man beachte: Im R/3-System muss sowohl für das ADK als auch für SAP ArchiveLink jeweils ein Pfad zum Austauschverzeichnis definiert werden.

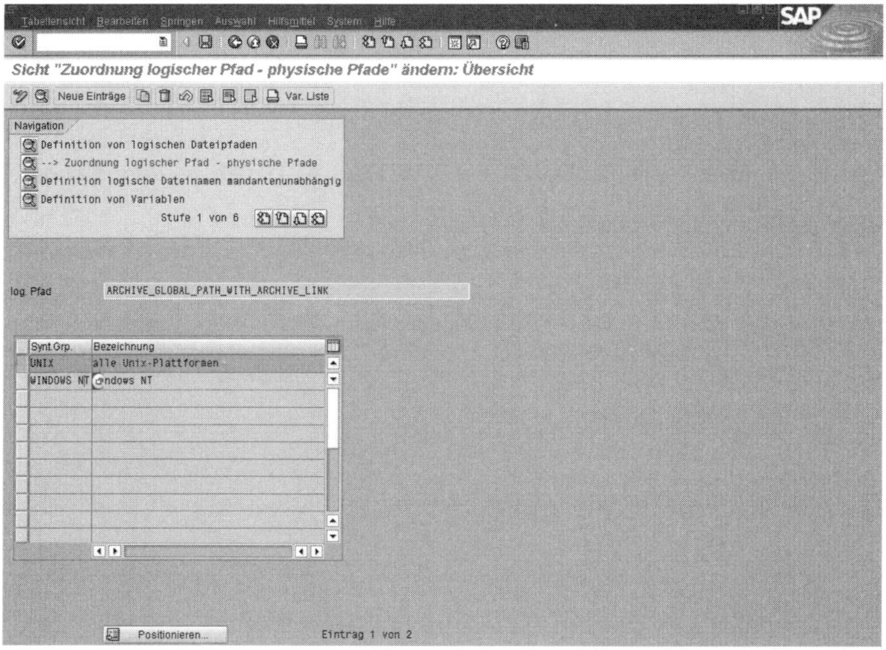

Abbildung 10.6
Zuordnung logischer Pfad – physischer Pfad – Teil 1: Übersichtsscreen (© SAP AG)

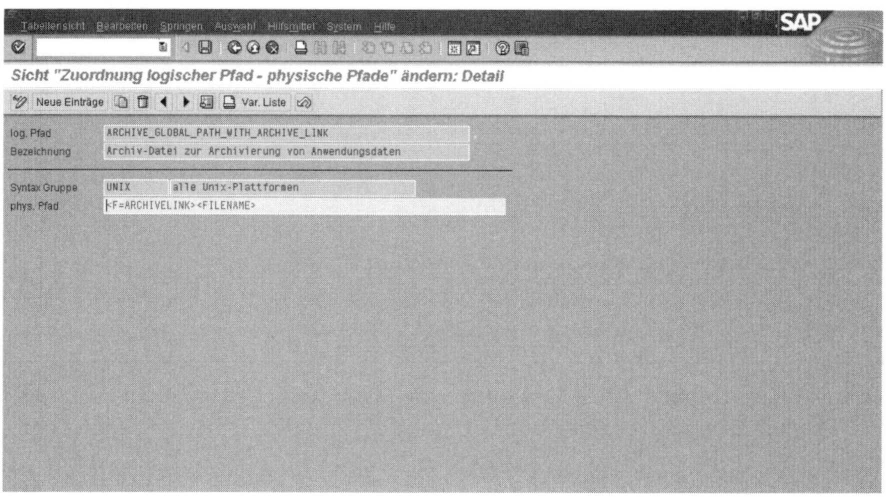

Abbildung 10.7
Zuordnung logischer Pfad – physischer Pfad – Teil 2: Detailscreen (© SAP AG)

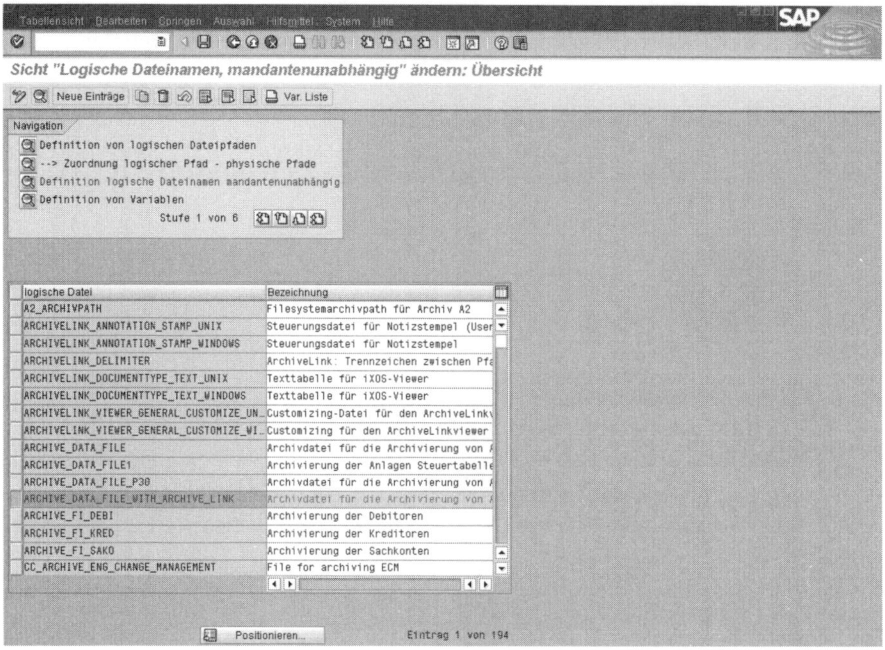

Abbildung 10.8
Definition logische Dateinamen, mandantenunabhängig – Teil 1: Übersichtsscreen (© SAP AG)

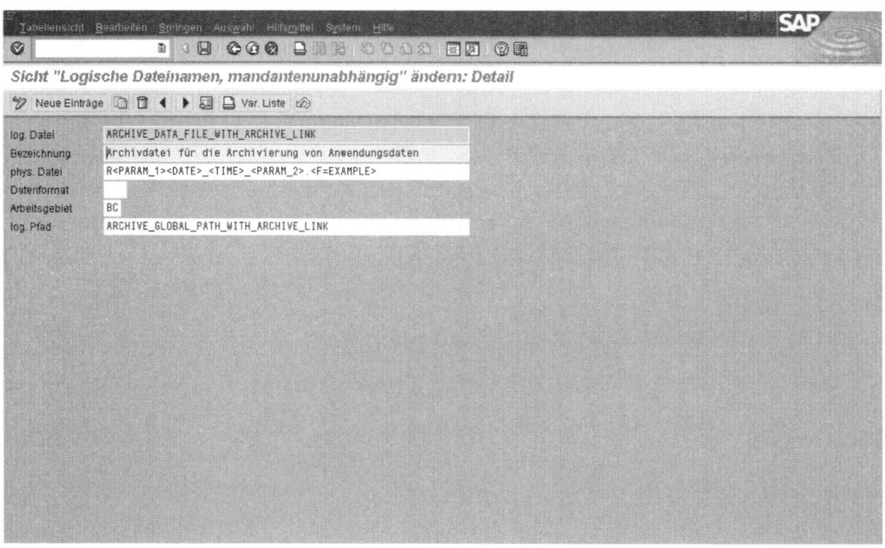

Abbildung 10.9
Pflege von logischem Dateinamen und Dateipfad – Teil 2: Detailscreen (© SAP AG)

Nach der Durchführung des Basiscustomizings erfolgt nun, wie in Abbildung 10.10 illustriert, das Archivierungsobjektspezifische und das Anwendungsspezifische Customizing.

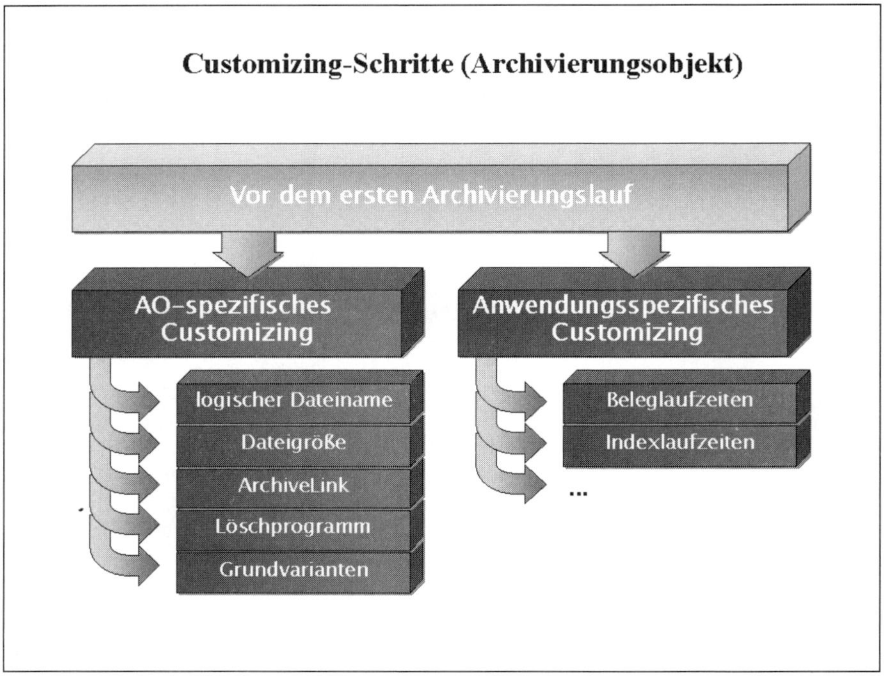

Abbildung 10.10
Überblick über das Archivierungsobjektspezifische und Anwendungsspezifische Customizing

10.2.2 Archivierungsobjektspezifisches Customizing

Für Archivierungsobjekte existieren drei Customizing-Arten, die jeweils über Transaktion SARA erreicht werden können:

- Basis-Customizing
- Archivierungsobjektspezifisches Customizing
- Anwendungsspezifisches Customizing (optional)
- Archivierungsobjektübergreifendes Customizing (neu ab R/3-Release 4.6C)

Basis-Customizing

Hier erfolgt der eigentliche Anschluss an das Archivsystem. Dabei wird die Zuordnung zwischen logischen und physischen für mandantenabhängige und

-unabhängige Dateinamen vorgenommen. Hier werden die Namen der Archivdateien und -verzeichnisse festgelegt. Wird eine Archivdatei von einem Schreibprogramm erzeugt, wird ihr physischer Dateiname aus einem logischen Dateinamen abgeleitet. Ebenso wird der physische Pfadname aus einem logischen Pfadnamen ermittelt. Weitere Informationen hierzu finden Sie im Hinweis 35992 (releaseunabhängig; Dateinamen/Verzeichnis der Anwendungsarchivierung) und über die Feldhilfe im System. Das Basis-Customizing wurde im Verlauf dieses Kapitels bereits im Detail dargestellt.

Archivierungsobjektspezifisches Customizing

Das Archivierungsobjektspezifische Customizing betrifft die technischen Einstellungen, wie die Größe des zu erzeugenden Archivs und die Konfiguration des Ablaufs des anschließenden Löschprogramms. Die Größe eines Archivs beschränkt sich durch hardwaretechnische Gegebenheiten [Will98]. Hier werden technischen Einstellungen vorgenommen. Es wird z.B. festgelegt, wie viele Datensätze maximal in eine Archivdatei geschrieben werden sollen und welche maximale Größe die Datei haben darf. Wird einer dieser beiden Werte erreicht, wird die Datei geschlossen und eine neue Archivdatei geöffnet.

Anwendungsspezifisches Customizing (optional)

Das Anwendungsspezifische Customizing ist vom jeweiligen Archivierungsobjekt abhängig. Unter anwendungsspezifischem Customizing wird im Folgenden hauptsächlich die Pflege der Residenzzeiten verstanden. Die Residenzzeit ist von großer Bedeutung und muss für jedes Archivierungsobjekt einzeln gepflegt werden, da die Belege aus betriebswirtschaftlichen Gründen des Unternehmens eine gewisse Zeit im Online-Betrieb gehalten werden müssen.

Archivierungsobjektübergreifendes Customizing

Ab Release 4.6C stehen zusätzliche Einstellungsmöglichkeiten in einem Archivierungsobjektübergreifenden Customizing zur Verfügung. Diese betreffen u.a. Zugriffsprüfungen der Archivdateien, den Datenarchivierungsmonitor sowie die Verifikation der Archivdateien.

Archivierungsobjektspezifisches Customizing

Im Zuge des Customizings eines spezifischen Archivierungsobjektes sind nach Will folgende Voraussetzungen zu schaffen:

- Genügend Plattenplatz zur Verfügung stellen
- Datenbankparameter, insbesondere die Größe der Logbereiche, hinreichend groß wählen
- Customizing der Archivierungsprogramme für die Anwendung

- Ein Archivierungslauf benötigt mindestens zwei Hintergrundprozesse, weitere Hintergrundprozesse können den Lauf aber weiter beschleunigen [Will98].

Folgende Einstellungen sind hier also zu treffen:

- Logischen Dateinamen festlegen
- Größe der Archivdatei definieren
- Anschluss ans Archivssystem
- Einstellungen um Löschprogramm

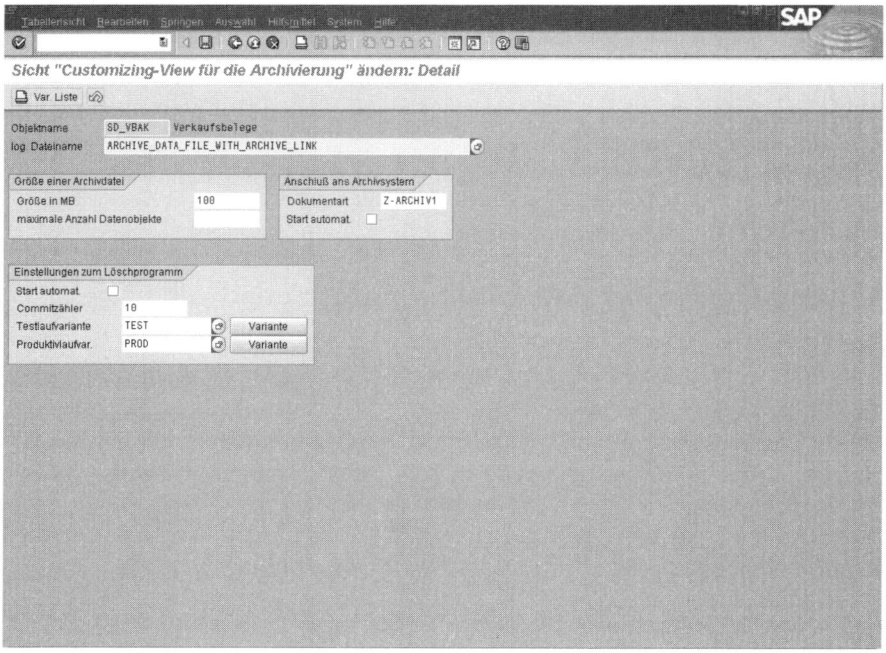

Abbildung 10.11
Archivierungsobjektspezifisches Customizing – technische Einstellungen (© SAP AG)

Logischer Dateiname

Hier wird der logische Dateiname ARCHIVE_DATA_FILE_WITH_ARCHIVE_LINK zur Ablage der Archivdatei an ein externes Archivsystem über die ArchiveLink-Schnittstelle verwendet.

Größe einer Archivdatei

Über die beiden Werte »Größe in MB« und »maximale Anzahl Datenobjekte« lässt sich die Performance der Archivierung beeinflussen. Die Erfahrung zeigt, dass der Richtwert für die Größe einer Archivdatei zwischen 20 und 100 Megabyte liegen sollte. Ein Eintrag von 50 MB bedeutet, dass bei einem Archivierungslauf eine neue Archivdatei erzeugt wird, sobald die vorhergehende einen Umfang von 50 MB erreicht hat.

Darüber hinaus ist es möglich, die Größe einer Archivdatei nach Datenobjekten zu steuern. Dabei entspricht ein Beleg, z.B. Verkaufsbeleg, immer einem Datenobjekt. Wird der Wert für die maximalen Datenobjekt z.B. auf 200 gesetzt, erzeugt das System nach 200 archivierten Belegen eine neue Archivdatei. Auf die entsprechenden SAP-Dokumentationen wird an dieser Stelle verwiesen.

Anschluss ans Archivsystem

Die Ablage der Archivdatei in ein logisches Archiv wird über die Dokumentart gesteuert. Durch diesen Eintrag in das Feld »Anschluss ans Archivsystem« wird festgelegt, in welchem logischen Archiv die Archivdatei abgelegt wird.

Zusammenfassend lässt sich Folgendes feststellen: Die hierbei erzeugte Archivdatei mit der Dokumentart Z-ARCHIV1 wird im logischen Archiv CN über den Archivpfad abgelegt. Der zugehörige Verknüpfungseintrag zwischen dem R/3-System und dem Archivsystem wird in Tabelle TOA01 eingetragen.

Einstellungen zum Löschprogramm

Feld »Start automat«: Durch eine entsprechende Aktivierung dieses Feldes wird ein paralleler Ablauf der Schreib- und Löschjobs gesteuert. Das Feld »Indexaufbau« steuert den Aufbau eines Archivindexes für den transparenten Einzelbelegzugriff.

Der »Commitzähler« wird vom Löschprogramm verwendet und legt fest, nach wie vielen Datenobjekten ein Commit (physisches Schreiben) auf die Datenbank erfolgt. Werden z.B. 100 Aufträge archiviert und enthält der Commitzähler den Wert 10, so werden die Aufträge immer nach zehn archivierten Belegen aus der Datenbank gelöscht (bei parallelem Schreib- und Löschlauf).

Feld »Testlaufvariante des Löschlaufs«: Durch den Testlauf des Löschprogramms ist zu sehen, welche Daten in der Datenbank gelöscht werden.

Feld »Produktivlaufvariante des Löschlaufs«: Im Produktivlauf werden die Daten tatsächlich gelöscht.

Der Testlauf ist sinnvoll, da nicht alle archivierten Daten auch gelöscht werden. Es ist lediglich zu prüfen, ob bei der Testlaufvariante der Testlauf aktiviert ist und bei der Produktivlaufvariante dieser deaktiviert ist. Wird die Testlaufvariante versehentlich produktiv gesetzt, so werden die Daten bereits im Testlauf von der Datenbank gelöscht.

Anwendungsspezifisches Customizing

Bei Anwendungsspezifischen Customizing werden Einstellungen getroffen, die sich exakt auf bestimmte Belege und Vorgänge in dem jeweiligen Business

Objekt konzentrieren. Abbildung 10.12 veranschaulicht in diesem Kontext beispielsweise das Customizing für die Archivierungssteuerung der Verkaufsbelege. Hier ist es beispielsweise möglich, für die einzelnen Verkaufsbelege der verschiedenen Verkaufsorganisationen jeweils die definierte Residenzzeit der Verkaufsbelege individuell einzustellen.

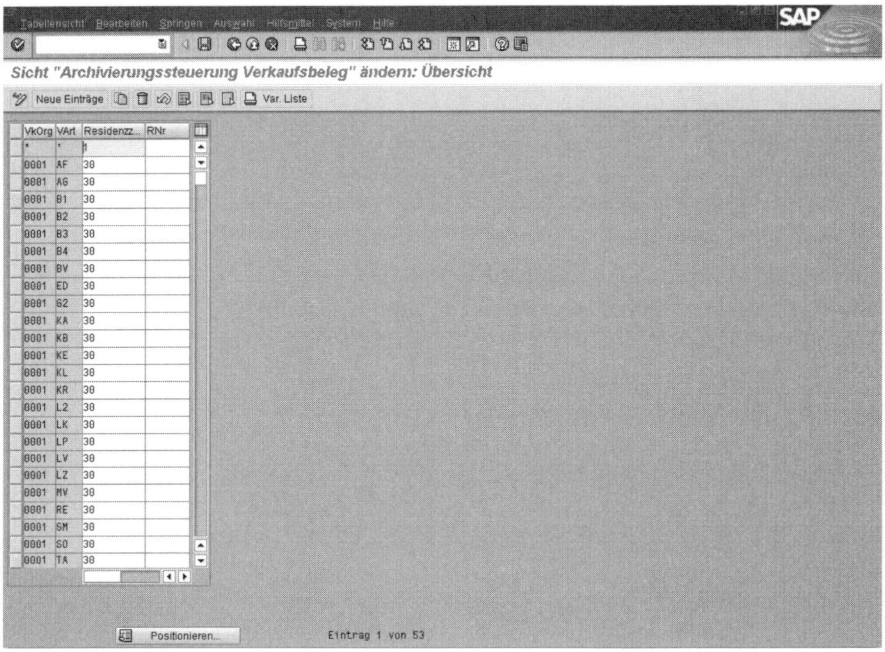

Abbildung 10.12
Archivierungssteuerung Verkaufsbeleg (© SAP AG)

10.3 Struktur eines Archivierungsobjektes

10.3.1 Vorbemerkung zur Euro-Umstellung

SAP empfiehlt, vor der Archivierung die Analyse der Euro-Umstellung durchzuführen. Einige Objekte sind in Bezug auf die Euro-Umstellung als kritisch anzusehen. Einen Überblick über kritische Archivierungsobjekte und welche Funktionalität in Hinsicht auf eine geplante Euro-Umstellung genutzt werden kann, gibt die Tabelle ADMI_CRIT (SE16). Die Einstellungen der Tabelle ADMI_CRIT sollten Sie unter keinen Umständen ändern, da ansonsten die Euro-Umstellung zu Datenbankinkonsistenzen führen kann. Probleme, die in der Analysephase auftreten, können u.U. nur gelöst werden, wenn alle Belege im System verbleiben. Wenn Sie erwarten, dass der geplante Zeitraum für die eigentliche Tabellenumsetzung (Systemsperrzeit) nicht ausreichen könnte, sollten Sie prüfen, ob es bereits im Vorfeld der Euro-Umstellung sinnvoll ist, ein Archivierungsprojekt einzuleiten.

10.3.2 Mögliche Programme eines Archivierungsobjektes

Die Steuerung und Auswertung eines Archivierungslaufs erfolgt vom Einstiegsbildschirm der Archivadministration (Transaktion SARA), wobei man den von der Transaktion für das ausgewählte Archivierungsobjekt vorgeschlagenen Aktionen folgen kann [Will98]. Ablauf und Inhalt der Aktionen sind vom ausgewählten Archivierungsobjekt abhängig.

Deshalb erfolgt an dieser Stelle die grundlegende Definition der Struktur eines Archivierungsobjektes, d.h. welche Programme einem Archivierungsobjekt zugeordnet sind. Notwendig sind ein Schreib- und ein Löschprogramm, um überhaupt Archivdateien erzeugen und die Daten löschen zu können. Vorlauf-, Nachlauf-, Rücklade- und Auswertungsprogramme müssen dagegen nicht immer vorhanden sein.

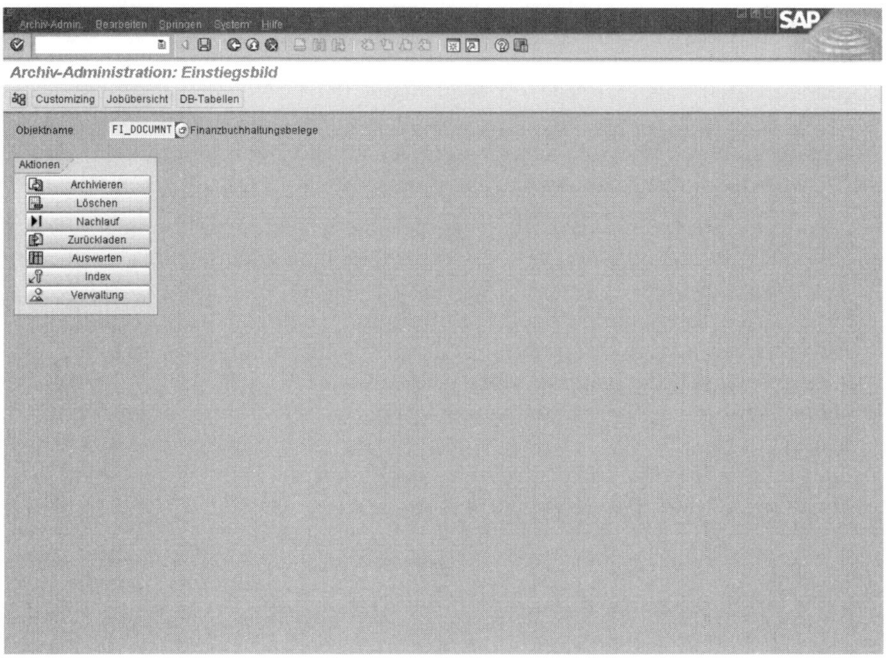

Abbildung 10.13
Archivadministration: Einstiegsbild zum Archivierungsobjekt FI_DOCUMNT (© SAP AG)

Nachfolgend wird die Charakterisierung der einzelnen Programme vorgenommen:

- Vorlaufprogramm (optional): Manche Archivierungsobjekte erfordern ein Vorlaufprogramm, welches die zu archivierenden Daten kennzeichnet. Durch das Vorlaufprogramm wird aber weder eine Archivdatei erzeugt, noch werden Daten von der Datenbank gelöscht. Durch den Vorlauf kann außerdem geprüft werden, ob die selektierten Belege archiviert werden können, also die jeweiligen Prüfkriterien, welche im nächsten Abschnitt dargelegt werden, erfüllen. Einige Archivierungsobjekte haben ein Vorlaufprogramm, das die Daten vorbereitet, z.B. indem es die zu archivierenden Daten kennzeichnet. Das Vorlaufprogramm entfernt jedoch keine Daten aus der Datenbank. Anmerkung: Die Vorlaufprogramme der SD-Objekte RV_LIKP, SD_VBRK und SD_VBAK sind reine Prüfprogramme. Sie entsprechen den Testläufen bei anderen Komponenten und setzen weder Löschvormerkungen noch Löschkennzeichen. Sie ermöglichen es Ihnen, die Qualität der zu archivierenden Verkaufsbelege und des anwendungsspezifischen Archivierungs-Customizing zu beurteilen.
- Schreibprogramm: Durch diesen Programmlauf werden die zu archivierenden Daten in neu erzeugte Archivdateien in das Austauschverzeichnis geschrieben, aber nicht gelöscht. Dieses Programm schreibt die zu archivierenden Daten in neu erstellte Archivdateien. Die Daten werden jedoch noch nicht aus der Datenbank entfernt. Im archivierungsobjektspezifischen Customizing können Sie einstellen, ob der nächste Schritt (*Löschen*) automatisch nach der Erzeugung der Archivdateien erfolgen soll
- Löschprogramm: Beim Löschlauf werden die im Schreiblauf erzeugten Archivdateien von der Datenbank gelöscht. Daten, die nicht in einer Archivdatei stehen, können nicht gelöscht werden. Es ist auch möglich, dass die archivierten Daten durch das Löschprogramm lediglich ein Löschkennzeichen erhalten. Dieses Programm löscht auf der Grundlage der bereits erzeugten Archivdaten die Daten in der Datenbank. Ab Release 4.6C kann für die Dateiablage ins Ablagesystem eine Reihenfolge festgelegt werden, nämlich ob die Löschphase vor der Ablage erfolgen soll oder umgekehrt. Die Einstellung dazu erfolgt in der Transaktion AOBJ über die *Customizing-Einstellungen* zum ausgewählten Archivierungsobjekt.
- Nachlaufprogramm (optional) Diese Aktion kann zeitlich versetzt zum Löschjob erfolgen. Für archivierte Daten mit Löschkennzeichen, die also durch das Löschprogramm nicht aus der Datenbank entfernt wurden, wird dies durch das Nachlaufprogramm erledigt (z.B. FI_DOCUMNT).
- Rückladeprogramm (optional) Durch das Rückladeprogramm besteht die Möglichkeit, archivierte Daten aus den Archivdateien in die Datenbank zurückzuladen. Diese Funktionalität ist nicht bei jedem Archivierungsobjekt vorhanden, außerdem ist bei der Datenarchivierung keine allgemeine Rückladefunktionalität vorgesehen. SAP weist ausdrücklich darauf hin, dass dies

nur eine Notfalllösung darstellt, wenn z.B. aus Versehen wichtige und noch gebrauchte Daten gelöscht wurden. Das Rückladen der Daten sollte dem Löschlauf aber unmittelbar folgen. Ansonsten könnte es passieren, dass einzelne Nummernkreise bereits zurückgesetzt wurden. Dann werden die zwischenzeitlich mit derselben Belegnummer erzeugten Belege durch das Rückladen überschrieben und sind somit nicht mehr vorhanden. Die Anwendung von Rückladeprogrammen ist nur im Einzelfall bzw. Notfall vorgesehen und wird nicht empfohlen. Wenn ein Rückladen erfolgt, sollte es direkt nach der Archivierung durchgeführt werden. Nicht alle Archivierungsobjekte haben ein Rückladeprogramm.

- Auswertungsprogramm (optional): Mit diesem Programm können archivierte Daten direkt im R/3-System über Reports gelesen und ausgewertet werden, ohne sie vorher in die Datenbank zurückzuladen. Der Umfang ist allerdings eingeschränkter als im Online-Betrieb. Für einige Objekte sind spezielle Leseprogramme vorgesehen (z.B. SD_VBRK). Für Objekte, die kein spezielles Leseprogramm haben, können Sie alternativ das SAP Archivinformationssystem (SAP AS) nutzen. Über die Funktion *Auswerten* in der Transaktion SARA gelangen Sie zum Leseprogramm.
- Index (optional): Hier wird der Aufbau eines Indexes gesteuert, der den transparenten Einzelbelegzugriff ermöglicht.
- Verwaltung: Dieses Programm ermöglicht die Anzeige des Status des jeweiligen Archivierungslaufs. Ein Archivierungslauf ist erst dann vollständig, wenn die Daten von der Datenbank gelöscht wurden.

10.3.3 Abhängigkeiten zwischen den Archivierungsobjekten

Die Abhängigkeiten der Daten müssen bei der Planung eines Archivierungskonzeptes beachtet werden, damit keine Informationen archiviert werden, die für den produktiven Betrieb noch gebraucht werden. Durch die Wahl einer günstigen Reihenfolge können Sie u.U. auch die Anzahl der notwendigen Prüfungen reduzieren und somit die Performance bei der Archivierung verbessern. Informationen zur empfohlenen Reihenfolge bei der Archivierung können der jeweiligen Netzgrafik zum Objekt (Anzeige aus Transaktion SARA) und der SAP-Bibliothek entnommen werden. Die letztendlich gewählte Reihenfolge muss immer mit den betroffenen Fachabteilungen abgestimmt werden. Die Abhängigkeiten können hier nicht vollständig beschrieben werden. Generell lassen sich die folgenden Abhängigkeiten bzw. Bedingungen nennen:

- Bewegungsdaten sollten vor Stammdaten archiviert werden. Stammdaten (z.B. Artikelstammsätze) können normalerweise nur archiviert werden, wenn sie in Bewegungsdaten (z.B. Bestellungen) nicht mehr vorkommen. Bei manchen Archivierungsobjekten zu Stammdaten (z.B. SD_COND) lässt sich die Prüfung gegen noch vorhandene Bewegungsdaten abschalten.

- MM-Bewegungsdaten sollten vor den SD-Bewegungsdaten archiviert werden. Bei der SD-Archivierung kann die Prüfung auf vorhandene MM-Belege eingeschaltet werden.
- Lieferungen sollten vor Auftrags- und Fakturabelegen archiviert werden. Bei der Anzeige von Lieferbelegen wird auf Auftragsdaten zugegriffen. Die Anzeige der Lieferung scheitert ggf., wenn der Auftragsbeleg nicht mehr verfügbar ist.
- SD-Fakturen sollten vor SD-Aufträgen archiviert werden. Es kann sonst passieren, dass sich die Fakturen nicht mehr anzeigen lassen, da der Beleg mit dem referenzierten Text fehlt. Bei der Verwendung der SD-Archivierungsobjekte RV_LIKP, SD_VBRK, SD_VBAK unterstützt Hinweis 129310 (Release 3.0D - 4.5B) die korrekte Referenzierung von Texten.
- Eine Aktion, zu der Folgebelege existieren, kann erst archiviert werden, nachdem die zugehörigen Folgebelege archiviert wurden.
- FI- und CO-Daten können i.d.R. unabhängig von MM- und SD-Daten archiviert werden. Ausnahmen: CO-Obligos werden aus dem MM fortgeschrieben. In diesem Fall sollten Sie die MM-Daten vor den CO-Daten archivieren.

Archivsysteme für R/3-Systeme

11

11.1 Einführung

Archivlösungen in R/3-Systemen beschleunigen Geschäftsprozesse und steigern die Produktivität in Unternehmen: Laufend eingehende Informationen werden schneller erfasst und zügig an die entsprechenden Stellen innerhalb und außerhalb des Unternehmens weitergeleitet. Mitarbeiter treffen bessere Entscheidungen, weil sie die richtigen Informationen zum richtigen Zeitpunkt im Zugriff haben. Wichtige Unterlagen finden sie rasch wieder auf und können daher sofort auf Kundenanfragen reagieren. Mitarbeiter, Kunden und Geschäftspartner sind besser informiert und können sich besser koordinieren.

Mit der Zeit sammeln sich, wie schon mehrmals erwähnt, in einem R/3-System immer mehr Daten und Dokumente an. Ein Teil davon muss aus rechtlichen und betriebswirtschaftlichen Gründen aufbewahrt werden. Effiziente elektronische Archivierung ist also unabdingbar. Während die Benutzerfunktionen der Archivierung in R/3 integriert sind, bieten SAP-Partnerfirmen Software für die originären Funktionen des Dokumenten-Managements, also das Ablegen, Aufbewahren und Bereitstellen der Daten und Dokumente, an. Mit fortschreitender Betriebsdauer nimmt die Datenmenge aber kontinuierlich zu. Die geeignete »Ablage«, eine elektronische Archivlösung, muss gefunden werden. Andernfalls nimmt der Administrationsaufwand sehr schnell zu, und die Antwortzeiten verschlechtern sich.

11.1.1 Aufgaben und Funktionen eines elektronischen Archivsystems

Die Aufgaben und Funktionen eines elektronischen Archivsystems nach [Gulbins99] sind:

- Informationen zu erfassen, soweit sie nicht bereits im Rechner vorliegen.
- Informationen in ein zur Speicherung geeignetes Format umzusetzen.

- Kenndaten bzw. so genannte Attribute zur Information zu erfassen, die das spätere Wiederauffinden erlauben.
- Daten auf geeignete Speichermedien sicher abzulegen.
- Das möglichst einfache Auffinden einer gewünschten Information aus den gespeicherten Daten zu unterstützen.
- Abgerufene Information vom Datenspeicher zu holen und dem Anwender oder einem Programm zur Verfügung zu stellen.

11.1.2 Dokumenten-Management-System als R/3-Archiv

Der Begriff Business-Dokument wird sehr weit gefasst. Man versteht darunter nicht nur digitalisierte Unterlagen in Papierform, sondern auch alle Arten von elektronischen Dokumenten wie E-Mails, Ton-, Web- oder Bilddateien. Aber auch Daten in Form von Belegen oder Drucklisten können mit archiviert werden. So werden beispielsweise auch SAP-Daten, die im Online-Betrieb nicht mehr benötigt werden, im Archiv abgelegt (Datenarchivierung genannt). Die Performance des R/3-Systems wird so erheblich verbessert.

Kandidaten für das Archiv sind also alle Daten beziehungsweise Dokumente (Bestellungen, Rechnungen oder komplexe Geschäftsprozesse), auf die kaum oder überhaupt nicht mehr zugegriffen wird, die aber dennoch aus steuerrechtlichen oder betriebswirtschaftlichen Gründen nicht gelöscht werden können. Diese Daten lassen sich auf verschiedenen externen Speichermedien und mit geeigneten Speichermanagement-Verfahren verwalten. Da neben den R/3-Daten meist auch noch andere Archivdaten existieren, kommt als elektronisches Archiv nur ein ausgefeiltes Dokumenten-Management-System in Frage.

Aufgabenteilung bei der R/3-Archivierung

Seit der SAP R/3-Version 3.0 wurden zunehmend Archivierungsfunktionen in die einzelnen Anwendungsmodule von R/3 integriert. Das eigentliche Archivierungs- und Speichermanagement übernimmt jedoch das jeweilige Archivierungssystem. Bei der Transformation der Dokumente von einem R/3-Modul in das Archivierungssystem verlieren diese weitgehend ihre »R/3-Semantik«, also beispielsweise Beleg- oder Kundennummer. Das Identifizierungs-Bindeglied zwischen dem betreffenden R/3-Modul und dem Dokumenten-Management-System bildet nur noch ein bei der Archivierung erzeugter Referenzschlüssel. SAP ArchiveLink ist das Scharnier zwischen R/3 und dem Archivierungssystem. Diese Schnittstelle liegt mittlerweile in der webfähigen Version 4.5 vor.

Archiv-Optimierung

Die Verbesserung der Antwortzeiten ist einer der Gründe, Daten vom operationalen Datenbankserver in ein Archivierungssystem zu übertragen. Beim Archivierungssystem selbst stellt sich ebenfalls nach einiger Zeit die Frage nach ausreichend kurzen Antwortzeiten. Durch effiziente Caching-Mechanismen sowohl am einzelnen Arbeitsplatz als auch im Archivserver lassen sich die Wartezeiten optimieren. Das kann auf der Basis statistischer Werte (häufig verwendete Dokumente) geschehen, durch Puffern aufgrund der Systemeigenschaften des jeweiligen Arbeitsplatzes oder durch partielles Retrieval, bei dem aus einer archivierten Datei nur die Daten gelesen werden, die zu dem ausgewählten Beleg gehören. Optimiert werden kann ein R/3-Archivierungssystem auch mit Blick auf den jeweiligen Einsatzzweck. So gibt es sicher Einsatzkonstellationen, bei denen beispielsweise nur von R/3 selbst auf das Archiv zugegriffen werden muss oder das Archivsystem vor allem eingescannte Dokumente verarbeiten soll. Die Infrastruktur für solche Spezialfälle gestaltet sich einfacher und ist preiswerter als diejenige für größere Lösungen, bei denen beispielsweise auch von Nicht-R/3-Systemen auf das Archiv zugegriffen oder beliebige Dokumente verarbeitet werden sollen. Fazit: Es ist unter Umständen vernünftiger und kostengünstiger, mehrere Spezial-Archivsysteme nebeneinander zu betreiben, als mit einem Supersystem alles »erschlagen« zu wollen.

11.1.3 SAP ArchiveLink als Schnittstelle zum Archivserver

Durch die anwendungsübergreifende Schnittstelle SAP ArchiveLink können alle R/3-Anwendungsmodule und verschiedene branchenspezifische Module wie SAP Retail oder SAP Banking/Insurance die Funktionen des angeschlossenen Dokumenten-Management-Systems nutzen. Das externe Archivierungssystem wird von der SAP AG neuerdings auch als Content-Server bezeichnet. Die neue Version 4.5 der ArchiveLink-Schnittstelle ist an die Gegebenheiten des Internet-Computings angepasst. Als Protokoll wird nicht mehr »Remote Procedure Call« (RPC), sondern HTTP verwendet, so dass außer einem Web-Browser keine zusätzliche Client-Software auf dem jeweiligen Arbeitsplatzrechner installiert werden muss. Unter anderem werden Operationen wie die Ablage von Dokumenten in das Archiv, die Bereitstellung von archivierten Dokumenten, das Löschen von Dokumenten, die Auflösung von Referenzen über Hyperlinks und die Verarbeitung eingescannter Dokumente über die ArchiveLink-Schnittstelle vermittelt. Zur Ansicht der verschiedenen Dokument-Formate (proprietäre SAP-Formate oder auch Tiff/Fax-Formate eingescannter Vorlagen) stellen die Anbieter von Archivierungssystemen Anzeigeprogramme bereit. Teilweise können diese Programme auch als ActiveX-Control oder als Java-Applet über das Netz geladen werden. Die ArchiveLink-Funktionen von R/3 stellen in der Regel nur eine Grundmenge dar, über deren Umfang die Archivierungssysteme hinausgehen. Zusatzfunktionen betreffen beispielsweise die Integration von Nicht-R/3-Daten in den Dokumenten-Server und entsprechende Recherchemöglichkeiten. De facto wird durch solche Zusatzfunktionen ein Teil der R/3-Semantik, die bei der Archivierung verloren geht, wieder »hineinprogrammiert«.

11.1.4 Kriterien für die Beurteilung von Archivierungssoftware

Eine Studie der Unternehmensberatung Coopers & Lybrand (heute PriceWaterhouseCoopers) aus dem Jahr 1998 definiert die folgenden Anforderungs- und Qualitätskriterien:

Anforderungen an eine Archivierungssoftware

- Archivieren von Belegen durch Scannen und anschließendes Speichern
- Archivieren von Drucklisten aus dem SAP-Pool
- Archivieren ausgehender Dokumente aus SAPScript oder anderen Anwendungen, die an SAP ArchiveLink angeschlossen sind
- Archivieren von Originaldokumenten über Scanning
- Einfaches Wiederauffinden der archivierten Belege

Qualitätskriterien

- Preis (Kosten pro User)
- Zeitaufwand für die Installation
- Hardwarekosten für das Archivierungssystem
- Verarbeitbare Dokumentarten
- Schnelligkeit des Dokument-Retrievals
- Zugang zum Archiv (nur über R/3 oder allgemein)
- Lagerverfahren für alte Archive (Festplatte, Band, CD)
- Durch das Archiv verursachter Verwaltungsaufwand
- Benutzerfreundlichkeit
- Erfüllung der Anforderungskriterien

11.2 Architektur eines Archivsystems

Ein elektronisches Archivsystem ist ein System zur Erfassung, zur Ablage und zum Wiederauffinden von Informationen. Das Erfassen, Wiederauffinden und Anzeigen der Informationen erfolgt dabei an Rechnerarbeitsplätzen. Die verschiedenen Aufgabenbereiche eines elektronischen Archivsystems werden aus Gründen der Leistungsfähigkeit und Ausfallsicherheit häufig auf verschiedene Rechnersysteme verteilt. Das hat zum Beispiel den Vorteil, dass sich mehrere Archivnutzer parallel Dokumente anzeigen lassen können, während an einem anderen Arbeitsplatz neue Dokumente erfasst werden.

Zur Erfassung externer Daten (Papiervorlagen) ist hier ein Scanner vorhanden. Nach der Erfassung werden die einzelnen Seiten zu Dokumenten zusammengefasst und mit Suchattributen klassifiziert (Attributierung), um ein späteres Wiederauffinden (Retrieval) zu ermöglichen. Diese Dokumente werden dann auf optischen Platten (z.B. WORM) in einer Jukebox gespeichert und abgelegt. Die Datenbank dient zur Verwaltung der Dokumentenattribute. Soll nun ein einmal gespeichertes Dokument wieder abgerufen werden, so kann die Datenbank zur Suche benutzt werden, die Anzeige erfolgt auf dem Monitor und die Ausgabe auf der Druckstation. Anwendungsdaten werden direkt aus dem R/3-System ausgelagert (Datenarchivierung), hierfür ist auch eine spezielle Schnittstelle zwischen dem R/3-System und dem Archivserver notwendig.

11.3 Mögliche Komponenten eines Archives

Ein Archivsystem für SAP R/3 setzt sich aus verschiedenen Komponenten zusammen, die auf dem Client-Server-Prinzip aufbauen. Die Software sollte auf unterschiedlichen Betriebssystemen lauffähig und durch die Unterstützung der SAP ArchiveLink-Schnittstelle bzw. des Content Management Service vollständig in R/3 integrierbar sein.

Ein Optisches Archivierungssystem besteht aus den folgenden Komponenten:

- Archivserver- und Viewer-Software (zur Visualisierung der abgelegten Dokumente)
- Einem (oder mehreren) Archivserver(n), wobei ein Archivserver in entsprechende logische Archive unterteilt werden kann.
- Eine (oder mehrere) an den Archivserver angeschlossene Jukebox(en).

11.3.1 Archivserver

Kern des Archivsystems ist der Archivserver, auf dem die Daten und Dokumente langzeitarchiviert und verwaltet werden. Dabei erhalten die Dokumente eine Dokumenten-ID, mit der sie eindeutig referenziert werden können. Der Archivserver besteht aus mehreren Komponenten, die zusammen alle Bereiche der Archivierungs-, Abruf- und Überwachungsfunktionen abdecken.

Der Archivserver beinhaltet die logischen Archive, den Cache-Speicher, die Datenbank, in der die Ablageorte der Dokumente festgehalten werden sowie verschiedene Bufferarten, in denen die Daten bis zur endgültigen Speicherung angesammelt werden. Er ist verantwortlich für die Steuerung und Verwaltung von Speichermedien. Die unterstützten Speichermedien reichen von konventionellen Festplattenspeichern über WORM- und MO-Platten (Magneto Optical) bis zu Plattenwechselstationen (Jukeboxen). Es stehen verschiedene grafische Werkzeuge für die Administration und Überwachung des Servers zur Verfügung. Damit lassen sich z.B. Plattenwechsel in der Jukebox durchführen, der Archivserver starten oder stoppen und alle laufenden Prozesse beobachten.

Nach der Erfassung der Dokumente und der Übergabe an den Archivserver liefert dieser eine eindeutige Dokumenten-ID zurück. Diese kann, zusammen mit den Attributen, die das Dokument semantisch beschreiben, in einer archiveigenen Datenbank verwaltet werden. Es besteht zudem die Möglichkeit, die Dokumenten-ID einer anderen Anwendung zur Verwaltung zu übergeben (image enabling), wie es z.B. bei R/3 der Fall ist.

Hardwarekomponenten des Archivservers

Ein Archivserver ist grundsätzlich aus folgenden Komponenten aufgebaut:

- Lokale Festplatte: Die Größe der lokalen Festplatte richtet sich vor allem nach dem Mengenaufkommen der zu archivierenden Dokumente, deren Referenzinformationen (Archivpfad, Datum, DOC-ID) in der Datenbank abgelegt werden. Für eine spätere Erweiterung des Archivservers sollte ein Ausbau der lokalen Festplattenkapazität möglich sein.
- Jukebox: Als Ablagemedium unterstützen die Jukeboxen CD-ROMs oder WORMs bzw. MOs.
- SCSI-Karte: Die Jukebox wird über eine SCSI-Karte an den Archivserver angeschlossen. Pro Jukebox ist eine SCSI-Karte notwendig. Empfohlen werden 2 SCSI-Karten, eine für alle Leselaufwerke, die zweite für das Schreiblaufwerk.

Aufgaben des Archivservers

- Verwaltung eindeutiger Kennungen für die abgelegten Dokumente (Doc-IDs)
- Zusammenfassung von Komponenten eines Dokuments zu einer log. Einheit
- Verwaltung der optischen Speichermedien und Verteilung der Dokumente darauf
- Steuerung des Schreibvorgangs
- Sicherstellen eines möglichst schnellen, parallelen Zugriffs auf die Dokumente
- Bereitstellung der Dokumente unabhängig vom momentanen Ablageort

11.3.2 Viewer

Der Viewer bietet die Möglichkeit, archivierte Dokumente verschiedener Formate anzeigen zu lassen. Der Viewer stellt das Dokument bereit und zeigt es auf dem Bildschirm des R/3-Anwenders an.

11.3.3 Jukebox

CD, DVD und dergleichen haben sich zur führenden Technologie für Datendistribution, Vervielfältigung und Archivierung entwickelt. Etablierte Standards und geringe Medienkosten sind Gründe für Jukeboxlösungen. Eine Jukebox kann immer nur mit genau einem Medium arbeiten. Es gibt CD-Jukeboxen und WORM-Jukeboxen.

Im Hinblick auf die in diesem Buch detailliert behandelte Datenarchivierung ist die Angabe des zu verwendenden Speichermediums für die Dimensionierung der Archivdateien (Transaktion SARA/AOBJ Customizing) und des Austauschverzeichnisses wichtig. So sollte beispielsweise bei der Verwendung von CDs die maximale Größe einer Archivdatei < 600 MB sein bzw. als Austauschverzeichnis in Abhängigkeit der maximalen Archivdateigröße dimensioniert sein.

11.4 Ablageformate

Dateiformate spielen bei der Langzeitarchivierung und beim Austausch von Daten zwischen verschiedenen Anwendungen und Plattformen, wie es bei Dokument-Management-Systemen der Fall ist, eine wichtige, zentrale Rolle. Das Problem dabei ist, dass natürlich alle Informationen vollständig abgespeichert werden sollen ohne viel Speicherplatz zu verbrauchen. Also, möglichst effizient und mit einem Format, das wenig Änderungen unterliegt, um die archivierten Dokumente über den gesamten Aufbewahrungszeitrum reproduzieren zu können.

Grundsätzlich werden zwei Klassen von Informationen unterschieden:

- Informationen, die so kodiert sind, dass sie der Rechner einfach interpretieren und weiterverarbeiten kann. Die Informationen nennt man Coded-Information, kurz CI. Wenn die Code-Art also bekannt ist, so lässt sich eine Datei nach einem bestimmten Zeichen durchsuchen.
- Informationen, die uncodiert und unstrukturiert gespeichert sind, nennt man Non-Coded-Information, kurz NCI. Dies bedeutet nicht, dass zur Speicherung kein Format verwendet wurde, sondern dass die Information erst durch Interpretation Sinn erhält wie z.B. durch Texterkennung mit Optical Character Recognition (OCR) oder Raster-Vektorkonvertierung.

In welcher Art die Informationen nun abgelegt werden, ergibt sich meist aus der Erfassung. Ein Scanner liefert zunächst nur Rasterdaten, also NCI, ein erstellter Text auf dem Rechner liegt automatisch in einem vorgegebenen CI-Format vor.

Folgende Formate haben sich als De-facto-Standards abgezeichnet und finden bei Dokument-Management-Systemen mit langfristiger Archivierung eine häufige Verwendung.

TIFF

Das »Tag Image File Format« wurde ursprünglich von Microsoft und Aldus, zur Speicherung von Rasterbildern und Grafiken gemeinsam entwickelt. Es ist vielseitig und universell anwendbar, da es unterschiedliche Rastergrößen, -tiefen, Farbraster und Zusatzinformationen aufnehmen kann. Dadurch eignet es sich sowohl für Schwarzweiß-, Graustufen- und Farbbilder. Neuerdings ist es auch möglich, in einer TIFF-Datei mehrere Dokumentenseiten zu speichern. Die relativ weite Verbreitung dieses Formats und die plattformübergreifende Unterstützung vieler Bildverarbeitungsprogramme lassen dieses Format im Hinblick auf eine Langzeitarchivierung von NCI-Daten als geeignet erscheinen.

Das Faxformat

Die Faxkomprimierung von Schwarzweiß- und Farb-Rasterbildern ist durch den guten Komprimierungsfaktor und den verbreiteten Einsatz von Faxgeräten zum Standard geworden. Bei einer typischen Textseite wird ein Faktor von 10-40 erreicht. Da es aber bisher kein wirkliches Faxdateiformat gibt, muss bei der Verarbeitung zusätzlich noch eine Hülle verwendet werden. Häufig wird dazu TIFF verwendet.

ASCII

Als CI-Format kommt in erster Linie ASCII (American Standard Code for Information Interchange) in Betracht. ASCII ist die Codierung des lateinischen Alphabets zur standardisierten Abbildung von Dokumenten in reinem Textformat.

GIF

Das Graphics Interchange Format ist ein von CompuServe entwickeltes Format für Rastergrafik, das insbesondere in Online-Diensten wie CompuServe und dem World-Wide-Web zur Anwendung kommt. GIF wird zur standardisierten Speicherung, zum Austausch und zur Darstellung von qualitativ hochwertigen und hochauflösenden Farbgrafiken verwendet. Um die Vielfalt der Ablageformate im Unternehmen gering zu halten, ist das TIFF-Format, auf dem meistens bereits die Abwicklung des Faxverkehrs beruht, dem GIF-Format vorzuziehen.

Darüber hinaus ist das Format zur Langzeitarchivierung nicht geeignet, da sich die Standards im Umfeld des Internets noch in der Weiterentwicklung befinden.

Dieses Format hat die starke Verbreitung durch den Online-Dienst CompuServe gefunden, der seine Grafiken kostenlos anbot. Durch den Internet-Boom fand es schnell Einzug in die PC-Welt und ist bis heute eines der weit verbreiteten Grafikformate im Internet. Es unterstützt sowohl Schwarzweiß-Halbton-Rasterbilder als auch Farbraster-Images bis zu einer Farbtiefe von 8 Bit bzw. 256 möglichen Farben.

JPEG

Das »Joint Photographic Experts Group« Format ist durch sein sehr gutes Komprimierungsverfahren zum Standard geworden. Es ist nicht verlustfrei, aber der Anwender hat die Möglichkeit, zwischen einem hohen Komprimierungsfaktor und damit verbunden einem Qualitätsverlust oder einer geringen Komprimierung mit guter Qualität zu wählen. Die erzielbaren Faktoren sind dabei stark von der Vorlage abhängig.

PDF

Das Portable Document Format (PDF) ist ein von Adobe entwickeltes Format, das in jüngster Zeit immer häufiger u.a. im World-Wide-Web anzutreffen ist. Dadurch, dass der PDF-Viewer Acrobat Reader kostenlos bei Adobe zu beziehen ist, wird die Attraktivität dieses Formats erhöht.

PDF bietet eine Reihe von Vorteilen:

- PDF-Dateien werden in einem plattformunabhängigen Binärformat gespeichert, welches bei einem Transport zwischen unterschiedlichen Betriebssystemen nicht übersetzt werden muss.
- PDF-Dateien sind sehr kompakt und verfügen über eine gute Komprimierung. Dadurch verringert sich die Ladezeit und die Netzlast beim Anzeigen solcher Dateien.
- PDF-Dateien unterstützen sowohl Text, Grafik und andere Arten von Medienformaten.
- PDF ist abwärts kompatibel.

Da auch die SAP AG dieses Format bereits verwendet und mit der verstärkten Einbindung von Internetfunktionalitäten des R/3-Systems noch ausweiten wird, kann PDF aus heutiger Sicht für die Langzeitspeicherung empfohlen werden.

PDF-Dateien sind kompakt, gut komprimiert, unterstützen Text, Grafik und andere Medienformate, sind interaktiv und verfügen über Navigationsmöglichkeiten wie Inhaltsverzeichnis und Querverweise. Sie können zusätzlich auch über Standard-Browser angezeigt werden. PDF-Dateien lassen sich nicht nur mit Programmen von Adobe erzeugen, man kann fast alle Formate durch spezielle Konvertierer in PDF umwandeln, und teilweise wird auch eine direkte Speicherung als PDF-Datei angeboten.

SAP-Ablageformate

SAP R/3 kennt 4 Dokumentklassen, denen jeweils ein technischer Dokumenttyp zugeordnet ist. Diese sind im Einzelnen:

- Eingehende Belege (NCI) wie z.B. Rechnungen, Lieferscheine und dergleichen. Als technischer Dokumenttyp wird den eingehenden Belegen FAX (TIFF-G4-Format) zugeordnet.
- Ausgehende Belege (CI) wie z.B. in R/3 erzeugte Bestellungen und Angebote. Als technischer Dokumenttyp wird den ausgehenden Belegen OTF (Output Text Format) oder PDF zugeordnet.
- Drucklisten (CI) wie z.B. in R/3 erzeugte Massendaten. Als technischer Dokumenttyp wird den Drucklisten ALF (Advanced List Format) zugeordnet.
- Archivierungsdaten (CI), wie z. B aus R/3 ausgelagerte Datenbankauszüge. Als technischer Dokumenttyp wird den Archivierungsdaten, auch Reorganisationsdaten genannt, REO (Reorganisationsdaten) zugeordnet.

Die Formate ALF, OTF und REO sind spezielle SAP R/3-Formate, die für Archive im R/3-Umfeld unterstützt werden müssen.

11.5 Speichermedien

11.5.1 Allgemeines

In einem Archivsystem können vielfältige Speichermedien zum Einsatz kommen. Die Speichermedien lassen sich nach der Geschwindigkeit, mit der auf sie zugegriffen werden kann, und ihrem Speichervolumen einteilen.

Grundsätzlich besteht zur Archivierung die Möglichkeit, magnetische oder optische Speicher zu verwenden [Stahlknecht95]. Digitale optische Speicher weisen dabei einen wesentlich höheren Grad an Datensicherheit auf als magnetische Speicher. Durch entsprechende ECC-Verfahren (Error Correction Code) wird von den Herstellern gewährleistet, dass die geschriebenen Daten lediglich eine Fehlerrate von 10^{-12} Bits aufweisen. In der Praxis entspricht dies etwa 1000 Gigabyte oder ca. 2000 Stunden ununterbrochenem Schreibbetrieb, ehe ein Bit falsch gespeichert würde. Insbesondere bei der Speicherung von NCI-Dokumenten spielt diese Fehlerrate überhaupt keine Rolle, da dadurch keine erkennbare Verfälschung eines gespeicherten Informationsobjekts eintritt.

Optische Speicherplatten zeichnen sich durch die Nutzung der Lasertechnologie für das Speichern und Lesen von Daten aus. Sie haben sich seit Anfang der 90er Jahre im kommerziellen Anwendungsbereich etabliert, da sie eine kostengünstige und platzsparende Möglichkeit zur Ablage großer Informationsmengen bieten. Mit Hilfe von Plattenwechslern (Jukeboxes) ist ein paralleler Online-Zugriff auf mehrere hundert Platten möglich [Buck-Emden98].

Rein optisch arbeitende Medien sind absolut gegen Einflüsse von magnetischen Feldern geschützt. Sie benötigen auch keine Aufbewahrung in besonders klimatisierten Räumen, da sich die eigentliche Speicherschicht im Inneren der Speicherplatten befindet (nicht bei CD-ROM). Lediglich vor Überhitzung durch direkte Sonnenbestrahlung oder andere Wärmequellen über 50 Grad Celsius und direkte physikalische Zerstörung sind sie zu schützen.

Aufgrund der schnellen technischen Entwicklung ist festzustellen, dass die heute verfügbaren Laufwerke in 10 oder gar 20 Jahren nicht mehr verfügbar sein werden. Auch verdoppelt sich die Speicherdichte ca. alle 3 Jahre, bei Halbierung des Preises, so dass es schon nach einigen Jahren unwirtschaftlich ist, alte Technologie noch länger in Betrieb zu halten. Vor diesem Hintergrund erhält die Herstelleraussage, die optischen Medien seien 30 oder 100 Jahre haltbar, eine relative Bedeutung. Deshalb sollte schon bei der Entscheidung für ein Archivsystem berücksichtigt werden, dass der Hersteller Werkzeuge zum Massenexport/-import von Dokumenten anbietet, die ein späteres Umkopieren auf andere Speichermedien erleichtern.

Vor der Auswahl eines Ablagemediums (WORM, MO oder CD-ROM) gilt es zu entscheiden, welches Medium für welchen Zweck am besten geeignet ist.

11.5.2 WORM-Speicher

WORM-Speicher (Write Once Read Many) erlauben die kontinuierliche Aufzeichnung von Daten. Die aufgezeichneten Daten werden dauerhaft auf eine Speicherschicht übertragen, und zwar entweder durch Einschmelzen von Vertiefungen oder das Erzeugen von Aufwölbungen. In allen Fällen wird durch diese dauerhafte, aber nicht rückgängig zu machende Speicherung eine Veränderung des Reflektionsvermögens der Oberfläche bewirkt, die für die Erkennung der gespeicherten Informationen ausgewertet wird. Jeder Nutzinformation wird automatisch eine zusätzliche Prüfinformation zugefügt und zusammen mit dieser aufgezeichnet. Dadurch wird die oben beschriebene Datensicherheit erreicht und von den Herstellern über eine entsprechend lange Zeit garantiert (10 - 30, manchmal sogar 100 Jahre). Allerdings ist bei dieser Garantie eine Einschränkung zu beachten. Die Platten sollten nur innerhalb einer Zeit von etwa 5 Jahren nach der Erstbeschreibung für die Aufnahme neuer Daten verwendet werden.

Bei der Planung des Einsatzes von WORM-Speichern ist zu beachten, dass bereits gespeicherte Daten nicht physisch gelöscht, verändert oder überschrieben werden können [Stahlknecht95]. Jede Änderung der auf der Platte befindlichen Speicherinformation, sei es durch Hinzufügen neuer Daten oder durch die logische Löschung oder Änderung bereits gespeicherter Daten, benötigt zusätzlichen Speicherplatz.

Die WORM ist heute ein bevorzugtes Medium bei der Archivierung. Sie gilt als sicher und langlebig. Im Vergleich zur CD-ROM sind die Zyklen für technische Innovationen deutlich länger, da sie kein ausgesprochenes Massenprodukt ist.

11.5.3 Magneto Optical Disk

MO-Speicher kombinieren optische und magnetische kontinuierliche Aufzeichnung und können, genau wie rein magnetische Speichermedien, beliebig oft gelöscht und wieder beschrieben werden. Sie verhalten sich in Systemen nicht anders als magnetische Datenträger [Stahlknecht95].

Die Hersteller garantieren üblicherweise eine Lebensdauer der aufgezeichneten Informationen von mindestens 10 Jahren nach der letzten Speicherung.

Das Medium MO ist wiederbeschreibbar, was eine erneute Nutzung der Platte nach Ablauf der Aufbewahrungsfristen der auf ihr enthaltenen Daten ermöglicht. Ob dies jedoch bei Aufbewahrungsfristen von bis zu 10 Jahren und der schnellen technischen Entwicklung von größeren Speichermedien praktikabel und wirtschaftlich sinnvoll ist, muss bezweifelt werden. Die MO ist aber geeignet, Daten aufzunehmen, die nur kurze Zeit archiviert werden müssen (z.B. Monatsjournale).

11.5.4 CD

Zum Zwecke der Datenverarbeitung werden CD-Systeme in unterschiedlichen Varianten angeboten:

- CD-ROM
- CD-R

CD-ROM

Die CD-ROM-Speicher (Compact Disc Read Only Memory) sind vorwiegend für die Distribution von großen Mengen von Informationen vorgesehen [Buck-Emden98]. Sie werden daher auch als elektronisches Printmedium bezeichnet. Die Aufzeichnung der Information erfolgt nicht, wie bei den MO oder magnetischen Speichern, in beliebigen kleinen Schritten, sondern nur als ein Vorgang bei der Herstellung dieser Platten nach demselben Verfahren, wie bei der Herstellung von Audio-CDs. Eine CD-ROM kann wie eine magnetische Platte gelesen werden, eine zusätzliche oder individuelle Speicherung ist nicht möglich. Die Standardisierung von CD-ROM erfolgte in ISO-Standard 9660 [Buck-Emden98].

Die Lebensdauer dieser CD-ROM-Medien ist stark abhängig vom jeweiligen Hersteller und kann – bei unsachgemäßer Herstellung oder Behandlung – bereits nach einem halben Jahr zu unkorrigierbaren Lesefehlern führen. Bei ordentlicher Herstellung kann eine Lebensdauer von mehreren Jahren erwartet werden.

CD-R

Eine in den letzten Jahren hinzugekommene Alternative sind die beschreibbaren CD-Rs (CD Recordable). Dieses Verfahren erlaubt die individuelle Erstellung einer CD-ROM ohne Einschaltung eines CD-ROM-Plattenherstellers. Die Aufzeichnung auf eine CD-R-Platte kann nur stapelweise in möglichst großen Datenmengen pro Schreibvorgang erfolgen, d.h., die Daten müssen vor der Ablage auf der CD-R in der Regel gesichert zwischengespeichert werden, damit durch Schreiben vollständiger Blöcke die vorhandene Kapazität genutzt werden kann. Nach dem Schreibvorgang wird die dazugehörige Zugriffsinformation je Schreibvorgang mit aufgezeichnet. Insgesamt kann jedoch nur eine begrenzte Menge an Schreibvorgängen erfolgen, da zwischen jedem Schreibvorgang eine Sicherheitszone automatisch eingefügt wird, die etwa 1/30 des Gesamtspeichervolumens (also etwa 20 MB von 600 MB) beträgt. Durch das bereits seit Jahren standardisierte Format, das in der ISO 9660 festgelegt ist, stehen nur ca. 550 MB Nettokapazität je Medium zur Verfügung.

Das Aufzeichnungsverfahren birgt einige Risiken:

- Beschädigung und Verunreinigung der Oberfläche bei unsachgemäßer Handhabung vor dem Beschreiben.
- Schreibelektronik ist nicht auf den CD-R-Rohlingstyp abgestimmt.
- Zerstörung der CD-R durch unterbrochene Schreibvorgänge, z.B. bei zu langsamer Datenübertragung zum CD-Writer (Buffer-Underrun).

Bezüglich der Lebensdauer geben Hersteller für CD-R-Medien zwischen 10 und 100 Jahren an. Dabei handelt es sich um einen theoretischen Wert. Die wirkliche Lebensdauer kann in Abhängigkeit von den Lagerungsbedingungen der Medien stark abweichen. Auf dem Markt befindliche CD-R-Rohlinge lassen sich in drei Qualitätstypen einteilen:

- Cyanin-Rohlinge (grünlich, grünbraun schimmernd)
- Phtalocaynin-Rohlinge (goldbräunlich schimmernd)
- Metallkomplex-Azorfarbstoff-Rohlinge (bläulich schimmernd)

Cyanin-Rohlinge sind in Bezug auf Licht- und Wärmeeinstrahlungen sehr empfindlich und daher für Archivierungszwecke nicht zu empfehlen. Phtalocyanin- und Metallkomplex-Azorfarbstoff-Medien sind dagegen relativ unempfindlich gegenüber diesen Einflüssen.

Der enorme Preisverfall bei CD-Recordern hat in den letzten Jahren zu einer sehr schnellen Verbreitung dieser Technik auch bei Privatanwendern geführt. Qualitativ hochwertige CD-R-Rohlinge sind deshalb oft schon unter 3.- DM pro Stück zu bekommen und stellen damit ein sehr günstiges Speichermedium dar.

CDs wurden ursprünglich zur Massenproduktion von Tonträgern entwickelt. Während CD-ROMs in großen Stückzahlen durch mechanische Pressen erzeugt werden, können CD-Rs einzeln in einem Schreiblaufwerk durch Laser gebrannt werden.

CD-ROMs werden aus Gründen der Sicherheit (Fehler beim Schreiben, bei jeder Schreibsession muss ein neuer Index erzeugt werden, Einhaltung von Standards etc.) in einem Arbeitsgang beschrieben. Bei Verwendung dieses Ablagemediums sind sehr große Magnetplatten-Caches auf dem Archivserver notwendig.

Auf einer CD-ROM finden nach heutiger Speichertechnik zirka 620 MB Platz [Stahlknecht95]. Das Beschreiben einer CD-ROM dauert ca. 20 - 40 Minuten.

Die CD-ROM ist heute das preislich attraktivste optische Speichermedium. Mit einem Preis von etwa 12-16 DM pro Platte ist sie bei ¼ der WORM-Kapazität deutlich billiger als die WORM oder MO.

Im Gegensatz zur WORM wird die CD-ROM ohne Gehäuse in die Jukebox eingelegt und wird nur einseitig beschrieben (d.h. kein Drehen innerhalb der Jukebox erforderlich). Dies macht die CD-Jukeboxen erheblich kleiner und leichter als vergleichbare WORM-Jukeboxen.

Die in Planung befindliche nächste Generation der CD-ROMs soll eine Speicherkapazität von 6 bis 10 GB haben. Mit einer Verfügbarkeit dieser CDs ist innerhalb des nächsten Jahres zu rechnen.

11.5.5 Digital Versatile Disk

Bereits vor einigen Jahren wurden von zwei konkurrierenden Konsortien unterschiedliche Standards für CDs mit hohem Speichervolumen entwickelt, nämlich die Multimedia CD (MMCD) unter der Leitung von Sony und Philips und die Super Density CD (SD) unter der Leitung von Toshiba und Time Warner.

Ende 1995 entschlossen sich die beiden Konsortien, die Entwicklungen zusammenzuführen. Das Ergebnis ist die Digital Versatile Disk (DVD).

Die DVD-Spezifikation beschreibt vier mögliche Speicherkapazitäten zwischen 4,7 GByte und 17 GByte. Die Technik kann vereinfacht als verfeinerte CD-Technik charakterisiert werden, d.h. Verwendung von kurzwelligeren Lasern, kleinerer Abstand der Aufzeichnungsspuren, kleinere Pits und Speicherung der Information in mehreren Ebenen.

DVD-ROM-Laufwerke sind seit Anfang 1997, DVD-Recorder seit Mitte1997 auf dem Markt. Die DVD-Technik ist abwärts kompatibel zur bisherigen CD-Technik. Rechtliche Aspekte bezüglich der Langzeitspeicherung von Dokumenten sind ebenso wie Fragen der Lebensdauer der Medien etc. zur Zeit noch nicht geklärt.

11.5.6 Magnetplatten

Magnetplatten stellen den Standard-Massenspeicher in heutigen Computersystemen dar. Auf die gespeicherten Daten kann wahlfrei zugegriffen werden, die Zugriffsgeschwindigkeit ist sehr hoch, in jedem Fall schneller als der Zugriff auf optische Medien. Ein weiteres Merkmal der Magnetplatten ist, dass Daten jederzeit überschreibbar sind und auch gelöscht werden können.

Die Ausfallsicherheit (MTBF = meantime between failure) ist bei heutigen Plattensystemen in der Regel sehr hoch (z.B. 500.000 Stunden), dennoch besteht durch den geringen Abstand zwischen Schreib-/Lesekopf und Plattenoberfläche jederzeit die Möglichkeit des so genannten Headcrash, bei dem der Schreib-/Lesekopf auf der Plattenoberfläche aufsetzt und die Magnetschicht teilweise zerstört.

Man kann die Ausfallsicherheit zusätzlich durch redundante Speicherung der Daten z.B. durch den Einsatz von Spiegelplatten oder RAID-Technologie (RAID = redundant array of inexpensive disks) erhöhen.

11.6 Logische Archive

Unter einem logischen Archiv versteht man die Zusammenfassung von einer oder mehrerer optischer Platten. Im SAP R/3 Customizing können Dokumentarten und SAP-Objekte logischen Archiven zugeordnet werden. Ein modernes Archivsystem kann je nach den Bedürfnissen der Anwender mehrere logische Archive verwalten. Bei der Datenarchivierung können die R/3-Belege aus diversen Gründen in verschiedenen logischen Archiven abgelegt werden. Zu nennen sind hier etwa die Differenzierung nach der Aufbewahrungszeit (z.B. fünf und zehn Jahre) oder die Unterscheidung nach Modulen (z.B. alle Belege des Moduls SD in das logische Archiv). Logische Archive, die von einem physikalischen Archivserver verwaltet werden, können mehreren SAP-Systemen zugänglich gemacht werden. Folgende Kriterien bestimmen die Einrichtung logischer Archive:

- die inhaltliche Zusammengehörigkeit der zu archivierenden Daten oder Dokumente
- die Aufbewahrungspflicht der Daten nach Jahren (Daten, die z.B. nach 2 Jahren vernichtet werden können, sollten möglichst auf einer CD stehen)
- die Größe der Festplatte des Archivservers bei CD-Archiven (noch nicht auf CD gebrannte Daten werden auf der Festplatte des Archivservers zwischengepuffert: Pro logischem Archiv werden 650MB - 700 MB an Plattenplatz gebraucht)
- bei WORM-Platten wird die Anzahl der logischen Archive durch die Zahl der zur Verfügung stehenden Schreiblaufwerke eingeschränkt. In der Regel werden die zu archivierenden Daten sofort auf WORM geschrieben. Bei zu vielen logischen Archiven könnte dies zu häufigen Plattenwechseln führen

Datenarchivierung im Zuge der EURO-Einführung

12

12.1 Überblickende Einleitung

Seit 01. Januar 1999 ist der Euro zur gemeinsamen Währung in den Teilnehmerstaaten der Währungsunion geworden. Und ab Anfang des Jahres 2002 wird der Euro als Banknote und Münze im Umlauf sein und die D-Mark im Bargeldverkehr ersetzen. Der Zeitraum zwischen dem 01. Januar 1999 bis zur Umstellung der Hauswährung eines Unternehmens wird als so genannte Doppelwährungsphase bezeichnet.

Die Übergangsphase bis zur endgültigen Ablösung der nationalen Währung erstreckt sich über einen Zeitraum von dreieinhalb Jahren vom 01.01.1999 bis 30.06.2002. Während dieser Zeit werden sowohl die nationalen Währungen als auch der Euro im Geschäftsverkehr verwendet, d.h., die Systeme müssen mehrwährungsfähig sein. Dies leisten die SAP-Systeme problemlos, indem sie zwischen einer Hauswährung und einer Transaktionswährung differenzieren. Ein Einwährungssystem dagegen kennt nur die Hauswährung. Hier muss jeder Vorgang in der Fremdwährung manuell in die Hauswährung umgerechnet werden.

Generell erfordert die Mehrwährungsfähigkeit eines DV-Systems ständige Umrechnungsvorgänge zwischen verschiedenen Währungen. In den SAP-Systemen erfolgt die Umrechnung – nach entsprechender Pflege der Währungstabellen – auf Basis der EU-Verordnung Nr. 1103/97, welche die Umrechnungs- und Rundungsverfahren für die Umrechnung zwischen nationaler Währung und Euro festlegt.

Was ist die »Hauswährung«? Die Hauswährung ist die Währung, auf der das interne und externe Rechnungswesen basiert. In der Hauswährung werden die Bücher geführt und die Bestände bewertet.

Was ist die »Transaktionswährung«? Vorgangs- oder Erfassungswährung bei der Verarbeitung von Geschäftsvorfällen; Beträge in beliebiger Währung, wie USD, FFR etc. werden erfasst. Technische Voraussetzung:
Ein Währungsschlüssel wird bei der Transaktionserfassung im Hintergrund zugeordnet. Mit Hilfe des Umrechnungskurses, der je nach Einstellung per Hand eingegeben oder aus einer Tabelle gezogen wird, rechnet das System die Beträge in Ihre Hauswährung um.

Durch den Euro wird es erhebliche ökonomische Vorteile geben, weil der Abbau der Währungsschranken den europäischen Binnenmarkt vollendet und damit Rückschritte verhindert. Mit folgenden Wettbewerbseffekten, von denen alle profitieren werden, ist zu rechnen:

- Der Wegfall der Wechselkursrisiken stärkt die Planungs- und Kalkulationssicherheit der europäischen Wirtschaft, während die bislang hohen Transaktionskosten sinken. Das IFO-Institut schätzt, dass europäische Unternehmen durch den Wegfall des EU-internen Devisenmanagements jährlich bis zu 90 Milliarden DM einsparen.
- Durch den Euro können sich auf dem gemeinschaftsweiten Finanzmarkt neue und attraktive Anlage- und Finanzmöglichkeiten entwickeln.
- Mit dem Wegfall der Handelshemmnisse und dem freizügigeren Verkehr von Waren, Dienstleistung, Kapital und Arbeitskräften werden erhebliche Marktkräfte freigesetzt und neue Handlungsfelder eröffnet.
- Der Binnenmarkt wird durch den Euro für viele Mittelständler als Einstieg in weitere Exportmärkte dienen. Dies bringt für den Mittelstand völlig neue Perspektiven mit sich. Denn die meisten mittelständischen Unternehmen verfügen selten über spezialisierte Devisenabteilungen. Ohne das Wechselkursrisiko kann nun der Mittelstand viel leichter in der ganzen Europäischen Union ein- und verkaufen. Der Markt wird dadurch transparenter, und viele Zugangsbarrieren werden verschwinden. Man erinnere sich: Wie oft haben sich in den letzten Jahren Wechselkursschwankungen zum Nachteil des Mittelstandes ausgewirkt. Durch rein spekulative Kapitalmarktbewegungen wurden Wechselkurse geschaffen, die mit den tatsächlichen Wirtschaftsverhältnissen nichts mehr zu tun hatten. Dadurch gerieten viele Unternehmen oft völlig ohne eigenes Verschulden in Bedrängnis, weil hart erarbeitete Produktivitätsfortschritte an den Devisenbörsen manchmal über Nacht zunichte gemacht wurden.
- Die Währungsunion wird die Menschen in Europa noch enger zusammenführen und liefert dadurch einen wesentlichen Beitrag zur europäischen Integration.

Nichts desto trotz werden, obwohl der Fahrplan für den Euro schon lange steht, in Diskussionen mit unsachlichen Argumenten und emotionsgeladenen Appellen Ängste geschürt, die das dringend notwendige Vertrauen in die Stabilität des Euro zerstören können. Allerdings sei nach meiner Meinung dringend davor gewarnt, auf eine Verschiebung der Währungsunion zu spekulieren. Denn wer sich zurücklehnt und abwartet, geht damit ein absolut unkalkulierbares Risiko ein. Der Mittelstand muss davon ausgehen, dass der Euro pünktlich kommen wird. Auch an den internationalen Finanzmärkten wird der Euro bereits als Währung gehandelt. Daher sind alle Unternehmen, soweit bisher noch nicht geschehen, gut beraten, baldmöglichst mit den Vorbereitungen für die Umstellung zu beginnen.

Das Softwarehaus SAP AG mit Sitz in Walldorf bietet mit der betriebswirtschaftlichen Standardsoftware R/3 ein weltweit eingesetztes betriebswirtschaftliches Standardsoftwaresystem an, welches in hervorragender Art und Weise auf die Euro-Einführung vorbereitet ist.

Um Geschäftsvorfälle in Euro während der Doppelwährungsphase komfortabler zu gestalten, stellt das R/3-System im Standard integrierte Euro-Zusatzfunktionen zur Verfügung. So besteht beispielsweise in der Logistik die Möglichkeit, die Kunden- bzw. Lieferantenwährung je nach Geschäftspartner auf den Euro einzustellen. Zusätzliche Flexibilität bietet das System beim Erstellen von Berichten und Auswertungen. Diese können sowohl in der Hauswährung als auch in Euro erstellt werden.

12.2 Auswirkungen der EURO-Einführung

Die Einführung des EURO wirkt sich nahezu auf alle Unternehmensbereiche wie folgt aus:

12.2.1 Einkauf

- Neudefinition der Einkaufskonditionen
- Neue Preisvergleiche
- Anpassung langfristiger Verträge
- Neubündelung der Einkaufsvolumina
- Neubewertung der Anbieter/Transportwege
- Administration / Verträge
- Bewertung der langfristigen Auswirkungen des EURO auf alle Geschäftssparten und Beziehungen, Umstellung von Verträgen

12.2.2 Logistik

- Neuverhandlung der Frachtverträge
- Neuzuordnung der Warenhauslogistik /des Lagerkonzepts
- Länderweise Restrukturierung der Fakturierung

12.2.3 Vertrieb

- Restrukturierung der gesamten Preis- / Vertriebspolitik unter den neuen europäischen Aspekten
- Neuauszeichnung (Doppelauszeichnung) der Preise
- Neuterminierung der Rabatte
- Neue Preisliste
- Änderung / Anpassung der Fakturierung
- Neugestaltung des Mahnwesens und der Zahlungsbedingungen

12.2.4 Controlling

- Rahmendaten für mittel- und langfristige Planung neu festlegen
- Zielvereinbarungen in EURO treffen
- neue Kursrelationen zu den außereuropäischen Währungen festlegen
- Berichterstattung in EURO definieren

12.2.5 Rechnungswesen

- Umstellung der Landeswährung auf EURO
- Neubewertung

  aller langfristigen Liefer- und Leistungsverträge

  aller Devisentermingeschäfte

  aller Zinstermingeschäfte

  aller langfristigen Darlehen und Zinsvereinbarungen

  Neufassung von Kennziffern

  Festlegung einheitlicher Umstellungstermine für alle Konzerntermine

12.2.6 Treasury

- Umstellung des Zahlungsverkehrs in Abstimmung mit den Zentralbanken, Kreditinstituten und Geschäftspartnern
- Neuorganisation des Cashmanagements /Devisenmanagements
- Umstellung von Urkunden
- Rechenzentrum / Informationsverarbeitung

- Frühzeitige Anpassung des elektronischen Datenaustausches (EDI)
- Analyse der Umstellungsnotwendigkeiten der eigenentwickelten und fremdentwickelten (zugekauften) Software

12.2.7 Personalwesen

- Lohn- und Gehaltstarifumstellung auf EURO
- Umrechnung der übertariflichen und außertariflichen Vergütungen in EURO
- Überprüfung aller Betriebsvereinbarungen auf Umstellungsnotwendigkeit
- Umrechnung der bisher gebildeten Pensionsrückstellung
- Umstellung der Beiträge und Leistungen der internen Unterstützungskasse
- Analyse und Ermittlung für alle Lohn-, Einkommens- und Kirchensteuerbeträge

Dieses Kapitel soll dem Leser bei der Planung und Durchführung der Datenarchivierung im Vorfeld der Hauswährungsumstellung helfen und auf mögliche Einschränkungen und Abhängigkeiten hinweisen. Besonders relevant ist dieses Kapitel, falls man die Hauswährungsumstellung im laufenden Geschäftsjahr plant und vorher seine Daten archivieren möchte. Darüber hinaus empfiehlt sich dieser Leitfaden auch bei der Archivierung abgeschlossener Geschäftsjahre, da auch hier vorbereitende Arbeiten erforderlich sind, wie z.B. der Abgleich der Bestandskonten vor der Archivierung.

12.3 Welche Archivierungsobjekte sind für die Hauswährungsumstellung relevant?

Im Folgenden werden Archivierungsobjekte aufgeführt, die bezüglich der Umstellung der Hauswährung bedeutsam sind, weil sie große Datenbanktabellen mit umstellungsrelevanten Feldern archivieren und damit zur Verkürzung der Umstellungszeit beitragen können. Diese Objekte können bei der Archivierung eingesetzt werden, falls man aufgrund großer Datenbanktabellen eine lange Laufzeit bei der Umstellung erwartet.

Die Archivierungsobjekte sind im Folgenden komponentenweise nach ihrer Bedeutung geordnet.

R/3-Komponente FI	
Archivierungsobjekt	**Beschreibung**
FI_DOCUMNT	Buchhaltungsbelege
FI_SL_DATA	Summensätze und Einzelposten
FLC_OBJECT	Summensätze und Einzelposten
FI_MONTHLY	Verkehrszahlen von Debitor/Kreditor/Sachkto.
AM_ASSET	Anlage – Stammdaten, Werte und Bewegungen
FM_BEL_CA	Obligo Einzelposten
FI_LC_ITEM	Einzelposten

Tabelle 12.1
Archivierungsobjekte des Moduls FI

R/3-Komponente CO	
Archivierungsobjekt	**Beschreibung**
CO_ITEM	Einzelposten
COPA1_****	Bewegungsdaten kalkulatorische Ergebnisrechnung
COPA2_****	Bewegungsdaten buchhalterische Ergebnisrechnung
CO_ALLO_ST	vollständig stornierte Belege Umlage
CO_BASEOBJ	COPC: Bauteil
CO_CCTR_EP	Kostenstelle-Einzelposten
CO_CCTR_ID	Kostenstelle-ISTDATEN
CO_CCTR_PL	Kostenstelle – Plandaten
CO_COPC	Erzeugniskalkulationsdaten
CO_COSTCTR	Kostenstelle – alle Daten
CO_KSTRG	Kostenträger: Stammdaten und Bewegungsdaten

R/3-Komponente CO	
Archivierungsobjekt	**Beschreibung**
CO_ORDER	Aufträge mit Bewegungsdaten
CO_PROZESS	Geschäftsprozess einschließlich Bewegungsdaten

Tabelle 12.2
Archivierungsobjekte des Moduls CO

R/3-Komponente PP	
Archivierungsobjekt	**Beschreibung**
PP_ORDER	Fertigungsaufträge
PR_ORDER	Prozessauftrag

Tabelle 12.3
Archivierungsobjekte des Moduls CO

R/3-Komponente MM	
Archivierungsobjekt	**Beschreibung**
MM_MATBEL	Materialbelege
MM_EBAN	Bestellanforderungen
MM_EKKO	Einkaufsbelege
MM_REBEL	Rechnungsbelege

Tabelle 12.4
Archivierungsobjekte des Moduls MM

R/3-Komponente EC	
Archivierungsobjekt	**Beschreibung**
PCA_OBJECT	Summensätze / Einzelposten

Tabelle 12.5
Archivierungsobjekte des Moduls EC

R/3-Komponente PM	
Archivierungsobjekt	**Beschreibung**
PM_ORDER	Fertigungsaufträge

Tabelle 12.6
Archivierungsobjekte des Moduls PM

R/3-Komponente PS	
Archivierungsobjekt	**Beschreibung**
PS_PROJECT	Operative Strukturen

Tabelle 12.7
Archivierungsobjekte des Moduls PS

R/3-Komponente LO	
Archivierungsobjekt	**Beschreibung**
MC_SELV	Gespeicherte Selektionsversionen

Tabelle 12.8
Archivierungsobjekte des Moduls LO

R/3-Komponente SD	
Archivierungsobjekt	**Beschreibung**
SD_VBAK	Verkaufsbelege
SD_VBRK	Fakturen
RV_LIKP	Lieferungen

Tabelle 12.9
Archivierungsobjekte des Moduls SD

Einige dieser vorstehend aufgeführten Archivierungsobjekte werden im weiteren Verlauf dieses Kapitels im Detail dargestellt. Um eine Detaildarstellung zu allen oben genannten Archivierungsobjekten zu erhalten, wird auf die von SAP zur Verfügung gestellten Unterlagen verwiesen.

12.4 Ausgewählte FI-Archivierungsobjekte im Detail

Um mögliche Probleme bei der Umstellung der Hauswährung zu vermeiden, empfiehlt es sich, alle zu einem FI-Geschäftsablauf gehörenden Belege zu archivieren, indem man die relevanten verwendet.

12.4.1 Archivierungsobjekt FI_DOCUMNT

Das Archivierungsobjekt FI_DOCUMNT dient dazu, Finanzbuchhaltungsbelege aus der R/3-Komponente FI zu archivieren.

Bei der Archivierung mit FI_DOCUMNT wird auf folgenden Datenbanktabellen gelöscht:

Tabelle	Beschreibung
AGKO	Ausgeglichene Konten
BFIT_A	FI-Nachbelastung Bilanz: Sachkonten-Positionen
BFIT_AO	FI-Nachbelastung Bilanz: Saldonullbuchungen für GSBER
BFOD_A	FI-Nachbelastung Bilanz: Debitoren-Posten
BFOD_AB	FI-Nachbelastung Bilanz: Bewertungsdifferenz im Debitor-OP
BFOK_A	FI-Nachbelastung Bilanz: Kreditoren-Posten
BFOK_AB	FI-Nachbelastung Bilanz: Bewertungsdifferenz im Kreditor-OP
BFO_A_RA	Versionen für Ausgleich
BKPF	Belegkopf für Buchhaltung
BSAD	Buchhaltung: Sekundärindex für Debitoren
BSAK	Buchhaltung: Sekundärindex für Kreditoren
BSAS	Buchhaltung: Sekundärindex für Sachkonten
BSEGC	Beleg: Daten zur Zahlung mit Zahlungskarten
BSE_CLR	Zusatzdaten um Belegsegment: Ausgleichsinformation
BSIM	Sekundärindex Belege zum Material
BSIS	Buchhaltung: Sekundärindex für Sachkonten
BVOR	Buchungskreisübergreifende Buchungsvorgänge

Tabelle	Beschreibung
CDCLS	Clusterstruktur für Änderungsbelege
CDHDR	Änderungsbelegkopf
ETXDCH	External tax document: header info
ETXDCI	External tax document: line inte info
ETXDCJ	External tax document: tax rates and amounts
FIGLDOC	Hauptbuchhaltung: Nachträgliche Ableitungen
RF048	FI-Nachbelastung Bilanz
PFBLG	Cluster für Buchhaltungsbeleg
STXB	SAPscript: Texte in Nicht-SAPscript-Format
STXH	STXD SAPscript Text-Datei Header
STXL	STXD SAPScript Text-Datei Lines
TTXI	Externe Steuerschnittstelle: Indexdatei
TTXY	Externe Steuerschnittstelle: Steuerinformationen
WITH_ITEM	Quellensteuer

Tabelle 12.10
Tabellen, auf denen bei Archivierung mittels des Archivierungsobjektes FI_DOCUMNT gelöscht wird

Bei der Belegarchivierung werden die archivierbaren Belege inklusive ihrer Änderungsbelege und Langtexte in eine oder mehrere Archivdateien geschrieben. Es müssen eine Reihe von Bedingungen erfüllt sein, damit nur Belege aus dem System archiviert werden, die nicht mehr benötigt werden. Um archivierbar zu sein, muss ein Beleg deshalb sowohl auf Kopf- als auch auf Positionsebene die Archivierbarkeitskriterien erfüllen:

Kriterien des Belegkopfs

- Die Belegartenlaufzeit muss überschritten werden. Man legt die Belegartenlaufzeit abhängig von der Belegart fest.
- Der Beleg muss länger als die Mindestanzahl Tage im System sein.
- Belege mit Quellensteuer bleiben mindestens 455 Tage im System
- Dauerbelege, vorerfasste oder Musterbelege bleiben unberücksichtigt

Kriterien der Belegposition

- Der Beleg darf keine offenen Posten mehr enthalten. Das System berücksichtigt nur ausgeglichene Posten oder solche ohne offene Posten-Verwaltung
- Die Kontoartenlaufzeit muss überschritten sein. Man legt diese in Abhängigkeit von der Kontoart fest.

Einschränkungen der Funktionalität nach der Hauswährungsumstellung

- Archive, die Daten aus umgesetzten Buchungskreisen enthalten und die vor der Währungsumsetzung erzeugt wurden, können nicht mehr zurückgeladen werden. Buchungskreise gelten als umgesetzt, wenn die zweite oder dritte Hauswährung oder die Kreditkontrollbereichs-Währung umgesetzt wurde.
- Für Archive, die Daten aus umgesetzten Buchungskreisen enthalten und die vor der Währungsumsetzung erzeugt wurden, können keine Sekundärindizes aus dem Archiv mehr aufgebaut werden.
- Bei der Einzelbeleganzeige werden die Belege aus Archiven, die vor der Umsetzung erzeugt wurden, in alter Beleg- und Hauswährung angezeigt.
- Bei Auswertungen in neuer Währung wird ab Release 4.5A aus vor der Umsetzung erzeugten Archiven in die neue Währung umgerechnet.

12.4.2 Archivierungsobjekt FI_SL_DATA

Das Archivierungsobjekt FI_SL_DATA dient zur Archivierung von Summensätzen und Einzelposten in der Anwendungskomponente Spezielle Ledger (FI-SL).

Bei der Archivierung mit FI_SL_DATA wird auf folgenden Datenbanktabellen gelöscht:

Tabelle	Beschreibung
COFIP	Planeinzelposten zum Abstimmledger
COFIS	Ist-Einzelposten Abstimmledger
COFIT	Summensätze Abstimmledger
ECMCA	EC-CS: Einzelpostentabelle
ECMCT	EC-CS: Summentabelle
FILCA	FI-LC: Ist-Einzelpostentabelle mit 2 Objekttabellen

Tabelle	Beschreibung
FILCP	FI-LC: Planeinzelposten zu Objekttabelle
FILCT	FI-LC: Globale Summentabelle mit 2 Objekttabellen
FMIA	Isteinzelposten-Tabelle für Finanzmanagement
FMIP	Planeinzelposten-Tabelle für Finanzmanagement
FMIT	Summentabelle für Finanzmanagement
GLFLEXA	Flexibles Hauptbuch: Ist-Einzelposten
GLFLEXP	Flexibles Hauptbuch: Plan-Einzelposten
GLFLEXT	Flexibles Hauptbuch: Summen
GLFUNCA	Isteinzelposten-Tabelle mit Funktionsbereich für IDES
GLFUNCU	Rollup-Isteinzelposten-Tabelle mit Funktionsbereich für IDES
GLFUNCV	Rollup-Planeinzelposten-Tabelle mit Funktionsbereich für IDES
GLPCA	EC-PCA: Ist-Einzelposten (Freie Ledger)
GLPCP	EC-PCA: Plan-Einzelposten (Freie Ledger)
GLPCT	EC-PCA: Summentabelle (Freie Ledger)
GLSP	General-Ledger Einzelposten-Datenbank
GLTA	FI-LC: Struktur Zusatzledger
GLTP	General-Ledger Summendatenbank
GLTPC	Profit Center Rechnung (Freie Ledger)
JVPO1	JVA: Plan Line Items
JVSO1	JV-EP-Tabelle mit Objekten zu JVT01
JVS02	JV Billing FI-SL-Einzelposten
JVTO1	JV Summentabellen mit Objekten
JVTO2	JV Billing FI-SL-Summentabelle

Tabelle 12.11
Tabellen, auf denen bei Archivierung mittels des Archivierungsobjektes FI_SL_DATAT gelöscht wird

Das Archivierungsobjekt FI_SL_DATA ist ab Release 3.1I im Standard und löst das Archivierungsobjekt GLX_OBJECT ab. Zu Release 4.5A wurde die FI-SL-Archivierung grundlegend überarbeitet und erweitert. Die Änderungen betreffen das Schreiben, Löschen und Zurückladen. Zusätzlich wurde eine neue Archiv-Datenbank-Lesepherie realisiert. Nähere Informationen bietet hierzu der OSS-Hinweis 84766.

12.5 Ausgewählte CO-Archivierungsobjekte im Detail

Um mögliche Probleme bei der Umstellung der Hauswährung zu vermeiden, empfiehlt es sich, alle zu einem CO-Geschäftsablauf gehörenden Belege zu archivieren, indem man die relevanten Archivierungsobjekte verwendet.

12.5.1 Archivierungsobjekt CO_ITEM

Das Archivierungsobjekt CO_ITEM dient zur Archivierung von Einzelposten der Komponente CO-Controlling. Zu Release 3.0F und 3.1I kann das Archivierungsobjekt über den OSS-Hinweis 73152 eingebaut werden.

Bei der Archivierung mit CO_ITEM wird auf folgenden Datenbanktabellen gelöscht:

Tabelle	Beschreibung
COBK	CO-Objekt: Belegkopf
COBK_INDX	Index auf COBK für ORGVG
COEJ	CO-Objekt: Einzelposten jahresbezogen
COEJL	CO-Objekt: Einzelposten Leistungsarten jahresbezogen
COEJR	CO-Objekt: Einzelposten Statistische Kennzahlen jahresbezogen
COEP	CO-Objekt: Einzelposten periodenbezogen
COEPB	CO-Objekt: Einzelposten Abweichung/Abgrenzung periodenbezogen
COEPL	CO-Objekt: Einzelposten Leistungsarten periodenbezogen

Tabelle	Beschreibung
COEPR	CO-Objekt: Einzelposten Statistische Kennzahlen periodenbezogen
EBIL	CO/SD-Belegfluss: Fakturierte Anteile der Aufwandsposten

Tabelle 12.12
Tabellen, auf denen bei Archivierung mittels des Archivierungsobjektes CO_ITEM gelöscht wird

12.5.2 Archivierungsobjekt COPA1_****

Bei der Archivierung mit COPA1_**** wird auf folgenden Datenbanktabellen gelöscht:

Tabelle	Beschreibung
CE1****	Ist-Einzelposten
CE2****	Plan-Einzelposten
CE3****	Objektebene
CEALE01	Referenzen bei ALE

Tabelle 12.13
Tabellen, auf denen bei Archivierung mittels des Archivierungsobjektes COPA1_** gelöscht wird**

12.5.3 Archivierungsobjekt COPA2_****

Bei der Archivierung mit COPA2_**** wird auf folgenden Datenbanktabellen gelöscht:

Tabelle	Beschreibung
COEP	CO-Einzelposten
COEJ	CO-Einzelposten
COBK	CO-Einzelposten
COSS	CO-Summensätze

Tabelle	Beschreibung
COSP	CO-Summensätze
COKA	CO-Summensätze

Tabelle 12.14
Tabellen, auf denen bei Archivierung mittels des Archivierungsobjektes COPA2_** gelöscht wird**

12.5.4 Archivierungsobjekt CO_ALLO_ST

Bei der Archivierung mit CO_ALLO_ST wird auf folgenden Datenbanktabellen gelöscht:

Tabelle	Beschreibung
COBK	CO-Objekt: Belegkopf
COBK_INDX	Index auf COBK für ORGVG
COEJ	CO-Objekt: Einzelposten jahresbezogen
COEJL	CO-Objekt: Einzelposten Leistungsarten jahresbezogen
COEP	CO-Objekt: Einzelposten periodenbezogen
COEPL	CO-Objekt: Einzelposten Leistungsarten periodenbezogen
T811S	Allocation Belegnummern

Tabelle 12.15
Tabellen, auf denen bei Archivierung mittels des Archivierungsobjektes CO_ALLO_ST gelöscht wird

12.5.5 Archivierungsobjekt CO_BASEOBJ

Bei der Archivierung mit CO_BASEOBJ wird auf folgenden Datenbanktabellen gelöscht:

Tabelle	Beschreibung
CKBS	Musterkalkulation – Einzelkalkulation
CKBT	Texte zu CKBS
CKHS	Kopf – Einzelkalkulation (Steuerung + Summen)
CKHT	Texte zu CKHS

Tabelle	Beschreibung
CKIP	Periodische Werte Position Einzelkalkulation
CKIS	Positionen Einzelkalkulation
CKIT	Texte CKIS
STXB	SAPscript: Texte in nicht SAPscript-Format
STXH	STXD SAPscript Text-Datei Header
STXL	STXD SAPscript Text-Datei Lines

Tabelle 12.16
Tabellen, auf denen bei Archivierung mittels des Archivierungsobjektes CO_BASE_OBJ gelöscht wird

12.5.6 Archivierungsobjekt CO_CCTR_EP

Bei der Archivierung mit CO_CCTR_EP wird auf folgenden Datenbanktabellen gelöscht:

Tabelle	Beschreibung
BPBK	Belegkopf Controllingträger
BPEJ	Einzelkosten Jahreswerte Controllingträger
BPEP	Einzelposten Periodenwerte Controllingträger
COBK	CO-Objekt Belegkopf
COEJ	CO-Objekt Einzelposten jahresbezogen
COEJL	CO-Objekt Einzelposten Leistungsarten jahresbezogen
COEJR	CO-Objekt Einzelposten Stat. Kennzahlen jahresbezogen
COEJT	CO-Objekt Einzelposten Tarife jahresbezogen
COEP	CO-Objekt Einzelposten periodenbezogen
COEPB	CO-Objekt Einzelposten Abweisung/Abgrenzung bezogen
COEPL	CO-Objekt Einzelposten Leistungsarten periodenbezogen

Tabelle	Beschreibung
COEPR	CO-Objekt Einzelposten Stat. Kennzahlen – periodenbezogen
COEPT	CO-Objekt Einzelposten Tarife periodenbezogen

Tabelle 12.17
Tabellen, auf denen bei Archivierung mittels des Archivierungsobjektes CO_CCTR_EP gelöscht wird

12.5.7 Archivierungsobjekt CO_CCTR_PL

Bei der Archivierung mit CO_CCTR_PL wird auf folgenden Datenbanktabellen gelöscht:

Tabelle	Beschreibung
CKHS	Kopf – Einzelkalkulation (Steuerung + Summen)
CKHT	Texte zu CKHS
CKIP	Periodische Werte Position Einzelkalkulation
CKIS	Positionen Einzelkalkulation/Einzelnachweis
CKIT	Texte zu CKIS
COBK	CO-Objekt: Belegkopf
COBK_INDX	Index auf COBK für ORGVG
COEJ	CO-Objekt: Einzelposten jahresbezogen
COEJL	CO-Objekt: Einzelposten Leistungsarten jahresbezogen
COEJR	CO-Objekt Einzelposten Stat. Kennzahlen – jahresbezogen
COEJT	CO-Objekt Einzelposten Tarife jahresbezogen
COKL	CO-Objekt Steuerungsdaten Leistungsart
COKP	CO-Objekt Steuerungsdaten Plan primär
COKR	CO-Objekt Steuerungsdaten Statistische Größen
COKS	CO-Objekt Steuerungsdaten Plan sekundär
COSL	CO-Objekt: Summen Leistungsarten
COSP	CO-Objekt: Summen Kosten – externe Buchungen
COSR	CO-Objekt: Summen Statistische Kennzahlen

Tabelle	Beschreibung
COSS	CO-Objekt: Summen Kosten – interne Buchungen
COST	CO-Objekt: Summen Tarife
STXB	SAPscript: Texte nicht in SAPscript-Format
STXH	STXD SAPscript Text-Datei Header
STXL	STXD SAPscript Text-Datei Lines

Tabelle 12.18
Tabellen, auf denen bei Archivierung mittels des Archivierungsobjektes CO_CCTR_PL gelöscht wird

12.5.8 Archivierungsobjekt CO_COPC

Bei der Archivierung mit CO_COPC wird auf folgenden Datenbanktabellen gelöscht:

Tabelle	Beschreibung
CKHS	Kopf – Einzelkalkulation (Steuerung + Summen)
CKHT	Texte zu CKHS
CKIS	Positionen Einzelkalkulation
CKIT	Texte zu CKIS
CMFK	Speicherstruktur für den Kopf des Fehlerprotokolls
CMFK	Speicherstruktur für die gesammelten Fehler
KEKO	Erzeugniskalkulation – Kopfinformationen
KEPH	Herstellkostenelemente der Erzeugniskalkulation

Tabelle 12.19
Tabellen, auf denen bei Archivierung mittels des Archivierungsobjektes CO_COPC gelöscht wird

12.5.9 Archivierungsobjekt CO_COSTCTR

Bei der Archivierung mit CO_COSTCTR wird auf folgenden Datenbanktabellen gelöscht:

Tabelle	Beschreibung
BPBK	Belegkopf
BPEJ	Einzelposten Jahreswerte
BPEP	Einzelposten Periodenwerte
BPHI	Hierarchieübergreifende Daten
BPJA	Summensatz Jahresgesamtwert
BPPE	Summensatz Periodenwerte
BPTR	Trägerdaten
CDCLS	Clusterstruktur für Änderungsbelege
CDHDR	Änderungsbelegkopf
CKHS	Kopf- Einzelkalkulation (Steuerung + Summen)
CKHT	Texte zu CKHS
CKIP	Periodische Werte Position Einzelkalkulation
CKIS	Position Einzelkalkulation
CKIT	Texte zu CKIS
COBK	CO-Objekt: Belegkopf
COBK_INDX	Index auf COBK für ORGVG
COEJ	CO-Objekt: Einzelposten jahresbezogen
COEJL	CO-Objekt: Einzelposten Leistungsarten jahresbezogen
COEJR	CO-Objekt: Einzelposten Stat. Kennzahlen – jahresbezogen
COEJT	CO-Objekt: Einzelposten Tarife periodenbezogen
COEP	CO-Objekt: Einzelposten periodenbezogen
COEPB	CO-Objekt: Einzelposten Abweichung
COEPL	CO-Objekt: Einzelposten Leistungsarten periodenbezogen
COEPR	CO-Objekt: Einzelposten Stat. Kennzahlen – periodenbezogen

Tabelle	Beschreibung
COEPT	CO-Objekt: Einzelposten Tarife periodenbezogen
COKA	CO-Objekt: Steuerungsdaten Kostenart
COKL	CO-Objekt: Steuerungsdaten Leistungsart
COKP	CO-Objekt: Steuerungsdaten Plan primär
COKR	CO-Objekt: Steuerungsdaten Statistische Größen
COKS	CO-Objekt: Steuerungsdaten Plan sekundär
COOI	Obligoverwaltung: Einzelposten
COSB	CO-Objekt: Summen Abweichungen/Abgrenzungen
COSL	CO-Objekt: Summen Leistungsarten
COSP	CO-Objekt: Summen Kosten – externe Buchungen
COSR	CO-Objekt: Summen Statistische Kennzahlen
COSS	CO-Objekt: Summen Kosten – interne Buchungen
COST	CO-Objekt: Summen Tarife
CSSL	Kostenstelle Leistungsart
ONROO	Allgemeine Objektnummer
ONRKL	Objektnummernindex Kostenstelle / Leistungsart
STXB	SAPscript: Texte in Nicht-SAPscript-Format
STXH	STXD SAPscript Text-Datei Header
STXL	STXD SAPscript Text-Datei Lines

Tabelle 12.20
Tabellen, auf denen bei Archivierung mittels des Archivierungsobjektes CO_COSTCTR gelöscht wird

12.5.10 Archivierungsobjekt CO_KSTRG

Bei der Archivierung mit CO_KSTRG wird auf folgenden Datenbanktabellen gelöscht:

Tabelle	Beschreibung
AABLG	Cluster für Abrechnungsbelege
AUAI	Abrechungsbeträge je AFA-Bereich
AUAK	Belegkopf für Abrechnung
CKHS	Kopf – Einzelkalkulation
CKHT	Texte zu CKHS
CKIP	Periodische Werte Position Einzelkalkulation
CKIS	Position Einzelkalkulation
CKIT	Texte zu CKIS
CKPE	CO-PC Kostenträger-Hierarchie
CKPH	Stammsatz Kostenträger-Identnummer
CKPHT	Texte zu CKPH
COBK	CO-Objekt: Belegkopf
COBK_INDX	Index auf COBK für ORGVG
COBRA	Abrechungsvorschrift Auftragsabrechnung
COBRB	Aufteilungsregeln Abrechungsvorschrift Auftragsabrechnung
COEJ	CO-Objekt: Einzelposten jahresbezogen
COEJL	CO-Objekt: Einzelposten Leistungsarten jahresbezogen
COEJR	CO-Objekt: Einzelposten Stat. Kennzahlen – jahresbezogen
COEP	CO-Objekt: Einzelposten periodenbezogen
COEPB	CO-Objekt: Einzelposten Abweichung
COEPBR	CO-Objekt: Einzelposten Abrechnung bewertet
COEPD	CO-Objekt: Einzelposten Abrechnung unbewertet mit Status
COEPL	CO-Objekt: Einzelposten Leistungsarten periodenbezogen
COEPR	CO-Objekt: Einzelposten Stat. Kennzahlen – periodenbezogen

Tabelle	Beschreibung
AABLG	Cluster für Abrechnungsbelege
COKA	CO-Objekt: Steuerungsdaten Kostenart
COKL	CO-Objekt: Steuerungsdaten Leistungsart
COKP	CO-Objekt: Steuerungsdaten Plan primär
COKR	CO-Objekt: Steuerungsdaten Statistische Größen
COKS	CO-Objekt: Steuerungsdaten Plan sekundär
COOI	Obligoverwaltung: Einzelposten
COSB	CO-Objekt: Summen Abweichungen/Abgrenzungen
COSBD	CO-Objekt Summen Abweichungen / Abgrenzungen – davon abgerechnet
COSL	CO-Objekt: Summen Leistungsarten
COSLD	CO-Objekt Summen Leistungsarten – davon abgerechnet
COSP	CO-Objekt: Summen Kosten – externe Buchungen
COSPD	CO-Objekt Summen Kosten externe Buchungen – davon abgerechnet
COSR	CO-Objekt: Summen Statistische Kennzahlen
COSS	CO-Objekt: Summen Kosten – interne Buchungen
COSSD	CO-Objekt Summen Kosten – interne Buchungen – davon abgerechnet
EBII	CO/SD-Belegfluss: fakturierte Anteile der Aufwandsposten
ONROO	Allgemeine Objektnummer
ONRHP	Objektnummernindex Hierarchie Prozessfertigung
STXB	SAPscript: Texte in Nicht-SAPscript-Format
STXH	STXD SAPscript Text-Datei Header
STXL	STXD SAPscript Text-Datei Lines

Tabelle 12.21
Tabellen, auf denen bei Archivierung mittels des Archivierungsobjektes CO_KSTRG gelöscht wird

12.5.11 Archivierungsobjekt CO_ORDER

Bei der Archivierung mit CO_ORDER wird auf folgenden Datenbanktabellen gelöscht:

Tabelle	Beschreibung
AABLG	Cluster für Abrechnungsbelege
AFKO	Auftragskopfdaten PPS-Aufträge
AFPO	Auftragsposition
ANIA	Investitionsprojekte AFA-Simulation
ANIB	Investitionsprojekte AFA-Simulation Bewertungsbereich
ANLI	Verbindungstabelle Investitionsmaßnahme
AUAI	Abrechungsbeträge je AFA-Bereich
AUAK	Belegkopf für Abrechnung
AUFK	Auftragsstammdaten
AUSP	Ausprägungswerte der Sachmerkmale
BPBK	Belegkopf Controllingträger
BPEG	Einzelposten Gesamtwerte Controllingträger
BPEJ	Einzelposten Jahreswerte Controllingträger
BPGE	Summensatz Gesamtwert Controllingträger
BPHI	Hierarchieübergreifende Daten Controllingträger
BPIG	Index Budgetträger (Gesamtbudget)
BPIJ	Index Budgetträger (Jahresbudget)
BPJA	Summensatz Jahresgesamtwert Controllingträger
BPTR	Trägerdaten Contollingträger
CABN	Merkmal
CABNT	Texte für Merkmal
CAWNT	Texte für Werte
CDCLS	Clusterstruktur für Änderungsbelege
CDHDR	Änderungsbelegkopf

Tabelle	Beschreibung
CKHS	Kopf – Einzelkalkulation
CKHT	Texte zu CKHS
CKIP	Periodische Werte Position Einzelkalkulation
CKIS	Position Einzelkalkulation
CKIT	Texte zu CKIS
COANZ	Index Objekte
COBK	CO-Objekt: Belegkopf
COBK_INDX	Index auf COBK für ORGVG
COBRA	Abrechungsvorschrift Auftragsabrechnung
COBRB	Aufteilungsregeln Abrechungsvorschrift Auftragsabrechnung
COEJ	CO-Objekt: Einzelposten jahresbezogen
COEJL	CO-Objekt: Einzelposten Leistungsarten jahresbezogen
COEJR	CO-Objekt: Einzelposten Stat. Kennzahlen – jahresbezogen
COEP	CO-Objekt: Einzelposten periodenbezogen
COEPB	CO-Objekt: Einzelposten Abweichung
COEPBR	CO-Objekt: Einzelposten Abrechnung bewertet
COEPD	CO-Objekt: Einzelposten Abrechnung unbewertet mit Status
COEPL	CO-Objekt: Einzelposten Leistungsarten periodenbezogen
COEPR	CO-Objekt: Einzelposten Stat. Kennzahlen – periodenbezogen
COFP	Belegzeilen (Cashmanagement auf Projekten)
COKA	CO-Objekt: Steuerungsdaten Kostenart
COKL	CO-Objekt: Steuerungsdaten Leistungsart
COKP	CO-Objekt: Steuerungsdaten Plan primär
COKR	CO-Objekt: Steuerungsdaten Statistische Größen
COKS	CO-Objekt: Steuerungsdaten Plan sekundär
COOI	Obligoverwaltung: Einzelposten
COSB	CO-Objekt: Summen Abweichungen/Abgrenzungen

Tabelle	Beschreibung
COSBD	CO-Objekt Summen Abweichungen / Abgrenzungen – davon abgerechnet
COSL	CO-Objekt: Summen Leistungsarten
COSP	CO-Objekt: Summen Kosten – externe Buchungen
COSPD	CO-Objekt Summen Kosten externe Buchungen – davon abgerechnet
COSR	CO-Objekt: Summen Statistische Kennzahlen
COSS	CO-Objekt: Summen Kosten – interne Buchungen
COSSD	CO-Objekt Summen Kosten – interne Buchungen – davon abgerechnet
DJEST	Einzelstatus pro Objekt: Stichtagsbezogene Verwaltung
EBII	CO/SD-Belegfluss: fakturierte Anteile der Aufwandsposten
FMSU	FI-FM Summensätze
JCDO	Änderungsbelege zum Statusobjekt
JCDS	Änderungsbelege für System- /Anwenderstatus
JEST	Einzelstatus pro Objekt
JSTO	Informationen zum Statusobjekt
KSSK	Zuordnungstabelle: Objekt zu Klasse
ONROO	Allgemeine Objektnummer
ONROR	Objektnummernindex Auftrag
RPSCO	Projektinfo-Datenbank: Kosten, Erlöse, Finanzen
RPSQT	Projektinfo-Datenbank: Mengen
STXB	SAPscript: Texte in Nicht-SAPscript-Format
STXH	STXD SAPscript Text-Datei Header
STXL	STXD SAPscript Text-Datei Lines
SWOR	Klassifizierungssystem: Schlagwörter
TPIO3	CO-Objekte: Datum letzter Zinslauf

Tabelle 12.22
Tabellen, auf denen bei Archivierung mittels des Archivierungsobjektes CO_ORDER gelöscht wird

12.6 Die EC-Archivierungsobjekte im Detail

Um mögliche Probleme bei der Umstellung der Hauswährung zu vermeiden, empfiehlt es sich, alle zu einem EC-Geschäftsablauf gehörenden Belege zu archivieren, indem man das relevante Archivierungsobjekt PCA_OBJECT verwendet.

12.6.1 Archivierungsobjekt PCA_OBJECT

Bei der Archivierung mit PCA_OBJECT wird auf folgenden Datenbanktabellen gelöscht:

GLPCA	EC-_PCA: Ist-Einzelposten
GLPCP	EC-PCA: Plan-Einzelposten
GLPCT	EC-PCA: Summentabelle

Tabelle 12.23
Tabellen, auf denen bei Archivierung mittels des Archivierungsobjektes PCA_OBJECT gelöscht wird

12.7 Ausgewählte PP-Archivierungsobjekte im Detail

Um mögliche Probleme bei der Umstellung der Hauswährung zu vermeiden, empfiehlt es sich, alle zu einem PP-Geschäftsablauf gehörenden Belege zu archivieren, indem man das relevante Archivierungsobjekt PP_ORDER verwendet.

12.7.1 Archivierungsobjekt PP_ORDER

Bei der Archivierung mit PP_ORDER wird auf folgenden Datenbanktabellen gelöscht:

Tabelle	Beschreibung
AABLG	Cluster für Abrechnungsbelege
AD01DLI	Dynamische Posten (DP)
AD01FLIEF	DP-Fluss: Einzelfluss
AD01DLISF	DP-Fluss: Summenfluss
AFAB	Netzplan – Anordungsbeziehungen

Tabelle	Beschreibung
AABLG	Cluster für Abrechnungsbelege
AFFH	FHM Zuordnung Werkauftrag
AFFL	Werksauftragsfolge
AFFT	Auftrags-Prozessvorgaben
AFFV	Auftrags-Prozessvorgabenwerte
AFFW	Fehlerhafte Warenbewegungen aus Rückmeldungen
AFFL	Werkauftragsfolge
AFFT	Auftrags-Prozessvorgaben
AFFV	Auftrags-Prozessvorgabenwerte
AFFW	Fehlerhafte Warenbewegungen aus Rückmeldungen
AFIH	Auftragskopf Instandhaltung
AFKO	Auftragskopfdaten PPS-Aufträge
AFPO	Auftragsposition
AFRU	Auftragsrückmeldungen
AFSPOPR	Splitvorgänge eines Auftragssplits
AFSPREL	Relation der Aufträge eines Auftragsprofils
AFVG	Auftragsarbeitsvorgang
AFVU	DB-Struktur der Benutzerfelder des Arbeitsvorganges
AFVV	DB-Struktur des Arbeitsvorganges Mengen/Termine/Werte
AFWI	Nachträglich gebuchte Warenbewegungen zu Rückmeldungen
AUAI	Abrechnungsbeträge je AFA-Bereich
AUAK	Belegkopf für Abrechnung
AUFK	Auftragsstammdaten
AUFM	Materialbewegungen zum Auftrag
AUSP	Ausprägungswerte der Sachmerkmale
BPBK	Belegkopf Controllingträger

Tabelle	Beschreibung
AABLG	Cluster für Abrechnungsbelege
BPEG	Einzelposten Gesamtwerte Controllingträger
BPEJ	Einzelposten Jahreswerte Controllingträger
BPEP	Einzelposten Periodenwerte Controllingträger
BPGE	Summensatz Gesamtwert Controllingträger
BPHI	Hierarchieübergreifende Daten Controllingträger
BPIG	Index Budgetträger (Gesamtbudget)
BPIJ	Index Budgetträger (Jahresbudget)
BPJA	Summensatz Jahresgesamtwert Controllingträger
BPPE	Summensatz Periodenwerte
BPTR	Trägerdaten Contollingträger
CABN	Merkmal
CABNT	Texte für Merkmal
CAWNT	Texte für Werte
CDCLS	Clusterstruktur für Änderungsbelege
CDHDR	Änderungsbelegkopf
CKHS	Kopf – Einzelkalkulation
CKHT	Texte zu CKHS
CKIP	Periodische Werte Position Einzelkalkulation
CKIS	Position Einzelkalkulation
CKIT	Texte zu CKIS
COANZ	Index Objekte
COBK	CO-Objekt: Belegkopf
COBK_INDX	Index auf COBK für ORGVG
COBRA	Abrechungsvorschrift Auftragsabrechnung
COBRB	Aufteilungsregeln Abrechungsvorschrift Auftragsabrechnung
COCH	Batch Management – Steuerrezeptkopf

Tabelle	Beschreibung
AABLG	Cluster für Abrechnungsbelege
COCHP	Herstellanweisung: Steuerrezeptkopf
COCOA	Batch Management Operation Allocation Table
COEJ	CO-Objekt: Einzelposten jahresbezogen
COEJL	CO-Objekt: Einzelposten Leistungsarten jahresbezogen
COEJR	CO-Objekt: Einzelposten Stat. Kennzahlen – jahresbezogen
COEP	CO-Objekt: Einzelposten periodenbezogen
COEPB	CO-Objekt: Einzelposten Abweichung
COEPBR	CO-Objekt: Einzelposten Abrechnung bewertet
COEPD	CO-Objekt: Einzelposten Abrechnung unbewertet mit Status
COEPL	CO-Objekt: Einzelposten Leistungsarten periodenbezogen
COEPR	CO-Objekt: Einzelposten Stat. Kennzahlen – periodenbezogen
COFP	Belegzeilen (Cashmanagement auf Projekten)
COKA	CO-Objekt: Steuerungsdaten Kostenart
COKL	CO-Objekt: Steuerungsdaten Leistungsart
COKP	CO-Objekt: Steuerungsdaten Plan primär
COKR	CO-Objekt: Steuerungsdaten Statistische Größen
COKS	CO-Objekt: Steuerungsdaten Plan sekundär
COOI	Obligoverwaltung: Einzelposten
COSB	CO-Objekt: Summen Abweichungen/Abgrenzungen
COSBD	CO-Objekt Summen Abweichungen / Abgrenzungen – davon abgerechnet
COSL	CO-Objekt: Summen Leistungsarten
COSP	CO-Objekt: Summen Kosten – externe Buchungen
COSPD	CO-Objekt Summen Kosten externe Buchungen – davon abgerechnet
COSR	CO-Objekt: Summen Statistische Kennzahlen

Tabelle	Beschreibung
AABLG	Cluster für Abrechnungsbelege
COSS	CO-Objekt: Summen Kosten – interne Buchungen
COSSD	CO-Objekt Summen Kosten – interne Buchungen – davon abgerechnet
DJEST	Einzelstatus pro Objekt: Stichtagsbezogene Verwaltung
EBII	CO/SD-Belegfluss: fakturierte Anteile der Aufwandsposten
FMSU	FI-FM Summensätze
JCDO	Änderungsbelege zum Statusobjekt
JCDS	Änderungsbelege für System- /Anwenderstatus
JEST	Einzelstatus pro Objekt
JSTO	Informationen zum Statusobjekt
KSSK	Zuordnungstabelle: Objekt zu Klasse
ONROO	Allgemeine Objektnummer
ONROR	Objektnummernindex Auftrag
RPSCO	Projektinfo-Datenbank: Kosten, Erlöse, Finanzen
RPSQT	Projektinfo-Datenbank: Mengen
STXB	SAPscript: Texte in Nicht-SAPscript-Format
STXH	STXD SAPscript Text-Datei Header
STXL	STXD SAPscript Text-Datei Lines
SWOR	Klassifizierungssystem: Schlagwörter
TPIO3	CO-Objekte: Datum letzter Zinslauf

Tabelle 12.24
Tabellen, auf denen bei Archivierung mittels des Archivierungsobjektes PP_ORDER gelöscht wird

12.8 Die SD-Archivierungsobjekte im Detail

Um mögliche Probleme bei der Umstellung der Hauswährung zu vermeiden, empfiehlt es sich, alle zu einem SD-Geschäftsablauf gehörenden Belege zu archivieren, indem man die relevanten Archivierungsobjekte SD_VBAK, RV_LIKP und SD_VBRK verwendet. Zum Beispiel sollten keine Fakturen im System verbleiben, deren Lieferungen bereits mit RV-LIKP archiviert worden sind.

12.8.1 Archivierungsobjekt SD_VBAK

Das Archivierungsobjekt SD_VBAK dient dazu, Verkaufsbelege aus der R/3-Komponente SD zu archivieren.

Bei der Archivierung mit SD_VBAK wird auf folgenden Datenbanktabellen gelöscht:

Tabelle	Beschreibung
AABLG	Cluster für Abrechungsbelege
AD01DLI	Dynamische Posten (DP)
AD1DLIEF	DP-Fluss: Einzelfluss
AD1DLISF	DP-Fluss: Summenfluss
ADR10	Drucker (zentrale Adressverwaltung)
ADR11	SSF (zentrale Adressverwaltung)
ADR12	FTP und URL (zentrale Adresverwaltung)
ADR2	Telefonnummern (zentrale Adressverwaltung)
ADR3	Faxnummern (zentrale Adressverwaltung)
ADR4	Teletextnummern (zentrale Adressverwaltung)
ADR5	Telexnummern (zentrale Adressverwaltung)
ADR6	SMTP-Nummer (zentrale Adressverwaltung)
ADR7	Remote-Mail-Adressen (R/3 – R/3; zentrale Adressverwaltung)
ADR8	X.400-Nummern (zentrale Adressverwaltung)
ADR9	RFC-Destinationen (zentrale Adressverwaltung)
ADRC	Adressen (zentrale Adressverwaltung)
ADRCT	Texte zu Adressen (zentrale Adressverwaltung)
ADRG	Zuordnung von Adressen zu weiteren Adressgruppen (zentrale Adressverwaltung)
ADRGP	Zuordnung von Personen zu weiteren Personengruppen (zentrale Adressverwaltung)

Tabelle	Beschreibung
ADRT	Texte zu Kommunikationsdaten (zentrale Adressverwaltung)
ADRV	Verwendungsnachweis für Adressen (zentrale Adressverwaltung)
ADRVP	Verwendungsnachweis für Personen (zentrale Adressverwaltung)
AFFL	Werkauftragsfolge
AFVC	Auftragsarbeitsvorgang
AFVU	DB-Struktur der Benutzerfelder des Arbeitsvorganges
AUAI	Abrechnungsbeträge je AFA-Bereich
AUAK	Belegkopf für Abrechnung
AUSP	Ausprägungswerte der Sachmerkmale
BPBK	Belegkopf Controllingträger
BPEG	Einzelposten Gesamtwerte Controllingträger
BPEJ	Einzelposten Jahreswerte Controllingträger
BPEP	Einzelposten Periodenwerte Controllingträger
BPGE	Summensatz Gesamtwert Controllingträger
BPHI	Hierarchieübergreifende Daten Controllingträger
BPIG	Index Budgetträger (Gesamtbudget)
BPIJ	Index Budgetträger (Jahresbudget)
BPJA	Summensatz Jahresgesamtwert Controllingträger
BPPE	Summensatz Periodenwerte Controllingträger
BPTR	Trägerdaten Controllingträger
BPTX	Budgetierungstexte
CDCLS	Clusterstruktur für Änderungsbelege
CDHDR	Änderungsbelegkopf
CKHS	Kopf-Einzelkalkulation (Steuerung + Summen)
CKHT	Texte zu CKHS

Tabelle	Beschreibung
CKIP	Periodische Werte Position Einzelkalkulation
CKIS	Positionen Einzelkalkulation/Einzelnachweis
CKIT	Texte zu CKIS
CMFK	Speicherstruktur für den Kopf des Fehlerprotokolls
CMFP	Speicherstruktur für die gesammelten Felder
COANZ	Index-Objekte, für die Anzahlungsanforderungen erfolgten
COBK	CO-Objekt: Belegkopf
COBK_INDX	Index auf COBK für ORGVG
COBRA	Abrechnungsvorschrift Auftragsabrechung
COBRB	Aufteilungsregeln Abrechungsvorschrift Auftragsabrechnung
COEJ	CO-Objekt: Einzelposten jahresbezogen
COEJL	CO-Objekt: Einzelposten Leistungsarten jahresbezogen
COEJR	CO-Objekt: Einzelposten Stat. Kennzahlen jahresbezogen
COEJT	CO-Objekt: Einzelposten Tarife jahresbezogen
COEP	CO-Objekt: Einzelposten periodenbezogen
COEPB	CO-Objekt: Einzelposten Abweichung/Abgrenzung jahresbe-zogen
COEPBR CO	Objekt: Einzelposten Abrechung bewertet
COEPD	CO-Objekt: Einzelposten Abrechung unbewertet mit Status
COEPL	CO-Objekt: Einzelposten Leistungsarten periodenbezogen
COEJ	CO-Objekt: Einzelposten jahresbezogen
COEPR	CO-Objekt: Einzelposten Stat. Kennzahlen periodenbezogen
COEPT	CO-Objekt: Einzelposten Tarife periodenbezogen
COER	Kundenauftragwert Erlös
COES	CO-Objekt: Einzelposten Kundenauftragswert
COFP	Belegzeilen (Cashmanagement)
COKA	CO-Objekt: Steuerungsdaten Kostenart

Tabelle	Beschreibung
COKL	CO-Objekt: Steuerungsdaten Leistungsart
COKP	CO-Objekt: Steuerungsdaten Plan primär
COKR	CO-Objekt: Steuerungsdaten Statistische Größen
COKS	CO-Objekt: Steuerungsdaten Plan sekundär
COOI	Obligoverwaltung: Einzelposten
COSB	CO-Objekt: Summen Abweichungen/Abgrenzungen
COSBD	CO-Objekt: Summen Abweichungen/Abgrenzungen – davon abgerechnet
COSL	CO-Objekt: Summen Leistungsarten
COSLD	CO-Objekt: Summen Leistungsarten – davon abgerechnet
COSP	CO-Objekt: Summen Kosten – externe Buchungen
OSPD	CO-Objekt: Summen Kosten extern – davon abgerechnet
COSR	CO-Objekt: Summen Statistische Kennzahlen
COSS	CO-Objekt: Summen Kosten – interne Buchungen
COSSD	CO-Objekt: Summen Kosten intern – davon abgerechnet
COST	CO-Objekt: Summen Tarife
DJEST	Einzelstatus pro Objekt: Stichtagsbezogene Verwaltung
EBII	CO/SD-Belegfluss: fakturierte Anteile der Aufwandsposten
FMSU	FI-FM Summensätze
FPLA	Fakturierungsplan
FPLT	Fakturierungsplan: Termine
INOB	Zuordnung einer internen Nummer zu einem bel. Objekt
JCDO	Änderungsbelege zum Statusobjekt (Tabelle JSTO)
JCDS	Änderungsbelege für System-/Anwenderstatus
JEST	Einzelstatus zum Statusobjekt
KANZ	Zuordnung Kundenauftragspositionen – Kalkulationsobjekte
KEKO	Erzeugniskalkulation – Kopfinformation

Tabelle	Beschreibung
KEPH	Herstellkostenelemente der Erzeugniskalkulation
KNKO	Zuordnung einer Kalkulationsnummer zu einem konfigurierten Objekt
KOCLU	Cluster für Konditionen in Einkauf und Verkauf
KSSK	Zuordnungstabelle: Objekt zu Klasse
NAST	Nachrichtenstatus
RPSCO	Projektinfo-Datenbank: Kosten, Erlöse, Finanzen
RPSQT	Projektinfo-Datenbank: Mengen
SADR	Adressverwaltung: Firmendaten
STXB	SAPscript: Texte in Nicht-SAPscript-Format
STXH	STXD SAPScript Text-Datei Header
STXL	STXD SAPscript Text-Datei Lines
TPIO3	CO-Objekte: Datum letzter Zinslauf
TZIN1	Belegkopfdaten des Ursprungsbelegs
TZIN2	Zinsbeleg: Segment Zinskennzeichen & Bewertungstyp
TZIN3	Zinsbeleg: Segment Währungstyp
TZIN4:	Zinsbeleg: Segment Beteiligte Objekte
VAKGU	Vertriebsindex: Angebotsgültigkeit
VAKPA	Vertriebsindex: Aufträge zu Partnerrollen
VAPMA	Vertriebsindex: Auftragspositionen zu Material
VBAK	Verkaufsbeleg: Kopfdaten
VBAP	Verkaufsbeleg: Positionsdaten
VBEH	Historie Liefereinteilungen
VBEP	Verkaufsbeleg: Einteilungsdaten
VBEPDG	Anhangtabellen für Gefahrgutdaten
VBEX	Vertriebsbeleg: Ausfuhrkontrolle; Daten auf Positionsebene
VBFCL	Vertriebsbelegflusscluster

Tabelle	Beschreibung
VBKD	Verkaufsbeleg: Kaufmännische Daten
VBLB	Verkaufsbeleg: Lieferabrufdaten
VBPA	Vertriebsbeleg Partner
VBSN	Lieferplanbezogene Änderungstände
VBUK	Vertriebsbeleg: Kopfstatus und Verwaltungsdaten
VBUP	Vertriebsbeleg: Positionsstatus
VBUV	Verkaufsbeleg: Unvollständigkeitsprotokoll
VEDA	Vertragsdaten
VEPVG	Versandfälligkeitsindex
VKDFS	Vertriebsindex: Fakturaauslöser
VLKPA	Vertriebsindex: Lieferungen zu Partnerrollen
VLPKM	Lieferpläne zu Kundenmaterial
VLPMA	Vertriebsindex: Lieferungspositionen zu Material
VPKDLI	Verkaufspreiskalkulation Dynamische Posten
VPKHEAD	Verkaufspreiskalkulation Kopfdaten
VPKSDITEM	Verkaufspreiskalkulation Kopfdaten
VRKPA	Vertriebsindex: Fakturen zu Partnerrollen
VRPMA	Vertriebsindex: Fakturapositionen zu Material
VTRDI	Transportdispositionsindex
WARRTV	Torbelegungen: Arbeitsvorrat

Tabelle 12.25
Tabellen, auf denen bei Archivierung mittels des Archivierungsobjektes SD_VBAK gelöscht wird

Folgende Voraussetzungen müssen erfüllt sein, damit Verkaufsbelege anhand des Archivierungsobjektes SD_VBAK archiviert werden können:

Feste Prüfungen

- Der zu archivierende Beleg muss vollständig sein.
- Die Residenzzeiten müssen erreicht sein.
- Die Nachfolgebelege müssen vollständig sein.

Optionale Prüfungen

- Prüfung von Bestellungen: Hier wird überprüft, ob die zugehörigen Bestellungen bzw. Bestellanforderungen bereits archiviert worden sind.
- Prüfung des Buchhaltungsbelegs: Es wird geprüft, ob die zugehörigen Buchhaltungsbelege (FI-Dokumente) ausgeziffert worden sind.
- Residenz Flussbelege prüfen: Auf der Basis des letzten betriebswirtschaftlichen Vorgangs wird die Residenzzeit des Verkaufsbelegs berechnet und geprüft.

Verdeckte Prüfungen

- CO-Prüfungen: Diese Prüfungen werden durchgeführt, wenn Verkaufsbelege der Komponente CO Einträge erzeugen.

12.8.2 Archivierungsobjekt SD_VBRK

Fakturen des SD-Moduls werden anhand des Archivierungsobjekts SD_VBRK archiviert. Bei der Archivierung mit SD_VBRK wird auf folgenden Datenbanktabellen gelöscht:

Tabelle	Beschreibung
ADR10	Drucker (zentrale Adressverwaltung)
ADR11	SSF (zentrale Adressverwaltung)
ADR12	FTP und URL (zentrale Adressverwaltung)
ADR2	Telefonnummern (zentrale Adressverwaltung)
ADR3	Faxnummern (zentrale Adressverwaltung)
ADR4	Teletextnummern (zentrale Adressverwaltung)
ADR5	Telexnummern (zentrale Adressverwaltung)
ADR6	SMTP-Nummer (zentrale Adressverwaltung)
ADR7	Remote-Mail-Adressen (R/3 – R/3; zentrale Adressverwaltung)

Tabelle	Beschreibung
ADR8	X.400-Nummern (zentrale Adressverwaltung)
ADR9	RFC-Destinationen (zentrale Adressverwaltung)
ADRC	Adressen (zentrale Adressverwaltung)
ADRCT	Texte zu Adressen (zentrale Adressverwaltung)
ADRG	Zuordnung von Adressen zu weiteren Adressgruppen (zentrale Adressverwaltung)
ADRGP	Zuordnung von Personen zu weiteren Personengruppen (zentrale Adressverwaltung)
ADRT	Texte zu Kommunikationsdaten (zentrale Adressverwaltung)
ADRV	Verwendungsnachweis für Adressen (zentrale Adressverwaltung)
ADRVP	Verwendungsnachweis für Personen (zentrale Adressverwaltung)
CDCLS	Clusterstruktur für Änderungsbelege
CDHDR	Änderungsbelegkopf
CMFK	Speicherstruktur für den Kopf des Fehlerprotokolls
CMFP	Speicherstruktur für die gesammelten Felder
EIKP	Aussenhandel: Export/Import Kopfdaten
EIPO	Aussenhandel: Export/Import Positionsdaten
FPLA	Fakturierungsplan
FPLT	Fakturierungsplan: Termine
FPLTC	Zahlungskarten: Vorgangsdaten – SD
KOCLU	Cluster für Konditionen in Einkauf und Verkauf
NAST	Nachrichtenstatus
SADR	Adressverwaltung: Firmendaten
STXB	SAPscript: Texte in Nicht-SAPscript-Format
STXH	STXD SAPScript Text-Datei Header
STXL	STXD SAPscript Text-Datei Lines
VAKGU	Vertriebsindex: Angebotsgültigkeit

Tabelle	Beschreibung
VAKPA	Vertriebsindex: Aufträge zu Partnerrollen
VAPMA	Vertriebsindex: Auftragspositionen zu Material
VBFCL	Vertriebsbelegflusscluster
VBOX	Vertriebsbeleg: Faktura; Index für Bonus
VBPA	Vertriebsbeleg Partner
VBRK	Faktura: Kopfdaten
VBRL	Vertriebsbeleg: Rechnungsliste
VBRP	Faktura: Positionsdaten
VBUK	Vertriebsbeleg: Kopfstatus und Verwaltungsdaten
VEPVG	Versandfälligkeitsindex
VKDFS	Vertriebsindex: Fakturaauslöser
VLKPA	Vertriebsindex: Lieferungen zu Partnerrollen
VLPKM	Lieferpläne zu Kundenmaterial
VLPMA	Vertriebsindex: Lieferungspositionen zu Material
VRKPA	Vertriebsindex: Fakturen zu Partnerrollen
VRPMA	Vertriebsindex: Fakturapositionen zu Material
VTRDI	Transportdispositionsindex
WAPPTV	Torbelegungen: Arbeitsvorrat

Tabelle 12.26
Tabellen, auf denen bei Archivierung mittels des Archivierungsobjektes SD_VBRK gelöscht wird

Folgende Voraussetzungen müssen erfüllt sein, damit Verkaufsbelege anhand des Archivierungsobjektes SD_VBRK archiviert werden können:

Feste Prüfungen

- Der zu archivierende Beleg muss vollständig sein.
- Die Residenzzeiten müssen erreicht sein.
- Die Nachfolgebelege müssen vollständig sein.

Optionale Prüfungen

- Prüfung von Bestellungen: Hier wird überprüft, ob die zugehörigen Buchhaltungsbelege bereits archiviert worden sind.
- Residenz Flussbelege prüfen: Auf der Basis des letzten betriebswirtschaftlichen Vorgangs wird die Residenzzeit des Verkaufsbelegs berechnet und geprüft.

12.8.3 Archivierungsobjekt RV_LIKP

Zur Archivierung von Lieferungen wird das Archivierungsobjekt RV_LIKP verwendet. Dabei werden die folgenden Datenbanktabellen gelöscht:

Tabelle	Beschreibung
ADR10	Drucker (zentrale Adressverwaltung)
ADR11	SSF (zentrale Adressverwaltung)
ADR12	FTP und URL (zentrale Adressverwaltung)
ADR2	Telefonnummern (zentrale Adressverwaltung)
ADR3	Faxnummern (zentrale Adressverwaltung)
ADR4	Teletextnummern (zentrale Adressverwaltung)
ADR5	Telexnummern (zentrale Adressverwaltung)
ADR6	SMTP-Nummer (zentrale Adressverwaltung)
ADR7	Remote-Mail-Adressen (R/3 – R/3; zentrale Adressverwaltung)
ADR8	X.400-Nummern (zentrale Adressverwaltung)
ADR9	RFC-Destinationen (zentrale Adressverwaltung)
ADRC	Adressen (zentrale Adressverwaltung)
ADRCT	Texte zu Adressen (zentrale Adressverwaltung)
ADRG	Zuordnung von Adressen zu weiteren Adressgruppen (zentrale Adressverwaltung)
ADRGP	Zuordnung von Personen zu weiteren Personengruppen (zentrale Adressverwaltung)
ADRT	Texte zu Kommunikationsdaten (zentrale Adressverwaltung)
ADRV	Verwendungsnachweis für Adressen (zentrale Adressverwaltung)

Tabelle	Beschreibung
ADRVP	Verwendungsnachweis für Personen (zentrale Adressverwaltung)
CDCLS	Clusterstruktur für Änderungsbelege
CDHDR	Änderungsbelegkopf
CMFK	Speicherstruktur für den Kopf des Fehlerprotokolls
CMFP	Speicherstruktur für die gesammelten Felder
DLFLD	Nicht änderbare Lieferungsfelder
EIKP	Aussenhandel: Export/Import Kopfdaten
EIPO	Aussenhandel: Export/Import Positionsdaten
LEDSPD_FLOW	Flusstabelle nachträglicher Liefersplit
LIKP	Vertriebsbeleg: Lieferung Kopfdaten
LIPS	Vertriebsbeleg: Lieferung Positionsdaten
LIPSDG	Anhangtabelle für Gefahrgutdaten
LIPSPO	LIPS-Referenzdaten Bestellung
LIPSRF	LIPS-Referenzdaten
NAS	Nachrichtenstatus
SADR	Adressverwaltung: Firmendaten
STXB	SAPscript: Texte in Nicht-SAPscript-Format
STXH	STXD SAPScript Text-Datei Header
STXL	STXD SAPscript Text-Datei Lines
TVPOD	Vertriebsbeleg: Lieferung POD Daten
VAKPA	Vertriebsindex: Aufträge zu Partnerrollen
VAPMA	Vertriebsindex: Auftragspositionen zu Material
VBFCL	Vertriebsbelegflusscluster
VBPA	Vertriebsbeleg Partner
VBUK	Vertriebsbeleg: Kopfstatus und Verwaltungsdaten
VBUP	Vertriebsbeleg: Positionsstatus
VBUV	Verkaufsbeleg: Unvollständigkeitsprotokoll

Tabelle	Beschreibung
VEKP	Handling Unit Kopftabelle
VEPO	Vertriebsbeleg: Versandelementposition
VEPVG	Versandfälligkeitsindex
VKDFS	Vertriebsindex: Fakturaauslöser
VLBL	Expressdienst Datenfelder
VLKPA	Vertriebsindex: Lieferungen zu Partnerrollen
VLPKM	Lieferpläne zu Kundenmaterial
VLPMA	Vertriebsindex: Fakturen zu Partnerrollen
VRKPA	Vertriebsindex: Lieferungspositionen zu Material
VRPMA	Vertriebsindex: Fakturapositionen zu Material
VTRDI	Transportdispositionsindex
VTRKH	Trackingdaten Kopf
KTRKP	Trackingdaten Position
WAPPTV	Torbelegungen: Arbeitsvorrat

Tabelle 12.27
Tabellen, auf denen bei Archivierung mittels des Archivierungsobjektes RV_LIKP gelöscht wird

Folgende Voraussetzungen müssen erfüllt sein, damit Verkaufsbelege anhand des Archivierungsobjektes SD_LIKP archiviert werden können:

Feste Prüfungen

- Der zu archivierende Beleg muss vollständig sein.
- Die Residenzzeiten müssen erreicht sein.
- Die Nachfolgebelege müssen vollständig sein.

Optionale Prüfungen

- Prüfung des Buchhaltungsbelegs: Es wird geprüft, ob die zugehörigen Buchhaltungsbelege (FI-Dokumente) ausgeziffert worden sind.
- Residenz Flussbelege prüfen: Auf der Basis des letzten betriebswirtschaftlichen Vorgangs wird die Residenzzeit des Verkaufsbelegs berechnet und geprüft.

Verdeckte Prüfungen

- Transportprüfung: Dabei wird überprüft, ob die Transporte schon archiviert worden sind.

12.9 Ausgewählte MM-Archivierungsobjekte im Detail

Um mögliche Probleme bei der Umstellung der Hauswährung zu vermeiden, empfiehlt es sich, alle zu einem MM-Geschäftsablauf gehörenden Belege zu archivieren, indem man die relevanten Archivierungsobjekte MM_MATBEL, MM_EKKO und MM_EBAN verwendet.

12.9.1 Archivierungsobjekt MM_MATBEL

Das Archivierungsobjekt MM_MATBEL dient dazu, Materialbelege aus der R/3-Komponente MM zu archivieren.

Bei der Archivierung mit MM_MATBEL wird auf folgenden Datenbanktabellen gelöscht:

Tabelle	Beschreibung
MKPF	Belegkopf Materialbeleg
MSEG	Belegsegment Material
NAST	Nachrichtenstatus

Tabelle 12.28
Tabellen, auf denen bei Archivierung des Archivierungsobjektes MM_MATBEL gelöscht wird

Es wird empfohlen, vor der Hauswährungsumstellung keine Materialbelege der aktuellen Periode, d.h. in der Regel der aktuelle Monat, zu archivieren.

12.9.2 Archivierungsobjekt MM_EKKO

Das Archivierungsobjekt MM_EKKO dient dazu, Materialbelege aus der R/3-Komponente MM zu archivieren.

Bei der Archivierung mit MM_EKKO wird auf folgenden Datenbanktabellen gelöscht:

Tabelle	Beschreibung
A016	Kontraktposition
A019	Kontraktkopf
A068	Vertragsposition werksabhängig
A081	Kontraktkonditionen auf Werksebene
ADR10	Drucker (zentrale Adressverwaltung)
ADR11	SSF (zentrale Adressverwaltung)
ADR12	FTP und URL (zentrale Adresverwaltung)
ADR2	Telefonnummern (zentrale Adressverwaltung)
ADR3	Faxnummern (zentrale Adressverwaltung)
ADR4	Teletextnummern (zentrale Adressverwaltung)
ADR5	Telexnummern (zentrale Adressverwaltung)
ADR6	SMTP-Nummer (zentrale Adressverwaltung)
ADR7	Remote-Mail-Adressen (R/3 – R/3; zentrale Adressverwaltung)
ADR8	X.400-Nummern (zentrale Adressverwaltung)
ADR9	RFC-Destinationen (zentrale Adressverwaltung)
ADRC	Adressen (zentrale Adressverwaltung)
ADRCT	Texte zu Adressen (zentrale Adressverwaltung)
ADRG	Zuordnung von Adressen zu weiteren Adressgruppen (zentrale Adressverwaltung)
ADRGP	Zuordnung von Personen zu weiteren Personengruppen (zentrale Adressverwaltung)
ADRT	Texte zu Kommunikationsdaten (zentrale Adressverwaltung)
ADRV	Verwendungsnachweis für Adressen (zentrale Adressverwaltung)
CDCLS	Clusterstruktur für Änderungsbelege
CDHDR	Änderungsbelegkopf
EIKP	Aussenhandel: Export/Import Kopfdaten

Tabelle	Beschreibung
EIPO	Aussenhandel: Export/Import: Positionsdaten
EKAB	Abrufdokumentation
EKBE	Historie zum Einkaufsbeleg
EKBEH	Ausgelagerte Bestellentwicklungssätze
EKBZ	Historie zum Einkaufsbeleg – Bezugsnebenkosten
EKBZH	Historie zum Einkaufsbeleg – Bezugsnebenkosten
EKEH	Lieferplanabruf-Dokumentation
EKEK	Kopfdaten von Lieferplanabrufen
EKES	Bestellbestätigungen
EKET	Lieferplaneinteilungen
EKETH	Lieferplaneinteilungen Historientabelle
EKKN	Kontierung im Einkaufsbeleg
EKKO	Einkaufsbeleg
EKPA	Partnerrollen im Einkauf
EKPO	Einkaufsbelegposition
EKPV	Versandspez. Daten für Umlagerung zur Einkaufsbelegposition
EKUB	Index für Umlagerungsbestellungen zum Material
ESKL	Kontierungszuordnung Leistungszeile
ESLH	Leistungspaket Kopfdaten
ESLL	Zeilen des Leistungspakets
ESUC	Dienstleistungsabw. Ungeplante Limits auf Kontraktpositionen
ESUH	Dienstleistungsabw. Ungeplante Leistungslimits Kopfdaten
KAPOL	Konditionspool: Preise und Zu- und Abschläge
KOCLU	Cluster für Konditionen in Einkauf und Verkauf
KONH	Konditionen (Kopf)
KONM	Konditionen (Mengenstaffel)
KONP	Konditionen (Positionen)

Tabelle	Beschreibung
KNOW	Konditionen (Wertstaffel)
MLBE	Material-Ledger Positionstabelle
MLBECR	Material-Ledger Währungstabelle
MLWERE	Umschlüssel-Tabelle zwischen Einkauf und Matrial-Ledger
NAST	Nachrichtenstatus
RESB	Reservierung/Sekundärbedarf
STXB	SAPscript: Texte in Nicht-SAPscript-Format
STXH	STXD SAPScript Text-Datei Header
STXL	STXD SAPscript Text-Datei Lines

Tabelle 12.29
Tabellen, auf denen bei Archivierung des Archivierungsobjektes MM_EKKO gelöscht wird

12.9.3 Archivierungsobjekt MM_EBAN

Das Archivierungsobjekt MM_EBAN dient dazu, Materialbelege aus der R/3-Komponente MM zu archivieren.

Bei der Archivierung mit MM_EBAN wird auf folgenden Datenbanktabellen gelöscht:

Tabelle	Beschreibung
ADR10	Drucker (zentrale Adressverwaltung)
ADR11	SSF (zentrale Adressverwaltung)
ADR12	FTP und URL (zentrale Adresverwaltung)
ADR2	Telefonnummern (zentrale Adressverwaltung)
ADR3	Faxnummern (zentrale Adressverwaltung)
ADR4	Teletextnummern (zentrale Adressverwaltung)
ADR5	Telexnummern (zentrale Adressverwaltung)
ADR6	SMTP-Nummer (zentrale Adressverwaltung)
ADR7	Remote-Mail-Adressen (R/3 – R/3; zentrale Adressverwaltung)

Tabelle	Beschreibung
ADR8	X.400-Nummern (zentrale Adressverwaltung)
ADR9	RFC-Destinationen (zentrale Adressverwaltung)
ADRC	Adressen (zentrale Adressverwaltung)
ADRCT	Texte zu Adressen (zentrale Adressverwaltung)
ADRG	Zuordnung von Adressen zu weiteren Adressgruppen (zentrale Adressverwaltung)
ADRGP	Zuordnung von Personen zu weiteren Personengruppen (zentrale Adressverwaltung)
ADRT	Texte zu Kommunikationsdaten (zentrale Adressverwaltung)
ADRV	Verwendungsnachweis für Adressen (zentrale Adressverwaltung)
ADRVP	Verwendungsnachweis für Personen
CDCLS	Clusterstruktur für Änderungsbelege
CDHDR	Änderungsbelegkopf
EBAN	Bestellanforderung
EBKN	Bestellanforderungskontierung
EBUB	Index für Umlagerungsbanfs zum Material
ESKL	Kontierungszuordnung Leistungszeile
ESLH	Leistungspaket Kopfdaten
ESLL	Zeilen des Leistungspakets
ESUC	Dienstleistungsabw. Ungeplante Limits auf Kontraktpositionen
ESUH	Dienstleistungsabw. Ungeplante Leistungslimits Kopfdaten
RESB	Reservierung/Sekundärbedarf
STXB	SAPscript: Texte in Nicht-SAPscript-Format
STXH	STXD SAPScript Text-Datei Header
STXL	STXD SAPscript Text-Datei Lines

Tabelle 12.30
Tabellen, auf denenen mit Archivierung des Archivierungsobjektes MM_EBAN gelöscht wird

Zusätzlich zur Prüfung der Residenzzeiten wird für Belege, in denen das Löschkennzeichen nicht gesetzt ist, geprüft, ob die angeforderte Menge (oder mehr) bestellt worden ist. Es werden nur ganze Belege archiviert, und zwar auch nur dann, wenn alle Positionen die Löschkriterien erfüllen. Bestellanforderungen sollten vor Materialstammsätzen archiviert werden. Bestellanforderungen werden auch mit Fertigungsaufträgen (Archivierungsobjekt PP_ORDER) archiviert und im System gelöscht.

Glossar

ABAP

Advanced Business Application Programming. Programmiersprache der vierten Generation, die von SAP entwickelt wurde und zur Entwicklung von Anwendungsprogrammen dient.

ABAP-Programm

Programm, das in der ABAP-Programmiersprache geschrieben ist.

ABAP-Report

ABAP-Programm, das Daten aus Datenbanktabellen liest und auswertet, ohne die Datenbank zu verändern. Beim Ausführen eines ABAP-Reports kann die Ausgabeliste (die auch Report genannt werden kann) entweder auf dem Bildschirm angezeigt oder zu einem Drucker geschickt werden.

Ablagesystem

Physisches Speichermedium, in das Dokumente ausgelagert werden können.

Beispiele für physische Speichermedien:

- Datenbank
- Fileserver
- externes Archiv

ADK – Archive Development Kit

Das Konzept der Datenarchivierung basiert auf dem Archive Development Kit (ADK), das zwischen die Anwendung und das Archiv geschaltet ist und alle Funktionen bereitstellt, die für die Archivierung und Nutzung der archivierten Daten benötigt werden. Gleichzeitig ist es Bestandteil der R/3-Entwicklungsumgebung und gehört zur Standardauslieferung der Basis.

Alert-Monitor

Das R/3-System verfügt über einen grafischen Alert-Monitor. In diesem Monitor ist auch die Datenarchivierung integriert. Dort können für wichtige Anwendungstabellen Schwellenwerte gesetzt werden. Sollte einer dieser Werte überschritten werden, löst das R/3-System einen Alert aus und verweist auf alle dieser Tabelle zugehörigen Archivierungsobjekte.

Anforderungen an archivierte Daten

Die Anforderungen an die archivierten Daten lassen sich generell in folgende Kategorien einteilen:

Gesetzliche Anforderungen: Hier sind im Wesentlichen die Grundsätze ordnungsmäßiger Buchführung zu nennen sowie bestimmte Anforderungen der Steuerbehörden.

Betriebswirtschaftliche Anforderungen: Dies sind beispielsweise Anforderungen, wie sie Service-Abteilungen, das Controlling oder die interne Revision stellen.

Technische Anforderungen: z.B. Zugriffszeiten, Haltbarkeit der verwendeten Datenträger, Lesbarkeit der Informationen über einen längeren Zeitraum etc.

Anwendungsserver

siehe Applikationsserver

Anwendungsspezifisches Customizing

Entsprechend den im Rahmen der Konzeption dargestellten Anforderungen und Vorgaben wird hier im Wesentlichen die Residenzzeit eingestellt.

Application Hosting

Das umfassende Application-Hosting-Angebot im Internet bietet den SAP-Kunden einen schnellen und einfachen Zugriff auf den virtuellen Wirtschaftsraum. Die SAP AG und ihre Partner liefern vollständige Lösungen und stehen den Kunden von der ersten Kontaktaufnahme über die Evaluierung und Implementierung bis zur Lieferung der individuell zugeschnittenen und durchgängigen Lösung und stetigen Optimierung zur Seite.

Applikationsserver

Auf dem Applikationsserver, auch Anwendungsserver genannt, findet die Verarbeitung der Anwendungsprogramme statt. Hier werden die zuvor eingegebenen Daten überprüft, vorbearbeitet, aufbereitet und formatiert. Der Anwendungsserver tritt mit dem Datenbankserver nur in Verbindung, um Daten zu lesen oder um Rechnungsdaten in die Datenbank zu schreiben, also dann, wenn Änderungen in der Datenbank vorgenommen werden. Dabei steht ein Anwendungsserver üblicherweise einer Gruppe von Benutzern zur Verfügung. Es besteht jedoch auch die Möglichkeit, den Anwendungsserver nur einem Benutzer zur Verfügung zu stellen, nämlich dann, wenn der Anwendungsserver seine gesamte Rechnerleistung für besonders große Anwendungsfunktionen dieses Benutzers benötigt.

Arbeitspaket

Eine Gruppe von Aktivitäten, die für den Abschluss eines großen Teiles einer Roadmap-Phase erstellt wurden.

Archivdatei

SAP ArchiveLink – Dokumentart für Dokumente, die Datenbankauszüge darstellen und im R/3-System erzeugt und maschinell bearbeitet werden können. Diese Dokumente beinhalten mit dem Archive Development Kit (ADK) archivierte Anwendungsdaten, die ihrerseits mit SAP ArchiveLink in ein externes Ablagesystem ausgelagert werden können.

Eine Archivdatei beinhaltet einen oder mehrere Datensätze eines archivierten Objekts. Mit einer Archivierung werden eine oder mehrere Archivdateien erzeugt.

Archiv-Handle

Identifizierende Nummer, die einer Archivdatei beim Öffnen während eines Programmlaufs gegeben wird. Für jeden Archiv-Handle wird bei der Vergabe festgelegt, ob auf die betreffende Archivdatei lesend oder schreibend zugegriffen werden soll. Die Identifizierung ist notwendig, weil in einem Programm Archivdateien zu mehreren betriebswirtschaftlichen Objekten bearbeitet werden können.

Archiv-ID

Eindeutiger Name eines Archivs.

Archivierung

Unter einem Archiv- oder Archivierungssystem wird im Allgemeinen ein System verstanden, das die Ablage und die Suche bzw. das Wiederauffinden von Dokumenten organisiert. Wird dabei ein Rechner benutzt, so spricht man von einer rechnergestützten Archivierung. Daten- und Dokumenten-Management-Systeme speichern Informationen in elektronischer Form, und zwar auf optischen Speicherplatten. Das Wiederauffinden, auch Retrieval genannt, erfolgt über Verzeichnisse, die nach bestimmten Hierarchien aufgebaut sind.

Archivierungsprojekt, frühzeitiges Aufsetzen

Das Ziel hierbei ist, das Datenbankvolumen schon im Vorfeld möglichst gering zu halten, und operativ nicht mehr benötigte Daten aus der Datenbank auszulagern. In diesem Szenario wird schon mit dem Produktivsetzen einer Applikation beziehungsweise eines Prozesses die Notwendigkeit der Datenarchivierung berücksichtigt. Die ASAP-Vorgehensmethodik berücksichtigt die Archivierung bereits in Phase 3 - Realisierung.

Archivierungsprojekt, spätes Aufsetzen

Ziel dieses Szenarios ist die Stabilisierung beziehungsweise Verkleinerung des Datenbankvolumens. Dieser Fall tritt ein, wenn es aufgrund großer Datenmengen zu Performance- und/oder Administrationsproblemen kommt. Sind erst einmal Systemengpässe aufgetreten, ergeben sich auch mit der Datenarchivierung zusätzliche Probleme:

Längere Laufzeiten der Archivierungsprogramme sowie eine zusätzliche Systembelastung durch die Archivierung

Archivierung nach ASAP

Phase 3 der ASAP-Roadmap beinhaltet das Aufgabengebiet »Archivierung«. Obwohl man mit der Archivierung häufig erst Monate oder gar Jahre nach dem Produktivstart beginnt, empfiehlt ASAP bereits in der Phase »Realisierung« die Strategie festzulegen und die notwendigen Customizing-Einstellungen vorzunehmen. So kann man frühzeitig planen, auf welchem Medium oder in welchem Archivsystem man die Archivdateien speichern will.

Archivierungsstrategie

In einer Strategie zur Archivierung sind sowohl technische als auch betriebswirtschaftliche Aspekte unbedingt zu berücksichtigen: Zum einen legt man aus technischer Sicht fest, welches Datenvolumen einen optimalen Durchsatz für das System gewährleistet. Zum anderen legt man aus betriebswirtschaftlicher Sicht fest, welche Anwendungsdaten über welchen Zeitraum in der Datenbank verbleiben Dabei sind neben den geschäftlichen und gesetzlichen Anforderungen auch die Richtlinien des Unternehmens zu berücksichtigen. Die Erfahrung zeigt, dass die wenigsten Unternehmen die Anwendungsdaten in den ersten Wochen nach Produktivstart archivieren. Stattdessen wird (leider) erst damit begonnen, wenn das Datenvolumen datenbankseitig einen kritischen Zustand erreicht hat.

ArchiveLink

Die Schnittstelle zwischen R/3 und dem Archivsystem. ArchiveLink hat zwei Schnittstellen, die miteinander über eine Art Middleware verbunden sind, welche auch die Funktionen der Anzeige und des Ausdruckens übernimmt. Die Applikationsschnittstelle wird genutzt, um synchrone und asynchrone Operationen durch- zuführen wie Dokumente ablegen, abrufen oder anzeigen. Die Archivschnittstelle ist für die Anbindung des jeweiligen Systems an das Sys-tem R/3 zuständig. Siehe auch Content-Server HTTP-4.5-Schnittstelle

Mit SAP ArchiveLink werden Schnittstellen und grundlegende Ablage- und Recherche- bzw. Anzeigefunktionen für Geschäftsdokumente (beispielsweise gescannte Rechnungen, Angebote, Bestellungen etc.) der R/3-Anwendungen zur Verfügung gestellt. Die Datenarchivierung ist dabei eine dieser Anwendungen zur Ablage von Archivdateien. SAP ArchiveLink unterstützt mit den Dokumentfunktionen Eingangsdokumente (z.B. gescannte Originalbelege), Ausgangsdokumente (SAPscript) und Drucklisten (ABAP-Reports).

ArchivLink Customizing

Das SAP ArchiveLink Customizing ist dann notwendig, wenn ein Ablagesystem eingesetzt wird. Hier wird dann die Zuordnung von Business-Objekt, Dokumentart und Dokumenttyp vorgenommen. Über den Dokumenttyp wird das technische Format einer Dokumentart festgelegt. Man spricht hier auch vom so genannten Basiscustomizing bzw. allgemeinem Customizing.

ArchiveLink-Konzept

Das ArchiveLink-Konzept sieht vor, dass mehrere logisch oder physikalisch getrennte Archive eingesetzt werden. So liegt es nahe, Dokumente und Daten mit unterschiedlichen Aufbewahrungszeiten auch auf unterschiedlichen optischen Platten abzulegen. Ebenso möchte man häufig die Daten unterschiedlicher Mandanten oder kommerzielle und technische Daten auf unterschiedliche Platten verteilen.

Archiv, logisches

siehe Logisches Archiv

Archiv, Poolbildung

Moderne Archive erlauben hierzu eine Art Poolbildung, bei der die optischen Platten beim Einbringen in das Archiv bestimmten Pools zugeordnet werden können und ein Plattenpool eine Art logisches Archiv darstellt. ArchiveLink gestattet, applikations- und dokumententyp-spezifisch Zielarchive anzugeben, so dass beim Ablegen automatisch das korrekte Archiv angesprochen wird.

Archivierung, asynchron

Asynchrone Archivierung heißt: Der Benutzer muss nicht warten, bis der jeweilige Archivierungslauf abgeschlossen ist, sondern kann sofort nach Anstoß der Archivierung am System weiterarbeiten. Der Archivierungsvorgang läuft als Hintergrundprozess ab. Diese Form ist vor allem bei der Archivierung großer Datenmengen von Vorteil, da die Archivierung meist viel Zeit beansprucht und der Initiator nicht blockiert wird.

Asynchrone Archivierung heisst also, dass das Archivsystem nach dem Archivierungsauftrag diesen sofort bestätigt, aber noch keine Archivdokument-Id für das zu archivierende Dokument zurückliefert. Die Id wird zeitlich später, d.h. erst nach Ablegen des Dokuments im Archivsystem, zurückgegeben.

Archivierung, datenbankbasiert

Bei der datenbanksystem-basierten (auch: datenbankbasierten) Archivierung wird die Archivierungsfunktionalität auf das Datenbanksystem aufgesetzt. Die Vorgehensweise bei dieser Form der Archivierung besteht darin, dass zunächst die zu archivierenden Daten über die normale Datenbankschnittstelle ausgewählt und gelesen werden und danach entweder direkt oder indirekt in das Archiv geschrieben werden.

Archivierungsklasse

Neben dem Archivierungsobjekt gibt es noch so genannte Archivierungsklassen. Damit werden Objekte charakterisiert, die keine eigenständige betriebswirtschaftliche Bedeutung haben, z.B. SAPscript-Texte, Änderungsbelege oder Klassifizierungsdaten, und zusammen mit Anwendungsobjekten archiviert werden müssen.

Archivierungslauf

Lauf eines Archivierungsprogramms, bei dem eine oder mehrere Archivdateien erzeugt werden. Die Anzahl der Archivdateien hängt von der zu archivierenden Datenmenge und der maximal zulässigen Dateigröße ab.

Archivierungsobjekt

Ein zentrales Element in der Datenarchivierung ist das Archivierungsobjekt. Es definiert die kleinste Einheit, die als Ganzes archiviert und in der Datenbank gelöscht werden kann. Durch ein Archivierungsobjekt wird ein Anwendungsobjekt typisiert, um es für die Archivierung nutzbar zu machen. Es beschreibt, wie und auf welche Datenbankobjekte zugegriffen werden muss, um ein betriebswirtschaftliches Objekt vollständig zu archivieren.

Archivoptimierung

Die Verbesserung der Antwortzeiten ist einer der Gründe, Daten vom operationalen Datenbankserver in ein Archivierungssystem zu übertragen. Beim Archivierungssystem selbst stellt sich ebenfalls nach einiger Zeit die Frage nach ausreichend kurzen Antwortzeiten. Durch effiziente Caching-Mechanismen sowohl am einzelnen Arbeitsplatz als auch im Archivserver lassen sich die Wartezeiten optimieren.

Archivierungsobjektspezifisches Customizing

Durch das archivierungsobjektspezifische Cus-tomizing werden der logische Dateiname, die Größe der Archivdatei und der Anschluss an ein Ablagesystem festgelegt. Falls vorhanden, werden auch Einstellungen zum Lösch- und Nachlaufprogramm vorgenommen.

Archivierungsobjektübergreifendes Customizing

Ab Release 4.6C stehen zusätzliche Einstellungsmöglichkeiten in einem Archivierungsobjektübergreifenden Customizing zur Verfügung. Diese betreffen u.a. Zugriffsprüfungen der Archivdateien, den Datenarchivierungsmonitor sowie die Verifikation der Archivdateien.

Archivierungsprogramm

Programm, das bestimmte archivierbare Daten aus der Datenbank liest und in eine Archivdatei schreibt. Das Archivierungsprogramm löscht keine Daten. Das Löschen erfolgt erst in einem zweiten Schritt durch das Löschprogramm, das die archivierten Daten in der Archivdatei liest und die zum Löschen vorgesehenen Daten in der Datenbank löscht. Häufig existiert zu dem jeweiligen Archivierungsprogramm auch ein Auswertungsprogramm, das die Archivdateien lesen kann, sowie ein Rückladeprogramm, das ggf. Daten aus dem Archiv wieder zurück in die Datenbank stellt.

Archivierungsreihenfolge

Hier gilt es zu definieren, in welcher Reihenfolge die verschiedenen zur Archivierung vorgesehenen Archivierungsobjekte behandelt werden. Zwischen den einzelnen Archivierungsobjekten bestehen des Öfteren technische und betriebswirtschaftliche Abhängigkeiten, die es erforderlich machen, eine bestimmte Reihenfolge einzuhalten. Da Archivierungs- und Prozessketten immer sehr kundenspezifisch gestaltet sind, muss im Rahmen der Phase »Design und Konzeption« eine Reihenfolgekonzept erstellt werden, das die kundenspezifischen Anforderungen widerspiegelt.

Archivierungsstrategien

Es gibt unterschiedliche Arbeits- und Organisationsabläufe, die beim Ablegen der eingehenden Dokumente möglich sind. Die folgenden Strategien werden unterschieden (Anmerkung: Die Bezeichnung und die Anzahl der verschiedenen Archivierungsstrategien hat sich seit dem R/3 Release 4.5 geändert. Um keine Verwirrung zu verursachen, sind die alten Bezeichnungen an den jeweiligen Stellen in Klammern angegeben.):

- Ablegen für spätere Erfassung (frühes Archivieren)
- Ablegen und Erfassen (gleichzeitiges Archivieren)
- Ablegen für die spätere Zuordnung
- Ablegen und zuordnen
- Zuordnen und Ablegen (spätes Archivieren)
- Frühes Ablegen mit Barcode
- Spätes Ablegen mit Barcode

Archivierungsvorgänge testen

Die Durchführung von Tests ist bei R/3-Archivierungsprojekten eine sehr wichtige Aktivität, die dabei hilft, das Risiko zu minimieren, dass Fehler den Geschäftsnutzen der Archivierungslösung verringern.

Es empfiehlt sich, einen möglichst großen Datenbestand in einem Testsystem zu archivieren. Nur so ist ein Test unter realistischen Bedingungen sichergestellt. Folgende Tätigkeiten sind im Rahmen des Testens durchzuführen:

- Protokollauswertung
- Testen der Zugriffszeiten
- Überprüfung der Anzeigefunktionalität

Archivinformationssystem

Neben den Standardleseprogrammen, die einen einfachen Zugriff auf archivierte Daten ermöglichen, steht mit dem Archivinformationssystem (SAP AS) ein spezielles Retrieval-Werkzeug zur Verfügung, das über komfortable Such- und Anzeigefunktionen für archivierte Daten verfügt. Das Archivinformationssystem ist ein nahtlos in die Datenarchivierung integriertes generisches Tool zur Durchführung von Recherchen in R/3-Datenarchiven. Die Suche und Anzeige der Daten erfolgt auf Grundlage so genannter Archivinformationsstrukturen, die der Anwender definieren und mit Daten aus dem Archiv füllen kann.

Archivpfad

Der Pfad, in dem das externe Ablagesystem abgelegte Dokumente bereitstellt und das R/3-System diese Dokumente abholt.

Archivserver

Die Maschine, auf der der Dokument-Service und die Archivdatenbank installiert ist. Kern des Business-Dokumenten-Systems ist der Archivserver, auf dem die Daten und Dokumente langzeitarchiviert und verwaltet werden. Dabei erhalten die Dokumente eine Dokumenten-ID, mit der sie eindeutig referenziert werden können. Der Archivserver besteht aus mehreren Komponenten, die zusammen alle Bereiche der Archivierungs-, Abruf- und Überwachungsfunktionen abdecken.

Archivverwaltung

Selektion von Daten aus der Datenbank, die nicht mehr im Online-Betrieb benötigt werden, und das Ablegen dieser Daten in einer Archivdatei. In der Regel werden archivierte Daten im System gelöscht. Die Archivierung dient der Entlastung des Systems, da eine geringere Datenmenge verarbeitet werden muss.

Archivviewer

Anzeigekomponente eines Archivsystems.

ASAP

AcceleratedSAP – Einführungsmethode zur beschleunigten R/3-Einführung.

Austauschverzeichnis

Das Verzeichnis, über das bereitgestellte oder zu archivierende Dokumente zwischen R/3 und dem Archivserver transferiert werden.

Auswertungsprogramm

Mit diesem Programm können archivierte Daten direkt im R/3-System über Reports gelesen und ausgewertet werden, ohne sie vorher in die Datenbank zurückzuladen. Der Umfang ist allerdings eingeschränkter als im Online-Betrieb. Für einige Objekte sind spezielle Leseprogramme vorgesehen (z.B. SD_VBRK). Für Objekte, die kein spezielles Leseprogramm haben, kann alternativ das SAP Archivinformationssystem (SAP AS) genutzt werden.

Backup

Darunter versteht man eine regelmäßige Sicherung der Datenbank aus folgender Ursache: Durch Ausfall von Datenträgern sowie Hardware-, Software- oder Benutzerfehlern kann es zu Datenverlusten kommen. Dem kann man durch einen Datenbank-Backup vorbeugen, indem der Datenbankbetrieb in bestimmten Zeitabständen unterbrochen, eine Kopie der gesamten Datenbank erzeugt und diese Kopie auf geeigneten Tertiärspeichermedien abgespeichert werden. Der entscheidende Unterschied zur Datenarchivierung ist dabei, dass die Datenbank durch einen Backup weder verändert noch entlastet, sondern lediglich kopiert wird. Somit bleibt der Datenbestand in der Datenbank gleich. Bei der Archivierung hingegen werden die Daten dauerhaft aus der Datenbank ausgelagert und in der Datenbank gelöscht.

Beleg

Nachweis eines Geschäftsvorfalls z.B in der Vertriebsabwicklung. Man unterscheidet hierbei zwischen drei verschiedenen Belegen:

- Verkaufsbelege
- Versandbelege
- Fakturabelege

Belegfluss

Abbildung der im System aufeinander folgenden Belege eines Geschäftsvorfalls. Ein Belegfluss kann z.B. aus einem Angebot, einem Auftrag, einer Lieferung und einer Rechnung bestehen.

Berechtigung

Element des Berechtigungssystems. Eine Berechtigung gibt für jedes Berechtigungsfeld in einem Berechtigungsobjekt einen oder mehrere erlaubte Werte an. Die Werte in einer Berechtigung werden in Berechtigungstexten verwendet, um festzustellen, ob eine Benutzeraktion im System gestattet ist.

Berechtigungskonzept

Eine genaue Definition der Verantwortlichkeit für bestimmte Funktionen. Diese Definition bestimmt, wer über die Sicherheitsberechtigung und den Zugriff auf bestimmte Funktionen verfügt und ob die Berechtigung für das Erstellen, Ändern oder Anzeigen bestimmter Transaktionen besteht.

Zum Archivierungsverfahren gehört es auch, mit den Fachabteilungen ein entsprechendes Berechtigungskonzept zu erarbeiten. Dies hat den Hintergrund, dass in den Fachabteilungen nur wenige Mitarbeiter die Daten archivieren dürfen. Hier ist festzulegen, welche Personen auf die archivierten Daten zugreifen dürfen: Gilt dies für alle Mitarbeiter, die auch im Online-Betrieb mit diesen Datenobjekten gearbeitet haben, oder gibt es Einschränkungen? Es sollte geklärt werden, ob diese Mitarbeiter auch die Hintergrundjobs einplanen und freigeben dürfen.

Berechtigungsobjekt S_ARCHIVE

Das Berechtigungsobjekt S_ARCHIVE steuert den Zugriff auf archivierte Daten. Mit diesem Berechtigungsobjekt wird in SAP-Archivierungsprogrammen der Zugriff auf Archivdateien (Aktionen: Schreiben, Löschen, Lesen, Zurückladen) sowie der Änderungsmodus für die Archivverwaltungsliste (TAC »SARA«, Auswahl »Verwalten«) geschützt.

Berechtigungsobjekt S_WFAR_OBJ

Mit diesem Berechtigungsobjekt besteht die Möglichkeit, den Zugriff auf archivierte Dokumente einzuschränken. Die Zugriffsberechtigung kann auf der Ebene von Objektarten, Dokumentarten, physikalischen Archiven geprüft werden und für unterschiedliche Aktivitäten zulässig sein.

Berechtigungsobjekte, spezielle

Zur Archivierung von Daten mit Hilfe eines entsprechenden Archivierungsobjektes sind die allgemeinen Archivierungsberechtigungen erforderlich. Das Berechtigungsobjekt S_ARCHIVE kontrolliert die Bedienung der verschiedenen Programme der Archivierung (Archiv schreiben, löschen, zurückladen). Darüber hinaus sind weitere spezielle Berechtigungen für die einzelnen, ausgewählten Archivierungsobjekte der R/3-Module notwendig.

Berechtigungsprofil

Element des Berechtigungskonzepts. Berechtigungsprofile geben den Benutzern Zugriff auf das System. Sie enthalten Berechtigungen, die durch den Namen ein Berechtigungsobjektes und den Namen einer Berechtigung identifiziert werden. Wird ein Profil in einem Benutzerstammsatz eingetragen, so sind einem Benutzer damit alle in diesem Profil enthaltenen Berechtigungen zugeordnet.

Berechtigungsprüfung

Prüfung, ob ein Benutzer zur Ausführung einer bestimmten Funktion berechtigt ist. Bearbeitungsvorgänge, Funktionen und Datenzugriffe im R/3-System werden nur durchgeführt, wenn die Berechtigungen der Benutzer geprüft werden. Dies erfolgt in den jeweiligen System- und Anwendungsprogrammen.

Betriebsführungskonzept

Man legt in der ASAP-Phase »Realisierung« am besten nicht nur die Strategie für die Archivierung fest, sondern auch die spätere Betriebsführung, welche im Optimalfall in einem Betriebsführungshandbuch dokumentiert wird und die geplanten Verfahren enthält. Zu diesem Zweck ist es erforderlich, zusammen mit der Fachabteilung eine Liste der Geschäftsprozesse mit dem zugehörigen Archivierungsobjekten zu erarbeiten. Folgende Daten sollten unbedingt enthalten sein, um eine optimale Betriebsführung zu gewährleisten:

Zyklus, d.h. in welchen Zeitabständen die Daten archiviert werden

Residenzzeit, d.h. wie lange die Daten mindestens im R/3-System verbleiben

Aufbewahrungszeit, d.h. wie lange die Archivdateien mindestens aufbewahrt werden müssen.

Bewegungsdaten

Bewegungsdaten sind die täglichen Informationen, die ins System eingegeben werden, oder vom System erzeugt werden. Sie umfassen Transaktionen in allen Anwendungen, wie z.B. Bestellungen, Wareneingang etc.

Business Blueprint

Er bildet ein Gerüst für das Verständnis der Geschäftsziele des Unternehmens und die Entwicklung der schriftlichen Dokumentationen für die zur Unterstützung dieser Ziele notwendigen Prozesse.

Business-Blueprint-Dokument

Wichtigste erarbeitete Information des Business Blueprints. Das Business-Blueprint-Dokument ist eine schriftliche Dokumentation der Ergebnisse zur Festlegung der Anforderungen. Der Zweck dieses Dokuments besteht darin zu überprüfen, ob die Anforderungen richtig verstanden und kommuniziert worden sind. Der Business Blueprint legt ebenfalls den genauen Projektumfang fest.

Business Objects

SAP Business Objects bieten stabile Schnittstellen für eine breite Palette durchdachter Prozesse und Daten, auf die über das BOR zugegriffen werden kann. Sie schaffen eine stabile Definition für in der realen Welt vorhandene Einheiten, wie z.B. Kunde, Material, Anfrage, Angebot, Auftrag oder Rechnung. Zudem strukturieren sie über eine semantische business-orientierte

Definition damit stabil und langfristig die Schnittstelle zu den Business Components.

Business Process Procedure

Vorlage für die Ausgangsdefinition für die Entwicklung von Arbeitsabläufen und Geschäfts-/Testvorfällen.

Business Process Master List

Eine R/3-Darstellung des Projektumfangs, die in der Realisierungsphase zu anwendbaren Geschäftsszenarien und R/3-Transaktionen entwickelt wird.

Business Scenarios

Die Business Szenarios bieten eine Vielzahl von Lösungen für den elektronischen Handel und ermöglichen den Zugang zum System R/3 sowie zu allen anderen mySAP.com-Komponenten. Es sind rollenbasierte, End-to-End-Business-Prozesse, die darauf abzielen Kunden, Partner, Lieferanten und Verkäufer über das Internet zu verbinden.

Business to Business

Dieses Szenario wird auch als Electronic Retailing bezeichnet. In so genannten Shopping Malls können dem Konsumenten im Internet viele Arten von Konsumgütern angeboten werden.

Business to Consumer

Das Szenario Business to Consumer beschreibt die Beziehung zwischen Unternehmen und Konsumenten und entspricht praktisch dem Electronic Retailing. Im Vordergrund stehen hierbei Informationssysteme, die der Verwendung und Bereitstellung von Informationen, Marketing- und Vertriebsanwendungen dienen sowie diverse Servicefunktionen für den Verbraucher bereitstellen.

Business Reengineering

Die heutigen Erfordernisse des Marktes zwingen die Unternehmen, die Qualität und den Leistungsumfang ihrer Produkte permanent zu verbessern. Die effizienteste Methode hierzu besteht, den Erfahrungen der Praxis zufolge, darin, Strukturen und Abläufe gänzlich neu zu überdenken und zu optimieren. Dies wird als Business Reengineering bezeichnet. Business Reengineering und die damit verbundenen Konzepte und Methoden sind mittlerweile zum Inbegriff von Programmen geworden, die wegen ihres tiefgreifenden strukturellen Wandels eine grundlegende Erneuerung heutiger Unternehmens- und Organisationsstrukturen erfordern. Durch das Überdenken und die radikale Neugestaltung der zentralen Geschäftsprozesse kann Business Reengineering so zu signifikanten Verbesserungen führen.

CCMS

siehe Computing Center Management Systems

CD-R

Eine in den letzten Jahren hinzugekommene Alternative sind die beschreibbaren CD-Rs (CD Recordable). Dieses Verfahren erlaubt die individuelle Erstellung einer CD-ROM ohne Einschaltung eines CD-ROM-Plattenherstellers.

CD-ROM

Die CD-ROM-Speicher (Compact Disc Read Only Memory) sind vorwiegend für die Distribution von großen Mengen von Informationen vorgesehen. Sie werden daher auch als elektronisches Printmedium bezeichnet. Die Aufzeichnung der Information erfolgt nicht, wie bei den MO oder magnetischen Speichern, in beliebigen kleinen Schritten, sondern nur als ein Vorgang bei der Herstellung dieser Platten nach demselben Verfahren, wie bei der Herstellung von Audio-CDs. Eine CD-ROM kann wie eine magnetische Platte gelesen werden, eine zusätzliche oder individuelle Speicherung ist nicht möglich.

Change Management

Bezieht sich auf die Verwendung der R/3-Objektumsetzung von einer Umgebung in eine andere. Diese Bewegung kann aus der Unternehmens- bzw. der Geschäftsperspektive (Änderung des Unternehmens oder der Geschäftsart des Unternehmens) oder aus der IS-Perspektive (das Unternehmen ändert das System oder wechselt auf ein aktuelles Systemrelease) durchgeführt werden. In Verbindung mit der Projektleitung bezieht sich das Change Management auf Änderungen des Umfangs, des Budgets, der Lebensdauer und der Ressourcen.

CI – Coded Information

Ausgehende Belege werden dabei im R/3-System erzeugt und als Binärcode gespeichert. Die Information dieser Belege liegen damit in einer Form vor, in der sie vom Rechner einfach interpretiert und weiterverarbeitet werden können. Diese Informationen werden als Coded Information (CI) bezeichnet.

Client-Server-Architektur

In »herkömmlichen« Systemen befinden sich diese Funktionen noch auf jeweils einem Rechner. Bei einem Client-Server-System bezeichnet man Rechner, die Anforderungen stellen, als Clients. Diese Clients sind nun üblicherweise PCs oder Workstations, die wiederum über ein Netz miteinander verbunden sind. Rechner, die die Anforderungen der Clients schließlich ausführen, also deren erzeugte Transaktionen verarbeiten und Ergebnisse an diese zurückgeben, bezeichnet man als Server. Wesentlich dabei ist die Verteilung der einzelnen Anwendungen auf mehrere Verarbeitungssysteme, wobei darauf geachtet wird, dass die logische Einheit der Kette Eingabe – Verarbeitung – Ausgabe nicht unterbrochen wird. Für jedes Programm gilt nun eine Aufteilung in 3 Ebenen, der Präsentations-, Anwendungs- und Datenhaltungsebene. Während sich in einer traditionellen Anwendung diese Ebenen üblicherweise auf einem System befinden, ist bei der Client-Server-Lösung eine Aufteilung auf Client und Server bzw. auf mehrere Systeme möglich. Hieraus ergeben sich unterschiedliche Client/Server-Konfigurationsmöglichkeiten.

COLD-Verfahren

COLD-Verfahren (Computer Output on Laser Disc) ermöglichen die automatische Übernahme von Dokumenten, die bereits in elektronischer Form vorliegen, in ein Archiv. Dabei ist es möglich, dass bereits bei der Bereitstellung des Dokuments (z.B. durch ein Anwendungsprogramm) Zusatzinformationen, wie z.B. Indexdaten, mitgeliefert werden. Es ist aber auch denkbar, dass diese Zusatzinformationen im Rahmen des COLD-Verfahrens aus dem Dokument herausgefiltert werden.

Computing Center Management Systems

Die für das R/3-Release 4.x entwickelte Monitor-Architektur des Computing Center Management Systems (CCMS) bietet Systemadministratoren eine völlig neue, sehr flexible Arbeitsumgebung für die Systemüberwachung.

Aus Sicht der Datenbankverwaltung stellt sich die Frage, was die Archivierung von Daten hinsichtlich des Platzgewinns tatsächlich gebracht hat. Dank der engen Verknüpfung zwischen SAPDBA und R/3 ist wiederum das CCMS in der Lage, diese Informationen zu liefern. Dort können Zusammenhänge zwischen Tabellen und Archivierungsobjekten angezeigt und Speicherplatzinformationen abgefragt werden.

Diese Informationen helfen, den Bedarf an einer Datenarchivierung zu erkennen und geeignete Archivierungsobjekte zu finden. Außerdem kann durch einen Vergleich des Speicherplatzes vor und nach einer Archivierung die Reduzierung des Platzbedarfs kontrolliert werden. Auch die dazu notwendige Aktualisierung der Tabellenstatistiken ist direkt aus dem CCMS heraus durchführbar.

Content Provider

Unternehmen und Organisationen, die Inhalte (Content) über das Netz anbieten. Diese Inhalte bestehen aus Informationsangeboten, z.B. Online-Ausgaben von Tageszeitungen. Im Gegensatz zu Service Providern liefern Content Provider nicht die technischen Voraussetzungen für den Zugang zu einem Kommunikationsnetz (z.B Internet), sondern füllen das Medium mit Informationen.

Content Respository

Das Repository ist eine SAP-Knowledge-Provider Verwaltungseinheit zur Abbildung physischer Speichermedien. Es können unterschiedliche physische Speichermedien angesprochen werden (Datenbank, Archiv..), die jeweils unterschiedliche Typen von Content Repositories darstellen. Einem Content Repository ist immer genau ein Content-Server zugeordnet. Zu einem Content-Server kann es mehrere Content Repositories geben

Content-Server-HTTP-4.5-Schnittstelle

Im Hinblick auf die Internet-/Intranetfähigkeit eines Archivsystems kann die ArchiveLink Schnittstelle (siehe ArchiveLink) ab SAP System R/3 Release 4.5 durch die SAP Content- Server-HTTP-4.5-Schnittstelle ersetzt werden. Mit dieser erweiterten Schnittstelle wird das Ziel verfolgt, für die Kommunikation mit externen Ablagesystemen allgemeine Industriestandards wie HTTP und BAPIs zu verwenden.

CRM

Customer-Relationship-Management

Customizing

Methode im R/3-System, mit dem die unternehmensneutral ausgelieferte Funktionalität den unternehmensspezifischen Anforderungen angepasst werden kann.

Customizing-Objekt

Zusammenfassung von Customizing-Tabellen und Views, die nach betriebswirtschaftlichen Kriterien eine Einheit bilden und deshalb gemeinsam gepflegt und transportiert werden müssen.

Customizing-Transaktion

Transaktion im Customizing, mit der man Tabellen einstellt.

DART

siehe Data Retention Tool

Data Retention Tool (DART)

An die Archivierung bestimmter Daten besteht die Anforderung, dass diese jederzeit zu einem späteren Zeitpunkt einer Auswertung unterzogen werden können, z.B. durch die Finanzbehörden eines Landes. Diese Vorgaben unterliegen der Gesetzgebung des jeweiligen Landes. Um beispielsweise den Steuerbehörden der USA die Auswertung von archivierten Daten zu ermöglichen, hat SAP das so genannte *Data Retention Tool (DART)* entwickelt. Dieses Tool bietet die entsprechenden Funktionen zur Erstellung von transparenten Dateien aus archivierten Daten sowie zur Anzeige dieser Daten.

Bei DART handelt es sich um eine Add-on-Komponente, die für die Releases 3.0D bis 3.1I nachträglich installiert werden kann. Ab Release 4.5A ist DART Teil der R/3-Standardfunktionalität.

Dateiformate

Dateiformate spielen bei der Langzeitarchivierung und beim Austausch von Daten zwischen verschiedenen Anwendungen und Plattformen, wie es bei Dokument-Management-Systemen der Fall ist, eine wichtige, zentrale Rolle. Das Problem dabei ist, dass natürlich alle Informationen vollständig abgespeichert werden sollen, ohne viel Speicherplatz zu verbrauchen. Also, möglichst effizient und mit einem Format, das wenig Änderungen unterliegt, um die archivierten Dokumente über den gesamten Aufbewahrungszeitrum reproduzieren zu können.

Datenanalyse

Die Datenanalyse stellt den wichtigsten Abschnitt eines Archivierungsprojekts dar. Aus technischer Sicht muss hier die Datenbankgröße und das Tabellenwachstum sowie die Performance analysiert werden. In einem weiteren Schritt sind dann die Archivierungsobjekte zu identifizieren, denen die kritischen Tabellen zugeordnet sind. Man unterscheidet zwischen betriebswirtschaftlicher und technischer Datenanalyse.

Datenanalyse, betriebswirtschaftlich

Hierbei geht es darum, die Daten im System zu analysieren und die Konsistenz sicherzustellen. Einige Tabellen können mit Hilfe im Standard angebotener Analysewerkzeuge bearbeitet werden.

Beispiel:

Die Programme RARCCOA1, RARCCOA2 dienen der Analyse von bestimmten Tabellen in der Vorbereitungsphase zur Archivierung von CO-Daten.

Datenanalyse, technisch

Bei der technischen Sicht geht es darum, die am schnellsten wachsenden Tabellen zu ermitteln und ihnen Archivierungsobjekte zuzuordnen. Eine Tabelle kann mehreren Archivierungsobjekten zugeordnet sein (z.B. Tabelle COEP im CO). Ist das der Fall, muss mit Hilfe von anwendungsspezifischen Analyseprogrammen das jeweils richtige Objekt ermittelt werden.

Datenarchivierung

Mit Datenarchivierung ist die Auslagerung von Anwendungsdaten aus dem R/3-System gemeint. Ein Zusammenhang zwischen optischer Archivierung und der SAP R/3-Datenarchivierung besteht insofern, als dass die bei der Datenarchivierung aus der Datenbank archivierten Anwendungsdaten auf optischen Speichermedien (Tertiärspeichermedien) abgelegt werden. Hierbei werden Auszüge der R/3- Datenbank vom System in das Archiv ausgelagert. Dieser Vorgang, der auch Reorganisation genannt wird, ist dann nötig, wenn sich zu viele Daten angesammelt haben und die Datenbank dadurch eine Größe erreicht, die sich negativ auf die Reaktionszeit des Systems auswirkt.

Datenbank-Backup

siehe Backup

Datenbank-Indizes

Neben den Stamm- und Bewegungsdaten exis-tieren noch weitere Daten, die bei einem Archivierungslauf automatisch und gemeinsam mit den R/3-Datenbank-Tabelleneinträgen gelöscht werden. Diese Daten sind die Datenbank-Indizes. Zu jeder im R/3-System definierten Datenbanktabelle können mehrere Datenbank-Indizes im R/3 Data Dictionary definiert werden. Wird ein Datensatz zu dieser Tabelle erzeugt, generiert das Datenbanksystem automatisch die definierten Indexdaten. Wird umgekehrt ein Datensatz gelöscht, werden auch sämtliche Indizes gelöscht. Das heißt, das Löschen und das Erzeugen von Datenbank-Indizes unterliegt allein der Kontrolle des Datenbanksystems

Datenbank-Recovery

siehe Recovery

Datenbankserver

Auf diesem Zentralrechner befindet sich die Datenbank. Diese ist wiederum für die Datenhaltung und -verwaltung zuständig und stellt Dienste für die Programme der Anwendungsebene bereit. Auf dem Datenbankserver befindet sich eine Software, welche die gesamten Datenbestände verwaltet und sämtliche Programme zur Verfügung stellt, die von den Anwendungsservern heruntergeladen werden können. Mit jedem neu verbuchten Geschäftsvorfall im R/3-System werden Daten produziert und in der Datenbank abgespeichert.

Datenintegrität

Korrektheit und Konsistenz der Daten in einer Datenbank.

Datenvermeidung

Von Datenvermeidung spricht man dann, wenn Daten, die aus betriebswirtschaftlicher Sicht unwichtig oder unnötig sind, durch Voreinstellung bzw. entsprechende Reorganisationsprogramme erst gar nicht im System erzeugt oder direkt nach Erzeugung wieder aus dem System gelöscht werden. Damit können diese Daten auch nicht zum Anwachsen der Datenbank beitragen.

Dokument

Ein Dokument ist nach SAP-Konvention eine Folge von logisch zusammenhängenden Seiten. Dabei ist es unerheblich, ob es sich um eine einzelne Seite oder um Informationseinheiten (= mehrere logisch zusammenhängende Seiten) in Form von Pixelinformationen oder Bildern handelt oder der Text in einfacher oder strukturierter Form vorliegt. Unter ein Dokument fällt ein im SAP R/3-System erzeugtes mehrseitiges Angebotsschreiben oder eine Bestellung genauso wie ein mehrseitiger Brief. Der Begriff Dokument wird also sehr weit gefasst und schließt sowohl NCI-Dokumente als auch CI-Dokumente ein. Ein Dokument kann auch eine Archivdatei, die an andere R/3-Anwendungskomponenten übergeben wird, sein.

Dokumentenarchivierung

Unter Dokumentenarchivierung kann z.B. die Erfassung externer Dokumente, wie z.B. eine Rechnung, verstanden werden. Man spricht auch vom so genannten Dokumentenmanagement. Innerhalb eines Geschäftsprozesses gibt es verschiedene Zeitpunkte, zu denen Dokumente erfasst und in einem optischen Archiv abgelegt werden können.

Dokumentenmanagement

siehe Dokumentenarchivierung

Dokumenten-Management-Systeme

Für den Begriff Dokumentenmanagement besteht noch keine einheitliche Begriffsdefinition. Er wird auf unterschiedliche Weise interpretiert. Dokumentenmanagement oder auch EDM (Elektronisches Dokumentenmanagement) wird in der Regel zur Kennzeichnung einer Reihe von Produkten verwendet, die die el-ektronische Archivierung, das Document Image Processing (Dokumentverarbeitung/ -speicher-ung als Bildinformation), die Volltextrecherche, teilweise aber auch Workflow-Funktionen betreffen.

Dokumenten-Management-System, Architektur

Ein solches System besteht im Allgemeinen aus mehreren Komponenten und Abläufen, in denen Informationen (Dokumente) ausgetauscht werden. Für den Benutzer gibt es eine Erfassungsmöglichkeit für externe Daten und Dokumente, welche in den meisten Fällen durch einen Scanner repräsentiert wird. Die eingescannten Seiten werden auf ausreichende Qualität geprüft und zu einem Dokument zusammengefasst. Anschließend werden sie in elektronischer Form abgelegt. Dies geschieht in einem Archivsystem auf optischen Platten, wegen der zumeist großen Datenmengen. Damit die gespeicherten Daten und Dokumente auch nutzbar sind, ist ein Recherchesystem vorhanden, dass sich meist auf eine relationale Datenbank, wie z.B. im System R/3, stützt. Die gefundenen Daten und Dokumente werden über ein Anzeigeprogramm, das häufig als Viewer bezeichnet wird, dargestellt.

Druckliste

Eine abgelegte oder gedruckte Druckliste repräsentiert ein definiertes, betriebswirtschaftliches Datenverhältnis, das auf dem R/3-Datenbestand zum Zeitpunkt der Ablage oder des Ausdrucks basiert. Da Drucklisten bzw. Reports jederzeit und individuell erstellt werden können, ist bei ausgegebenen Drucklisten zu unterscheiden, ob sie auf bereits abgelegten oder noch nicht abgelegten (aktuellen Daten) basieren. Seit Release 3.1 ist es möglich, aus abgelegten Drucklisten über Hyperlinks auf bereits abgelegte Dokumente zu verweisen.

DVD

Die DVD-Spezifikation beschreibt vier mögliche Speicherkapazitäten zwischen 4,7 GByte und 17 GByte. Die Technik kann vereinfacht als verfeinerte CD-Technik charakterisiert werden, d.h. Verwendung von kurzwelligeren Lasern, kleinerer Abstand der Aufzeichnungsspuren, kleinere Pits und Speicherung der Information in mehreren Ebenen. DVD-ROM Laufwerke sind seit Anfang 1997, DVD-Recorder seit Mitte 1997 auf dem Markt. Die DVD-Technik ist abwärts kompatibel zur bisherigen CD-Technik. Rechtliche Aspekte bezüglich der Langzeitspeicherung von Dokumenten sind ebenso wie Fragen der Lebensdauer der Medien etc. zur Zeit noch nicht geklärt.

Einführung

Wechsel von einem vorhandenen System und der Art der Geschäftsabwicklungen, um mit Hilfe des R/3-Systems einen Teil oder das gesamte Geschäft abzuwickeln.

Einführungsleitfaden (IMG)

Für die Durchführung der Systemeinstellungen steht der Einführungsleitfaden zur Verfügung. Mit Hilfe des Einführungsleitfadens können Systemeinstellungen für alle Anwendungen des R/3-Systems durchgeführt werden. Der Einführungsleitfaden ist nach Anwendungsbereichen gegliedert. Innerhalb der Anwendungsbereiche sind die Arbeitsschritte nach der Reihenfolge der Bearbeitung strukturiert.

Einführungsstrategie

Vorgehensweise für die Einführung des R/3-Systems. Es kann sich um eine Big-Bang-Vorgehensweise (sämtliche Anwendungen gleichzeitig), einen Stufenansatz (eine begrenzte Anzahl von Anwendungen oder Geschäftsprozessen gleichzeitig) oder um eine Vorgehensweise auf Werks- oder Spartenebene handeln.

Einzelbelegzugriff

Der so genannte Direkt- oder Einzelbelegzugriff auf einzelne archivierte Datenobjekte, etwa einen Auftrags- oder Fakturabeleg, lässt sich nur unter Zuhilfenahme einer Indextabelle realisieren. Das anzuzeigende Datenobjekt wird zunächst anhand von Suchbegriffen in der Indextabelle eingegrenzt. Ist dies erfolgreich verlaufen, so wird die Archivdatei, die das betreffende Datenobjekt enthält, mit Hilfe des Index lokalisiert und geöffnet. Jetzt ist das Leseprogramm in der Lage, direkt auf das gesuchte Datenobjekt zuzugreifen und es anzuzeigen.

EnjoySAP

Software ist nur so gut wie der Mensch, der sie bedient. Die Initiative »EnjoySAP« hat deshalb das Ziel einer einfach zu bedienenden und intuitiv zu erlernenden Software. Individuell zugeschnittene Bedienoberflächen und moderns-tes Softwaredesign gehören ebenso dazu, wie der Einsatz eines Internet Browsers. Bei der neuen Benutzeroberfläche, die mit SAP Release 4.6 zum ersten Mal mit ausgeliefert wurde, steht nun der Anwender im Mittelpunkt. Die verbesserte Ergonomie zeigt sich nicht nur in dem neuen Erscheinungsbild, sondern auch in der personalisierten, rollenbezogenen Benutzeroberfläche.

Externe Daten

Nicht-SAP-Daten. Daten, die von einem externen Unternehmen kommen.

Fachabteilung

Die Customizingeinstellungen und der Zeitplan für die Archivierung werden hier festgelegt. Dementsprechend sind die Hintergrundjobs für die Archivierung einzuplanen. Als weitere Aufgabe prüft die Fachabteilung, ob die gewünschten Daten erfolgreich archiviert wurden.

Geschäftsszenario

Eine Reihe von Geschäftstransaktionen, die die Abhängigkeit von einem Ereignis oder einem Zeitraum gemeinsam haben. Ereignisgesteuerte Szenarien basieren auf einem bestimmten Ereignis wie z.B. der Erteilung eines Kundenauftrags. Zeitabhängige Szenarien basieren nicht auf einem bestimmten Ereignis, sondern auf einem Zeitraum. Zu solchen Prozessen gehören der Monatsabschluss, die Standardkostenauswertung, Prüfdurchläufe und mögliche Datenreorganisationen.

Geschäftsvorfall

Der Geschäftsvorfall stellt die detaillierten Anweisungen für die Einrichtung, den Betrieb, die Auswertung und die Verbesserung der R/3-Lösung und -Konfiguration entsprechend den Geschäftsanforderungen dar.

Handle

siehe Archiv-Handle

Hauswährung

Die Hauswährung im Rahmen der EURO-Umstellung ist die Währung, auf der das interne und externe Rechnungswesen basiert. In der Hauswährung werden die Bücher geführt und die Bestände bewertet.

Hintergrundverarbeitung

Die Datenarchivierung ist prinzipiell im Online-Modus möglich, das R/3-System muss nicht für den Benutzerzugriff gesperrt werden. Dennoch empfiehlt es sich, die Datenarchivierung dann anzustossen, wenn keine anderen Benutzer im System arbeiten und auch keine Langläufer-Jobs aktiv sind. Im Einzelfall muss der Systemverantwortliche entscheiden, wann Archivierungsläufe durchgeführt werden können. Aussagen zur Laufzeit der Archivierungsläufe können nach Durchführung von Massentests getroffen werden.

Wesentlich für die R/3-Hintergrund-verarbeitung ist das Job/Job-Step-Konzept. Jeder Job besteht aus einem oder mehreren Job-Steps, die hintereinander abgearbeitet werden. Wird eine Hintergrundverarbeitung definiert, während der mehrere Programme abgearbeitet werden sollen, so können diese als einzelne Job-Steps eines Jobs definiert werden. Die gesamte Verarbeitung wird in diesem Job logisch zusammengefasst und ist damit übersichtlicher und leichter steuerbar.

HSM

Unter einem HSM (Hierarchical Storage Management System) kann man das Dateisystem von R/3 direkt in ein Archivsystem einbinden. Mit Hilfe des HSM-Systems sind dann die Archivdateien jederzeit verfügbar, ohne dass die Daten manuell wieder bereitgestellt werden müssen.

Implementation Assistant

PC-gestützte Anwendung, die zahlreiche Werkzeuge enthält. Der Implementation Assistant stellt eine nahtlose Verbindung zwischen Dokumenten her, auf die über die AcceleratedSAP Roadmap zugegriffen wird.

Indexprogramm

Hier wird der Aufbau eines Indexes gesteuert, der den transparenten Einzelbelegzugriff ermöglicht.

Industry Solution

siehe SAP-Branchenmodell

Integration

Das Ergebnis unterschiedlicher Funktionalitäten im System, die von einer einzelnen Transaktion beeinflusst werden und diese auch beeinflussen.

Beispiele:

Das Erstellen eines Kundenauftrags kann die Prüfung des Inventars durch die Materialverwaltung hervorrufen und eine Bedarfsmeldung an die Materialplanung bewirken.

Lieferantendatei, die sowohl von Kreditoren und vom Einkauf verwendet wird.

Issue

Unvorhergesehene Aktivität, ein Projekt oder eine Geschäftssituation, die/das Geschäfts- und Projektziele beeinträchtigt und den Projektzeitplan verzögert. Ein Issue kann Änderungen des Projektumfangs, des Budgets, des Zeitplans und der Ressourcen zur Folge haben.

Jukebox

Automatisierte Speichereinheit mit verschiedenen Speichermedien, bestehend aus Plattenlaufwerken, Ablagefächern und einem Robotermechanismus zum automatischen Wechsel von optischen Platten. Eine Jukebox erlaubt den Zugriff auf umfangreiche Datenarchive, ohne dass ein Eingriff durch einen Operator erforderlich wird.

Knowledge Corner

Detaillierte Beschreibung von R/3-Prozessen und -Funktionen, begleitet von Anpassungshilfen für bestimmte Anwendungsbereiche. Diese werden während der Erfassung der Anforderungen und während der Konfiguration verwendet.

Komprimierung

Alle Archiv-Files der R/3-Datenarchivierung werden komprimiert gespeichert. Durch diese Kompression wird der Plattenplatzbedarf im Archiv-File bis auf einen Faktor 5 reduziert.

Konzepterstellung

Das Ziel ist es, ein Konzept für die Auslagerung der mittels der Datenanalyse definierten Datenobjekte zu erstellten. Dabei werden die in der Analysephase aufgestellten Anforderungen in ein technisches und betriebswirtschaftliches Konzept eingebunden. Die Zugriffszeiten beispielsweise werden zur Aufstellung eines technischen Konzeptes berücksichtigt, ebenso die Einbindung in andere Projekte, wie z.B. optische Archivierung.

Kostenbasierter Optimierer

Programm, das den besten Zugriffspfad für Abfragen auf Datenbankdaten sucht. Der kos-tenbasierte Optimierer ist Teil des Datenbankmanagementsystems (DBMS). Er verkürzt den Zugriff auf Datenbankdaten und senkt somit die Kosten. Die Funktion zur Aktualisierung der Statistiken (Update Statistics), die im Computing Center Management System (CCMS) im R/3-System ausgeführt werden kann, gewährleistet, dass die vom Optimierer benötigten Statistiken auf dem neusten Stand sind. Ohne aktuelle Statistiken ist der vom Optimierer generierte Zugriffspfad möglicherweise nicht der beste verfügbare Zugriffspfad.

Kostenersparnis

Durch die Entlastung der R/3-Datenbank von Altdaten hat man das Datenwachstum langfris-tig im Griff. Dies ermöglicht eine effizientere Nutzung verfügbarer Ressourcen wie Festplatten, CPU, Netzwerk etc. Auch der auf Grund des geringeren Datenbankvolumens nicht überproportional wachsende Administrationsaufwand wirkt sich positiv auf die IT-Kosten aus. Siehe auch Lowest Cost of Ownership.

Lesereport

Es besteht die Möglichkeit, mittels ABAP-Reports Auswertungen über die Datenbestände durchzuführen. Dies kann über Lesereports geschehen, die unter Nutzung von ADK-Funktionalitäten die Archivdateien sequentiell lesen und auswerten. Daneben kann das Prinzip der logischen Datenbanken verwendet werden. Damit können Standardreports, die auf logische Datenbanken zugreifen, oftmals durch Modifikationen für Auswertungen auf Archivdateien verwendet werden.

Löschprogramm

Beim Löschlauf werden die im Schreiblauf erzeugten Archivdateien von der Datenbank gelöscht. Daten, die nicht in einer Archivdatei stehen, können nicht gelöscht werden. Es ist auch möglich, dass die archivierten Daten durch das Löschprogramm lediglich ein Löschkennzeichen erhalten. Dieses Programm löscht auf der Grundlage der bereits erzeugten Archivdaten die Daten in der Datenbank. Ab Release 4.6C kann für die Dateiablage ins Ablagesystem eine Reihenfolge festgelegt werden, nämlich ob die Löschphase vor der Ablage erfolgen soll oder umgekehrt.

Logisches Archiv

Unter einem logischen Archiv versteht man die Zusammenfassung von einer oder mehrerer optischer Platten. Im SAP R/3 Customizing können Dokumentarten und SAP-Objekte logischen Archiven zugeordnet werden. Logische Archive, die von einem physikalischen Archivserver verwaltet werden, können mehreren SAP-Systemen zugänglich gemacht werden.

Lowest Cost of Ownership

Betrieb eines R/3-Systems mit minimalen Kos-ten, also den Lowest Cost of Ownership. Siehe auch Kostenersparnis.

Magneto Optical Disk (MO)

MO-Speicher kombinieren optische und mag-netische kontinuierliche Aufzeichnung und können, genau wie rein magnetische Speichermedien, beliebig oft gelöscht und wieder beschrieben werden. Sie verhalten sich in Systemen nicht anders als magnetische Datenträger.

Magnetplatten

Magnetplatten stellen den Standard-Massenspeicher in heutigen Computersystemen dar. Auf die gespeicherten Daten kann wahlfrei zugegriffen werden, die Zugriffsgeschwindigkeit ist sehr hoch, in jedem Fall schneller als der Zugriff auf optische Medien. Ein weiteres Merkmal der Magnetplatten ist, dass Daten jederzeit überschreibbar sind und auch gelöscht werden können.

Mandant

Eine handelsrechtlich, organisatorisch und datentechnisch abgeschlossene Einheit innerhalb eines R/3-Systems mit getrennten Stammsätzen und einem eigenständigen Satz von Tabellen.

Mandantenabhängig

Einstellungen, die nur für einen Mandanten zutreffen. Die Einstellungen in mandantenabhängigen Tabellen beziehen sich nur auf den Mandanten, auf welchen bei der Anmeldung zugegriffen wurde.

Mandantenunabhängig

Die Einstellungen in mandantenunabhängigen Tabellen beziehen sich auf alle Mandanten, unabhängig vom Anmeldemandanten.

Marketplace

Dies ist ein offener elektronischer Marktplatz, über den Geschäftspartner unternehmensübergreifende Kauf-, Verkaufs- und Kommunikations-Prozesse abwickeln. Als zentraler Dreh- und Angelpunkt für Unternehmen aller Größen und Branchen wird der Marktplatz von mySAP.com als eine Internet-Community angesehen. Durch die globale und offene Umgebung des Marktplatzes kann jeder über einen Browser darauf zugreifen und sich so neue Geschäftspartner und Kunden suchen, um mit diesen in Kontakt zu treten

Massentest

Test, bei dem das Antwortzeitverhalten bei dem im zukünftigen Produktivbetrieb voraussichtlich auftretenden Systemdurchsatz untersucht wird.

Nachlaufprogramm

Diese Aktion kann zeitlich versetzt zum Löschjob erfolgen. Für archivierte Daten mit Löschkennzeichen, die also durch das Löschprogramm nicht aus der Datenbank entfernt wurden, wird dies durch das Nachlaufprogramm erledigt (z.B. FI_DOCUMNT).

NCI – Non Coded Information

Eingehende Belege liegen in der Regel als Papierdokument vor und müssen zur Speicherung in ein vom Rechner umsetzbares Format gebracht werden. Auf einfachste Art erfolgt die Erfassung dieser Dokumente mit einem Scanner. Dabei werden die Informationen als Ras-terbild gespeichert, in dem nur die einzelnen Bildpunkte bekannt sind. Informationen, die in dieser Form vorliegen, werden als Non Coded Information (NCI) bezeichnet.

Optische Archivierung

Von optischer Archivierung wird deshalb gesprochen, da zur Speicherung der Informationen optische (Speicher-) Platten verwendet werden. Der Begriff »optische Archivierung« bezieht sich auf die Speicherung von Daten oder Dokumenten (Listen, eingehende Rechnungen, ausgehende Bestellungen etc.). Ausgehende Belege werden dabei im R/3-System erzeugt und als Binärcode gespeichert. Die Informationen dieser Belege liegen damit in einer Form vor, in der sie vom Rechner einfach interpretiert und weiterverarbeitet werden können.

Optische Archivierung als bloße Speicherung der Dokumente auf optischen Platten umfasst sowohl die Dokumenten- als auch die Datenarchivierung, wobei die Datenarchivierung nur in Zusammenhang mit dem R/3-System gesehen wird. Explizit sei hier darauf hingewiesen, dass optische Archivierung auch ohne R/3-System möglich ist, z.B. durch Einscannen von Originaldokumenten und anschließender Ablage im Archivserver.

Performance

Performance eines R/3-Systems ist als die Fähigkeit definiert, gegebene Anforderungen an Antwortzeiten und Datendurchsatz zu erfüllen. Beispielsweise können solche Anforderungen sein, dass innerhalb von zwei Stunden ein Durchsatz von 20.000 gedruckten Rechnungen erreicht werden muss oder dass die Antwortzeit für das Erfassen einer Bestellung unter zwei Sekunden liegen soll.

Präsentationsserver

Der Präsentationsserver (PC-Clients) befindet sich in der Regel auf Workstations oder PCs. Auf ihm laufen die Programme, deren Aufgabe es ist, die Anwendungen zu präsentieren, also auf dem Bildschirm darzustellen. Diese Programme sind also dafür verantwortlich, dass die Benutzungsoberfläche für die einzugebenden Daten gestaltet wird und die Ausgabedaten an die Anwendungsserver weitergegeben werden. Die Präsentationsebene übernimmt also die Interaktion mit dem Benutzer und bereitet die Daten zur Anzeige auf.

Produktionsvorbereitung

Phase 4 der AcceleratedSAP Roadmap. In dieser Phase werden die abschließenden Tests, die Schulung der Benutzer und die Vorbereitungen des Cutovers (sowohl für Daten als auch für das System) für eine Produktivumgebung beendet.

Profilgenerator

Der Profilgenerator unterstützt den Berechtigungsverwalter bei der Erstellung eines Berechtigungskonzepts am Unternehmensstandort. Der Profilgenerator erstellt anhand einer Reihe von Anwendungskomponenten, die vom Verwalter ausgewählt werden, automatisch ein Berechtigungsprofil. Der Verwalter kann dann die im Profil enthaltenen Berechtigungen mit Hilfe spezieller Wartungstransaktionen des Profilgenerators einfach anpassen und ändern.

Programme eines Archivierungsobjektes

An dieser Stelle erfolgt die grundlegende Definition der Struktur eines Archivierungsobjektes, d.h. welche Programme einem Archivierungsobjekt zugeordnet sind. Notwendig sind ein Schreib- und ein Löschprogramm, um überhaupt Archivdateien erzeugen und die Daten löschen zu können. Vorlauf-, Nachlauf-, Rücklade- und Auswertungsprogramme müssen dagegen nicht immer vorhanden sein.

Projektplan

Plan, der drei Komponenten enthält: den Budgetplan, den Ressourcenplan und den Arbeitsplan.

Projektvorbereitung

Phase 1 der AcceleratedSAP Roadmap, in der das Projektteam des Unternehmens zusammengestellt und in der AcceleratedSAP-Methode geschult wird, ein Projektplan auf höchster Ebene abgeschlossen wird, Projektstandards und Vorgehensweisen festgelegt werden und eine Hardware-Bestellung geprüft und ausgeführt wird.

Prozess

Eine R/3-Transaktion, die die Erstellung oder Änderung eines Geschäftsobjektes oder einer Bedingung darstellt.

Q & A-Datenbank

Die Q & A-Datenbank ist ein Repository aller Fragen und der entsprechenden Antworten des Unternehmens. Diese Fragen und Antworten werden für die Definition der Geschäftsanforderungen und für die Entwicklung der Geschäftslösungen in Bezug auf das R/3-Referenzmodell und auf das R/3-System benötigt. Dazu zählen Geschäftsprozesse, technische Fragen, organisatorische Fragen und Fragen zur Konfiguration (und natürlich deren Antworten), die als Quelle für die Erstellung des Business Blueprints dienen.

Realisierung

Phase 3 der AcceleratedSAP Roadmap, in der Blueprint-Anforderungen im R/3-System konfiguriert und getestet werden. Die Geschäftsanforderungen des Unternehmens werden ausgewertet und in die zukünftige R/3-Geschäftslösung transformiert. Dieser Transformationsprozess ist ein iterativer Auswertungs- und Verbesserungsprozess, in dem jeder Geschäftsprozess:

- Bestätigt wird. Die Geschäftsanforderungen des Unternehmens werden ausgewertet, um festzustellen, wie sie im R/3-System behandelt werden sollen.
- Überarbeitet wird. Jeder Geschäftsprozess wird überarbeitet, bis die optimale Business Process Procedure erzielt ist.
- Abgeschlossen wird. Jede Business Process Procedure wird zusammen mit der anwendbaren Konfiguration entsprechend dem Geschäftsprozess und den Informationsanforderungen optimiert.

Recovery

Tritt ein Datenverlust ein, so wird die zuletzt beim Backup erzeugte und damit aktuellste Sicherheitskopie in die Datenbank eingespielt und damit werden die Daten wiederhergestellt. Hier spricht man von einem Datenbank-Recovery, also der Wiederherstellung eines Zustandes, der zu einem bestimmten Zeitpunkt geherrscht hat.

Reorganisation

Der Begriff »Reorganisation« stammt aus der R/2-Welt. Hierbei wurden Daten entladen und wieder zurückgeladen, um die physische Datenverteilung auf der Platte zu optimieren. Bei diesem Vorgang wurden oft auch nicht mehr benötigte Daten archiviert und gelöscht. Reorganisation hat mit der SAP Datenarchivierung auf der Grundlage des Archive Development Kits (ADK) nichts zu tun.

Reorganisationsdaten

Darunter versteht man logische Datenbanksätze, die ausgelagert werden, um den Datenbank-umfang des R/3-Systems zu reduzieren. Diese Dateien sind in der Regel sehr umfangreich und sequentiell aufgebaut. R/3 bietet hierfür die Möglichkeit der Archivierung über ArchiveLink und eine neue einfache Verwaltung solcher Reorg-Dateien. Alternativ zu ArchiveLink ist eine Speicherung auf Band, CD oder HSM möglich.

Reporting

siehe Lesereport

Residenzzeit

Mit Residenzzeit bezeichnet man den Zeitraum, den Daten vom Zeitpunkt ihres Zugangs in die Datenbank bis zu dem Zeitpunkt, an dem sie das Kriterium der Archivierbarkeit erfüllen, in der Datenbank verbleiben. Beträgt die Residenzzeit einen Monat, dann werden zum Zeitpunkt der Archivierung u.a. die Daten archiviert, die sich bereits zwei Monate in der Datenbank befinden. Die Daten, die erst drei Wochen alt sind, verbleiben hingegen in der Datenbank.

Residenzzeitenbestimmung

Hier ist von allen betroffenen Fachabteilungen festzulegen, wie lange die Datenobjekte im System gehalten werden sollen. Die Verweildauer ist abhängig von den betriebswirtschaftlichen Gegebenheiten und von dem jeweiligen Geschäftsprozess. Bei der Festlegung der Verweildauer sollten auch eventuelle Verknüpfungen zu anderen Datenobjekten mit berücksichtigt werden.

R/3

Realtime/3

R/3-Referenzmodell

Darstellung der kompletten im R/3-System enthaltenen Funktionalität in Gestalt grafischer Modelle. Das R/3-Referenzmodell umfasst folgende Modelle: Prozessmodell, Datenmodell/Objektmodell, Organisationsmodell und Verteilungsmodell.

R/3-Repository

Alle Entwicklungsobjekte der ABAP Workbench werden im R/3-Repository gespeichert. Zu diesen Entwicklungsobjekten zählen ABAP-Programme, Bildschirme, Dokumentationen etc.

R/3-System

Ein R/3-System besteht aus:

- einer zentralen Instanz, die die Services DVEBMGS (Dialog, Update, Enqueue, Hintergrundverarbeitung, Meldung, Gateway, Spool) bietet
- einer Datenbankinstanz
- optionalen Dialoginstanzen, die den Service D (Dialog) bieten
- optionalen PC-Frontends

R/3-System- und Datenbankadministrator

Die Administratoren sorgen für die Verfügbarkeit der Archivdateien oder des angeschlossenen Archivsystems. Insbesondere tragen sie dafür Verantwortung, dass die Daten über den vorgeschriebenen Zeitraum sicher aufbewahrt werden.

Ressourcenerhöhung

Für eine Erhöhung der Ressourcen des Betriebssystems gibt es unterschiedliche Möglichkeiten. Diese Möglichkeiten sind zum einen die Vergrößerung des Plattenspeichers oder des physikalischen Hauptspeichers und zum anderen der Ersatz des Prozessors durch einen leistungsfähigeren Prozessor.

Retrievalsystem

Software, die eine Menge von Informationen über Dokumente verwaltet und einen Mechanismus enthält, der die für Suchanfragen relevanten Dokumente bestimmt. Die anzuwendenden und anwendbaren Retrievaltechniken werden vom Retrievalsystem bestimmt. Als Antwort wird eine Reihe von Referenzen auf Dokumente oder Attribute der Dokumente ausgegeben.

Roadmap

Eine Reihe von Prozessen, die die für die R/3-Einführung erforderlichen Schritte festlegt. Die fünf Phasen der AcceleratedSAP-Roadmap (dargestellt durch eine Straßengrafik) sind:

1. Projektvorbereitung
2. Business Blueprint
3. Realisierung
4. Produktionsvorbereitung
5. Go-Live und Support

Rückladen

Die Archiv-Files bestimmter Archivobjekte können in Notfällen in die Datenbank des R/3-Systems zurückgeladen werden. Voraussetzung dafür ist, dass sich das Archiv-File im Filesystem befindet. Es besteht allerdings die Einschränkung, dass diese Funktionalität für viele wichtige Archivobjekte nicht vorhanden ist. Das Rückladen eines Archivs kann als Zugriffsmöglichkeit auf archivierte Daten nicht empfohlen werden.

Rückladeprogramm

Durch das Rückladeprogramm besteht die Möglichkeit, archivierte Daten aus den Archivdateien in die Datenbank zurückzuladen. Diese Funktionalität ist nicht bei jedem Archivierungsobjekt vorhanden, außerdem ist bei der Datenarchivierung keine allgemeine Rückladefunktionalität vorgesehen. SAP weist ausdrücklich darauf hin, dass dies nur eine Notfalllösung darstellt, wenn z.B. aus Versehen wichtige und noch gebrauchte Daten gelöscht wurden.

SAP

Systeme, Anwendungen, Produkte in der Datenverarbeitung

SAP-Ablageformate

SAP R/3 kennt 4 Dokumentklassen, denen jeweils ein technischer Dokumenttyp zugeordnet ist. Diese sind im Einzelnen:

Eingehende Belege (NCI) wie z.B. Rechnungen, Lieferscheine und dergleichen. Als technischer Dokumenttyp wird den eingehenden Belegen FAX (TIFF-G4 Format) zugeordnet.

Ausgehende Belege (CI) wie z.B. in R/3 erzeugte Bestellungen und Angebote. Als technischer Dokumenttyp wird den ausgehenden Belegen OTF (Output Text Format) oder PDF zugeordnet.

Drucklisten (CI) wie z.B. in R/3 erzeugte Massendaten. Als technischer Dokumenttyp wird den Drucklisten ALF (Advanced List Format) zugeordnet.

Archivierungsdaten (CI), wie z. B aus R/3 ausgelagerte Datenbankauszüge. Als technischer Dokumenttyp wird den Archivierungsdaten, auch Reorganisationsdaten genannt, REO (Reorganisationsdaten) zugeordnet.

Die Formate ALF, OTF und REO sind spezielle SAP R/3-Formate, die für Archive im R/3-Umfeld unterstützt werden müssen.

SAP-ALE

Application Link Enabling (ALE) ist die Integrationstechnologie, mit der verschiedene Systeme (SAP und Fremdsysteme) untereinander bedarfsgerecht gekoppelt werden, ohne ständig miteinander verbunden sein zu müssen. ALE ermöglicht die Integration von Geschäftsprozessen zwischen unterschiedlichen Systemen und stellt sogar die Kommunikation zwischen Systemen mit verschiedenen Releaseständen sicher.

SAP ArchiveLinkViewer

Anzeigekomponente, die standardmäßig bis einschließlich R/3 Release 4.5A im Rahmen der R/3-Basiskomponente mit SAP ArchiveLink zusammen ausgeliefert wird.

Ab R/3 Release 4.5B wird der SAP ArchiveLink-Viewer nicht mehr ausgeliefert.

SAP-BAPIs

Die Business-Schnittstelle, die es externen Anwendungen ermöglicht, transparent auf die Funktionalität des Systems R/3 zuzugreifen, wird über die Business Application Programming Interfaces (BAPIs) zugänglich. BAPIs sind die Methoden (Funktionen) der SAP Business Objects.

SAP-Branchenmodell

Durch die langjährige Erfahrung im ERP-Markt stellt die SAP den Kunden verschiedenster Branchen jeweils spezifische Lösungen für die Abwicklung ihrer Geschäftsprozesse bereit. Bei den insgesamt 19 Branchenlösungen (Industry Solutions) spiegelt sich das spezifisches Fachwissen in den »Solution Maps« wider. Sie sind die so genannten »Baupläne« für die elektronische Abwicklung der für eine Branche typischen Geschäftsprozesse.

SAP Business Component

Unter Business Components versteht man eine bestimmte, gekapselte Business-Funktionalität, die über stabile Schnittstellen verfügt. Diese Schnittstellen haben eigene Entwicklungs- und Wartungszyklen, die zum Teil auch über unterschiedliche Datenbanken laufen. Es gibt mehrere verschiedene Typen von Business Components, die sich in ihrer Funktionalität unterscheiden. Beispielsweise gibt es branchenübergreifende Anwendungsbereiche, welche die Kernfunktionalität des R/3-Systems abdecken (Personalwirtschaft, Finanzbuchhaltung etc.), industriespezifische Komponenten (Handel, Ölindustrie etc.) internetrelevante Komponenten, Partner-Anwendungsbausteine oder auch kundenspezifische Komponenten.

SAP Business Framework

Das Business Framework bildete den technischen Rahmen für die Kopplung von sowie den Zugriff auf SAP- und Fremdsoftware in heterogenen Systemumgebungen. Die Business-Framework-Architektur sieht sich als verbindende Brücke zwischen der maximalen Schnelligkeit auf dem Markt zu agieren, und der größtmöglichen Flexibilität, auf individuelle Anforderungen zu reagieren. Sie steht nicht nur als Mantel um eigene R/3-Unternehmensapplikationen, sondern erstreckt sich gleichermaßen auch auf Produkte und Technologien Dritter.

SAP Business-to-Business Procurement

Das SAP Business-to-Business Procurement eröffnet dem Unternehmen die Möglichkeit, die Beschaffungsprozesse zu systematisieren und sie in den Gesamtfluss von Gütern, Geld und Informationen zu integrieren. SAP Business-to-Business Procurement (SAP BBP) ist eine innovative Komplettlösung für den Einkauf via Internet. Mit SAP BBP kann jeder autorisierte Mitarbeiter über eine bedienungsfreundliche, webbasierte Oberfläche direkt von seinem Arbeitsplatz aus Waren und Dienstleistungen eigenständig beschaffen.

SAP-Datenarchivierung

Die SAP-Datenarchivierung ist eine Standardfunktionalität des R/3-Systems. Sie dient zur konsistenten Auslagerung von Anwendungsdaten, die im Online-Betrieb nicht mehr benötigt werden. Dies führt in der Regel zu verbesserter Performance der Datenbank und somit zu schnelleren Antwortzeiten im Dialogbetrieb. Durch das verringerte Datenbankvolumen sinkt gleichzeitig der Archivierungsaufwand und der Bedarf an zusätzlichen Hardwarekomponenten. Mit der SAP-Datenarchivierung ist es möglich, Daten schnell und sicher aus der Datenbank auszulagern und in Archivdateien, auf die später wieder zugegriffen werden kann, zu speichern.

SAPDBA

SAPDBA ist ein Standalone-Werkzeug, das außerhalb von SAP R/3 läuft und damit unabhängig von der Verfügbarkeit des Systems R/3 ist. Kunden mit sehr großen R/3-Systemen haben besondere Anforderungen an die Laufzeit und Handhabung von Datenbanksicherungen und Wiederherstellungsmaßnahmen. Deshalb bietet die SAP ergänzend zu dem eigenen Werkzeug über die zertifizierte Schnittstelle BACKINT einen Anschluss an externe Enterprise-Sicherungslösungen.

SAP Document Relationship Browser

Bisher fehlte eine Möglichkeit, Verknüpfungen von und zu Datensätzen, die im Archiv und/oder in der Datenbank stehen, über Anwendungsgrenzen hinweg zu analysieren und anzeigen zu lassen. Datensätze, die aus der Datenbank über die Archivierung entfernt worden sind, konnten nur eingeschränkt oder gar nicht mehr analysiert bzw. zur Anzeige gebracht werden. Eine weitere Auswertung über Archivierungsobjekte oder Anwendungen hinweg ist nur eingeschränkt oder gar nicht möglich. Ab Release 4.6C ist diese Funktionalität im Standard vorhanden.

SAP Employee-Self-Service-Anwendungen

Die SAP Employee-Self-Service-Anwendungen binden die Mitarbeiter stärker ein und entlasten die Personalabteilung von Routineaufgaben. Employee Self-Service (ESS) ist eine umfassende Lösung, mit der Mitarbeiter Verantwortung für ihre eigenen Daten übernehmen können, ohne dass dies eine spezielle R/3-Schulung erforderlich macht.

SAP Internet-Anwendungskomponenten

Mit Hilfe der so genannten »IACs« (Internet Application Components), welche das R/3-System zur Verfügung stellt, ist es möglich, Geschäftsprozesse innerhalb eines Unternehmens zu optimieren und auch über die Grenzen des Unternehmens hinaus zu erweitern.

SAP Internet Business Framework

Das Internet Business Framework ist die nächs-te Generation des Business Frameworks von 1996. Die Infrastruktur wurde um die neu dazu gekommenen Web-Technologien wie HTML (Hypertext Markup Language), XML (Extensible Markup Language), HTTP (Hypertext Transfer Protocol) und LDAP (Lightweight Directory Access Protocol) erweitert.

SAP Online Store

Der SAP Online Store ist eine Internetanwendungskomponente für den elektronischen Handel. Das Besondere am SAP Online Store ist die reibungslose und einheitliche Integration der anfallenden Daten in das System R/3. Der SAP Online Store ist eine Internet-anwendungskomponente für den elektronischen Handel zwischen Unternehmen und Verbrauchern sowie zwischen Unternehmen. Hersteller, Versandhäuser, Groß- und Einzelhändler können mit dem SAP Online Store ihre Produkte über das World Wide Web direkt vertreiben.

Schreibprogramm

Durch diesen Programmlauf werden die zu archivierenden Daten in neu erzeugte Archivdateien in das Austauschverzeichnis geschrieben, aber nicht gelöscht. Dieses Programm schreibt die zu archivierenden Daten in neu erstellte Archivdateien. Die Daten werden jedoch noch nicht aus der Datenbank entfernt.

Schreib- und Löschjob, parallel

Bei der parallelen Ausführung hingegen wird, nachdem die erste Archivdatei geschlossen und erfolgreich vom Löschprogramm gelesen werden konnte, diese aus der Datenbank entfernt, während bereits die nächste Archivdatei geschrieben wird.

Schreib- und Löschjob, sequentiell

Bei der sequentiellen Ausführung erfolgt der Löschlauf erst, nachdem alle Archivdateien geschrieben wurden. Der Schreiblauf gilt als beendet, wenn alle Archivdateien geschrieben wurden und die zuletzt erzeugte fehlerfrei geschlossen wurde.

SCM

Supply Chain Management

Speichermedien

In einem Archivsystem können vielfältige Speichermedien zum Einsatz kommen. Die Speichermedien lassen sich nach der Geschwindigkeit, mit der auf sie zugegriffen werden kann, und ihrem Speichervolumen einteilen.

SQL-Trace

Performance-Trace-Funktion, mit der die in Reports und Transaktionen verwendeten Open SQL-Anweisungen verfolgt und analysiert werden können

Supply Chain Management

Im Rahmen dieses neuen Managementkonzepts wird die Idee des Lean Managements auf die gesamte Wertschöpfungskette übertragen. Dabei wird die Eliminierung von unternehmensinternen Verschwendungen entlang dieser Wertschöpfungskette angestrebt. Die archivierten Daten können auch über Unternehmensgrenzen hinweg, insbesondere von in der Supply Chain kooperierenden Betrieben aufgerufen werden. Benötigt beispielsweise der Mitarbeiter eines Distributors ein Dokument oder die Daten zu einem Beleg aus der Produktentwicklung des Herstellers, so entfallen Transportzeiten und -kosten, wenn er auf sie in elektronischer Form zugreifen kann.

Stammdaten

Die betriebswirtschaftlichen Grunddaten eines Unternehmens und deren Qualität sind die grundlegende Basis für die erfolgreiche Abwicklung von

Geschäftsvorgängen. Innerhalb des betriebswirtschaftlichen Standardsoftwarepaketes SAP R/3 werden diese Grunddaten als so genannte Stammdaten abgelegt. Die Stammdaten im R/3-System werden an zentraler Stelle hinterlegt und bilden die Grundlage aller Geschäftsprozesse. Es handelt sich um Daten, die sich auf individuelle Objekte beziehen, die über längere Zeit unverändert bleiben. Stammdaten enthalten Informationen, die für ähnliche Objekte auf dieselbe Weise verwendet werden.

Beispiele:

Die Stammdaten eines Lieferanten enthalten Name, Anschrift und Bankinformationen.

Die Stammdaten eines Benutzers im SAP-System enthalten Benutzername, Berechtigungen, Vorgabedrucker etc.

Systemausfallzeit

Die Umstellung der Hauswährung auf Euro macht eine Systemsperrzeit erforderlich, da hierbei Felder in Datenbanktabellen umgesetzt werden müssen. Während dieser Zeit kann das System produktiv nicht genutzt werden. Ein großes Datenbankvolumen führt in der Regel zu einer Verlängerung der Umstellungszeit. Um diese Umstellung in möglichst kurzer Zeit zu bewältigen, können die umstellungsrelevanten Tabellen mit Hilfe der Datenarchivierung verkleinert werden.

Systemdurchsatz

Maß für die Leistungsfähigkeit eines EDV-Systems.

Systemumgebung, heterogene

Arbeitet ein R/3-System mit mehreren R/3-Servern mit unterschiedlicher Hard- und Software, müssen bei der Auswertung der Archivdaten die Code Pages für die entsprechenden Rechnerplattformen angepasst werden. Die SAP-Datenarchivierung verfügt über diese Funktionalität.

Systemverfügbarkeit, höhere

Ein geringeres Datenvolumen führt zu einer Minimierung der Systemausfallzeiten, da sich der Aufwand für folgende Administrationsaufgaben entsprechend verringert: Software-Upgrade, Datenbank-Reorganisation, Datensicherung und Recovery. Die Archivierung kann im Online-Betrieb erfolgen, ein Herunterfahren des Systems ist somit nicht erforderlich.

Szenario

Eine Reihe von Geschäftstransaktionen, die die Abhängigkeit von einem Ereignis oder einem Zeitraum gemeinsam haben. Ereignisgesteuerte Szenarien basieren auf einem bestimmten Ereignis wie z.B. der Erteilung eines Kundenauftrags. Zeitabhängige Szenarien basieren nicht auf einem bestimmten Ereignis, sondern auf einem Zeitraum. Zu solchen Prozessen gehören der Monatsabschluss, die Standardkostenauswertung, Prüfdurchläufe und mögliche Datenreorganisationen.

Tabelle

Tabellarische Anordnung von Daten im ABAP Dictionary. Eine Tabelle besteht aus Spalten (Mengen von Datenwerten desselben Typs) und Zeilen (Datensätzen). Jede Tabellenzeile kann durch ein oder mehrere Felder eindeutig identifiziert werden.

Tablespace

Dem Datenbankmanagementsystem (DBMS) bekannter logischer Speicherbereich.

»Tablespace« hat für unterschiedliche Datenbankmanagementsysteme unterschiedliche Bedeutungen:

ORACLE verwendet den Begriff zur Beschreibung eines Bereichs für die Speicherung ähnlicher Objektarten, z.B. Tabellen, Indizes oder Sichten.

INFORMIX verwendet den Begriff - mit der Schreibweise »tblspace« - zur Beschreibung des gesamten einer einzelnen Tabelle oder Tabellenfragmenten zugewiesenen Plattenspeichers.

DB2 common server verwendet den Begriff - mit der Schreibweise »table space« - zur Beschreibung eines Bereichs für die Speicherung von Tabellen oder Tabellenkomponenten (Daten, Index etc.).

Andere Datenbankmanagementsysteme verwenden den Begriff eventuell anders als in den obigen Beispielen.

TemSe-Objekt

Objekt der temporären sequentiellen Datenablage (TemSe). Ein TemSe-Objekt besteht aus einem Header und den dazugehörigen TemSe-Daten.

Test von Archivierungsvorgängen

Siehe Archivierungsvorgänge testen

Transaktion

Logisch abgeschlossener Vorgang im R/3-System.

Transaktionscode

Folge von vier Zeichen, die eine SAP-Transaktion kennzeichnen. Um eine Transaktion im R/3-System aufzurufen, geben Sie den Transaktionscode in das Befehlsfeld ein. SM31 ist z.B. der Code für die Transaktion Tabellenpflege.

Verwaltungsprogramm

Dieses Programm ermöglicht die Anzeige des Status des jeweiligen Archivierungslaufs. Ein Archivierungslauf ist erst dann vollständig, wenn die Daten von der Datenbank gelöscht wurden.

Verweildauer

Die Verweildauer beschreibt den Gesamtzeitraum, in dem sich Daten bis zu ihrer Archivierung in der Datenbank befinden.

Vorgehensmodell

Das Vorgehensmodell zeigt die Strukturierung von R/3-Einführungsprojekten.

Vorkonfigurierter Mandant

Der vorkonfigurierte Mandant ist eine Reihe von Konfigurationen, die aus den am häufigsten verwendeten US-Customizing-Einstellungen besteht (z.B. US-orientierte Kontotabellen, Maßeinheiten und Formulare). Die Grundprozesse MM, SD und FI/CO sind eingerichtet und laufen vom ersten Tag, an dem der Mandant transportiert wird.

Vorlaufprogramm

Manche Archivierungsobjekte erfordern ein Vorlaufprogramm, welches die zu archivierenden Daten kennzeichnet. Durch das Vorlaufprogramm wird aber weder eine Archivdatei erzeugt, noch werden Daten von der Datenbank gelöscht.

Workplace

Dies ist ein Unternehmensportal, welches dem Benutzer eine browserbasierte, personalisierte Arbeitsumgebung mit allen Funktionen zur Verfügung stellt, die er zur Erledigung seiner täglichen Arbeit benötigt. Der Benutzer des Workplace erhält schnellen, einfachen, komfortablen und webbasierten Zugriff auf alle internen und externen Anwendungen und hat somit Zugriff auf alle Inhalte und Dienste, die er benötigt. Er unterstützt den Mitarbeiter durch eine Oberfläche, die leicht zu verstehen, anzupassen und zu verwenden ist. Per Mausklick werden so die richtigen Informationen und Anwendungen bereitgestellt.

WORM

Write Once Read Many

Optische Platten, die nur einmal mit Hilfe eines Laserstrahls beschrieben, aber beliebig oft gelesen werden können.

WORM-Speichermedien eignen sich daher für die Archivierung von Daten, die nicht geändert werden dürfen und nicht aktualisiert werden müssen.

Zugriff auf archivierte Daten

Wesentliche Voraussetzung für die Archivierung von Anwendungsdaten ist, dass diese Daten zu abgeschlossenen Geschäftsvorfällen bzw. Perioden gehören und somit für aktuelle Geschäftsprozesse nicht mehr benötigt werden. Aber auch nach der Archivierung muss in der Regel nur noch selten auf diese Daten zugegriffen werden, beispielsweise im Falle einer Reklamation, für Auswertungen oder bei einer internen oder externen Revision. Das ADK legt die Daten so ab, dass ein Lesezugriff darauf jederzeit möglich ist. Voraussetzung dafür ist das Vorhandensein entsprechender Leseprogramme, die von dem jeweiligen Archivierungsobjekt zur Verfügung gestellt werden. Folgende Zugriffsmöglichkeiten sind derzeit realisiert:

- Einzelbelegzugriff
- SAP Archivinformationssystem (SAP AS)
- Drucklisten
- Reporting
- Rückladen
- SAP Document Relationship Browser

Zukunftssicherheit

Für die Archivdateien garantiert die SAP Datenarchivierung größtmögliche Unabhängigkeit von Hardware und Software-Releaseständen. Nach einem System-Upgrade stehen die archivierten Daten daher dem Nutzer weiterhin zur Verfügung. Auch die Integration kundeneigener Datenbanktabellen in die Datenarchivierung ist möglich.

Literaturverzeichnis

/Bahmann/Wenzel95/

Bahmann, E., Wenzel, P.:
SAP Business Workflow zur Steuerung von Geschäftsprozessen, in: Geschäftsprozessoptimierung mit SAP/R3: Modellierung, Steuerung und Management betriebswirtschaftlich-integrierter Geschäftsprozesse, hrsg. v. Paul Wenzel, Braunschweig/Wiesbaden 1995

/Brand 98/

Hartwig Brand:
SAP R/3-Einführung mit ASAP. Technische Implementierung von SAP R/3 planen und realisieren, 1. Unveränderter Nachdruck, München 1999

/Buck-Emden99/

Buck-Emden, R.:
Die Technologie des SAP-Systems: Basis für betriebswirtschaftliche Anwendungen , 4. durchges. u. korr. Auflage, München 1999.

/Curran98/

Curran T., Keller, G.:
SAP R/3 Business Blueprint – Business Reegineering mit R/3-Referenzprozessen, 1.Auflage, München 1999.

/DocuWare00/

DocuWare AG, DocuWare 4- Quick Start: The Standard for Document Management, Germering bei München (*www.DocuWare.com*), 2000

/Galler97/

Galler, S.:
Vom Geschäftsprozessmodell zum Workflow-Modell, Wiesbaden 1997

/Geiss, Soltysiak98/

Geiss, M., Soltysiak, R.:
SAP R/3 dynamisch einführen, 1. Auflage, Bonn 1998

/Gersbacher2000/

Gersbacher, R.:
Planung und Durchführung von SAP-Archivierungsprojekten: Vorgehensmodell, Version 2.0, hrsg. v. SAP AG April 2000

/Gierhake98/

Gierhake, O.:
Integriertes Geschäftsprozessmanagement, 2. Auflage, Braunschweig/Wiesbaden 1998

/Gronau99/

Gronau, N.:
Management von Produktion und Logistik mit SAP R/3, 3., völlig überarbeitete und stark erweiterte Auflage, München/Wien/Oldenbourg 1999

/Hammer96/

Hammer, M., Champy, J.:
Business Reengineering: Die Radikalkur für das Unternehmen, Frankfurt 1996

/Hansen96/

Hansen, H. R.:
Wirtschaftsinformatik I, 7. Auflage, Stuttgart 1996

/Herbst95/

Herbst, A., Küspert, K., Schaarschmidt, R.:
Datenarchivierungsfunktionalität in der SQL*x*-Norm, in: Forschungsergebnisse der Fakultät für Mathematik und Informatik, Nr. Math/95/8, hrsg. v. Friedrich-Schiller-Universität Jena 1995

/Hopfenbeck97/

Hopfenbeck, W.:
Allgemeine Betriebswirtschafts- und Managementlehre, 11. Auflage, Landsberg/Lech 1997

/Jablonski97/

Jablonski, S. u.a. (Hrsg.):
Workflow-Management, Heidelberg 1997

/Jacob98/

Jacob O., Uhink H.-J.:
SAP R/3 im Mittelstand, 1. Auflage, Braunschweig/Wiesbaden 1998

/Jamin94/

Jamin, K.-W.:
Das Software-Lexikon, 3., akt. Auflage, Renningen-Malmsheim 1994.

/Kampffmeyer97/

Kampffmeyer, U., Merkel, B.:
Grundlagen des Dokumenten-Managements, Wiesbaden 1997

/Keller99/

Keller, G. & Partner:
SAP R/3 prozessorientiert anwenden, 3. erweiterte Auflage, München 1999.

/Knollmayer2000/

Knollmayer G., Mertens P., Zeier A.:
Supply Chain-Management auf der Basis von SAP-Systemen – Perspektiven der Auftragsabwicklung für Industriebetriebe, 1.Auflage, Berlin-Heidelberg 2000

/Kränzle95/

Kränzle, H.-P.:
Dokumentenmanagement, in: HMD 31 (1995) 181, S. 26 ff.

/Leffson87/

Leffson, U.:
Die Grundsätze ordnungsgemäßer Buchführung, 7. Auflage, Düsseldorf 1987.

/McDonnel91/

McDonnel, E. D., Sommerville, G. E.:
Corporate reengineering that follows the design of document imaging, in: Information Strategy: The Executive's Journal, o.J. (1991) 3, S. 5 ff.

/Mertens94/

Mertens, P.:
Stufen der Integration von Daten- und Dokumentenverarbeitung – dargestellt am Beispiel eines Maschinenbauunternehmens, in: Wirtschaftsinformatik 36 (1994)

/Morschheuser97/

Morschheuser, S.:
Integriertes Dokumenten- und Workflow-Management, Wiesbaden 1997

/Oberniedermaier99/

Oberniedermaier G., Geiss, M.:
SAP R/3-Systeme effizient testen, 2. Auflage, München 2000

/Perez98/

Perez M., Hildenbrand A., Matzke B., Zencke P.:
Geschäftsprozesse im Internet im SAP R/3, 1. korr. Nachdruck, Bonn, Reading, Mass. 1998.

/Picot97/

Picot, A. (Hrsg.):
Information als Wettbewerbsfaktor, Stuttgart 1997

/Raufer95/

Raufer, H. u.a.:
Ein Werkzeug zur Analyse und Modellierung von Geschäftsprozessen als Voraussetzung für effizientes Workflow-Management, in: Wirtschaftsinformatik 37 (1995) 5, S. 467 ff.

/Scheer90/

Scheer, A.-W.:
Wirtschaftsinformatik – Informationssysteme im Industriebetrieb, Berlin 1990

/Scheer97/

Scheer, A.-W.:
Wirtschaftsinformatik, 7. Auflage, Berlin usw., 1999

/Scheer98a/

Scheer, A.-W.:
ARIS – Modellierungsmethoden, Metamodelle, Anwendungen, 3. Auflage, Berlin usw., 1999

/Scheer98b/

Scheer, A.-W.:
ARIS – Vom Geschäftsprozeß zum Anwendungssystem, 3. Auflage, Berlin usw., 1998

/Scheer99/

Scheer, A.-W.:
Which themes will define IT management in the millennium?, Folienvortrag zur ARIS-Konferenz 1999

/Schneider97/

Schneider, H.-J.:
Lexikon Informatik und Datenverarbeitung, 4., akt. u. durchges. Auflage, München, Wien 1997.

/Somerville84/

Somerville, P. J.:
Use of Images in Commercial and Office Systems, in: IBM Systems Journal 23 (1984) 3, S. 281 ff.

/Sprague95/

Sprague, R. H.:
Electronic Document Management, in: MIS Quarterly 19 (1995), 1, S. 29 ff.

/Stahlknecht95/

Stahlknecht, P.:
Einführung in die Wirtschaftsinformatik, 7., vollst. überarb. und erw. Auflage, Berlin 1995.

/Stahlknecht99/

Stahlknecht, P., Hasenkamp, U.:
Einführung in die Wirtschaftsinformatik, 9. Auflage, Berlin 1999

/Störl98/ Störl, Uta/

Großmann, Gert:
Backup- und Recovery-Mechanismen in Datenbanksystemen: Beschreibung und Bewertung, in: HMD – Theorie und Praxis der Wirtschaftsinformatik 35, 1998

/Teufel99/

Teufel T., Röhricht J., Willems P.:
SAP R/3 Prozeßanalyse mit Knowledge Maps, 1. Auflage, München 1999.

/Thome96/

Thome, R., Hufgard, A.:
Continuous System Engineering, 1. Auflage, Würzburg 1996.

/Thome97/

Thome, R., Schinzer, H.:
Marktüberblick, in Thome R., Schinzer H. (Hrsg.): Electronic Commerce: Anwendungsbereiche und Potentiale der digitalen Geschäftsabwicklung, München 1997.

/Trauboth93/

Trauboth, H.:
Software-Qualitätssicherung, München, Wien 1993.

/Ungermann96/

Ungermann, C., Tesch, F.-J., Stolpe, B., Weissert, M.:
Qualitätsmanagement bei der Softwareerstellung: Leitfaden für die Umsetzung der DIN EN ISO 9000, Düsseldorf 1996

/VDI92/

VDI-Gemeinschaftsausschuß CIM:
Qualitätssicherung, Düsseldorf 1992

/Wenzel96/

Wenzel, P.:
Betriebswirtschaftliche Anwendungen des integrierten Systems SAP R/3,
2., verb. u. erw. Auflage, Braunschweig, Wiesbaden 1996.

/Will98/

Will, L:
SAP R/3 Systemadministration –
Basiswissen für das SAP R/3-Systemmanagement, 1. Auflage, Bonn 1998

Stichwortverzeichnis

Numerics

A

B

C

D

E

F

G

H

I

J

K

L

M

N

O

P

Q

R

S

T

U

V

W

Z